Schriftenreihe

Studien zum
Planungs- und Verkehrsrecht

Band 13

ISSN 1860-8876 (Print)

Verlag Dr. Kovač

Tobias König

Die Organisation des Öffentlichen Personennahverkehrs in Nordrhein-Westfalen

Verlag Dr. Kovač

Hamburg 2023

VERLAG DR. KOVAČ GMBH
FACHVERLAG FÜR WISSENSCHAFTLICHE LITERATUR

Leverkusenstr. 13 · 22761 Hamburg · Tel. 040 - 39 88 80-0 · Fax 040 - 39 88 80-55

E-Mail info@verlagdrkovac.de · Internet www.verlagdrkovac.de

D 6

Bibliografische Information der Deutschen Nationalbibliothek
Die Deutsche Nationalbibliothek verzeichnet diese Publikation
in der Deutschen Nationalbibliografie;
detaillierte bibliografische Daten sind im Internet
über http://dnb.d-nb.de abrufbar.

ISSN: 1860-8876 (Print)
ISBN: 978-3-339-13668-8
eISBN: 978-3-339-13669-5

Zugl.: Dissertation, Rechtswissenschaftliche Fakultät,
Westfälische Wilhelms-Universität Münster, 2023
Erster Berichterstatter: Universitätsprofessor Dr. Janbernd Oebbecke
Zweiter Berichterstatter: Universitätsprofessor Dr. Hinnerk Wißmann
Dekanin: Universitätsprofessorin Dr. Petra Pohlmann
Tag der mündlichen Prüfung: 13.06.2023

© VERLAG DR. KOVAČ GmbH, Hamburg 2023

Vorwort

Die vorliegende Dissertation wurde in einer Zeit des großen Wandels für den Öffentlichen Personennahverkehr erstellt, der Einführung des sog. Deutschlandtickets / 49-Euro-Tickets zum 01.05.2023. Damit einhergehende rechtliche Besonderheiten sind im Rahmen der vorliegenden Arbeit nicht berücksichtigt. Hierfür kann z. B. auf den Aufsatz meines Doktorvaters, Universitätsprofessor Dr. Janbernd Oebbecke, verwiesen werden (Oebbecke, Ein rechtlicher Blick auf das Deutschlandticket – Eine Revolution im Nahverkehr?, NVwZ 2023, 895).

Stand der Arbeit ist der 20.12.2022. Relevante Rechtsprechung und Literatur wurden bis zu diesem Datum berücksichtigt.

An dieser Stelle möchte ich allen Personen danken, die mich bei der Erstellung meiner Dissertation unterstützt haben. Zuvorderst gilt mein Dank meinem Doktorvater, Universitätsprofessor Dr. Janbernd Oebbecke, der diese Arbeit angeregt hat, für die hervorragende Betreuung und Erstellung des Erstgutachtens. Herrn Universitätsprofessor Dr. Hinnerk Wißmann danke ich für die zügige Erstellung des Zweitgutachtens sowie konstruktive Anmerkungen in diesem Zusammenhang.

Weiterhin möchte ich mich bei meinen Ansprechpartnern im Verkehrsministerium Nordrhein-Westfalen (Ministerium für Umwelt, Naturschutz und Verkehr des Landes Nordrhein-Westfalen), insbesondere Herrn Andreas Wille und bei den verschiedenen ÖPNV-Aufgabenträgern, insbesondere Herrn Dr. Dieter Bayer vom Verkehrsverbund Rhein-Ruhr AöR, bedanken. Die Hinweise aus der täglichen Praxis haben die vorliegende Dissertation bereichert.

Meiner Familie gilt mein Dank für ihre Geduld, Ermutigung und Unterstützung (sei es beim Korrekturlesen oder Formatierungshilfen). Wir haben innerhalb der Familie einen tollen Zusammenhalt, den ich nicht missen möchte. Am Ende möchte ich Kim Allendörfer dafür danken, dass Du immer an mich geglaubt hast. Du hast mich auch in schwierigen Phasen stets ermutigt und unterstützt. Auch die finale Formatierung wäre ohne Dich so nicht möglich gewesen. Ohne Euch hätte ich die Dissertation nicht fertiggestellt. Dafür danke ich Euch herzlich. Euch ist diese Arbeit gewidmet!

Übersicht

Inhaltsverzeichnis

X

XIII

XV

XVI

Einführung

Der öffentliche Personennahverkehr (ÖPNV) ist für einen Großteil der Bevölkerung nicht mehr aus dem Alltag wegzudenken. Er wird u. a. von Pendlern[1] für den Weg von und zur Arbeitsstelle, von Schülern und Studenten für die Fahrten zur Schule/Universität genutzt. Daneben lassen sich mit dem ÖPNV Urlaubsreisen und Freizeitgestaltung umsetzen. Aufgrund dieses breit gefächerten Spektrums verwundert es nicht, dass der ÖPNV als nachhaltiger und „unverzichtbarer Bestandteil unserer Mobilitäts- und Alltagskultur"[2] eingeordnet wird. Insgesamt wurden im Jahr 2021 ca. 7,88 Milliarden Fahrgäste mit Bus und Bahn befördert.[3] Die Anzahl der Fahrtgäste stieg im ersten Halbjahr 2022, nicht zuletzt auch aufgrund des sog. 9-Euro-Tickets, sogar um mehr als ein Drittel im Vergleich zu den Zahlen des ersten Halbjahres 2021 auf knapp 4,8 Milliarden Fahrgäste.[4] Damit ist der ÖPNV ein wichtiger Teil zur Sicherung der Teilhabe der Bürger am gesellschaftlichen und sozialen Leben.

Trotz dieser tatsächlichen Bedeutung des ÖPNV wurde dessen rechtlicher Rahmen bislang nur partiell rechtswissenschaftlich untersucht. Dies gilt insbesondere auch für den Rechtslage des ÖPNV in Nordrhein-Westfalen. Es fehlt insoweit an einer geschlossenen Darstellung, welche den *status quo* des bisherigen Rechtsrahmens umfassend und über den Umfang eines Kurzkommentars zu dem einschlägigen Gesetz über den öffentlichen Personennahverkehr in Nordrhein-Westfalen (ÖPNVG NRW)[5] bzw. vereinzelten, älteren Aufsätzen in der Fachliteratur[6] hinaus darstellt. Erschwerend kommt hinzu, dass das Recht des ÖPNV sich nicht ausschließlich aus dem ÖPNVG NRW ergibt. Vielmehr sind insoweit ergänzend europa-, bundes- und landesrechtliche Gesetze einschlägig, um den Rechtsrahmen zu erfassen. Insbesondere gehören hierzu neben der europarechtlichen Verordnung (EG) Nr. 1370/2007 des Europäischen Par-

---

[1] Ausschließlich aus Gründen der Lesbarkeit wird im Folgenden auf die Verwendung der weiblichen und / oder diversen Form verzeichtet, die stets bei Verwendung der männlichen Form mitgemeint sind, sofern sich die Ausführungen nicht auf die Angehörigen des männlichen Geschlechts alleine beziehen.

[2] https://www.umweltbundesamt.de/themen/verkehr-laerm/nachhaltige-mobilitaet/oeffentlicher-personennahverkehr (abgerufen am 20.12.2022).

[3] https://de.statista.com/statistik/daten/studie/3095/umfrage/oeffentlicher-personenverkehr-in-deutschland/ (abgerufen am 20.12.2022).

[4] https://www.destatis.de/DE/Presse/Pressemitteilungen/2022/09/PD22_401_461.html (abgerufen am 20.12.2022).

[5] Werner/Patout/Bayer/Telenta/Kemler/Karl, Gesetz über den öffentlichen Personennahverkehr in Nordrhein-Westfalen, ÖPNVG NRW, Praxis der Kommunalverwaltung PdK D 2 NW, Wiesband, Stand: Mai 2016.

[6] Z. B.: Gatzka, Das Regionalisierungsgesetz des Landes Nordrhein-Westfalen, Internationales Verkehrswesen 1995, 458 ff.; Welge, Regionalisierung des ÖPNV – Landesrechtliche Regelungen, der städtetag 1996, 681 ff.

laments und des Rates vom 23. Oktober 2007 über öffentliche Personenverkehrsdienste auf Schiene und Straße und zur Aufhebung der Verordnungen
(EWG) Nr. 1191/69 und (EWG) Nr. 1107/70 des Rates (VO 1370/2007), deutsches Verfassungs- und Vergaberecht, das Gesetz zur Regionalisierung des
öffentlichen Personennahverkehrs (RegG), das Personenbeförderungsgesetz
(PBefG) sowie auf landesrechtlicher Ebene die Gemeindeordnung für das Land
Nordrhein-Westfalen (GO NRW) und das Gesetz über die kommunale Gemeinschaftsarbeit (GkG NRW). Der rechtliche Rahmen des ÖPNV in Nordrhein-
Westfalen stellt mithin einen Querschnitt aus unterschiedlichen Rechtsquellen
dar. Ziel dieser Arbeit ist es, diesen in vielerlei Hinsicht problematischen *status
quo* darzustellen. Dabei sollen nicht in erster Hinsicht einzelne Rechtsfragen
erörtert werden. Dies wäre die Aufgabe von auf dieser Arbeit aufbauenden wis-
senschaftlichen Auseinandersetzungen.

Hierzu werden im Rahmen dieser Arbeit zunächst in einem einführenden, allgemeinen Teil die Grundlagen des ÖPNV dargestellt, wobei hier bereits ein
Schwerpunkt auf der Rechtslage in Nordrhein-Westfalen gelegt wird. Dem
schließt sich die Darstellung der äußeren und inneren Verbandsverfassung der
ÖPNV-Aufgabenträger in Nordrhein-Westfalen an. Es folgt eine Auseinandersetzung mit den einzelnen Aufgaben sowie schließlich Ausführungen zur Kooperation zwischen den einzelnen ÖPNV-Aufgabenträgern und der Finanzierung des ÖPNV in Nordrhein-Westfalen. Die Arbeit schließt mit zusammenfas-
senden Leitsätzen ab.

A. Grundlagen des Öffentlichen Personennahverkehrs (ÖPNV)

I. Der Begriff des ÖPNV

1. Legaldefinition

a) Grundgesetz

Eine grundgesetzliche Legaldefinition des ÖPNV fehlt. Der ÖPNV wird im Grundgesetz allerdings in Art. 106a S. 1 des Grundgesetzes (GG) erwähnt. Hier wird ein Ausgleich für die mit dem ÖPNV verbundenen Kosten aus dem Steueraufkommen des Bundes normiert. Daneben wird der Schienenpersonennahverkehr (SPNV) im Grundgesetz erwähnt: Zum einen in Art. 87e Abs. 4 S. 1 GG, der die Gewährleistungspflicht des Bundes für den Ausbau und Erhalt der Schieneninfrastruktur sowie des Schienennetzes von Eisenbahnen des Bundes regelt, die nicht zum Schienenpersonennahverkehr zählen; zum anderen in Art. 143a Abs. 3 GG, der die Erfüllung der mit dem SPNV im Zusammenhang stehenden Aufgaben bis zum 31. Dezember 1995 dem Bund zuweist.

b) Einfache Gesetze

Einfachgesetzliche Legaldefinitionen des ÖPNV finden sich im Bundesrecht in § 2 des Regionalisierungsgesetzes (RegG), in §§ 2, 8 Abs. 1 des Personenbeförderungsgesetzes (PBefG) und in den landesrechtlichen ÖPNV-Gesetzen, für Nordrhein-Westfalen in § 1 Abs. 2 S. 1 des Gesetzes über den Öffentlichen Personennahverkehr in Nordrhein-Westfalen (ÖPNVG NRW)[7].

Ausgehend von § 2 RegG ist ÖPNV

„die allgemein zugängliche Beförderung von Personen mit Verkehrsmitteln im Linienverkehr, die überwiegend dazu bestimmt [ist], die Verkehrsnachfrage im Stadt-, Vorort- oder Regionalverkehr zu befriedigen".

Das PBefG übernimmt die vorstehende Legaldefinition aus dem RegG, schränkt aber den Anwendungsbereich auf die Beförderung mit Straßenbahnen, Oberleitungsbussen und Kraftfahrzeugen im Linienverkehr ein.[8] Das ÖPNVG NRW knüpft ebenfalls an die Definition des RegG an, bezieht allerdings zudem Gelegenheitsverkehre mit ein, wenn durch diese Linienverkehre ersetzt, ergänzt oder verdichtet werden.[9] Eine Definition der Gelegenheitsverkehre findet sich zwar nicht im ÖPNVG NRW, jedoch in § 46 Abs. 2 Nr. 1-3 PBefG. Demnach

---

[7] Da sich diese Darstellung auf die Rechtslage in Nordrhein-Westfalen beschränkt, wird im Folgenden nur das nordrhein-westfälische Landesrecht berücksichtigt.
[8] § 8 Abs. 1 S. 1 PBefG.
[9] § 1 Abs. 2 S. 1 ÖPNVG NRW.

3

handelt es sich bei Gelegenheitsverkehr um Verkehr mit Taxen, um Ausflugsfahrten und Fernziel-Reisen sowie um Verkehr mit Mietomnibussen und mit Mietwagen. Als Beispiel können insoweit die sog. TaxiBusse angeführt werden, bei welchen Anschlussfahrten für Stadt- und Nachtbusse nach telefonischer Anmeldung durch Taxen auf Grundlage eines festen Fahrplans ausgeführt werden und insoweit für den Fahrgast nur der reguläre Fahrpreis anfällt.[10]

Die einfachgesetzlichen Regelungen enthalten eine Definition, welche in Zweifelsfällen anzuwenden ist. ÖPNV soll im Zweifel immer dann vorliegen, „wenn in der Mehrzahl der Beförderungsfälle eines Verkehrsmittels die gesamte Reiseweite 50 Kilometer oder die gesamte Reisezeit eine Stunde nicht übersteigt."[11] Bei dem ÖPNV ist somit eine Einschränkung der Reichweite der Fahrt gegeben.

2. Abgrenzung des ÖPNV zum öffentlichen Fernverkehr

Aus der Legaldefinition und den gesetzlichen Anknüpfungspunkten lässt sich nicht entnehmen, wie der ÖPNV vom öffentlichen Fernverkehr abzugrenzen ist.

a) Keine Auslegung anhand einfachgesetzlicher Regelungen

Fraglich ist jedoch, ob das Begriffsverständnis des Grundgesetzes in Art. 106a S. 1, 87e Abs. 4 S. 1, 143a Abs. 3, welches gemäß der gesetzlichen Rangordnung stets den Ausgangspunkt im Rahmen einer Auslegung darstellt, insoweit anhand einfachgesetzlicher Begriffsbestimmungen ausgelegt werden darf.[12] Hierfür spricht, dass die Regelungen im Grundgesetz und die einfachgesetzlichen Bundesregelungen im Rahmen der Bahnreform 1994[13] gemeinschaftlich normiert wurden und die mit ihr gefundenen Lösungen umsetzen. § 1 Abs. 2 ÖPNVG NRW, aus welchem sich die Legaldefinition des ÖPNV ergibt, ist letztlich auf die Bahnreform zurückzuführen. Die Norm geht auf § 1 Abs. 2 ÖPNVG NRW 1995 zurück, mit dem das Land die Bahnreform 1994 und die Vorgaben des RegG umsetzte. Somit stehen die Regelungen in einem historischen Zusammenhang.[14] Es könnte daher davon ausgegangen werden, dass die Bedeutung des Nahverkehrsbegriffs sowohl im Grundgesetz als auch in den einfachen Gesetzen einheitlich zu verwenden ist.[15] Dafür spricht, dass sich in den Geset-

---

10 https://www.stadtwerke-muenster.de/privatkunden/mobilitaet/mobilitaetsangebote/bustaxi.html (abgerufen am 20.12.2022).
11 § 2 S. 2 RegG, § 8 Abs. 1 S. 2 PBefG; § 1 Abs. 2 S. 2 ÖPNVG NRW.
12 Für eine Auslegung des Grundgesetzes anhand der einfachgesetzlichen Begriffsbestimmung ausdrücklich: Knecht, NVwZ 2003, 932 (933).
13 Hierzu: Wachinger/Wittemann, 19 ff.
14 Oebbecke, NVwZ 2017, 1084 (1085).
15 Heun, in: Dreier, Band 3, Art. 106a GG Rn. 5; Knecht, NVwZ 2003, 932 (933).

zesmaterialien zur Änderung des Grundgesetzes im Rahmen der Bahnreform Verweise auf die Vorschriften des einfachen Rechts finden.[16]

Stellt man allerdings auf die Zweifelsregelung zur Abgrenzung von Bundes- und Landesrecht ab, würden die im Grundgesetz enthaltenen Regelungen zum ÖPNV und SPNV einfachgesetzlich ausgelegt werden. Eine Auslegung des Grundgesetzes nach Maßgabe des einfachen Rechts ist nicht zulässig.[17] So wurden für umstrittene Verfassungsfragen im Zusammenhang mit der Regionalisierung teilweise erst nach Erlass der einfachgesetzlichen Regelungen Lösungen gefunden. Sofern die einfachgesetzlichen Regelungen nicht verfassungskonform ausgelegt werden können, sind die Normen nichtig. Die Abgrenzung zwischen Nah- und Fernverkehr hat daher vom grundgesetzlichen Verständnis auszugehen.[18]

b) Konkretisierung und Auslegung der grundgesetzlichen Regelungen

Nach Art. 30, 83 GG sind die Länder für die Ausführung staatlicher Aufgaben zuständig, sofern das Grundgesetz nichts Abweichendes regelt. Für den Fernverkehr hat der Bund gemäß Art. 87e Abs. 4 S. 1 GG die Gewährleistungsverantwortung.

Nah- und Fernverkehr müssen überschneidungsfrei abgegrenzt werden, da das Grundgesetz keine Kompetenzüberschneidungen kennt.[19] Vor dem Hintergrund, dass es sich um die Bestimmung der föderalen Gewährleistungsverantwortung handelt, ist eine rein subjektive Einordnung aus der Sicht der Verkehrsunternehmen und Aufgabenträger nicht möglich. Andernfalls könnten diese darüber entscheiden, ob die Zuständigkeit insoweit die Länder oder den Bund trifft. Die Verkehrsunternehmen und Aufgabenträger haben vielmehr die vorgegebene Zuordnung zu Nah- und Fernverkehr im Rahmen ihrer Tätigkeit zu beachten. Sie sind an die entsprechende Zuordnung gebunden.[20] Jedoch ist eine rein objektive Zuordnung nicht möglich. Mit der Bahnreform sollte der Wettbewerb im Bahnverkehr ermöglicht und gestärkt werden. Das Grundgesetz unterscheidet in Art. 87e Abs. 3 S. 2 zwischen der Eisenbahninfrastruktur und dem Verkehr unter Nutzung dieser Infrastruktur. Die Infrastruktur liegt dabei in den Händen einer privatrechtlichen Organisation, der Deutsche Bahn AG. Für den Nahverkehr gilt dieselbe Intention der Wettbewerbserhöhung.[21] Das Schienennetz

---

[16] Bundestag Drs. 12/5015, 5; Bundestag Drs. 12/6280, 8.
[17] Schmidt-Aßmann/Röhl, DÖV 1994, 577 (578).
[18] Oebbecke, NVwZ 2017, 1084 (1085).
[19] Oebbecke, NVwZ 2017, 1084 (1085).
[20] Oebbecke, NVwZ 2017, 1084 (1085 f.).
[21] Oebbecke, NVwZ 2017, 1084 (1086).

kann für den Nahverkehr nur genutzt werden, wenn hierfür ein privatrechtlicher Vertrag zwischen Aufgabenträger und Infrastrukturunternehmen abgeschlossen wird. In diesen Verträgen wird in der Praxis auf Grundlage einer Prognoseentscheidung die Zugehörigkeit zum Nah- oder Fernverkehr bestimmt.[22] Bei der Abgrenzung sind subjektive und objektive Elemente einzubeziehen. Subjektiv bestimmen Aufgabenträger bzw. Verkehrsunternehmen durch die Vereinbarung in den Verträgen, ob der Verkehr, welcher auf der Strecke, die auf Grundlage des entsprechenden Vertrages bedient wird, Nahverkehr sein soll oder nicht.[23] Abweichungen bei der Vereinbarung mit der Deutsche Bahn AG sind für die Einordnung des Verkehrs nicht bedeutsam. Ihnen kommt aber Wirkung für die Zukunft zu, da eine Berücksichtigung bei der nächstmöglichen Anpassung des Verkehrsangebots erfolgen kann.[24]

Inhaltlich kann jedoch durch die Festlegung der jeweiligen Zuständigkeiten keine zufriedenstellende Konkretisierung des Nahverkehrsbegriffs erfolgen. Daher sind die Regelungen in Art. 87e Abs. 4 S. 1, 106a S. 1, 143a Abs. 3 GG auszulegen. Die Verantwortungszuweisungen sind auf europarechtlichen Vorgaben, insbesondere auf der Richtlinie 91/440/EWG und der Verordnung 1191/69 (EWG) in der Form der Verordnung 1893/91 (EWG) zurückzuführen. Inhaltlich beziehen sich die europarechtlichen Vorgaben auf den in der Zuständigkeit des Bundes liegenden Fernverkehr.[25] Nicht einbezogen ist dagegen der Stadt-, Vorort- und Regionalverkehr, sodass dieser e contrario als Nahverkehr zu verstehen ist.[26] Stadt- und Vorortverkehr dienen nach den europarechtlichen Vorgaben dazu, die Verkehrsbedürfnisse sowohl in einem Stadtgebiet oder Ballungsraum als auch zwischen einem Stadtgebiet oder einem Ballungsraum und seinem Umland zu befriedigen. Regionalverkehr sorgt dagegen für die Befriedigung der Verkehrsbedürfnisse in einer Region.[27]

Allerdings kann es trotz dieser europarechtlichen Konkretisierung bei der Auslegung des einfachen Rechts im Grenzbereich Nah- und Fernverkehr zu Abgrenzungsschwierigkeiten kommen. Die Zweifelsregelung des § 2 S. 2 RegG sieht für den Nahverkehr eine maximale Entfernung von 50 Kilometern bis zum Ziel bzw. zeitlich eine Reisezeit von maximal einer Stunde vor. In großen Ballungsräumen wie der Rhein-Ruhr-Region kann es bei den Nahverkehrsverbin-

---

22   Oebbecke, NVwZ 2017, 1084 (1086).
23   Oebbecke, NVwZ 2017, 1084 (1086).
24   Oebbecke, NVwZ 2017, 1084 (1086).
25   Oebbecke, NVwZ 2017, 1084 (1086).
26   Art. 1 Abs. 1 S. 1 VO 1191/69 (EWG) i. d. F. VO 1893/91 (EWG); zur Einordnung: Oebbecke, NVwZ 2017, 1084 (1087).
27   Art. 1 Abs. 2 VO 1191/69 (EWG) i. d. F. VO 1893/91 (EWG).

dungen in das Umland durchaus zu einer Überschreitung dieser Grenzen kommen. Die Grenze des Regionalverkehrs ist in diesem Fall nach dem Wortlaut dort zu ziehen, wo eine Verbindung zwischen verschiedenen Regionen erfolgt. Administrative Grenzen spielen in diesem Zusammenhang keine Rolle. Dies ergibt sich bereits daraus, dass nach der Richtlinie 91/440/EWG der Vorortverkehr auch die Verbindung zwischen einem Ballungsraum und seinem Umland erfasst. Im Einzelfall kann auch solcher Verkehr über die aufgestellten Grenzen der Zweifelsregelung hinausgehen, sodass dieser als Fernverkehr einzuordnen wäre. Da bei der Bestimmung des Regionalverkehrs in der Richtlinie 91/440/EWG allerdings – anders als beim Vorortverkehr – der Zusatz fehlt, dass auch die Verbindung zum Umland der Region gedeckt ist, folgt für die Bestimmung dessen, was Regionalverkehr ist, dass regionsüberschreitender Verkehr kein Nahverkehr ist.[28] In einem solchen Fall wäre die Grenze zum Fernverkehr überschritten.

Ein Hauptanliegen der Bahnreform war die Übertragung der vollständigen Aufgabenverantwortung im ÖPNV vom Bund auf die Länder. Das ÖPNV-Angebot auf Schiene und Straße sollte vereinheitlicht werden. Die räumliche Reichweite zur Abgrenzung von Nah- und Fernverkehr muss somit verkehrsmittelübergreifend bestimmt werden. Durch die Regionalisierung wurde die Kompetenz für den gesamten ÖPNV bei den Ländern angesiedelt. Die Zuordnung zum Nahverkehr kann daher nicht durch die Intention eines Fahrgastes hinsichtlich der eigenen Einordnung der Fahrt bestimmt werden. Vielmehr kommt es auf das Verständnis des Anbieters für den gesamten angebotenen Verkehr an.[29]

Der Nahverkehr ist öffentlich, wenn er allgemein zugänglich ist.[30] Außerdem muss ÖPNV nach dem Wortlaut der Beförderung von Personen dienen und ist vom Güterverkehr abzugrenzen.

c) Zwischenergebnis

Der Nahverkehr ist Stadt-, Vororts- und Regionalverkehr. Nicht erfasst ist dagegen der Verkehr zwischen Regionen. Die einfachrechtlichen Zweifelsregelungen sind – wenn überhaupt – nur noch relevant, wenn es um die Frage geht, ob es sich noch um Regionalverkehr handelt.[31] Nahverkehr ist öffentlich, wenn er der Allgemeinheit zugänglich ist. Er dient der Beförderung von Personen.

---

[28]   Oebbecke, NVwZ 2017, 1084 (1087).
[29]   Oebbecke, NVwZ 2017, 1084 (1088).
[30]   Oebbecke, NVwZ 2017, 1084 (1085).
[31]   Oebbecke, NVwZ 2017, 1084 (1089).

3. Ausgestaltung des ÖPNV nach Landesrecht

Das ÖPNVG NRW verwendet ÖPNV in § 1 Abs. 2 S. 1 als Oberbegriff. Unter diesen fallen sowohl der schienengebundene ÖPNV[32], der straßengebundene ÖPNV[33] als auch der sonstige ÖPNV[34].

Nach § 1 Abs. 3 ÖPNVG NRW zählen zum schienengebundenen ÖPNV der ÖPNV mit Eisenbahnen, also der SPNV i. S. d. AEG, sowie die Bedienung mit Straßenbahnen, Hochbahnen, Untergrundbahnen, Schwebebahnen oder ähnlichen Bahnen i. S. d. § 4 Abs. 1, 2 PBefG. Eine einfachgesetzliche Definition für den SPNV findet sich in § 2 Abs. 12 S. 1 AEG. SPNV liegt demnach bei einem Verkehrsdienst vor, dessen Hauptzweck es ist, die Verkehrsbedürfnisse im Stadt-, Vorort- und Regionalverkehr abzudecken. Der Begriff impliziert dabei, dass diese Verkehrsdienste auf der Schiene erfolgen. Auch beim SPNV greift die auf räumliche und zeitliche Kriterien abstellende Zweifelsregelung, wie allgemein beim ÖPNV, ein.[35]

Sonstiger ÖPNV ist die Bedienung mit Seilbahnen und Personenfähren, sofern diese ausschließlich dem ÖPNV dienen und der Gemeinschaftstarif sowie der NRW-Tarif zur Anwendung kommen.[36]

Für den straßengebundenen ÖPNV (ÖSPV) fehlt eine Legaldefinition im ÖPNVG NRW. Im Umkehrschluss handelt es sich dabei um denjenigen ÖPNV, der weder schienengebundener noch sonstiger ÖPNV ist. Nach dieser negativen Abgrenzung handelt es sich beim straßengebundenen ÖPNV um ÖPNV i. S. d. § 8 Abs. 1 PBefG. ÖSPV ist nach der Legaldefintion des § 8 Abs. 1 PBefG die Beförderung von Personen mit Straßenbahnen, Obussen und Kraftfahrzeugen im Linienverkehr, die überwiegend dazu bestimmt sind, die Verkehrsnachfrage im Stadt-, Vorort- oder Regionalverkehr zu befriedigen. Daraus folgt für das terminologische Verständnis: Der ÖPNV ist Oberbegriff für den SPNV, ÖSPV und sonstigen ÖPNV.[37] Der ÖPNV ist – neben dem Fernverkehr – vom motorisierten Individualverkehr (z.B. Auto, Motorrad) und dem nichtmotorisierten Individualverkehr (z. B. Fußgänger, Radfahrer) abzugrenzen.[38]

---

[32] § 1 Abs. 3 ÖPNVG NRW.
[33] § 5 Abs. 3a ÖPNVG NRW.
[34] § 1 Abs. 3a ÖPNVG NRW.
[35] § 2 Abs. 12 S. 2 AEG.
[36] § 1 Abs. 3a S. 1 ÖPNVG NRW.
[37] Der sonstige ÖPNV wird im Rahmen dieser Arbeit nicht behandelt.
[38] Werner, WiVerw 2001, 89 (89).

II. Akteure im ÖPNV

1. Bund und Land

Der SPNV ist nach Art. 87e Abs. 4 S. 1 GG aus dem Bereich der Gewährleistungsverantwortung des Bundes ausgenommen. Für den ÖPNV bestand schon vor der Bahnreform keine Gewährleistungsverantwortung seitens des Bundes. Diese lag bei den Kreisen und Gemeinden.[39] Die Tätigkeit des Bundes im ÖPNV beschränkt sich darauf, dass er den Ländern Mittel zur Finanzierung des ÖPNV aus dem Steueraufkommen bereitstellt.[40] Die Länder bestimmen die ÖPNV-Aufgabenträger[41] und sind für die Ausgestaltung der Regionalisierung, also der Zusammenführung der Zuständigkeiten für Planung, Organisation und Ausgestaltung des ÖPNV, zuständig[42]. Schließlich gewähren sie den Aufgabenträgern Pauschalen und Ausgleichsleistungen, wofür sie auf die vom Bund bereitgestellten finanziellen Mitte angewiesen sind.[43] Die ÖPNV-Aufgabenträger unterliegen der Aufsicht der Länder.[44]

2. Genehmigungsbehörden

Die Genehmigungsbehörden sind regulierend tätig. Ihre Hauptaufgabe besteht in der Erteilung von Linien- und Tarifgenehmigungen für den ÖPNV.[45]

a) ÖSPV-Genehmigungen

Genehmigungsbehörden im ÖSPV sind nach § 2 Abs. 1 Nr. 1 der Verordnung über die Zuständigkeiten auf den Gebieten des öffentlichen Straßenpersonenverkehrs und Eisenbahnwesens im Bundesland Nordrhein-Westfalen (ZustVO-ÖSPV-EW) die örtlich zuständigen Bezirksregierungen.

aa) Liniengenehmigung

Für eine Liniengenehmigung im ÖSPV ist ein Antrag bei der Genehmigungsbehörde nach § 12 PBefG erforderlich. Dieser soll u. a. den Namen des Antragstellers[46] sowie den Beginn und das Ende der beantragten Geltungsdauer[47] ent-

---

[39] Wachinger/Wittemann, 110.
[40] Art. 106a S. 1 GG; § 5 Abs. 1 RegG.
[41] § 1 Abs. 2 RegG.
[42] § 3 S. 1, 2 RegG.
[43] §§ 10 ff. ÖPNVG NRW in Nordrhein-Westfalen.
[44] § 16 Abs. 1 S. 1 ÖPNVG NRW.
[45] Daneben üben sie noch die Verkehrsaufsicht aus: §§ 54 ff. PBefG.
[46] § 12 Abs. 1 S. 1 Nr. 1 lit. a) PBefG.
[47] § 12 Abs. 1 S. 1 Nr. 1 lit. d) PBefG.

halten. Der Genehmigungsantrag ist spätestens 12 Monate vor der Verkehrsaufnahme zu stellen.[48]

Der Verkehrsunternehmer muss die Genehmigungsvoraussetzungen des § 13 PBefG erfüllen. So muss beispielsweise die Gewährleistung des Verkehrs gesichert und der Verkehrsunternehmer zuverlässig sein.[49] Die Entscheidung der Genehmigungsbehörde über den Genehmigungsantrag muss spätestens drei Monate nach Eingang ergehen.[50] Wird die Genehmigung in der Frist nicht versagt, tritt eine Genehmigungsfiktion ein.[51] Die Erteilung der Genehmigung ist unter Bedingungen und Auflagen möglich.[52] Bei Busverkehren ist die Genehmigung auf zehn Jahre[53], bei Straßenbahn- und Obusverkehren auf grundsätzlich höchstens 15 Jahre[54] befristet.

Vor Erteilung der Liniengenehmigung findet ein Anhörungsverfahren nach § 14 PBefG statt. In dessen Rahmen werden u. a. die Aufgabenträger, die Gewerbeaufsicht, aber auch die Verkehrsunternehmer, die im Einzugsbereich des beantragten Verkehrs Eisenbahn-, Straßenbahn-, Oberleitungsbus- oder Linienverkehr mit Kraftfahrzeugen betreiben, angehört.

Ein Widerruf bzw. eine Untersagung der Genehmigung kann unter den Voraussetzungen von §§ 25, 25a PBefG erfolgen. Die Genehmigung kann darüber hinaus nach § 26 PBefG erlöschen, insbesondere wenn der Betrieb nicht innerhalb der von der Genehmigungsbehörde gesetzten Frist aufgenommen wurde.[55]

bb) Tarifgenehmigung

Ebenfalls einer Genehmigung durch die zuständige Behörde[56] bedürfen nach § 39 Abs. 1 S. 1 PBefG die Beförderungsentgelte (sog. Tarifgenehmigung).

---

[48] § 12 Abs. 5 S. 1 PBefG.
[49] § 13 Abs. 1 S. 1 Nr. 1, 2 PBefG.
[50] § 15 Abs. 1 S. 2 PBefG.
[51] § 15 Abs. 1 S. 5 PBefG.
[52] § 15 Abs. 3 S. 1 PBefG.
[53] § 16 Abs. 2 S. 2 PBefG.
[54] § 16 Abs. 1 S. 1 PBefG.
[55] § 26 Nr. 1 lit. a) PBefG.
[56] Zu beachten ist § 39 Abs. 1 S. 3 PBefG, wonach abweichend von S. 1 bei einem öffentlichen Dienstleistungsauftrag die für die Vergabe zuständige Behörde die Beförderungsentgelte gegenüber der Genehmigungsbehörde anzeigt. In diesem Fall gilt die Genehmigung als erteilt. Die Regelung gilt über § 39 Abs. 6 S. 3 PBefG auch für die Beförderungsbedingungen.

Beim ÖSPV bedürfen die Fahrpläne und deren Änderungen darüberhinaus der Zustimmung durch die Genehmigungsbehörde.[57]

b) SPNV-Genehmigungen

aa) Unternehmensgenehmigung

Im SPNV wird dagegen eine Genehmigung nicht für eine bestimmte Linie vergeben, sondern als sog. Unternehmensgenehmigung, d. h. bezogen auf das jeweilige Verkehrsunternehmen.[58] Dem Verkehrsunternehmer ist es dann erlaubt, im gesamten Gültigkeitsbereich des Allgemeinen Eisenbahngesetzes (AEG) Verkehrsleistungen zu erbringen.[59] Die Genehmigung ist zu erteilen, wenn die Voraussetzungen der §§ 6a bis 6e AEG erfüllt sind.[60] Die Voraussetzungen sind im Wesentlichen § 13 PBefG nachgebildet, betreffen also beispielsweise die Zuverlässigkeit und fachliche Eignung. Im Nahverkehr sind hierfür grundsätzlich die Länder zuständig, die allerdings die konkrete Zuständigkeit weiter zuordnen können.[61] In Nordrhein-Westfalen ist Genehmigungsbehörde für die SPNV-Beförderungsbedingungen die jeweils zuständige Bezirksregierung nach § 6 Abs. 1 Nr. 1 ZustVO-ÖSPV-EW NRW.

bb) Beförderungsbedingungen

Einer Genehmigung bedürfen nach § 12 Abs. 3 S. 1 AEG auch die Beförderungsbedingungen im SPNV. Ohne diese Genehmigung dürfen Beförderungen im Schienenpersonenverkehr, also auch im SPNV, nicht erbracht werden.

3. Aufgabenträger

Die Aufgabenträger führen den Sicherstellungsauftrag nach § 1 Abs. 1 RegG, eine ausreichende Bedienung der Bevölkerung mit Verkehrsleistungen zu gewährleisten, aus. Die hierfür zuständigen Stellen werden landesrechtlich bestimmt.[62] Soweit § 2 Abs. 3 S. 1 ÖPNVG NRW bezogen auf den Sicherstellungsauftrag statt von einer „ausreichenden Verkehrsbedienung" wie im RegG von einer „angemessenen Verkehrsbedienung" spricht, hat dies im Ergebnis keinen Einfluss auf die daraus folgenden Kompetenzen der Aufgabenträger.[63]

---

[57] § 40 Abs. 2 S. 1 PBefG.
[58] § 6 Abs. 1 Nr. 1 AEG.
[59] Werner, WiVerw 2001, 89 (100).
[60] § 6 Abs. 2 S. 1 AEG.
[61] §§ 5 Abs. 4 S. 1 Nr. 1, 2; 12 Abs. 3 S. 4 AEG.
[62] § 1 Abs. 2 RegG.
[63] Wachinger/Wittemann, 147.

Was unter einer ausreichenden bzw. angemessenen Bedienung zu verstehen ist, kann der jeweilige Aufgabenträger im Nahverkehrsplan[64] selbst definieren.[65] Aufgabenträger für den gesamten ÖPNV in NRW sind nach § 3 Abs. 1 S. 1 ÖPNVG NRW grundsätzlich die Kreise und kreisfreien Städte. Die Festlegung der Aufgabenträgerschaft ist im Zusammenhang mit dem ÖSPV unproblematisch. Doch bezogen auf den SPNV können aufgrund des überörtlichen Charakters Zweifel an der Zulässigkeit der Verlagerung der Aufgabenträgerschaft auf die Kreise und kreisfreien Städte bestehen. Dem SPNV kommt landesweit strukturpolitische Bedeutung zu.[66] Es könnte daher erwogen werden, dass nur das Land die SPNV-Aufgabenträgerschaft wahrnehmen kann.[67] Allerdings greift das ÖPNVG NRW mit dieser Regelung den Regionalisierungsgedanken des § 3 S. 1 RegG auf, wonach

„die Zuständigkeiten für Planung, Organisation und Finanzierung des [gesamten] öffentlichen Personennahverkehrs zusammenzuführen"

sind. Ziel des Gesetzgebers war es, dass die Verkehrsleistungen bürgernah durch die Kreise und kreisfreien Städte, d. h. vor Ort, erbracht werden.[68] Die SPNV-Aufgabenträgerschaft kann somit durch die Kreise und kreisfreien Städte erfolgen.

Das Land hat mit § 5 Abs. 1 S. 1 ÖPNVG NRW von der Möglichkeit Gebrauch gemacht, Kooperationen der SPNV-Aufgabenträger gesetzlich anzuordnen.[69] Einer Kooperation bedarf es vor dem Hintergrund des erhöhten Koordinierungsbedarfs im SPNV.[70] Die SPNV-Aufgabenträger bilden in drei Kooperationsräumen einen Zweckverband gem. § 5 Abs. 1 S. 1 ÖPNVG NRW oder eine gemeinsame Anstalt i. S. d. § 5a Abs. 1 S. 1 ÖPNVG NRW. Diesen ist nach § 5 Abs. 3 S. 1 ÖPNVG NRW die SPNV-Aufgabenträgerschaft zu übertragen. Sie sind SPNV-Aufgabenträger kraft besonderer gesetzlicher Anordnung. Die drei Kooperationsräume sind im Einzelnen: Die Verkehrsverbund Rhein-Ruhr AöR (VRR) im Kooperationsraum A[71], der Zweckverband Nahverkehr Rheinland

---

[64] §§ 8, 9 ÖPNVG NRW.
[65] Linke, 62.
[66] Meichsner, der landkreis 4/1994, 168 (170).
[67] Gatzka, Internationales Verkehrswesen 1995, 458 (458). Diesen Weg ist beispielsweise Bayern gegangen, Art. 15 Abs. 1 S. 1 BayÖPNVG.
[68] Gatzka, Internationales Verkehrswesen 1995, 458 (458); Welge, NZV 1996, 385 (385).
[69] Wachinger/Wittemann, 116.
[70] Gatzka, Internationales Verkehrswesen 1995, 458 (458).
[71] § 5 Abs. 1 S. 1 lit. a) ÖPNVG NRW.

(NVR)[72] im Kooperationsraum B[73] und der Zweckverband Nahverkehr Westfalen-Lippe (NWL) im Kooperationsraum C[74]. Die Kreise und kreisfreien Städte bleiben ÖSPV-Aufgabenträger. Die damit einhergehenden Aufgaben können sie insoweit auch auf die SPNV-Aufgabenträger übertragen.[75]

Daneben können mittlere[76] und große[77] kreisangehörige Städte, wenn sie ein eigenes ÖSPV-Verkehrsunternehmen betreiben oder an einem solchen wesentlich beteiligt sind[78], Aufgabenträger sein. Hintergrund ist, dass die kreisangehörigen Gemeinden bereits vor Erlass des ÖPNVG NRW 1995 eine Vielzahl von ÖSPV-Linienbedienungen übernommen hatten.[79] Zudem gibt es in Nordrhein-Westfalen eine Vielzahl großer kreisangehöriger Städte.[80] Ein ÖSPV-Verkehrsunternehmen i. S. d. § 3 Abs. 1 S. 1 ÖPNVG NRW liegt vor, wenn ein Unternehmen zum einen Genehmigungsinhaber oder Betriebsführer gem. § 42 PBefG eines Linienverkehrs im betreffenden Stadtgebiet ist und zum anderen dieser Linienverkehr nicht überwiegend als alternative Bedienungsform (z. B. Anruf-Linientaxi, Rufbus oder Bürgerbus) durchgeführt wird.[81] Wesentlich ist die Beteiligung, wenn die mittlere oder große kreisangehörige Stadt mehr als 50 % der Anteile des Unternehmens hält. Auch im Fall der mittelbaren Beteiligung gilt dieser Wert.[82]

Unter der Voraussetzung des § 4 Abs. 1 S. 1, 2 ÖPNVG NRW können sonstige kreisangehörige Gemeinden Aufgabenträger sein.[83] Einer kreisangehörigen Gemeinde kann demnach auf deren Verlangen die Aufgabenträgerschaft im Ortsverkehr übertragen werden.[84] Als Ortsverkehr sind Linien des ÖPNV zu verstehen, die ausschließlich innerhalb der gemeindlichen Grenzen verlaufen und

---

[72] Ab dem 01.01.2023 wird der Zweckverband NVR in Zweckverband go.Rheinland umbenannt. Sofern im Folgenden vom Zweckverband NVR die Rede ist, ist damit ab dem 01.01.2023 der Zweckverband go.Rheinland gemeint.
[73] § 5 Abs. 1 S. 1 lit. b) ÖPNVG NRW.
[74] § 5 Abs. 1 S. 1 lit. c) ÖPNVG NRW.
[75] § 5 Abs. 3a, 1. HS ÖPNVG NRW.
[76] Mittlere kreisangehörige Gemeinden liegen vor, wenn die maßgebliche Einwohnerzahl mindestens 25.000 (bzw. bei Antrag 20.000) Einwohner beträgt (§ 4 Abs. 2 GO NRW).
[77] Große kreisangehörige Gemeinden liegen vor, wenn die maßgebliche Einwohnerzahl mindestens 60.000 (bzw. bei Antrag 50.000) Einwohner beträgt (§ 4 Abs. 3 GO NRW).
[78] Die Unternehmensstellung kann von den kommunalen Gebietskörperschaften als wirtschaftliche Betätigung i. S. d. § 107 Abs. 1 S. 1 GO NRW sowohl als Eigenbetrieb nach § 114 GO NRW oder als AöR nach § 114a GO NRW als auch durch Beteiligung an einer Kapitalgesellschaft nach § 108 GO NRW geschaffen werden.
[79] Gatzka, Internationales Verkehrswesen 1995, 458 (460).
[80] Wachinger/Wittemann, 148.
[81] Verwaltungsvorschrift Nr. 1 zu §§ 3-6 ÖPNVG NRW.
[82] Verwaltungsvorschrift Nr. 2 zu §§ 3-6 ÖPNVG NRW.
[83] § 3 Abs. 1 S. 2 ÖPNVG NRW.
[84] § 4 Abs. 1 S. 1 ÖPNVG NRW.

nicht dem SPNV zugehören.[85] Nachbarortsverkehr umfasst die Linien des ÖPNV, die innerhalb der Grenzen von beteiligten und benachbarten Gemeinden verlaufen und nicht zum SPNV gehören.[86] Der Nachbarortsverkehr weist somit überörtliche Bedeutung auf und fällt daher grundsätzlich in den Zuständigkeitsbereich der Kreise bzw. kreisfreien Städte. Daher ist eine entsprechende Einigung der Gemeinden, die den betreffenden Verkehr gemeinsam erbringen wollen, erforderlich. Auch kreisübergreifend kann es zu solchen Nachbarortsverkehren kommen. Dann müssen die betroffenen Kreise die Aufgaben für ihren Bereich übertragen.[87] Eine Beschränkung hinsichtlich der Aufgabenbefugnisse im Fall des § 4 ÖPNVG NRW enthält die Norm nicht. Somit sind die Aufgabenträger nach § 4 ÖPNVG NRW zuständige Behörde i. S. d. VO (EG) 1370/2007 und für die Durchführung von Vergabeverfahren zuständig.[88] Die Aufgabenübertragung erfolgt nach den Regelungen des Gesetzes über die kommunale Zusammenarbeit Nordrhein-Westfalen (GkG NRW) in Form einer öffentlich-rechtlichen Vereinbarung.[89] Es erfolgt eine delegierende Aufgabenübertragung, bei der insgesamt die Aufgabe auf die kreisangehörige Gemeinde übergeht.[90] Für diese ist eine Genehmigung durch die zuständige Bezirksregierung erforderlich.[91] Bei der Übertragung handelt es sich um eine Ermessensentscheidung des Kreises. Im Nachbarortsverkehr gilt dies ebenfalls, wenn sich die beteiligten Gemeinden hierüber geeinigt haben.[92] Durch diese sog. Rückholklausel sollte die Möglichkeit eröffnet werden, das von den Aufgabenträgern bereitgestellte ÖSPV-Angebot zu ergänzen.[93]

In § 4 Abs. 2 ÖPNVG NRW geht es um die Sondersituation, dass Kreise bzw. kreisfreie Städte Aufgaben auf die SPNV-Aufgabenträger nach § 5a Abs. 3 ÖPNVG NRW übertragen haben. Der SPNV-Aufgabenträger kann i. S. d. § 4 Abs. 1 S. 1 ÖPNVG NRW diese Aufgaben wieder auf kreisangehörige Gemeinden übertragen. Diese Übertragung richtet sich, sofern der SPNV-Aufgabenträger ein Zweckverband ist, nach § 23 Abs. 1 GkG NRW und bei der gemeinsamen Anstalt nach § 54 S. 1 VwVfG NRW, da diese nicht in § 23 Abs. 1 GkG NRW aufgeführt ist. Relevant wird diese Vorschrift, wenn der Kreis auf den

---

85 Verwaltungsvorschrift Nr. 3 zu §§ 3-6 ÖPNVG NRW.
86 Verwaltungsvorschrift Nr. 4 zu §§ 3-6 ÖPNVG NRW.
87 Gatzka, Internationales Verkehrswesen 1995, 458 (460).
88 § 3 Abs. 2 S. 1 ÖPNVG NRW.
89 § 23 Abs. 1 GkG NRW.
90 Landtag NRW-Drs. 11/7847, 31; Werner/Patout et al., § 4 ÖPNVG NRW Erl. 1.
91 § 24 Abs. 2 S. 1 GkG NRW.
92 § 4 Abs. 1 S. 2 ÖPNVG NRW.
93 Gatzka, Internationales Verkehrswesen 1995, 458 (460) zu § 4 Abs. 1 S. 3 ÖPNVG NRW a. F.

SPNV-Aufgabenträger die Aufgabe des ÖSPV mit übertragen hat. Dies ist allerdings in Nordrhein-Westfalen bisher nicht erfolgt.

Die ÖSPV-Aufgabenträgerschaft kann nach § 5 Abs. 3a, 2. Halbsatz ÖPNVG NRW auf die bisherigen Zweckverbände übertragen werden. Bei den bisherigen Zweckverbänden handelt es sich um die sog. Trägerzweckverbände, welche sogleich dargestellt werden. Explizit nicht vom Wortlaut erfasst ist die Möglichkeit der Übertragung der ÖSPV-Aufgabenträgerschaft auf die SPNV-Aufgabenträger. Dies ist sachgerecht, denn hierdurch wäre der lokale Bezug (es gibt im gesamten Land drei SPNV-Aufgabenträger) nicht mehr zwangsläufig gegeben.

4. Trägerzweckverbände

Die SPNV-Aufgabenträger werden in der Praxis in Nordrhein-Westfalen durch die neun sog. Trägererzweckverbände gebildet.[94] Diese Zweckverbände[95] waren bis zur Novellierung des ÖPNVG NRW im Jahr 2008 die SPNV-Aufgabenträger in Nordrhein-Westfalen und wurden im Zuge der Bahnreform im Jahr 1994 durch die hinter ihnen stehenden Kreise und kreisfreien Städte, die originäre SPNV-Aufgabenträger sind[96], gebildet.[97] Seit der Novellierung des ÖPNVG NRW im Jahr 2008 sind sie nicht mehr für die Planung, Organisation und Ausgestaltung des SPNV zuständig. Die Reduzierung von neun auf drei SPNV-Aufgabenträger erfolgte aus organisatorischen und finanziellen Gründen. Die Aufgabenträgerschaft im SPNV und die Förderzuständigkeiten für Investitionen sollten gebündelt werden. Zugleich hatte der Bund die bislang gezahlten Finanzierungsmittel reduziert.[98] Zur Sicherstellung der regionalen Interessen und der Wahrung der regionalen Besonderheiten[99] wurde in § 5 Abs. 1 S. 1 ÖPNVG allerdings die Möglichkeit eröffnet, dass die Trägerzweckverbände die neuen SPNV-Aufgabenträger bilden können.

---

94 § 5 Abs. 1 S. 1 ÖPNVG NRW.
95 Im Einzelnen sind dies im Kooperationsraum A: Zweckverband Verkehrsverbund Rhein-Ruhr (VRR), Nahverkehrs-Zweckverband Niederrhein (NVN); im Kooperationsraum B: Aachener Verkehrsverbund (AVV), Verkehrsverbund Rhein-Sieg (VRS); im Kooperationsraum C: Nahverkehrsverbund Paderborn-Höxter (nph), Verkehrsverbund Ostwestfalen-Lippe (VVOWL), Zweckverband Ruhr-Lippe (ZRL), Zweckverband SPNV Münsterland (ZVM), Zweckverband Westfalen-Süd (ZWS).
96 § 3 Abs. 1 S. 1 ÖPNVG NRW.
97 § 5 Abs. 1 S. 1, Abs. 3 S. 1 ÖPNVG NRW 1995.
98 Landtag NRW-Drs. 14/3976, 29.
99 Landtag NRW-Drs. 14/3976, 31.

5. Regiegesellschaften der SPNV-Aufgabenträger

Als Besonderheit im Kooperationsraum B gibt es mit der Nahverkehr Rheinland GmbH (NVR GmbH) eine sog. Regiegesellschaft.[100] Sie wurde zur Vorbereitung und operativen Umsetzung der im öffentlichen Interesse liegenden Aufgaben des NVR gegründet.[101] Darüberhinaus nehmen Regiegesellschaften koordinierende Tätigkeiten im Verhältnis zu den Verkehrsunternehmen, die operativ tätig sind, wahr.[102] Der NVR bedient sich der NVR GmbH wie einer eigenen Dienststelle[103] und ist ihr alleiniger Gesellschafter.[104] Die Geschäftsführung der NVR GmbH soll nach § 11 Abs. 2 der Satzung des Zweckverbandes NVR durch die Geschäftsführer der Regiegesellschaften der Trägerzweckverbände AVV und VRS wahrgenommen werden.

6. Eigenbetriebe

Daneben wurden in Nordrhein-Westfalen zum Teil sog. Eigenbetriebe i. S. d. § 114 Abs. 1 Gemeindeordnung für das Land Nordrhein-Westfalen (GO NRW) gebildet. Hauptaufgabe dieser Eigenbetriebe ist die Beschaffung und Wartung von Fahrzeugen zum Einsatz im SPNV sowie teilweise auch von Gebäuden für den SPNV.[105]

7. Tarifgemeinschaften

a) Überblick

Bei der Tarifgemeinschaft vereinbaren die beteiligten Verkehrsunternehmen einen für ihr Verkehrsgebiet geltenden gemeinsamen Tarif.[106] Unter Tarif ist in diesem Fall das Beförderungsentgelt zu verstehen. Zwar wird Tarif bundesgesetzlich als Oberbegriff für Beförderungsentgelte und Beförderungsbedingungen verwendet[107], doch ist das Verständnis im ÖPNVG NRW ein anderes: So spricht § 5 Abs. 3 S. 3 ÖPNVG als Hinwirkungspflicht der SPNV-Aufgabenträ-

---

[100] §§ 11 Abs. 1 S. 1 Satzung ZV NVR.
[101] § 11 Abs. 1 S. 1 Satzung ZV NVR.
[102] Gatzka, Internationales Verkehrswesen 1995, 458 (459).
[103] In diesem Fall muss kein wettbewerbliches Vergabeverfahren durchgeführt werden, vgl. die Regelungen in Art. 5 Abs. 2 VO (EG) 1370/2007 und § 108 Abs. 1 GWB.
[104] § 11 Abs. 1 S. 2 Satzung ZV NVR.
[105] § 1 Abs. 1 Betriebssatzung des Eigenbetriebs ZV VRR Eigenbetrieb Fahrzeuge und Infrastruktur (ZV VRR Faln-EB); § 1 Abs. 1 Betriebssatzung des Eigenbetriebs des Zweckverbandes Nahverkehr Rheinland ZV NVR Eigenbetrieb Fahrzeuge (NVR FA-EB) – nur Beschaffung von Fahrzeugen; § 1 Abs. 2 S. 1 Satzung des NWL-Eigenbetriebs Infrastruktur und Fahrzeuge – Beschaffung von Fahrzeugen und Umsetzung von Infrastrukturvorhaben.
[106] Knieps (2009), 12 (12).
[107] §§ 12 Abs. 1 S. 1 AEG, 39 Abs. 6 PBefG.

ger zum einen die Tarife und zum anderen die Beförderungsbedingungen an. Wäre vom bundesrechtlichen Verständnis auszugehen, hätte als Oberbegriff formuliert werden müssen, dass die Hinwirkungspflicht die Tarife betrifft. Tarife erfassen demnach im ÖPNVG NRW nur das Beförderungsentgelt. In den Tarifgemeinschaften erfolgt außerdem die Aufteilung der erzielten Einnahmen.[108]

b) Tarifarten

Damit ein Gemeinschafts- bzw. Verbundraumtarif angewendet werden kann, bedarf es der Zustimmung der in einem Gebiet agierenden Verkehrsunternehmen. Sie müssen auf die Anwendung ihrer eigenen Haustarife verzichten. In der Praxis werden hierzu Kooperations- bzw. Verbundgrundverträge abgeschlossen, in denen sich die Verkehrsunternehmen dazu verpflichten, einen Gemeinschafts- bzw. Verbundtarif in der Tarifregion anzuwenden. Für die Einnahmenaufteilung werden zudem privatrechtliche Einnahmen- und Aufteilungsverträge geschlossen. Diese regeln das konkrete Verfahren der Einnahmenaufteilung in Bezug auf die den Gemeinschafts- bzw. Verbundtarif anwendenden Verkehrsunternehmen. Oftmals finden sich auch entsprechende Hinweise in den Kooperationsverträgen.[109]

In Nordrhein-Westfalen gibt es grundsätzlich drei verschiedene Tarifarten: Den Gemeinschafts- bzw. Verbundraumtarif, den Übergangstarif und den NRW-Tarif als landesweiten Tarif. Sie gelten jeweils im gesamten Angebot des ÖPNV. Der Gemeinschafts- bzw. Verbundraumtarif gilt in einem (Tarif-)Verbundraum, von denen es in Nordrhein-Westfalen zurzeit acht gibt.[110] Die Übergangstarife finden Anwendung beim grenzüberschreitenden Verkehr zu anderen Tarifräumen.[111] Dadurch soll eine Doppeltarifierung vermieden werden. Beim Übergangstarif übernimmt der eine Tarifraum die Struktur und Preisgestaltung des anderen. Im Bereich des übernehmenden Tarifraums gelten allerdings dessen Beförderungsbedingungen, was in der Praxis zu Problemen führen kann, wenn diese nicht übereinstimmen.[112] Schließlich ist der NRW-Tarif der landesweite Tarif für Fahrten im ÖPNV innerhalb und insbesondere zwischen den verschiedenen Tarifräumen.[113] Insoweit ist zu differenzieren zwischen sog. RelationsTickets und sog. PauschalTickets. RelationsTickets gelten für Fahrten zwischen einem zu-

---

[108] Reinhardt, 573.
[109] Auskunft vom Zweckverband VRS vom 10.05.2017.
[110] https://infoportal.mobil.nrw/nrw-tarif/weitere-tickets-in-nrw/tickets-der-verkehrsverbuende-in-nrw.html (abgerufen am 20.12.2022).
[111] VRS GmbH (Hrsg.), 8.
[112] Reinhardt, 569 f.
[113] Ziff. 1.1 Tarifbestimmungen über den NRW-Tarif 2022.

vor festgelegten Start- und Zielpunkt, z. B. zwischen zwei Gemeinden.[114] Ein RelationsTicket entfaltet tarifraumübergreifend Geltung, wenn und soweit das Durchqueren verschiedener Tarifräume zur Erreichung des festgelegten Zielpunktes erforderlich ist.[115] PauschalpreisTickets haben dagegen Geltung innerhalb sämtlicher regionaler Tarifgemeinschaften in Nordrhein-Westfalen, sind also nicht auf einen bestimmten Start- und Zielpunkt beschränkt.[116] Eine seit dem 01.12.2021 bestehende Sonderform des NRW-Tarifs stellt der NRW-eTarif, sog. Tarif „eezy.nrw", dar.[117] Hierbei handelt es sich um ein „entfernungsbasiertes Tarifangebot und Vertriebsverfahren für den gesamten Nahverkehr im Bundesland Nordrhein-Westfalen, bei dem der Fahrpreis erst im Nachgang der durchgeführten Fahrt automatisch ermittelt wird."[118] Der Fahrgast beginnt die Fahrt durch entsprechende Bestätigung innerhalb einer auf dem Mobiltelefon befindlichen Applikation („Check-In") und beendet diese bei Erreichen des Wunschzieles ebenda („Check-Out").[119] Der Fahrpreis bestimmt sich nach der tatsächlich zurückgelegten Entfernung des Fahrgastes.[120]

c) Organisatorische Ausgestaltung in Nordrhein-Westfalen

Die nordrhein-westfälischen Tarifgemeinschaften bzw. -verbünde in den regionalen Tarifräumen werden in privatrechtlicher Rechtsform geführt – häufig als GmbH, teilweise auch als GbR.

Im Kooperationsraum A nimmt die VRR AöR als klassischer Verkehrsverbund vollumfänglich die Aufgaben eines Tarifverbundes wahr.[121]

Im Kooperationsraum B übernehmen die Verbundgesellschaften AVV GmbH und VRS GmbH teilweise die Aufgaben einer Tarifgemeinschaft bzw. eines Tarifverbundes auf Grundlage privatrechtlicher Kooperationsverträge mit den Verkehrsunternehmen.[122]

---

[114] Ziff. 2.1 S. 1 Tarifbestimmungen über den NRW-Tarif 2022.
[115] Ziff. 2.1 S. 2 Tarifbestimmungen über den NRW-Tarif 2022.
[116] Ziff. 2.2 i. V. m. Ziff. 1.1 Tarifbestimmungen über den NRW-Tarif 2022.
[117] Ziff. 11.3 i. V. m. Anhang 11 Tarifbestimmungen über den NRW Tarif 2022.
[118] Ziff. 11.3 i. V. m. Anhang 11 Ziff. 1 S. 1 Tarifbestimmungen über den NRW Tarif 2022.
[119] Ziff. 11.3 i. V. m. Anhang 11 Ziff. 3.1 S. 1, 2 Tarifbestimmungen über den NRW Tarif 2022.
[120] Ziff. 11.3 i. V. m. Anhang 11 Ziff. 1 S. 1 Tarifbestimmungen über den NRW-Tarif 2022.
[121] § 8 Abs. 2 S. 1 Verbundgrundvertrag VRR AöR.
[122] Ziff. 1 Abs. 1 Tarifbestimmungen für den Aachener Verkehrsverbund (AVV) 2022; Ziff. 2 Tarifbestimmungen VRS-Gemeinschaftstarif 2022.

Im Kooperationsraum C ist zwischen den fünf regionalen Tarifgemeinschaften[123] und der WestfalenTarif GmbH als tarifraumübergreifende Tarifgemeinschaft für Westfalen, deren Tarif im gesamten Kooperationsraum C gilt, zu differenzieren. Es gibt somit grundsätzlich sechs verschiedene Tarife, die im Kooperationsraum C zur Anwendung kommen können.[124] An den regionalen Tarifgemeinschaften sind, mit Ausnahme bei der OWL Verkehr GmbH[125] und der Tarifgemeinschaft Münsterland – Ruhr-Lippe GmbH[126], als Gesellschafter neben den Verkehrsunternehmen die Trägerzweckverbände beteiligt.[127] Gesellschafter der WestfalenTarif GmbH sind der NWL als SPNV-Aufgabenträger sowie die regionalen Tarifgemeinschaften.[128]

Schließlich übernimmt das Kompetenzcenter Marketing (KCM), welches bei der VRS GmbH angesiedelt ist, landesweit die Aufgaben wie eine Tarifgemeinschaft für den NRW-Tarif sowie den NRW-eTarif: Das KCM ist insoweit insbesondere für die Aufteilung der Einnahmen aus dem NRW-Tarif zuständig[129] und schreibt diesen fort.[130]

8. Verkehrsverbünde

Daneben nennt § 2 Abs. 3 S. 2 ÖPNVG NRW mit dem Verkehrsverbund einen weiteren Akteur im ÖPNV. Die Rolle der Verkehrsverbünde ist in keinem Bundesgesetz und nur wenigen ÖPNV-Landesgesetzen[131] geregelt.[132] Der rechtliche Rahmen der Verkehrsverbünde ist daher grundsätzlich weitgehend frei gestaltbar.[133] Dies macht eine praktische Unterscheidung und länderübergreifende Begriffsbestimmung schwierig.

---

[123] Im Einzelnen sind dies: OWL Verkehr GmbH, Tarifgemeinschaft Münsterland GmbH, Tarifgemeinschaft Ruhr-Lippe GmbH, Verkehrsgemeinschaft Westfalen Süd GbR, Verkehrs-Servicegesellschaft Paderborn/Höxter mbH.

[124] Lit. A. 1.1 WestfalenTarif Tarifbestimmungen 2021.

[125] Allerdings ist der Zweckverband NWL ausweislich der Gesellschafterliste der OWL Verkehrs GmbH (Handelsregister des Amtsgericht Bielefeld HRB 38166) Gesellschafter der OWL Verkehr GmbH, sodass zumindest mittelbar Einflussnahmemöglichkeiten bestehen.

[126] § 4 Abs. 3 Gesellschaftsvertrag Tarifgemeinschaft Münsterland – Ruhr-Lippe GmbH, nach der der NWL jedoch Gesellschafter ist. Auch hier können die Trägerzweckverbände daher auch mittelbar Einfluss ausüben.

[127] https://www.vgws.de/die-vgws/ (abgerufen am 20.12.2022).

[128] Zweckverband NWL (Hrsg.), NWL kompakt 1/2016, 1(1).

[129] https://www.kcm-nrw.de/aufgaben/einnahmenaufteilung/ (abgerufen am 20.12.2022).

[130] https://www.kcm-nrw.de/aufgaben/tarif.html (abgerufen am 20.12.2022).

[131] Z. B. § 5 Abs. 1 S. 1 ÖPNVG Brandenburg.

[132] Werner, WiVerw 2001, 89 (98 f.).

[133] Fandrey, 30.

19

a) Definition in der Literatur

Ein Verkehrsverbund stellt aufgrund der umfangreichen vertraglichen Vereinbarungen und der intensiven Zusammenarbeit die höchste Form der Kooperation im ÖPNV dar.[134]

aa) Vollständige Integration

Ursprünglich wurde unter einem Verkehrsverbund ein Zusammenschluss von Verkehrsunternehmen, in den die Tarif- und Verkehrsgemeinschaft vollständig integriert ist, verstanden, bei dem auf eine gemeinsame Organisation gewisse unternehmerische Zuständigkeiten sowie Ordnungs- und Leistungsfunktionen übertragen werden.[135] Diese gemeinsame Organisation, die Verbundgesellschaft, ist rechtlich selbständig. Sie hat eigenes Personal und eigene Sachmittel. Die ihr übertragenen Aufgaben nimmt sie eigenverantwortlich wahr.[136]

bb) Drei-Ebenen-Modell

Aus diesem Grundverständnis wurde das sog. Drei-Ebenen-Modell entwickelt. Durch dieses sollten die Gebietskörperschaften verstärkt in die Verkehrsverbünde einbezogen werden.[137] Als Grund hierfür wurde die gemeinwirtschaftliche Aufgabe des ÖPNV genannt.[138] Es sollte zwischen den unternehmerischen Aufgaben einerseits und der politischen/hoheitlichen Verantwortung von kreisfreien Städten, Kreisen und Land sowie Bund andererseits differenziert werden.[139]

In diesem Modell tritt eine privatrechtliche Verbundgesellschaft zwischen eine Kooperation der ÖPNV-Aufgabenträger in Form eines Zweckverbandes oder eine Anstalt des öffentlichen Rechts und die Verkehrsunternehmen. Aufgabenträger bleibt weiterhin der Zweckverband bzw. die Anstalt, dessen Tätigkeit sich jedoch auf den politischen Bereich, beispielsweise die Entwicklung von Zielvorgaben für die Verkehrs- und Tarifgestaltung, beschränkt (politische bzw. hoheitliche Ebene). Die unternehmerischen Aufgaben werden von der Verbundgesellschaft wahrgenommen. Dazu gehören, auf Basis der Zielvorstellungen des Zweckverbandes bzw. der Anstalt, die Erarbeitung konkreter Vorschläge zur Verkehrs- und Tarifgestaltung sowie die Koordinierung der Verkehrsleistungen

---

[134] Knieps (2004), 13.
[135] Bundestag Drs. 8/803, 5.
[136] Fromm, Zeitschrift für Verkehrswissenschaft 1980, 87 (87); Kallisch, 99; Knieps (2004), 14.
[137] Bidinger, § 8 PBefG Erl. 1f.
[138] Irsfeld, 85 (92).
[139] Bidinger, § 8 PBefG Erl. 3; Irsfeld, 85 (95).

und die Einnahmenaufteilung (Regieebene). Die Verkehrsunternehmen sind weiter operativ tätig und führen den Nahverkehr aus (unternehmerische Ebene).[140]

Innerhalb des Drei-Ebenen-Modells haben sich verschiedene Ausgestaltungen entwickelt. So gibt es reine Aufgabenträgerverbünde, Mischverbünde oder Unternehmensverbünde. Bei Aufgabenträgerverbünden wird die Verbundgesellschaft von den jeweiligen ÖPNV-Aufgabenträgern gebildet. Dagegen handelt es sich um Mischverbünde, wenn die Verbundgesellschaft gemeinsam von Aufgabenträgern und Verkehrsunternehmen getragen wird. Schließlich liegt ein Unternehmensverbund vor, wenn sich die regional tätigen Verkehrsunternehmen zu einer Verbundgesellschaft zusammenschließen.[141]

Bis in die 1990er Jahre hinein waren nach dem ursprünglichen Verständnis die Verkehrsverbünde überwiegend als Unternehmensverbund organisiert. Seit der Regionalisierung ist eine Änderung hin zu den Aufgabenträger- und Mischverbünden erkennbar.[142] Sofern es sich um einen Aufgabenträgerverbund handelt, übernimmt dieser regelmäßig auch klassische, gesetzlich zugewiesene Aufgabenträgeraufgaben, beispielsweise im Bereich der Nahverkehrsplanung.[143] Über Kooperationsverträge werden die Verkehrsunternehmen einbezogen.[144] Dies ist erforderlich, da die Verkehrsunternehmen bei Aufgabenträgerverbünden nicht wie bei Unternehmens- oder Mischverbünden als Gesellschafter beteiligt sind. Es gibt keinen Gesellschaftsvertrag, der die Rechte und Pflichten regelt.[145]

Die mit dem Drei-Ebenen-Modell verbundenen Änderungen machten auch eine Anpassung der Definition des Verkehrsverbundes notwendig. In der neueren Literatur wird nunmehr von folgender Definition ausgegangen: Ein Verkehrsverbund ist

„eine Kooperationsform im ÖPNV, bei der einer durch die Zusammenarbeit von Aufgabenträgern und/oder Verkehrsunternehmen gebildeten, rechtlich selbständigen Verbundgesellschaft, die mit eigenem Personal und eigenen Sachmitteln arbeitet, wesentliche Zuständigkeiten übertra-

---

[140] Hierzu die Ausführungen in: Bundesminister für Verkehr (Hrsg.), 10, 17, die vor dem Hintergrund von § 5a ÖPNVG NRW jedoch um die gemeinsame Anstalt als Aufgabenträgerkooperation ergänzt wurden.
[141] Knieps, Der Nahverkehr 12/2006, 7 (8).
[142] Knieps, Der Nahverkehr 12/2006, 7 (8).
[143] Knieps, Der Nahverkehr 12/2006, 7 (8).
[144] Knieps, Der Nahverkehr 12/2006, 7 (8).
[145] Knieps, Der Nahverkehr 1-2/2007, 24 (24).

gen werden, insbesondere in Bezug auf die Aufstellung bzw. Weiterent-
wicklung des Gemeinschaftstarifs und die Abstimmung der Netz- und
Fahrplangestaltung des gesamten ÖPNV auf Straße und Schiene im Ver-
bundgebiet, und die vorrangig das Ziel verfolgt, durch dieses abge-
stimmte Verkehrsangebot die Attraktivität des gesamten regionalen
ÖPNV insbesondere im Vergleich zum motorisierten Individualverkehr zu
steigern."[146]

cc) Organisationsgrad

Es gibt hinsichtlich der Organisation der Verkehrsverbünde starke Unterschiede.[147] Diese hängen zum einen mit der historischen Entwicklung und den
politischen Strukturen vor Ort zusammen.[148] Hauptaspekt dürfte allerdings sein,
dass es keine gesetzlichen Regelungen gibt, die Vorgaben zur Organisation der
Verkehrsverbünde machen.

Knieps stellt zu Recht fest, dass der Begriff Verkehrsverbund mittlerweile „zu
einer Art Markenzeichen für Kooperationen im ÖPNV geworden"[149] ist. Der Begriff Verkehrsverbund wird teilweise auch für Kooperationsformen genutzt, die
nach den bisherigen definitorischen Ansätzen keiner sind, so beispielsweise für
SPNV-Aufgabenträgerorganisationen.[150]

b) Normative Anknüpfungspunkte

aa) § 2 Abs. 3 S. 2 ÖPNVG NRW

(1) Aktuelle Regelung

Im ÖPNVG NRW werden die Verkehrsverbünde nur in § 2 Abs. 3 S. 2 ÖPNVG
NRW ausdrücklich erwähnt.

Dort wird angeordnet, dass die Zusammenarbeit von Land, kommunalen Gebietskörperschaften und Verkehrsunternehmen in Verkehrsverbünden weiterzuentwickeln ist. Ziel ist es nach dem Gesetzeswortlaut des § 2 Abs. 3 S. 2
ÖPNVG NRW, durch

„koordinierte, kompatible, die Digitalisierungstechnik nutzende Fahrgast-
information unter Berücksichtigung der Bedürfnisse von Menschen mit

---

[146] Knieps (2004), 33; ähnlich auch: Knieps, Der Nahverkehr 12/2006, 7 (7).
[147] Hierzu: Knieps, Der Nahverkehr 12/2006, 7; Ders., Der Nahverkehr 1-2/2007, 24.
[148] Knieps, Der Nahverkehr 12/2006, 7 (8).
[149] Knieps, Der Nahverkehr 12/2006, 7 (7).
[150] Knieps, Der Nahverkehr 12/2006, 7 (7).

Hör- und Sehbehinderungen sowie durch einheitliche Qualitätsstandards die Fahrgastzahlen sowie die Attraktivität des ÖPNV zu steigern."

§ 2 Abs. 3 S. 2 ÖPNVG NRW verlangt eine Einbeziehung des Landes. Zusammenarbeit ist in diesem Zusammenhang nicht mit einer Beteiligung zu verwechseln. Ansonsten hätte das Gesetz den Wortlaut „bilden" benutzt, wie dies in § 5 Abs. 1 S. 1 ÖPNVG NRW der Fall ist. Der Begriff „zusammenarbeiten" wird bei der Verpflichtung zur Kooperation der SPNV-Aufgabenträger in § 6 Abs. 1 S. 1 ÖPNVG NRW verwendet. In der Kommentierung wird unter Zusammenarbeit ein bewusstes Zusammenwirken bei der Verrichtung einer Tätigkeit zur Erreichung eines gemeinsamen Ziels verstanden.[151] Diese Definition kann auch im Zusammenhang des § 2 Abs. 3 S. 2 ÖPNVG NRW fruchtbar gemacht werden, denn in beiden Vorschriften geht es um Kooperation zur Erreichung eines gemeinsamen Ziels. Der Gesetzeswortlaut lässt weiter offen, wie die Zusammenarbeit organisiert wird.

Diese Zusammenarbeit ist nach § 3 Abs. 3 S. 2 ÖPNVG NRW weiterzuentwickeln. Im allgemeinen Sprachgebrauch bedeutet „weiterentwickeln" bzw. „entwickeln" die Verbesserung eines bestehenden Zustandes.[152] Dieses Verständnis wird auch bei anderen gesetzlichen Regelungen zu Grunde gelegt. In § 27 Abs. 3 BNatSchG heißt es beispielsweise, dass Naturparks i. S. d. Abs. 1 unter Beachtung der Ziele des Naturschutzes und der Landschaftspflege geplant, gegliedert, erschlossen und weiterentwickelt werden sollen. In der Literatur wird in diesem Zusammenhang unter dem Begriff „weiterentwickeln" eine Verbesserung des bisherigen Zustandes verstanden, wobei der bisherige Zustand erhalten bleiben soll.[153] Daneben wird beispielsweise in § 1 Abs. 5 S. 2 BauGB der Begriff „entwickeln" genutzt. Demnach soll die Bauleitplanung unter anderem dazu beitragen, die natürlichen Lebensgrundlagen zu schützen und zu entwickeln. In der Literatur wird „entwickeln" in diesem Zusammenhang als die Verbesserung eines bestehenden Zustandes verstanden.[154]

Überträgt man die Bedeutung von „weiterentwickeln" bzw. „entwickeln" auf § 2 Abs. 3 S. 2 ÖPNVG NRW, kann hier „weiterzuentwickeln" nur als Verbesserung des bisherigen Zustandes verstanden werden. Diese Wortlautauslegung wird auch durch ein historisches Argument gestützt. So gab es bereits vor Erlass des ÖPNVG NRW eine Zusammenarbeit von Land, kommunalen Gebietskörper-

---

[151] Werner/Patout et. al, § 6 ÖPNVG NRW Erl. 1.
[152] Dudenredaktion, 538 (Suchwort: entwickeln).
[153] Appel, in: Frenz/Müggenborg, § 27 BNatSchG Rn. 26.
[154] Hoppenberg, NJW 1987, 748 (749).

schaften und Verkehrsunternehmen in Verkehrsverbünden. Das Land übernahm in diesem Zusammenhang finanzielle Förderungen für die Verkehrsverbünde.[155] Es trat für die Einnahmeausfälle, die den Verkehrsunternehmen durch die Anwendung des verbundweiten Gemeinschaftstarifs entstanden, ein.[156] Diesbezüglich entstanden höhere Kosten durch die Durchtarifierung und Anpassung der Tarife, die die Verkehrsunternehmen bisher anwandten. Unter Durchtarifierung ist die Ausgabe nur eines Fahrscheins auch in den Fällen, in denen der Fahrgast für seine Reise die Fahrzeuge verschiedener Unternehmen in Anspruch nimmt, zu verstehen. Anpassung meint die Anpassung der Haustarife der Verkehrsunternehmen nach Struktur und Höhe an den Verbundtarif. Des Weiteren entstehen Kosten durch den Betrieb einer Verbundgesellschaft.[157] Hintergrund dieses finanziellen Einstehens des Landes war, dass hierzu spätestens seit den 1970er Jahren ein großes Interesse daran bestand, bei der Mobilität der Bevölkerung vom damals vorherrschenden motorisierten Individualverkehr auf den ÖPNV umzusteigen und diesen entsprechend zu fördern. Die mit dem motorisierten Individualverkehr einhergehenden „negativen Folgen wie z.B. der Verödung der Innenstädte, dem Verbrauch von Landschaft und Natur, den Gefahren für die Gesundheit der Bevölkerung durch Lärm und Abgase und dem ständig steigenden Verbrauch von Primärenergie"[158] sollte entgegengesteuert werden. Die finanzielle Förderung war bis zum 31. Dezember 1999 befristet und wurde nicht verlängert.[159] Von dieser Konzeption ging das ÖPNVG NRW bei seinem Erlass aus. Hierbei handelt es sich somit um den Ist-Zustand, den der Gesetzgeber bei Erlass des ÖPNVG NRW vor Augen hatte. Die Gesetzesbegründung zum ÖPNVG NRW 1995 spricht zudem davon, dass die Struktur der bestehenden Verkehrsverbünde erhalten bleiben sollte.[160] Von diesem bestehenden Zustand sollte ausgegangen werden. Hierauf aufbauend geht § 2 Abs. 3 S. 2 ÖPNVG NRW von einer Weiterentwicklung im Sinne einer Verbesserung aus.

Der Wortlaut „weiterzuentwickeln" kann so verstanden werden, dass Verkehrsverbünde bereits bestehen oder noch gebildet werden können. Leitbild waren die zum Zeitpunkt der Bahnreform bestehenden Verkehrsverbünde AVV, VRR und VRS.[161] Der Wortlaut verbietet aber gerade nicht, dass weitere Verkehrs-

---

155 Vgl. die Übergangsvorschrift (galt bis 2010) in § 17 Abs. 1, 2 ÖPNVG NRW 1995.
156 Scheucken, 9 (10).
157 Linke, 58.
158 Busch, 15 (15) – dort auch ausführlicher zu dieser Thematik.
159 Landtag NRW-Drs. 13/2706, 22.
160 Landtag NRW-Drs. 11/7847, 27 f.
161 Landtag NRW-Drs. 11/7847, 27 f.

verbünde gebildet werden. Die Länder können die Verkehrsunternehmen allerdings, anders als die Aufgabenträger, auch nicht zu einer Kooperation zwingen.[162]

Institutionelle Vorgaben für die Verbundgesellschaft finden sich in § 2 Abs. 3 S. 2 ÖPNVG NRW nicht. Daher bleiben die damit einhergehenden Entscheidungen den Beteiligten vorbehalten.

(2) Die nordrhein-westfälischen Verkehrsverbünde

In den Drucksachen zum ÖPNVG NRW 1995 werden als Verkehrsverbünde VRR, AVV und VRS benannt.[163]

Die VRR GmbH war im Zeitraum von 1980 bis 1990 ein Unternehmensverbund. Zum 1. Januar 1990 übernahm der Zweckverband VRR alle Gesellschaftsanteile, sodass ein Aufgabenträgerverbund entstand. Die seit 1996 bei der VRR GmbH angesiedelten Aufgaben hinsichtlich des SPNV wurden 2001 auf den Zweckverband VRR übertragen. In den Jahren 2005/2006 wurden die klassischen Verbundaufgaben sowie die hoheitlichen Aufgaben in der VRR AöR zusammengeführt.[164] Die VRR AöR hat somit sowohl hoheitliche als auch privatrechtliche Aufgaben. Ihr kommt eine Zwischenstellung zu. Die Verkehrsunternehmen im Verbundraum werden über Verbundgrundverträge mit der VRR AöR einbezogen.

Die 1987 gebildete Verkehrsverbund Rhein-Sieg GmbH (VRS GmbH) wurde zum 1. Januar 1996 zu einem Aufgabenträgerverbund. Zunächst hatten einige Kommunen neben dem Zweckverband VRS noch Anteile an der VRS GmbH. Dies änderte sich durch eine Umstrukturierung zum Jahr 2003. Seitdem ist der Zweckverband VRS alleiniger Gesellschafter der VRS GmbH.[165] Die VRS GmbH hat mit den Verkehrsunternehmen im Verbundraum einen Kooperationsvertrag abgeschlossen. In diesem haben die Verkehrsunternehmen der VRS GmbH die privatrechtliche Aufgabe der Festsetzung und Änderung des Gemeinschaftstarifs übertragen.[166] Der Zweckverband VRS bedient sich der VRS GmbH als Dienststelle und ist ihr alleiniger Gesellschafter.[167] Bei der VRS

---

[162] Wachinger/Wittemann, 116.
[163] Landtag NRW-Drs. 11/7847, 27 f.
[164] Knieps, Der Nahverkehr 12/2006, 7 (10).
[165] Knieps, Der Nahverkehr 12/2006, 7 (11).
[166] § 14 Abs. 3 S. 3 Satzung ZV VRS.
[167] § 11 Abs. 1 S. 2 Satzung ZV VRS.

GmbH entscheidet die Verbandsversammlung des VRS über jedes Votum des Zweckverbandes in der Gesellschafterversammlung.[168]

Bei der Aachener Verkehrsverbund GmbH (AVV GmbH) ist der Zweckverband AVV alleiniger Gesellschafter.[169] Es handelt sich also ebenfalls um einen Aufgabenträgerverbund. Die Verkehrsunternehmen im Verbundraum sind über Kooperationsverträge eingebunden.[170]

Einer Betrachtung bedarf die aktuelle Zusammenarbeit von Aufgabenträgern und Verkehrsunternehmen mit dem Land, nachdem die (Verbund-)Grundverträge, welche eine Einbeziehung des Landes in die Verbundarbeit regelten, ausgelaufen sind. Im Rahmen dieser Verträge, die bis zur Regionalisierung regelmäßig insbesondere mit dem Ziel der Finanzierungssicherung der Verkehrsdienstleistungen abgeschlossen wurden, wurden die Förderpflichten des Landes gegenüber den Verkehrsverbünden geregelt. Nach Inkrafttreten des ÖPNVG NRW 1995 wurden jedoch keine neuen (Verbund-)Grundverträge mehr abgeschlossen. Die Altverträge sind inzwischen vollständig ausgelaufen.[171]

Nunmehr findet in der Praxis größtenteils eine Zusammenarbeit von Verkehrsunternehmen und Aufgabenträgern mit dem Land bei der Anwendung des Verbundtarifs statt. Die Anwendung des Verbundtarifs bei gemeinwirtschaftlichen Verkehren kann in der Vorabbekanntmachung gem. Art. 7 Abs. 2 VO (EG) 1370/2007 bzw. § 8b Abs. 2 PBefG zur Vorgabe gemacht werden. Zuständig für die Erstellung der Vorabbekanntmachung bzw. Bekanntmachung sind die jeweiligen Aufgabenträger als zuständige Behörde i. S.d. VO (EG) 1370/2007.[172] Ihnen bleibt überlassen, ob sie die Anwendung eines Verbundtarifs verpflichtend vorschreiben möchten oder nicht. Wird in der Vorabbekanntmachung der Verbundtarif verpflichtend vorgegeben und wird dieser nicht angewandt, so hat die Genehmigungsbehörde die ÖSPV-Liniengenehmigung zu versagen.[173] Ebenfalls kann die Anwendung des Verbundtarifs verpflichtend in den Nahverkehrsplänen vorgesehen werden. Diesen hat die Genehmigungsbehörde bei der Linienvergabe zu berücksichtigen.[174] Etwas anderes kann im Bereich der eigenwirtschaftlichen Verkehre gelten. Dennoch wird das Verkehrsun-

---

[168] § 7 Abs. 2 Satzung ZV VRS.
[169] Gesellschafterliste der Aachener Verkehrsverbund GmbH, Handelsregister des Amtsgerichts Aachen, HRB 5952.
[170] Knieps, Der Nahverkehr 12/2006, 7 (13).
[171] Landtag NRW-Drs. 11/7847, 39.
[172] § 3 Abs. 2 S. 1 ÖPNVG NRW.
[173] § 13 Abs. 2a S. 2 PBefG.
[174] § 13 Abs. 2a S. 1 PBefG.

ternehmen in der Regel den Verbundtarif anwenden, um am Einnahmenaufteilungsverfahren teilnehmen zu können. Im Bereich des gemeinwirtschaftlichen SPNV ist der Verbundtarif, sofern er zur Vorgabe gemacht wird, anzuwenden, auch wenn es keiner Genehmigung bedarf.

Weiterhin findet eine Zusammenarbeit von Land, Aufgabenträgern, Verkehrsverbünden und Verkehrsunternehmen in den landesweiten Kompetenzcentern statt. Aktuell gibt es fünf Kompetenzcenter, deren Beratungsschwerpunkte auch die Grundsatzentscheidungen des § 2 ÖPNVG NRW für den ÖPNV widerspiegeln. In § 2 ÖPNVG NRW sind insbesondere die Themen Sicherheit und Sauberkeit[175], Pünktlichkeit und Anschlusssicherheit[176], Fahrgastfreundlichkeit und -information[177] sowie Verknüpfung der Verkehre[178] vorgesehen. Umgesetzt werden diese Kernthemen in den Kompetenzcentern Marketing (KCM)[179], Digitalisierung (KCD)[180], Integraler Taktfahrplan (KCITF)[181] und Sicherheit (KCS)[182]. Die Kompetenzcenter KCM (VRS GmbH), KCD (VRR AöR) und KCS (VRR AöR) sind bei Verkehrsverbünden angesiedelt. Die Finanzierung der Kompetenzcenter erfolgt aus Landesmitteln über Zuwendungen i. S. d. § 14 ÖPNVG NRW.[183] Nach Antrag der Kompetenzcenter werden von den zuständigen Bezirksregierungen für die Dauer von grundsätzlich drei Jahren Zuwendungsbe-

---

[175] § 2 Abs. 1, 3 S. 1 ÖPNVG NRW.
[176] § 2 Abs. 3 S. 1 ÖPNVG NRW.
[177] § 2 Abs. 3 S. 1 ÖPNVG NRW.
[178] § 2 Abs. 3 S. 1 ÖPNVG NRW.
[179] Die VRS GmbH in Köln ist für den Betrieb des seit 2002 agierenden KCM zuständig. Wesentliche Aufgabe ist die Planung, Organisation und Durchführung des NRW-Tarifs. Hierunter fallen Fragen des Vertriebs, der Fortschreibung des NRW-Tarifs, der Aufteilung von Einnahmen aus dem NRW-Tarif, der Fahrgastkommunikation und -information sowie die damit zusammenhängende Marktforschung. (https://www.kcm-nrw.de/aufgaben/tarif/ [abgerufen am 20.12.2022]).
[180] Seit Januar 2019 werden im KCD Fragen der Digitalisierung gebündelt. Es handelt sich um einen Zusammenschluss der ehemaligen Kompetenzcenter Elektronisches Fahrgeldmanagemt (KCEFM) und Fahrgastinformation (KCF). Angeboten werden u. a. digitale Fahrplanauskünfte für Fahrgäste und Unterstützung bei der Einführung und Fortentwicklung elektronischer Fahrgeldmanagement-Systeme. (https://www.kcd-nrw.de/ [abgerufen am 20.12.2022]).
[181] Das KCITF wurde 2008 gegründet und bei der Geschäftsstelle des NWL in Bielefeld angesiedelt. Hauptaufgabe ist die Weiterentwicklung des NRW-Taktfahrplans. Hierzu gehört die Implementierung von leicht merkbaren Taktzeiten und schnelleren Verbindungen im SPNV, insbesondere auch im Hinblick auf das RRX-Zielnetz. Weitere Aufgabe ist die mittel- bis langfristige SPNV-Angebotsplanung, die verbundübergreifende strategische Infrastrukturplanung sowie das landesweite SPNV-Datenmanagement. (Auskunft des KCITF vom 31.01.2017 und 13.02.2017).
[182] Das KCS, 2008 gegründet, ist bei der VRR AöR angesiedelt. Es ist für die Fragen rund um die Fahrgastsicherheit im ÖPNV zuständig. (https://www.kcsicherheit.de/ [abgerufen am 20.12.2022]).
[183] Verwaltungsvorschrift Nr. 2.1 zu § 14 ÖPNVG NRW.

scheide erteilt.[184] Als Nachweis für die rechtmäßige Mittelverwendung müssen Verwendungsnachweise vorgelegt werden.[185]

(3) Anpassungsbedarf

Die Regelung des § 2 Abs. 3 S. 2 ÖPNVG NRW bedarf einer Novellierung. Zu kritisieren ist, dass in einem Verkehrsverbund nach dem aktuellen Gesetzeswortlaut auch die Zusammenarbeit mit dem Land erfolgen muss. Würde man dem allerdings folgen, wäre der AVV, obwohl dieser ursprünlich einer der drei Verkehrsverbünde in Nordrhein-Westfalen war, nach dem Verständnis des Gesetzgebers kein Verkehrsverbund gemäß der Regelungen des ÖPNVG NRW, wenn dieser nicht den Verbundtarif in Ausschreibungen im ÖSPV zur Anwendung bringen würde.[186]

Die Regelung des § 2 Abs. 3 S. 2 ÖPNVG NRW wurde 1995 nicht geändert. Vielmehr geht das Gesetz noch von der alten Situation aus, dass das Land über § 17 ÖPNVG NRW 1995 im Rahmen der Finanzierung und über den Verbundgrundvertrag mit den Verkehrsverbünden zusammenarbeitet. Der Gesetzgeber sollte aktiv werden und den Passus streichen oder umformulieren, denn einer Einbeziehung des Landes bedarf es nicht mehr zwangsläufig. Einer der wichtigsten Aufgaben des Verkehrsverbundes[187], einen Gemeinschaftstarif zu schaffen, wurde in Nordrhein-Westfalen flächendeckend nachgekommen. Die damit einhergehenden Durchtarifierungsverluste wurden ausgeglichen. Nunmehr werden Verträge mit den Verkehrsunternehmen abgeschlossen.

bb) Sonstige Gesetze

(1) Bundesgesetze

In den bundesrechtlichen Gesetzen (RegG, PBefG, AEG) findet sich keine Legaldefinition der Verkehrsverbünde. Sie werden entweder vorausgesetzt[188] oder es wird allgemein von Verkehrskooperation[189] gesprochen.

(2) Sonstige Landes-ÖPNVG

Während die Landes-ÖPNV-Gesetze in aller Regel Vorgaben zu Verkehrskooperationen, zumeist in Form von Zweckverbänden, vorsehen, finden sich nur in drei ausdrückliche Regelungen zu Verkehrsverbünden. Es handelt sich

---

184 Verwaltungsvorschrift Nr. 6.2 zu § 14 ÖPNVG NRW.
185 Verwaltungsvorschrift Nr. 6.4 zu § 14 ÖPNVG NRW.
186 Landtag NRW-Drs. 11/7847, 27 f.
187 Vgl. dazu die alte Regelung in § 14 Abs. 2 S. 1 RegG NRW vom 07.03.1995.
188 § 5 Abs. 4 S. 1 Nr. 3 AEG.
189 § 8 Abs. 3b S. 1 PBefG; § 12 Abs. 7 S. 1 AEG.

hierbei – neben dem ÖPNVG NRW – um die Landesgesetze von Berlin, Brandenburg und Hessen.

In Berlin ist zunächst das Land Berlin Aufgabenträger im gesamten ÖPNV.[190] Das Land Berlin hat zusammen mit den ÖPNV-Aufgabenträgern in Brandenburg einen Verkehrsverbund gebildet und eine Verbundgesellschaft gegründet.[191] Diese wirkt an der Planung, Organisation und Ausgestaltung des ÖPNV mit.[192] Der Aufgabenträger soll die Verbundgesellschaft mit der Vergabe von ÖPNV-Leistungen beauftragen.[193] Daneben soll die Verbundgesellschaft für die Einnahmenaufteilung und die Weiterentwicklung der Verträge und Verfahren zuständig sein.[194] Außerdem wirkt die Verbundgesellschaft unterstützend und koordinierend bei der Weiterentwicklung der Fahrplanangebote im Stadt-Umland-Verkehr in Abstimmung mit den brandenburgischen Aufgabenträgern mit.[195] Das Berliner Mobilitätsgesetz differenziert zwischen dem Verkehrsverbund und der Verbundgesellschaft.[196] Die Aufgabenträger arbeiten im Verkehrsverbund mit dem Ziel eines integrierten Verkehrsangebotes zusammen. Die damit einhergehenden Aufgaben werden von der Verbundgesellschaft übernommen, sofern dies in den Verbundgrundverträgen geregelt ist.[197]

Aufgabenträger im SPNV in Brandenburg ist grundsätzlich das Land, auf Antrag die Landkreise und kreisfreien Städte.[198] Zur Wahrnehmung der Aufgabenträgerschaft hat das Land zusammen mit dem Land Berlin und den brandenburgischen Landkreisen und kreisfreien Städten den Verkehrsverbund Berlin-Brandenburg gebildet.[199] Die Aufgabenträgerschaft im ÖSPV ist eine freiwillige Sebstverwaltungsaufgabe der Landkreise und kreisfreien Städte.[200]

Aufgabenträger nach dem hessischen ÖPNV-Gesetz sind die Kreise, kreisfreien Städte und Gemeinden mit mehr als 50.000 Einwohnern.[201] Diese haben

---

[190] § 27 Abs. 1 S. 1 Berliner Mobilitätsgesetz.
[191] § 28 Abs. 1 S. 1 Berliner Mobilitätsgesetz.
[192] § 28 Abs. 1 S. 2 Berliner Mobilitätsgesetz.
[193] § 28 Abs. 2 S. 1 Berliner Mobilitätsgesetz.
[194] § 28 Abs. 2 S. 2 Berliner Mobilitätsgesetz.
[195] § 28 Abs. 3 S. 1 Berliner Mobilitätsgesetz.
[196] § 28 Abs. 1 S. 1 Berliner Mobilitätsgesetz.
[197] Abgeordnetenhaus Berlin-Drs. 18/0878, 43.
[198] § 3 Abs. 1, 2 S. 1 ÖPNVG Brandenburg.
[199] § 5 Abs. 1 S. 1 ÖPNVG Brandenburg.
[200] § 3 Abs. 3 ÖPNVG Brandenburg.
[201] § 5 Abs. 1 S. 1 ÖPNVG Hessen.

die SPNV-Aufgabenträgerschaft auf die dafür von ihnen errichteten Verkehrsverbünde übertragen.[202]

Die Verkehrsverbünde in Brandenburg und Hessen sind Aufgabenträgerverbünde.[203] Diesen kommen zum einen klassische Aufgaben eines Aufgabenträgers, wie die Planung, Organisation und Ausgestaltung des ÖPNV, zu.[204] Darüber hinaus gibt es aber auch Aufgaben, die auf die klassischen Verkehrsverbunddefinitionen passen. So soll der Verkehrsverbund eine einheitliche Basis für Produkte und Angebotsstandards entwickeln. Dies gilt hinsichtlich der Beförderungstarife ebenso wie für die Fahrgastinformation, Marketingmaßnahmen oder einheitliche Abfertigungs- und Zahlungssysteme.[205] Außerdem erfolgt durch die Verkehrsverbünde die Einnahmenaufteilung.[206]

Das Verständnis anderer Landes-ÖPNVG geht somit davon aus, dass dem Verkehrsverbund über die eines Aufgabenträgers hinausgehende Aufgaben zukommen.

cc) Schlussfolgerungen

Fasst man die vorherigen Ergebnisse zusammen, so kann ein Verkehrsverbund unter Zugrundelegung des nordrhein-westfälischen Verständnisses und bei Berücksichtigung des Anpassungsbedarfs wie folgt definiert werden:

Bei dem Verkehrsverbund handelt es sich um eine Kooperationsform, bei der ÖPNV-Aufgabenträger und Verkehrsunternehmen zusammenarbeiten, um die Attraktivität des ÖPNV zu steigern. Es wird eine rechtlich selbständige Verbundgesellschaft gebildet, die mit eigenem Personal und eigenen Sachmitteln arbeitet. Dem Verkehrsverbund werden wesentliche Zuständigkeiten im ÖPNV übertragen. Ein integriertes Verkehrsangebot im gesamten ÖPNV soll gesichert werden.

c) Abgrenzungen

Die Verkehrsverbünde sind von den SPNV-Aufgabenträgern, Trägerzweckverbänden und Tarif- bzw. Verkehrsgemeinschaften abzugrenzen.

---

[202] §§ 6 Abs. 2 S. 1, 7 Abs. 1 S. 1 ÖPNVG Hessen.
[203] § 5 Abs. 1 S. 1 ÖPNVG Brandenburg; § 6 Abs. 2 S. 1 ÖPNVG Hessen.
[204] § 5 Abs. 1 S. 1 ÖPNVG Brandenburg; §§ 6 Abs. 4 S. 1, 7 Abs. 1 S. 1 ÖPNVG Hessen.
[205] § 5 Abs. 2 S. 1, 2 ÖPNVG Brandenburg; § 7 Abs. 1 S. 2 Nr. 1, 2, 3 ÖPNVG Hessen.
[206] § 5 Abs. 2 S. 4 ÖPNVG Brandenburg; § 7 Abs. 1 S. 2 Nr. 4 ÖPNVG Hessen.

aa) Abgrenzung zu SPNV-Aufgabenträgern

Eine Abgrenzung zu den SPNV-Aufgabenträgern erfolgt hinsichtlich der im ÖPNVG NRW vorgesehenen Aufgaben, insbesondere solche gem. § 5 ÖPNVG NRW, und über deren Grad der Pflichtigkeit. Die Verkehrsverbünde nehmen wie dargestellt andere Aufgaben wahr. Außerdem differenziert das ÖPNV NRW ausdrücklich zwischen Aufgabenträgern und Verbünden.[207]

Daneben unterscheiden sich Aufgabenträger und Verkehrsverbünde in weiteren Bereichen. Die SPNV-Aufgabenträger trifft hinsichtlich einheitlicher Tarife und Beförderungsbedingungen, einer koordinierten, kompatiblen, die Digitalisierungstechnik nutzenden Fahrgastinformation und einheitlicher Qualitätsstandards gem. § 5 Abs. 3 S. 3 ÖPNVG NRW eine Hinwirkungspflicht. Was unter Hinwirkungspflicht zu verstehen ist, bleibt anhand des Gesetzestextes unklar. Möglich ist das Verständnis als rechtliche Verpflichtung sowie als – im Ergebnis unverbindliche – Zielbestimmung.[208] Gegen die Einordnung als Rechtspflicht für die Aufgabenträger spricht, dass das ÖPNVG NRW keine Sanktionierungsmöglichkeiten für den Fall bereit hält, dass der Hinwirkungspflicht nicht nachgekommen wird.[209] Auch die allgemeine Bedeutung des Wortes „hinwirken" spricht gegen eine rechtliche Verpflichtung und für eine unverbindliche Zielbestimmung. „Hinwirken" bedeutet „Anstrengungen unternehmen, sich einsetzen, um etwas zu veranlassen".[210] Eine verbindliche Umsetzung bzw. ein verbindliches Ergebnis wird gerade nicht vom Wortsinn erfasst. Der SPNV-Aufgabenträger hat daher gegenüber seinen Mitgliedern lediglich auf die Verwirklichung der gesetzgeberischen Ziele zu drängen und eigene Umsetzungsvorschläge zu unterbreiten. Ein bestimmter Erfolg wird im Rahmen der Hinwirkungspflicht somit nicht geschuldet.[211]

Nach § 2 Abs. 3 S. 2 ÖPNVG NRW ist die Zusammenarbeit des Landes, der kommunalen Gebietskörperschaften und der Verkehrsunternehmen des ÖPNV mit dem Ziel der Attraktivitätssteigerung des ÖPNV weiterzuentwickeln. Dabei bezieht sich § 2 Abs. 3 S. 2 ÖPNVG NRW systematisch auf § 2 Abs. 3 S. 1, 1. Halbsatz ÖPNVG NRW und die dort genannte „angemessene Bedienung der Bevölkerung durch den ÖPNV". Zwar handelt es sich bei § 2 Abs. 3 S. 1, 1. Halbsatz ÖPNVG NRW um einen Grundsatz, der im gesamten Gesetz Anwen-

---

[207] Hierzu beispielsweise die Regelung in § 2 Abs. 3 S. 2 ÖPNVG NRW.
[208] So auch Wolf, 112.
[209] Wolf, 112 (allerdings bezogen auf die Rechtslage in Baden-Württemberg bzw. der Hauptstadtregion Stuttgart).
[210] Dudenredaktion, 884 (Suchwort: hinwirken).
[211] So auch: Werner/Patout et al., § 5 ÖPNVG NRW Erl. 4.

dung findet, doch differenzieren die Möglichkeiten der Zielerreichung. Während die Aufgabenträger die Möglichkeit haben, über die Planung, Organisation und Ausgestaltung des ÖPNV[212] einzugreifen, haben die Verkehrsverbünde andere Mittel: koordinierte Planung und Ausgestaltung des Leistungsangebots, Festlegung einheitlicher und nutzerfreundlicher Tarife, Angebot von koordinierten, kompatiblen, die Digitalisierungstechnik nutzenden Fahrgastinformationen unter Berücksichtigung der Bedürfnisse von Menschen mit Hör- und Sehbehinderungen sowie Nutzung einheitlicher Fahrgaststandards.[213] Hier genügt gerade nicht das bloße Hinwirken wie bei den SPNV-Aufgabenträgern.

Für eine Differenzierung zwischen Verkehrsverbund und Aufgabenträger spricht auch das Verständnis in den Gesetzgebungsmaterialien. Demnach ist Hintergrund für die Möglichkeit der Kreise und kreisfreien Städte nach § 5 Abs. 3a, 1. Halbsatz ÖPNVG NRW, weitere Aufgaben auf die SPNV-Aufgabenträger zu übertragen, der Wunsch die „bisher bewährte[n] Strukturen der großen Verkehrsverbünde [zu] erhalten."[214] Daraus folgt, dass seitens des Gesetzgebers nicht von einer Identität zwischen Aufgabenträgern und Verkehrsverbünden ausgegangen wurde. Vielmehr sollte die Möglichkeit bestehen, dass die SPNV-Aufgabenträger auch Verkehrsverbünde sein können. Die den SPNV-Aufgabenträgern nach § 5 Abs. 3 S. 1 ÖPNVG NRW übertragene Aufgabe der Planung, Organisation und Ausgestaltung genügt allein noch nicht dafür, einen Verkehrsverbund i. S. d. ÖPNVG NRW annehmen zu können. Es müssen vielmehr weitere Aufgaben hinzukommen.

Aus diesen Gründen handelt es sich bei der NVR GmbH um keinen Verkehrsverbund, sondern eine Regiegesellschaft, die die Aufgaben des Zweckverbandes NVR durchführt.[215] Von ihr werden keine klassischen Verbundaufgaben im Hinblick auf Tarif, Einnahmenaufteilung und Marketing wahrgenommen. Stattdessen beschränkt sich ihre Zuständigkeit auf die dem Zweckverband NVR zugewiesenen Aufgaben, insbesondere hinsichtlich der Planung, Organisation und Ausgestaltung des SPNV.[216]

Im Kooperationsraum C (NWL) haben zwei Trägerzweckverbände in ihren Namen die Bezeichnung „Verkehrsverbund" aufgenommen. Dies sind der Zweck-

---

[212] §§ 3 Abs. 1 S. 1, 5 Abs. 3 S. 1 ÖPNVG NRW.
[213] § 2 Abs. 3 S. 2 ÖPNVG NRW. Zu den einzelnen Ausprägungen ausführlich: Werner/Patout et al., § 5 ÖPNVG NRW Erl. 4.
[214] Landtag NRW-Drs. 11/7847, S. 27 f.
[215] § 11 Abs. 1 S. 1 Satzung Zweckverband NVR.
[216] § 11 Abs. 1 S. 1 Satzung Zweckverband NVR.

verband Verkehrsverbund Ostwestfalen-Lippe (VVOWL)[217] und der Nahverkehrsverbund Paderborn-Höxter (nph)[218]. Allerdings fehlt beiden eine Verbundgesellschaft. Zudem übernehmen sie keine klassischen Verbundaufgaben wie Tariffragen, Einnahmenaufteilung und Marketing.[219]

bb) Abgrenzung zu Tarif- und Verkehrs- / Verbundgemeinschaften

Darüber hinaus sind die Verkehrsverbünde von den Tarifgemeinschaften über den Tätigkeitsbereich abzugrenzen. Die Verkehrsverbünde sind nach § 2 Abs. 3 S. 2 ÖPNVG NRW über die Umsetzung reiner Tarifangelegenheiten hinaus tätig. Diese bilden nur einen Teil des Aufgabenspektrums.

Neben der Tarifgemeinschaft ist die Verkehrsgemeinschaft eine weitere Kooperationsform im ÖPNV, bei der „zusätzlich [zu den Aufgaben einer Tarifgemeinschaft] Vereinbarungen über eine gemeinsame Fahrplangestaltung, die gegenseitige Abstimmung des Leistungsangebots und ggf. auch über eine innerbetriebliche Zusammenarbeit (Verwaltung, technischer Betrieb, Rationalisierungsmaßnahmen) getroffen werden"[220]. Die entsprechenden Zuständigkeiten werden nicht auf eine Organisation übertragen und für die unternehmerischen Entscheidungen verbleiben sie bei den Verkehrsunternehmen. Es erfolgt gerade nur eine Abstimmung hinsichtlich des Leistungsangebots.[221] Aufgrund des Abstimmungsbedarfs innerhalb einer Verkehrsgemeinschaft werden oft Geschäftsstellen eingerichtet.[222] Die Abgrenzung zur Verkehrsgemeinschaft vollzieht sich über das Fehlen einer rechtlich selbständigen Verbundgesellschaft.[223] Bei der Verkehrsgemeinschaft ist – wenn überhaupt – eine Geschäftsstelle der beteiligten Verkehrsunternehmen zur Koordinierung der Aufgaben vorhanden.[224]

Eine solche Verkehrsgemeinschaft ist die Verbundgesellschaft Paderborn-Höxter GmbH (vph). Die vph bezeichnet sich nach außen selbst als Verkehrsverbund. Allerdings übernimmt sie nur Aufgaben im ÖSPV.[225] Ihre Aufgaben sind Marketing, Tarifpflege, Einnahmenaufteilung und die Durchführung von Vergabeverfahren.[226] Es fehlt jedoch – trotz der Firmenbezeichnung, welche dies

---

[217] § 2 Abs. 1 Satzung ZV VVOWL.
[218] § 2 Abs. 1 Satzung ZV nph.
[219] §§ 3 Satzung ZV VVOWL, 3 Satzung ZV nph.
[220] Bundestag Drs. 8/803, 5.
[221] Knieps (2004), 12.
[222] Knieps (2004), 13.
[223] Kallisch, 98.
[224] Knieps (2004), 35.
[225] https://vph.de/de/ (abgerufen am 20.12.2022).
[226] https://vph.de/de/ (abgerufen am 20.12.2022).

nahe legen könnte – eine Verbundgesellschaft, um ein Verkehrsverbund sein zu können. Ein Verkehrsverbund soll zudem ein integriertes Verkehrsangebot im gesamten ÖPNV sichern, weshalb es sich bei der vph GmbH nicht um einen Verkehrsverbund handelt.

9. Verkehrsunternehmen

Eine Legaldefinition der Verkehrsunternehmen findet sich im ÖPNVG NRW nicht. Sie werden allerdings an verschiedenen Stellen vorausgesetzt.[227] Die Verkehrsunternehmen nehmen den Betrieb und die Bereitstellung von Verkehrsleistungen vor.[228]

Es ist zwischen öffentlichen und privaten Verkehrsunternehmen zu differenzieren.[229] Die Unterscheidung richtet sich nicht nach der Zugänglichkeit der Verkehrsleistungen, sondern danach, wer hinter den Verkehrsunternehmen steht. Öffentliche Verkehrsunternehmen sind solche, hinter denen eine Gebietskörperschaft steht.[230] Dagegen handelt es sich bei privatrechtlichen Verkehrsunternehmen um solche, die privat und ohne öffentliche Beteiligung organisiert sind.[231]

Es ist somit zwischen öffentlichen und privaten Verkehrsunternehmen zu differenzieren. Sie nehmen den Betrieb und die Bereitstellung von Verkehrsleistungen vor.

III. Schutz der ÖPNV-Aufgabenträgerschaft durch die kommunale Selbstverwaltungsgarantie

Sowohl das Grundgesetz[232] als auch die Landesverfassung NRW[233] garantieren die kommunale Selbstverwaltung. Die inhaltlichen Vorgaben sind jedoch nicht zwangsläufig deckungsgleich.[234] Vielmehr stehen die Garantien selbständig nebeneinander.[235] Die landesrechtliche Selbstverwaltungsgarantie in Art. 78, 79 LVerf NRW kann vom Gewährleistungsumfang über das Niveau der bundesverfassungsrechtlichen Selbstverwaltungsgarantie Art. 28 Abs. 2 S. 1, 2 GG hin-

---

[227] Beispielsweise §§ 2 Abs. 3 S. 2, Abs. 10; 8 Abs. 3 S. 2; 10 Abs. 3 S. 2; 11 Abs. 1 S. 3, 2. Hs. ÖPNVG NRW.
[228] Beispielsweise § 11a Abs. 1 S. 4 ÖPNVG NRW. Für die Eisenbahnverkehrsunternehmen vgl. § 2 Abs. 1, 1. Fall AEG.
[229] Beispielsweise § 11 Abs. 1 S. 4, 2. Hs. ÖPNVG NRW.
[230] § 3 Abs. 1 S. 1 ÖPNVG NRW. In diesem Zusammenhang sind die Voraussetzungen der §§ 107 ff. GO NRW zu beachten.
[231] § 2 Abs. 1, 1. Fall AEG für die Eisenbahnverkehrsunternehmen.
[232] Art. 28 Abs. 2 S. 1, 2 GG.
[233] Art. 78, 79 LVerf NRW.
[234] Lenz/Würtenberger, VBlBW. 2012, 126 (127).
[235] BVerfG, Beschluss vom 16.07.1998, Az.: 2 BvR 1953/95, BeckRS 1998, 22682.

ausgehen.[236] Sofern der landesverfassungsrechtliche Gewährleistungsumfang jedoch hinter der bundesverfassungsrechtlichen Garantie des Art. 28 Abs. 2 S. 1 GG zurückbleibt, verstößt ein ggf. mit dieser Garantie nicht vereinbares Landesgesetz nicht gegen die Landesverfassung. Es bleibt jedoch dabei, dass das Landesgesetz nicht mit dem Grundgesetz vereinbar ist.[237] Für die Frage, ob die Aufgabenträgerschaft im ÖPNV durch die kommunale Selbstverwaltung nach dem Grundgesetz oder der Landesverfassung gewährleistet wird, folgt daraus: Wird die ÖPNV-Aufgabenträgerschaft durch Art. 28 Abs. 2 S. 1, 2 GG geschützt, so wird sie von Art. 78, 79 LVerf NRW erfasst.

Inhaltlich schützt die kommunale Selbstverwaltung nach Art. 28 Abs. 2 S. 1 GG die „Angelegenheiten der örtlichen Gemeinschaft". Hierunter fasst das Bundesverfassungsgericht

> *„diejenigen Bedürfnisse und Interessen, die in der örtlichen Gemeinschaft wurzeln oder auf sie einen spezifischen Bezug haben, die also den Gemeindeeinwohnern gerade als solchen gemeinsam sind, indem sie das Zusammenleben und -wohnen der Menschen in den Gemeinden betreffen"[238].*

Die Kreise werden als Gemeindeverbände grundsätzlich von Art. 28 Abs. 2 S. 2 GG in ihrer Selbstverwaltung im Rahmen der ihnen per Gesetz zugewiesenen Aufgaben geschützt.[239] Konkrete Aufgaben garantiert der Wortlaut von Art. 28 Abs. 2 S. 2 GG den Kreisen aber nicht. Dies ist nach Art. 78 Abs. 2 LVerf NRW anders. Demnach sind die Kreise als Gemeindeverbände „die alleinigen Träger der öffentlichen Verwaltung, soweit die Gesetze nichts anderes vorschreiben."

Hinsichtlich der übergemeindlichen Aufgaben ist zwischen Existenzaufgaben und kreisintegralen Aufgaben zu differenzieren. Die Existenzaufgaben des Kreises sind insbesondere die Gewährleistung von Bestand und Funktion des Kreises. Bei kreisintegralen Aufgaben handelt es sich dagegen um solche, die Gemeindegrenzen überschreiten und nicht in der örtlichen Gemeinschaft wurzeln. Sie haben keinen spezifischen Bezug zu den Gemeinden.[240] Solche überge-

---

[236] Lenz/Würtenberger, VBlBW. 2012, 126 (127 f.).
[237] BVerfG, Urteil vom 21.11.2017, Az.: 2 BvR 2177/17, NVwZ 2018, 140 (143).
[238] BVerfG, Beschluss vom 23.11.1988, Az.: 2 BvR 1619/83, 2 BvR 1628/83, NVwZ 1989, 347 (350).
[239] Hellermann, in: Epping/Hillgruber, Art. 28 GG Rn. 52.
[240] Hierzu z. B.: VG Frankfurt / Oder, Urteil vom 17.07.2008, Az.: 4 K 2358/04, BeckRS 2008, 38145 (m. w. N.); Tepe, 76 ff.

meindlichen Aufgaben unterfallen nicht dem Schutz von Art. 28 Abs. 2 S. 1 GG.[241]

Bezogen auf die ÖPNV-Aufgabenträgerschaft kommt eine Übertragung auf die Kreise vor diesem Hintergrund in Betracht, wenn objektive Anhaltspunkte dafür vorliegen, dass eine ordnungsgemäße Aufgabenerfüllung durch die Gemeinden nicht möglich ist.[242]

Daraus folgt, dass sich die Gemeinden auf den Schutz von Art. 28 Abs. 2 S. 1 GG berufen können, soweit es sich um den städtischen Nahverkehr handelt. Unter städtischen Nahverkehr ist die Bedienung zu fassen, welche innerhalb eines Gemeindegebietes erfolgt und eine Verbindung zum benachbarten Umland gewährleistet.[243] Hierdurch wird die Mobilität der Einwohner sichergestellt, wodurch der Bezug zur örtlichen Gemeinschaft gegeben ist.[244] Zudem kann als – in diesem Zusammenhang schwaches[245] – historisches Argument angeführt werden, dass die Aufgabenträgerschaft für den ÖSPV schon vor der Regionalisierung bei den kommunalen Gebietskörperschaften lag.[246]

Keinen Bezug zur örtlichen Gemeinschaft der Gemeinden weist dagegen der ländliche Nahverkehr – unabhängig davon, ob es sich um ÖSPV oder SPNV handelt – auf. Dieser geht über den städtischen Nahverkehr hinaus und verbindet Klein- und Mittelzentren innerhalb eines Kreisgebietes, so zum Beispiel die Fahrt mit dem Bus in eine entfernt liegende Kreisstadt. Der örtliche Charakter ist hierbei nicht mehr gegeben. Vielmehr handelt es sich aus der Sicht der Gemeinden um eine überörtliche Angelegenheit.[247] Bezogen auf den ländlichen Nahverkehr können sich die Kreise mithin auf den Schutz von Art. 78 Abs. 2 LVerf NRW berufen.

Der Regionalverkehr verbindet schließlich Oberzentren innerhalb einer Region. Häufig wird hierfür der SPNV verwendet. Möglich ist jedoch auch eine Bedienung mit dem ÖSPV. Der Regionalverkehr geht über das Gebiet der Gemeinden hinaus, überschreitet Kreisgrenzen und möglicherweise auch Landesgrenzen. Dieser ist daher nicht mehr dem gemeindlichen Wirkungskreis zuzuordnen.[248] Eine Ansicht zweifelt aufgrund dieser Ausgangslage daran, dass sich die Kreise

---

[241] Lusche, 127.
[242] Barth, 207.
[243] Barth, 78.
[244] Barth, 79.
[245] Die kommunalen Aufgaben sind einem steten Wandel unterworfen, sodass allein das historische Argument nicht zu überzeugen vermag. Dazu: Lott, 77 m. w. N.
[246] Landtag NRW-Drs. 11/7847, 31.
[247] Barth, 79.
[248] Gatzka, Internationales Verkehrswesen 1995, 458 (458).

hinsichtlich des Regionalverkehrs auf die Sebstverwaltungsgrantie berufen können, da bei diesem die Kreisgrenzen überschritten werden können.[249] Allerdings ist bezogen auf die kreisintegrale Aufgabe des Regionalverkehrs nicht zwingend, dass die Verkehrsbedienung an den Kreisgrenzen endet. Dies ergibt sich bereits aus dem Zweifelssatz des § 2 RegG bzw. § 1 Abs. 2 S. 1, 2 ÖPNVG NRW, welcher nicht auf Kreisgrenzen, sondern die Reiseweite und -dauer abzielt.[250] Daneben verlangt § 2 Abs. 3 S. 1, 1. Hs. ÖPNVG NRW eine angemessene Bedienung der Bevölkerung mit dem ÖPNV. Angemessen ist der ÖPNV nach der Legaldefinition des § 2 Abs. 3 S. 1, 2. Hs. ÖPNVG NRW, eine Verkehrsbedienung, welche

> *„den Bedürfnissen der Fahrgäste nach hoher Pünktlichkeit und Anschlusssicherheit, fahrgastfreundlich ausgestalteten, barrierefreien, sicheren und sauberen Fahrzeugen sowie Stationen und Haltestellen, bequemem und barrierefreiem Zugang zu allen für den Fahrgast bedeutsamen Informationen, fahrgastfreundlichem Service und einer geeigneten Verknüpfung von Angeboten des ÖPNV mit dem motorisierten und nicht motorisierten Individualverkehr sowie multimodalen Mobilitätsangeboten Rechnung trägt."*

Hierfür ist eine Abstimmung zwischen den Kreisen, z. B. bezogen auf die Nahverkehrspläne und ein entsprechendes Nahverkehrskonzept erforderlich.[251] Durch eine solche Abstimmung wird die Gewährleistung eines ÖPNV-Angebotes „aus einem Guss" ermöglicht, was eines der Ziele der Regionalisierung war.[252] Der Regionalverkehr weist mithin überörtliche Bezüge auf. Es handelt sich auch bei dem Regionalverkehr somit um eine kreisintegrale Aufgabe. Die Kreise können sich bezogen auf den Regionalverkehr auf den Schutz der Selbstverwaltung aus Art. 78 Abs. 2 LVerf NRW berufen.[253]

---

[249] Fromm, 59 (76).
[250] Barth, 213.
[251] Dreibus, 101 (106).
[252] Gatzka, Internationales Verkehrswesen 1995, 458 (458).
[253] So auch: Lusche, 119; Tepe, 79.

B. Äußere Verbandsverfassung der SPNV-Aufgabenträger

I. Institutionelle Vorgaben

Die SPNV-Aufgabenträger können in der Form eines Zweckverbandes oder einer gemeinsamen Anstalt gebildet werden, die Trägerzweckverbände dagegen nur als Zweckverband.

1. Zweckverband

a) Gesetzliche Grundlage

Sowohl die SPNV-Aufgabenträger als auch die Trägerzweckverbände können in der Form eines Zweckverbands gebildet werden. Für erstere ergibt sich dies bereits aus dem Wortlaut von § 5 Abs. 1 S. 1 ÖPNVG NRW. Über § 5 Abs. 2 ÖPNVG NRW gelten ergänzend die Vorgaben des Gesetzes über die kommunale Gemeinschaftsarbeit Nordrhein-Westfalen (GkG NRW), da sich für den Zweckverband nur partiell institutionellen Vorgaben im ÖPNVG NRW wiederfinden.

Die Trägerzweckverbände wurden auf Basis der Fassung des ÖPNVG NRW 1995 gebildet.[254] Infolge der Reduzierung der SPNV-Aufgabenträger im Jahr 2008 gelten die institutionellen Vorgaben des ÖPNVG NRW nicht mehr für die Trägerzweckverbände, auch wenn diese *expressis verbis* vorgesehen sind.[255] Auf sie finden ausschließlich die Regelungen des GkG NRW Anwendung.

b) Frei- oder Pflichtverband

Das GkG NRW differenziert bei den Arten der Zweckverbände zwischen Frei- und Pflichtverbänden.

Der Freiverband basiert auf freiwilliger Basis der Beteiligten.[256] Die Beteiligten vereinbaren nach § 9 Abs. 1 S. 1 GkG NRW eine Verbandssatzung. Diese Einigung in Form eines öffentlich-rechtlichen Vertrages ist Grundlage eines jeden Freiverbandes.[257] Erforderlich ist die Genehmigung der zuständigen Aufsichtsbehörde.[258] Diese ist nötig, da juristische Personen des öffentlichen Rechts nur auf Grundlage eines staatlichen Hoheitsaktes gebildet werden können.[259] Der

---

[254] § 5 Abs. 1 ÖPNVG NRW 1995 (GVBl.-NRW 1995, 196).
[255] Das ÖPNVG NRW spricht in diesem Zusammenhang von den bestehenden Zweckverbänden, vgl. § 5 Abs. 1 S. 1 ÖPNVG NRW. Ihnen können auch nach dem ÖPNVG NRW Aufgaben zukommen, wie § 5 Abs. 3a ÖPNVG NRW zeigt.
[256] Theobald, 32.
[257] Wagener, § 9 GkG NRW Erl. 1.
[258] § 10 Abs. 1 S. 1 GkG NRW.
[259] Rothe, 75.

Zweckverband entsteht, sobald die Verbandssatzung und die Zweckverbands-genehmigung im amtlichen Veröffentlichungsblatt durch die Bezirksregierung als Genehmigungsbehörde bekanntgemacht geworden ist.[260] Mitglieder des Freiverbandes können Gemeinden, Gemeindeverbände und Private werden.[261]

Die Bildung eines Pflichtverbandes muss aus Gründen des öffentlichen Wohls dringend geboten sein.[262] Dem Pflichtverband muss darüber hinaus nach § 13 Abs. 1 GkG NRW die Wahrnehmung von Pflichtaufgaben auferlegt werden. Liegen beide Voraussetzungen vor, so kann die Aufsichtsbehörde den Beteiligten eine Frist zur Bildung eines Freiverbandes setzen.[263] Mitglieder eines Pflichtver-bandes können nur Gemeinden und Gemeindeverbände sein.[264] Erst, wenn die Beteiligten in dieser Frist keinen Freiverband bilden, kann die Aufsichtsbehörde eine Verbandssatzung erlassen und die Bildung des Zweckverbandes als Pflichtverband verfügen.[265] Zuvor hat eine Anhörung stattzufinden.[266] Die Bildung eines Pflichtverbandes ist somit *ultima ratio*. Für die Beteiligten liegt inso-weit eine Art Kontrahierungszwang vor: Entweder sie können einen Freiverband zur Wahrnehmung der Pflichtaufgaben nach ihrem freien Ermessen gestalten oder es wird ein Pflichtverband gebildet.[267]

Die Einordnung der SPNV-Aufgabenträger in Form eines Zweckverbandes als Frei- oder Pflichtverbandes ist nicht eindeutig. Der Wortlaut von § 5 Abs. 1 S. 1 ÖPNVG NRW spricht davon, dass die Kreise und kreisfreien Städte einen Zweckverband „bilden". Dadurch, dass nicht gesetzlich normiert ist, dass die Kreise und kreisfreien Städte einen Zweckverband „zu bilden haben", sollte dem Eindruck entgegengewirkt werden, dass es sich insoweit um einen Pflichtver-band handelt.[268] Allerdings lässt § 5 Abs. 1 S. 1 ÖPNVG NRW den Kreisen und kreisfreien Städten nur dahingehend die Wahl, ob eine gemeinsame Anstalt gem. § 5a ÖPNVG NRW oder ein Zweckverband gebildet wird.

In Anbetracht der Regelungen in § 5 Abs. 5, 6 ÖPNVG NRW ist es bedenklich, davon auszugehen, dass es sich bei den SPNV-Aufgabenträgern um Freiver-bände handelt. Nach diesem Gesetzeswortlaut kann die zuständige Bezirks-gierung eine Frist zur Bildung eines Zweckverbandes setzen, wenn ein den An-

---

[260] § 11 Abs. 1 S. 1, Abs. 2 GkG NRW.
[261] Oebbecke (1984), Rn. 413.
[262] § 13 Abs. 1 GkG NRW.
[263] § 13 Abs. 1 GkG NRW.
[264] Oebbecke (1984), Rn. 416.
[265] § 13 Abs. 2 S. 1 GkG NRW.
[266] Rothe, 70.
[267] Schöne, AöR 1939, 1 (30 f.); Theobald, 33.
[268] Auskunft vom Ministerium für Verkehr NRW vom 05.02.2018.

forderungen des ÖPNVG NRW entsprechender Zweckverband nicht vorhanden ist. Sofern diese Frist erfolglos verstrichen ist, kann die Bezirksregierung die erforderlichen Anordnungen treffen und die Verbandssatzung erlassen. Dieses Regelungsregime ähnelt den Regelungen zur Bildung eines Pflichtverbandes nach § 13 GkG NRW. Allerdings spricht gegen eine Einordnung als Pflichtverband, dass die SPNV-Aufgabenträgerschaft nach § 3 Abs. 1 S. 3 ÖPNVG NRW eine freiwillige Selbstverwaltungsaufgabe ist. Einem Pflichtverband können dagegen nur Pflichtaufgaben zur Wahrnehmung übertragen werden.

Eine Einordnung der SPNV-Aufgabenträger als Frei- oder Pflichtverband, den gesetzlich normierten Arten eines Zweckverbandes, scheidet demnach aus. Allerdings gab es bis zum 10.02.2015 in § 22 GkG NRW a. F. Regelungen zu einer weiteren Art des Zweckverbandes, dem gesetzlichen Zweckverband[269]. Ein gesetzlicher Zweckverband unterscheidet sich insoweit vom Pflichtverband, als dass er sämtliche Selbstverwaltungsaufgaben wahrnehmen kann.[270] Die gesetzliche Normierung des gesetzlichen Zweckverbandes wurde für entbehrlich gehalten und mit Wirkung zum 11.02.2015 aus dem GkG NRW gestrichen. Begründet wurde dies damit, dass der zuständige Gesetzgeber zur Bildung eines gesetzlichen Zweckverbandes keiner Ermächtigung durch ein Gesetz bedürfe.[271] Demnach ist die Regelung in § 5 Abs. 1 S. 1, Abs. 5, 6 ÖPNVG NRW für die Bildung eines gesetzlichen Zweckverbandes ausreichend. Allerdings ist auch die Bildung des gesetzlichen Zweckverbandes nur *ultima ratio*. Zuvor soll es den Beteiligten freigestellt werden, einen Freiverband zu bilden.[272]

In Nordrhein-Westfalen sind die beiden als Zweckverband gebildeten SPNV-Aufgabenträger Freiverbände.[273] Von der Anwendung der Regelungen in § 5 Abs. 5, 6 ÖPNVG NRW wurde kein Gebrauch gemacht, da in den drei Kooperationsräumen entsprechende Freiverbände rechtzeitig gebildet wurden.[274] Die aus diesem Grunde nur theoretische Frage, in welcher institutionellen Form der SPNV-Aufgabenträger durch die Bezirksregierung zu bilden wäre, wenn ein sol-

---

[269] Zu § 22 GkG NRW a. F. war der Gesetzgeber der Ansicht, dass es einen gesetzlichen Zweckverband zwischen Zweckverbänden nicht geben kann. Allerdings kann jedes Gesetz dies gesondert anordnen (Wagener, § 22 GkG NRW Erl. 2). Eine solche Anordnung wurde in § 5 Abs. 1 S. 1 ÖPNVG NRW getroffen.

[270] Theobald, 35.

[271] Landtag NRW-Drs. 16/6090, 41.

[272] Vgl. hierzu den Wortlaut von § 22 Abs. 1 GkG NRW a. F., wonach ein Zusammenschluss zu einem gesetzlichen Zweckverband erst möglich ist, wenn sich die Beteiligten zuvor nicht auf einen Freiverband verständigen konnten.

[273] So auch: Wachinger/Wittemann, 147, die ebenfalls darstellen, dass zunächst die Bildung von Freiverbänden im Vordergrund stand und nur ausnahmsweise die Anordnung der Bildung erfolgen sollte.

[274] Werner/Patout et al., § 5 ÖPNVG NRW Erl. 7.

cher nicht existiert, dürfte wohl mit dem Zweckverband beantwortet werden. So spricht § 5 Abs. 6 ÖPNVG NRW davon, dass die Bezirksregierung die Verbands- und nicht die Anstaltssatzung erlassen kann. Zwar gelten nach § 5 Abs. 1 S. 3 ÖPNVG NRW die für den Zweckverand geltenden Regelungen für die gemeinsame Anstalt entsprechend, doch beziehen sich die Regelungen zur Bildung durch die Bezirksregierung auf das Jahr 1995. Die seiner Zeit gesetzte Frist, bis zum 30. September 1995 SPNV-Aufgabenträger zu bilden[275], ist abgelaufen. Zu diesem Zeitpunkt sah das ÖPNVG NRW nur den Zweckverband als institutionelle Form für den SPNV-Aufgabenträger vor. Die Aufgabenträger wurden fristgerecht gebildet. Daher stellt sich die Frage, ob die Vorschrift des § 5 Abs. 6 ÖPNVG NRW überhaupt noch als Ermächtigungsnorm anwendbar ist. Dagegen spricht, dass sich der Wortlaut „innerhalb der Frist" auf die angesprochene Frist bis zum 30. September 1995 bezieht. Es besteht keine weitere Frist.

Die Trägerzweckverbände sind dagegen Freiverbände. Sie sind keine SPNV-Aufgabenträger und werden nicht mehr als gesetzlicher Zweckverband nach § 5 Abs. 1 S. 1 ÖPNVG NRW gebildet.

2. Gemeinsame Anstalt

Die SPNV-Aufgabenträger können ebenfalls in Form einer gemeinsamen Anstalt des öffentlichen Rechts gebildet werden.[276] Diese wird auf Grundlage des spezialgesetzlichen § 5a ÖPNVG NRW gebildet und nicht nach den §§ 27 f. GkG NRW, in denen sich Regelungen zur sog. gemeinsamen Anstalt finden.[277]

Nach dem Wortlaut von § 27 Abs. 1 S. 1 GkG NRW beziehen sich die Regelungen der §§ 27 f. GkG NRW nur auf die Möglichkeit der Bildung durch Kreise und Gemeinden. In § 5a Abs. 1 S. 1 ÖPNVG NRW wird der Kreis der möglichen Mitglieder auf die Zweckverbände erweitert. Das ÖPNVG NRW enthält zudem spezielle Regelungen zur Kooperation im ÖPNV.[278] Für die gemeinsame Anstalt gilt, sofern keine speziellen Regelungen im ÖPNVG NRW existieren, § 114a der

---

[275] Landtag NRW-Drs. 11/7847, 33.
[276] §§ 5 Abs. 1 S. 1, 5a Abs. 1 S. 1 ÖPNVG NRW.
[277] Hofmann/Theisen/Bätge, 606 (allerdings sich für eine Anstalt i. S. d. § 114a GO NRW aussprechend); Werner/Patout et al., § 5a ÖPNVG NRW Erl. 1.
[278] Nicht überzeugend ist das in der Literatur zu findende Argument, dass § 5a ÖPNVG NRW einer Änderung des GkG NRW vorgegriffen hätte (so: Werner/Patout et al., § 5a ÖPNVG NRW Erl. 1). Zwar wurde die Änderung des ÖPNVG NRW zeitlich vor derjenigen des GkG NRW beschlossen, die §§ 27 f. GkG NRW traten jedoch vor § 5a ÖPNVG NRW in Kraft (vgl. für das ÖPNVG: GVBl. NRW, Ausgabe 2007 Nr. 15 vom 10.07.2007, in Kraft getreten am 01.01.2008; vgl. für das GkG NRW: GVBl. NRW, Ausgabe 2007 Nr. 21 vom 16.10.2007, in Kraft getreten am 17.10.2007).

Gemeindeordnung Nordrhein-Westfalen (GO NRW) entsprechend.[279] Auch die KUV NRW (Kommunalunternehmensverordnung Nordrhein-Westfalen) findet entsprechende Anwendung.[280] Sofern sich die Kreise und kreisfreien Städte in einem Kooperationsraum zur Anstalt zusammenschließen möchten, gelten für sie die formellen Erfordernisse aus § 5 Abs. 5, 6 ÖPNVG NRW entsprechend[281]: Die Bezirksregierung kann eine Frist zur Bildung setzen und schließlich als *ultima ratio* die erforderlichen Anordnungen selbst treffen. Hierzu ist es in der Praxis bei der VRR AöR allerdings nicht gekommen.

3. Gründe für die institutionellen Vorgaben

Es gibt verschiedene Gründe für die institutionellen Vorgaben im ÖPNVG NRW. Zunächst wird durch diese eine Zusammenarbeit der Kreise und kreisfreien Städte gewährleistet. Darüber hinaus können sowohl der Zweckverband als auch die gemeinsame Anstalt als öffentlich-rechtliche Organisationsform uneingeschränkt Behördenfunktion wahrnehmen.[282] So ordnet § 3 Abs. 2 S. 1 ÖPNVG NRW an, dass die Aufgabenträger Behörde i. S. d. Verordnung (EG) Nr. 1370/2007 sind und in dieser Funktion öffentliche Dienstleistungsaufträge vergeben können. Zudem sprechen Zweckmäßigkeitserwägungen dafür, keine privatrechtlichen Rechtsformen vorzusehen.[283]

Die Möglichkeit, den SPNV-Aufgabenträger in Form einer gemeinsamen Anstalt zu errichten, besteht seit dem 01.01.2008. Grund hierfür war die Erweiterung der Flexibilität des Aufgabenträgers. Die gemeinsame Anstalt hat gegenüber dem Zweckverband organisatorische Vorteile.[284] So bietet sie eine unternehmerische Führungsstruktur, die an die Aktiengesellschaft angelehnt ist.[285] Die damit einhergehenden „klaren und unbürokratischen Strukturen"[286] machen die gemeinsame Anstalt als Formalternative attraktiv.

II. Selbstverwaltungsrecht
Unter Selbstverwaltung ist die „selbständige, fachweisungsfreie Wahrnehmung überlassener oder zugewiesener öffentlicher Angelegenheiten durch unterstaatliche Rechtssubjekte"[287] zu verstehen. Beim Zweckverband bzw. bei der Anstalt

---

279 § 5a Abs. 1 S. 2 ÖPNVG NRW.
280 Werner/Patout et al., § 5a ÖPNVG NRW Erl. 1.
281 § 5 Abs. 1 S. 3 ÖPNVG NRW.
282 Gatzka, Internationales Verkehrswesen 1995, 458 (459).
283 Gatzka, Internationales Verkehrswesen 1995, 458 (459).
284 Holz/Kürten/Grabolle, KommJur 2014, 281 (286).
285 Holz/Kürten/Grabolle, KommJur 2014, 281 (286 f.).
286 So: Schraml, in: Wurzel/Schraml/Gaß, D. Rechts- und Betriebsformen, Rn. 239d.
287 Achterberg, § 11 Rn. 3.

des öffentlichen Rechts[288] handelt es sich um unterstaatliche Rechtssubjekte.[289] Sie nehmen die mit der SPNV-Aufgabenträgerschaft[290] übertragenen Aufgaben eigenverantwortlich wahr.

Das Selbstverwaltungsrecht der SPNV-Aufgabenträger ist einfachgesetzlich in § 5 Abs. 1 S. 2 ÖPNVG NRW normiert. Demnach erfolgt die Ausgestaltung der Organisationsstrukturen in dem jeweiligen Kooperationsraum durch die Mitglieder. Für die Trägerzweckverbände ergibt sich deren einfachgesetzliches Selbstverwaltungsrecht aus § 5 Abs. 1 S. 2 GkG NRW.

Bei den Körperschaften des öffentlichen Rechts ist zu differenzieren, ob sie kommunale oder nichtkommunale Selbstverwaltungskörperschaften sind. Eine kommunale Selbstverwaltungskörperschaft muss ihre demokratische Legitimation unmittelbar oder wenigstens mittelbar auf territorial abgrenzbare Teile des Staatsvolkes zurückführen.[291] Dies ist bei den SPNV-Aufgabenträgern der Fall. In ihre Organe werden über die Trägerzweckverbände Vertreter der Gebietskörperschaften entsandt.[292] Aus demselben Grund sind auch die Trägerzweckverbände kommunale Selbstverwaltungskörperschaften.

Sowohl den SPNV-Aufgabenträgern als auch den Trägerzweckverbänden kommt somit ein einfachgesetzliches Selbstverwaltungsrecht zu. Sofern es sich um einen Zweckverband handelt, ist dieser als kommunale Selbstverwaltungskörperschaft einzustufen.

III. Satzungsautonomie

Hinter der Satzungsautonomie verbirgt sich das Recht einer juristischen Person des öffentlichen Rechts, ihre Angelegenheiten in einer Satzung selbst zu re-

---

[288] Auch die Anstalten können Selbstverwaltungsträger sein, hierzu: Hendler, 288. Die Selbstverwaltungsträger allerdings auf Körperschaften beschränkend: Korinek, 14.

[289] Achterberg, § 11 Rn. 4 f.

[290] § 5 Abs. 3 S. 1 ÖPNVG NRW.

[291] Bovenschulte, 92 f.

[292] Vgl. §§ 5 Abs. 1 S. 1 Satzung ZV NVR (z.B. i. V. m. § 5 Abs. 1 S. 1 Satzung ZV AVV), 6 Abs. 1 S. 1 Satzung ZV NWL (z.B. i. V. m. § 5 Abs. 1 S. 1 Satzung ZV VVOWL). Aus diesem Grund liegt bei den SPNV-Aufgabenträgern kein Demokratiedefizit dadurch vor, dass in ihre Organe nicht direkt demokratisch durch Wahlen legitimierte Vertreter entsendet werden. Die aus Gründen des Demokratieprinzips (Art. 20 Abs. 1, 2 S. 1 GG) gebotene demokratische Legitimation erfolgt mittelbar über die in die Trägerzweckverbände entsandten Vertreter der Mitglieder, die wiederum die Vertreter in die SPNV-Aufgabenträgern wählen.

geln.[293] Den SPNV-Aufgabenträgern kommt dieses Recht, ebenso wie den Trägerzweckverbänden, zu.[294]

Das ÖPNVG NRW enthält nur teilweise satzungsmäßige Vorgaben, sodass auf die allgemeinen gesetzlichen Vorschriften zurückgegriffen werden muss.[295] Diese finden sich für den Zweckverband in § 9 Abs. 2 GkG NRW und für die gemeinsame Anstalt i. S. d. § 5a Abs. 1 S. 1 ÖPNVG NRW in § 5a Abs. 3 ÖPNVG NRW sowie ergänzend entsprechend[296] § 114a Abs. 2 GO NRW und § 5 KUV NRW.

Den gesetzlichen Anforderungen wird in den Satzungen der SPNV-Aufgabenträger genüge getan.[297] Vereinbart wird die Satzung durch die Mitglieder.[298] Für die Änderungen sind die Zweckverbandsversammlungen der Trägerzweckverbände VRR und NVN bei der VRR AöR[299] sowie die Zweckverbandsversammlungen bei NVR und NWL[300] zuständig. Gleiches gilt für die Zweckverbandsversammlungen der Trägerzweckverbände.[301]

Die Zweckverbandssatzung bedarf der Genehmigung der für sie zuständigen Bezirksregierung als Aufsichtsbehörde.[302] Die Genehmigung gilt als erteilt, sofern die Aufsichtsbehörde den Beteiligten nicht innerhalb einer vierwöchigen Frist, beginnend mit dem Genehmigungsantrag, mitteilt, dass sie versagt oder nur mit zu erörternden Änderungen erteilt wird.[303] Entstanden ist der Zweckverband am Tag nach der öffentlichen Bekanntmachung der Zweckverbandssatzung sowie der Genehmigung im Veröffentlichungsblatt der Aufsichtsbehörde.[304] Auch die Anstalt des öffentlichen Rechts bedarf spätestens sechs Wo-

---

293 Maurer/Waldhoff, § 4 Rn. 24.
294 § 5 Abs. 1 S. 3, Abs. 2 ÖPNVG NRW (für die SPNV-Aufgabenträger); § 7 GkG NRW (für die Trägerzweckverbände).
295 §§ 5 Abs. 2, 5a Abs. 1 S. 1 ÖPNVG NRW.
296 § 5 Abs. 1 S. 2 ÖPNVG NRW.
297 Vgl. z. B. §§ 1 Abs. 1 Satzung VRR AöR, 1 Abs. 1 Satzung ZV NVR, 1 Abs. 1 Satzung ZV NWL (Name); §§ 2, 4 ff. Satzung VRR AöR, 3 Satzung NVR, 4 Satzung NWL (Aufgabe); § 30 Abs. 1 S. 1 Satzung VRR AöR (Höhe des Stammkapitals); §§ 12 Abs. 6 S. 3, 4 Satzung ZV NVR, 14 Satzung ZV NWL (Verbandsumlage).
298 § 5 Abs. 1 S. 2, Abs. 2 ÖPNVG NRW; §§ 114a Abs. 2 S. 1 GO NRW, 9 Abs. 1 S. 1 GkG NRW.
299 § 43 Abs. 1 Satzung VRR AöR.
300 §§ 4 Satzung ZV NVR, 7 Abs. 2 lit. a) Satzung ZV NWL.
301 Vgl. z. B. §§ 6 Abs. 2 Nr. 5 Satzung ZV AVV, 6 Satzung ZV VVOWL.
302 § 10 Abs. 1 S. 1 GkG NRW.
303 § 10 Abs. 1 S. 2 GkG NRW.
304 § 11 Abs. 2 GkG NRW. Dazu vertiefend: Schmidt, 244 ff.

chen vor Beginn ihres Vollzugs[305] der Genehmigung der zuständigen Aufsichtsbehörde.[306]

Die Satzungsautonomie wird sachlich, personell und durch die Normenhierarchie begrenzt. Eine sachliche Begrenzung besteht im Hinblick auf den Aufgaben- und Zuständigkeitsbereich.[307] Es dürfen in den Satzungen keine abweichenden Regelungen zum ÖPNVG NRW bzw. GkG NRW vereinbart werden. Als Beispiel für verpflichtende Vorgaben sei die Übernahme der SPNV-Aufgabenträgerschaft im Wege der delegierenden Aufgabenübertragung von den Kreisen und kreisfreien Städten auf die SPNV-Aufgabenträger[308] oder deren Kooperationspflicht[309] genannt. Personell beschränkt sich die Satzungsautonomie auf die jeweiligen Mitglieder der SPNV-Aufgabenträger[310], wie auch der Wortlaut von § 5 Abs. 2 ÖPNVG sowie die Regelung des § 5 Abs. 1 S. 2 ÖPNVG NRW nahelegen.

Schließlich wird die Satzungsautonomie durch die Normenhierarchie begrenzt: In der Gesamtrechtsordnung steht nach Art. 31 GG das Bundesrecht über dem Landesrecht, das wiederum hierarchisch vor dem autonomen Recht, z. B. den Satzungen der Körperschaften, Anstalten und Stiftungen des öffentlichen Rechts, einzuordnen ist.[311]

Die SPNV-Aufgabenträger haben somit – ebenso wie die Trägerzweckverbände – das Recht der Satzungsautonomie. Sie dürfen sich selbst im Rahmen der Gesetze eine Satzung geben, die von den für sie zuständigen Aufsichtsbehörden genehmigt werden muss.

IV. Mitglieder
Die Mitgliedschaft im Zweckverband bzw. der gemeinsamen Anstalt bei den SPNV-Aufgabenträgern und den Trägerzweckverbänden muss im Hinblick auf die Voraussetzungen und die Ausgestaltung in den einzelnen Kooperationsräumen untersucht werden.

---

[305] Zur Problematik, wie der Zeitpunkt des Vollzugs zu bestimmen ist: Lübbecke, 22 ff.
[306] §§ 5a Abs. 1 S. 2 ÖPNVG NRW, 115 Abs. 1 lit. h) GO NRW.
[307] Maurer/Waldhoff, § 4 Rn. 27.
[308] § 5 Abs. 3 S. 1 ÖPNVG NRW.
[309] § 6 Abs. 1 S. 1 ÖPNVG NRW.
[310] Maurer/Waldhoff, § 4 Rn. 27.
[311] Katz/Sander, Rn. 8; Stein/Frank, 32.

1. Voraussetzungen

Mitglieder in den SPNV-Aufgabenträgern sind die Kreise und kreisfreien Städte oder die bestehenden Trägerzweckverbände, wie es in der Praxis der Fall ist.[312] Da das ÖPNVG NRW von „bisherigen Zweckverbänden" spricht, könnte aufgrund des Wortlauts angenommen werden, dass nur die auf Grundlage von Anlage zu § 5 Abs. 1 ÖPNVG NRW 1995 gebildeten Zweckverbände gemeint sein können, mithin die bestehenden Trägerzweckverbände. Andererseits ist der Sinn und Zweck hinter der Reduzierung der SPNV-Aufgabenträger von neun auf drei zu bedenken: Der Gesetzgeber hat, vor dem Hintergrund der gekürzten Fördermittel des Bundes, zudem das Ziel des Bürokratieabbaus verfolgt. Des Weiteren sei für sachgerechte Entscheidungen die Bildung größerer Kooperationsräume erforderlich. Sinn und Zweck hinter der Reduzierung von neun auf drei Kooperationsräume wird durch die Neugründung eines Trägerzweckverbandes nicht konterkariert.[313] Aus diesem Grund können Trägerzweckverbände neu gebildet werden. Es sind allerdings in diesem Zusammenhang die Vorgaben des § 5 Abs. 1 S. 1 ÖPNVG NRW zu beachten: Die Trägerzweckverbände für einen Kooperationsraum können nur die genannten Kreise und kreisfreien Städte als Mitglieder aufnehmen.

2. Ausgestaltung in den einzelnen Kooperationsräumen

a) Gesetzliche Grundlage und Überblick

Da die Trägerzweckverbände zeitlich vor den SPNV-Aufgabenträgern gebildet wurden, muss zunächst eine Darstellung ihrer Mitgliederstrukturen erfolgen. Dies vor dem Hintergrund, dass in der Praxis die Trägerzweckverbände die SPNV-Aufgabenträger bilden. Mitglieder sind nach § 5 Abs. 1 S. 1 ÖPNVG NRW 1995 die Kreise und kreisfreien Städte, die SPNV-Aufgabenträger sind bzw. zu diesem Zeitpunkt waren. Als Anhaltspunkt für die Aufteilung der früheren Kooperationsräume diente die Anlage zu § 5 Abs. 1 ÖPNVG NRW 1995. Diese sah neun Kooperationsräume vor:

Kooperationsraum	Name	Mitglieder
1	Zweckverband Verkehrsverbund Rhein-Ruhr (VRR)	Städte Bochum, Bottrop, Dortmund, Düsseldorf, Duisburg, Essen, Gelsenkirchen, Hagen, Herne, Krefeld,

---

[312] § 5 Abs. 1 S. 1 ÖPNVG NRW.
[313] Landtag NRW-Drs., 14/3976, 30.

		Mönchengladbach, Mühlheim an der Ruhr, Oberhausen, Remscheid, Solingen, Wuppertal, Kreise Mettmann, Neuss, Recklinghausen, Viersen sowie der Ennepe-Ruhr-Kreis
2	Zweckverband Verkehrsverbund Rhein-Sieg (VRS)	Städte Bonn, Köln, Leverkusen, Erftkreis, Kreis Euskirchen, Oberbergischer Kreis, Rhein-Sieg Kreis, Rheinisch-Bergischer Kreis
3	Zweckverband Aachener Verkehrsverbund (AVV)	Stadt Aachen und Kreise Aachen, Düren, Heinsberg
4	Zweckverband Ruhr-Lippe (ZRL)	Stadt Hamm, Hochsauerlandkreis, Märkischer Kreis, Kreise Soest und Unna
5	Zweckverband SPNV Münsterland (ZVM)	Stadt Münster, Kreise Borken, Coesfeld, Steinfurt, Warendorf
6	Zweckverband Verkehrsverbund Ostwestfalen-Lippe (VVOWL)	Stadt Bielefeld, Kreise Gütersloh, Herford, Lippe, Minden-Lübbecke
7	Zweckverband Nahverkehrsverbund Paderborn/Höxter (nph)	Kreise Höxter, Paderborn
8	Zweckverband Personennahverkehr Westfalen-Süd (ZWS)	Kreise Olpe, Siegen-Wittgenstein
9	Nahverkehrs-Zweckverband Niederrhein (NVN)	Kreise Kleve, Wesel

Diese Aufteilung ist gem. § 5 Abs. 1 S. 2 ÖPNVG NRW 1995 allerdings lediglich zu berücksichtigen. Die Aufteilung ist also nicht abschließend und Abweichungen sollten möglich sein. Die Anlage ist lediglich Grundlage für die Aufteilung des Landes in Kooperationsräume.[314] In der Praxis wurde den Vorgaben in der Anlage jedoch gefolgt.

b) Ausgestaltung in den einzelnen Kooperationsräumen

Die Aufteilung in den drei Kooperationsräumen stellt sich folgendermaßen dar: Im Kooperationsraum A (VRR AöR) bestehen die Trägerzweckverbände VRR und NVN. Der Zweckverband VRR hat die VRR AöR bereits am 28.09.2004 auf Grundlage von § 7 Abs. 1 i. V. m. § 114a Abs. 1, 2 GO NRW i. V. m. § 8 Abs. 1 GkG NRW errichtet.[315] In diesem Zusammenhang wurden die ÖPNV-Aufgaben des Zweckverbandes in nahezu vollem Umfang delegierend auf die VRR AöR übertragen.[316] Im Zuge der Reduzierung der Kooperationsräume vereinbarten die Zweckverbände VRR und NVN durch einen öffentlich-rechtlichen Vertrag (20./22.06.2007) die Bildung einer gemeinsamen Anstalt i. S. d. § 5a Abs. 1 S. 1 ÖPNVG NRW.[317] Der Zweckverband NVN trat hierzu als weiterer Gewährträger der bestehenden VRR AöR bei. Die VRR AöR hat vom Zweckverband NVN teilweise Aufgaben im Wege der mandatierenden, teils der delegierenden Aufgabenübertragung erhalten.[318]

Der Zweckverband NVR ist SPNV-Aufgabenträger im Kooperationsraum B. Er wurde durch den Zusammenschluss der Trägerzweckverbände AVV und VRS gebildet.[319] Dieser erfolgte durch die Beschlussfassungen der beiden Verbandsversammlungen über die Gründung und den Erlass der Satzung[320] des Zweckverbandes NVR.[321]

SPNV-Aufgabenträger im Kooperationsraum C ist der Zweckverband NWL. Gebildet wird er durch die Trägerzweckverbände nph, VVOWL, ZRL, ZVM und

---

[314] Landtag NRW-Drs. 11/7847, 32.
[315] Präambel Satzung VRR AöR.
[316] § 7 Abs. 1 S. 1 Satzung ZV VRR. Eine Ausnahme ist lediglich im Zusammenhang mit der Beschaffung von SPNV-Fahrzeugen sowie sonstiger damit zusammenhängender Infrastruktur nach § 5 Abs. 5 bis 7 Satzung ZV VRR.
[317] Präambel Satzung VRR AöR; § 1 Abs. 3 öffentlich-rechtlicher Vertrag zwischen Zweckverband VRR, VRR AöR und Zweckverband NVN zur Errichtung der VRR AöR nach § 5a ÖPNVG NRW (20./22.06.2007).
[318] § 6 Abs. 1, 2 Satzung ZV NVN.
[319] § 2 Abs. 1 S. 1 Satzung ZV NVN.
[320] Die Satzung des Zweckverband NVN ist durch die Verbandsvorsteher und deren Stellvertreter der beiden Trägerzweckverbände unterschrieben am 05./06.12.2007 und am 17.12.2007 im Amtsblatt für den Regierungsbezirk Köln bekannt gemacht worden.
[321] Auskunft vom Zweckverband NVN vom 29.06.2017.

ZWS.[322] Diese schlossen Ende 2007 eine öffentlich-rechtliche Vereinbarung zur Bildung des Zweckverbandes NWL.[323] Die Vereinbarung zur Bildung des Zweckverbandes ist ein öffentlich-rechtlicher Vertrag i. S. d. §§ 54 ff. VwVfG NRW[324] und ist nicht zu verwechseln mit einer öffentlich-rechtlichen Vereinbarung nach § 23 Abs. 1 GkG NRW. Letztere stellt eine weitere Möglichkeit der interkommunalen Kooperation dar[325], ohne dass eine neue juristische Person des öffentlichen Rechts entsteht.[326] Die Satzung des NWL wurde zeitgleich mit der öffentlich-rechtlichen Vereinbarung erlassen.[327]

c) Regionale Besonderheiten

Eine Besonderheit in der Praxis stellt der Fall dar, dass in den Trägerzweckverbänden solche Gebietskörperschaften Mitglieder sind, bei denen es sich nicht um originäre SPNV-Aufgabenträger nach § 3 Abs. 1 S. 1 ÖPNVG NRW handelt. Dies ist bei dem Zweckverband VRR der Fall, in dem die Städte Monheim, Viersen und Neuss Mitglieder sind.[328] Die Städte werden nicht in § 5 Abs. 1 S. 1 lit. a) ÖPNVG NRW genannt. Problematisch hieran ist, dass diese Städte über die Wahl in der Verbandsversammlung des Trägerzweckverbandes auch Vertreter in die Organe der VRR AöR als SPNV-Aufgabenträger entsenden.[329] Außerdem sind sie über den Trägerzweckverband VRR Gewährträger der VRR AöR. Fraglich ist daher, wie mit dieser Konstellation umzugehen ist. Für die Möglichkeit, über die in § 5 Abs. 1 S. 1 ÖPNVG NRW genannten Kreise und kreisfreien Städte weitere Städte in die Trägerzweckverbände aufnehmen zu können, spricht der Wortlaut von § 5 Abs. 1 S. 1 ÖPNVG NRW. So können die „bisherigen Zweckverbände" den jeweiligen SPNV-Aufgabenträger bilden. Die genannten Städte waren zum Zeitpunkt der Novellierung des ÖPNVG NRW Mitglieder des Zweckverbandes VRR.[330] Zudem gibt es erhebliche Verflechtungen zwischen SPNV und ÖSPV. So ist der SPNV-Nahverkehrsplan bei der weiteren Verkehrsplanung zu beachten.[331] Durch eine Beteiligung dieser Städte können Synergieeffekte erzielt werden. Für die Möglichkeit spricht weiter ein historisches Argument: So sahen die Verfasser des ÖPNVG NRW insbesondere auch die Aufnahme von Gemeinden mit eigenem Verkehrsunternehmen – diese sind

---

322 § 2 Satzung ZV NWL.
323 § 1 Abs. 1 öffentlich-rechtliche Vereinbarung zur Bildung des NWL.
324 Sundermann, Kap. O Rn. 9.
325 Dazu: Sundermann, Kap. O Rn. 26 ff.
326 Stork, 14.
327 § 1 Abs. 2 öffentlich-rechtliche Vereinbarung zur Bildung des NWL.
328 § 1 Abs. 1 Satzung Zweckverband VRR.
329 § 10 Abs. 1 Nr. 2 Satzung Zweckverband VRR.
330 Auskunft der VRR AöR vom 09.05.2018.
331 § 8 Abs. 2 ÖPNVG NRW.

keine SPNV-Aufgabenträger – in einen Trägerzweckverband als zulässig an.[332] Dagegen spricht aber die Einflussnahmemöglichkeit über die vom Trägerzweckverband entsandten Vertreter in den Verwaltungsrat der VRR AöR als SPNV-Aufgabenträger. Dieses Problem wird in der Praxis so gelöst, dass bei Abstimmungen in SPNV-Angelegenheiten nicht mit abgestimmt werden darf. Es bestehen daher keine Einflussnahmemöglichkeiten bei Fragen des SPNV.[333] Eine solche Regelung ist zudem vor dem Hintergrund, dass die SPNV-Aufgabenträger selbst ihre Organisationsstrukturen bestimmen[334], nicht zu beanstanden.

Dieser Frage schließt sich ein Folgeproblem an: Die Stadt Monheim ist Mitglied in zwei Trägerzweckverbänden, dem VRR[335] und dem VRS[336]. Auch in dieser Konstellation stellt sich die Frage, ob diese Doppelmitgliedschaft zulässig sein kann. Dagegen spricht die doppelte Einflussnahmemöglichkeit der Stadt Monheim, da sie zumindest im Rahmen von Abstimmungen bei Wahlen und Grundsatzentscheidungen, solange der SPNV nicht betroffen ist, doppelt abstimmen kann. Allerdings sollte nach der Vorstellung der Verfasser des ÖPNVG NRW mit dem Gesetz eine höchstmögliche Flexibilität gewährleistet werden. Eine Mitgliedschaft in verschiedenen Zweckverbänden ist demnach nicht ausgeschlossen.[337]

V. Staatsaufsicht

Der Staat ist aufgrund des Rechtsstaatprinzips zur Überwachung der Rechtmäßigkeit von Verwaltungshandeln verpflichtet.[338] Die Staatsaufsicht beschränkt sich allerdings nicht nur auf die Gebietskörperschaften. Zweckverbände unterliegen als Körperschaft des öffentlichen Rechts ebenfalls der Staatsaufsicht.[339] Anstalten des öffentlichen Rechts stehen dagegen grundsätzlich außerhalb der Verwaltungsorganisation. Sie unterliegen jedoch der Staatsaufsicht, wenn für sie entsprechende gesetzliche Regelungen existieren.[340] Spezielle Regelungen[341] zur Aufsicht des Staates finden sich im ÖPNVG NRW in den §§ 6 Abs. 1, 16 ÖPNVG NRW. Es wird hierbei grundsätzlich zwischen Rechts-, Sonder- und

---

[332] Landtag NRW-Drs. 11/7847, 32.
[333] Auskunft der VRR AöR vom 09.05.2018.
[334] § 5 Abs. 1 S. 2 ÖPNVG NRW.
[335] § 1 Abs. 1 Satzung Zweckverband VRR.
[336] § 2 Abs. 1 Satzung Zweckverband VRS.
[337] Landtag NRW-Drs. 11/7847, 32.
[338] Dazu: Kahl, 493 ff.
[339] Luppert, 175; Pieper, 79.
[340] Pieper, 111.
[341] Allgemeine Regelungen finden sich für den Zweckverband in § 29 GkG NRW, dessen Absatz 3 mit Ausnahme von § 126 GO NRW die §§ 119 ff. GO NRW für entsprechend anwendbar erklärt, und die AöR in §§ 114a Abs. 11, 119 ff. GO NRW.

Fachaufsicht unterschieden. Die Rechtsaufsicht prüft die Einhaltung der Gesetze bei Selbstverwaltungsaufgaben.[342] Dagegen ist Ziel der Sonderaufsicht, eine Anbindung an die allgemeine Staatsverwaltung bei Pflichtaufgaben zur Erfüllung nach Weisung vorzunehmen. Der Prüfungsmaßstab wird durch die jeweiligen Sondergesetze festgelegt.[343] Schließlich greift die Fachaufsicht bei staatlichen Auftragsangelegenheiten. Es soll eine Überwachung im Zusammenhang mit der Wahrnehmung der entsprechenden Aufgaben stattfinden.[344] Die Fachaufsicht ist im ÖPVNG NRW nicht vorgesehen.

1. Rechtsaufsicht

Die Aufgabenträger unterliegen, sofern es um die Einhaltung von Vorschriften des ÖPNVG NRW geht, der Rechtsaufsicht des Landes nach § 16 Abs. 1 S. 1 ÖPNVG NRW. Für die Trägerzweckverbände ergibt sich dies aus § 29 Abs. 1 Nr. 1 GkG NRW. Die Regelungen zur Staatsaufsicht im ÖPNVG NRW gelten für die Trägerzweckverbände grundsätzlich nicht.[345]

a) Aufsichtsbehörden

Aufsichtsbehörden für die Einhaltung der Regelungen des ÖPNVG NRW sind die zuständigen Bezirksregierungen.[346] In § 16 Abs. 4 ÖPNVG NRW wird das Verkehrsministerium als oberste Aufsichtsbehörde normiert.

Sofern es um die Einhaltung von Vorschriften außerhalb des ÖPNVG NRW[347] geht, sind die Behörden der allgemeinen Rechtsaufsicht nach § 120 GO NRW zuständig.[348] Diese decken sich allerdings, mit Ausnahme der obersten Aufsichtsbehörde, welche nach § 120 Abs. 4 GO NRW das Innenministerium ist, mit den im ÖPNVG NRW genannten.

Für die Trägerzweckverbände ist die Bezirksregierung, in deren Bezirk der Zweckverband seinen Sitz hat, nach § 29 Abs. 1 Nr. 1 GkG NRW Aufsichtsbehörde. Obere und zugleich auch oberste Aufsichtsbehörde ist das Innenministerium.[349]

---

[342] Bender, in: Kleerbaum/Palmen, § 119 GO NRW Erl. IV.
[343] Bender, in: Kleerbaum/Palmen, § 119 GO NRW Erl. V.
[344] Bender, in: Kleerbaum/Palmen, § 119 GO NRW Erl. VI.
[345] Dies ergibt sich aus dem Wortlaut von § 16 Abs. 1 S. 1 ÖPNVG NRW, der sich nur auf die Aufgabenträger bezieht. Eine Ausnahme besteht dann, wenn die Trägerzweckverbände Aufgabenträger kraft Übertragung sind.
[346] § 16 Abs. 3 ÖPNVG NRW.
[347] Beispielsweise im Rahmen des PBefG und AEG.
[348] Werner/Patout et al., § 16 ÖPNVG NRW Erl. 1.
[349] § 29 Abs. 2 S. 1, 2 GkG NRW.

b) Prüfungsmaßstab

Prüfungsmaßstab der in § 16 ÖPNVG NRW geregelten Rechtsaufsicht für die Aufgabenträger ist nur das ÖPNVG NRW.[350] Für Regelungen außerhalb des ÖPNVG NRW folgt der Prüfungsmaßstab dem jeweiligen Gesetz.

Bei den Trägerzweckverbänden bezieht sich der Prüfungsmaßstab zunächst auf die Regelungen des GkG NRW. Sofern die Trägerzweckverbände jedoch Aufgabenträger kraft Übertragung geworden sind[351], gelten für sie die Regelung des § 16 ÖPNVG NRW.

c) Aufsichtsmittel

Bei den Aufsichtsmitteln wird zwischen präventiven und repressiven Aufsichtsmitteln unterschieden.

Präventive Aufsichtsmittel sollen dazu führen, dass unzulässiges Handeln des Beaufsichtigten von Anfang an unterbleibt.[352] Zu den präventiven Aufsichtsmitteln gehören z. B. Genehmigungsvorbehalte im Hinblick auf die Satzungen und Informationsrechte.[353] Repressive Aufsichtsmittel sollen schließlich bereits eingetretenes unzulässiges Handeln korrigieren.[354]

In den §§ 121 ff. GO NRW sind die repressiven Aufsichtsmittel[355] normiert. Hierzu zählen u. a. das Unterrichtungs-, Beanstandungs-, Anweisungs- und Anordnungsrecht sowie die Ersatzvornahme.[356]

Die kommunalaufsichtlichen Mittel können nur durch Kommunalaufsichtsbehörden wahrgenommen werden.[357] Diese sind mit denen nach dem ÖPNVG NRW mit Ausnahme der obersten Aufsichtsbehörde identisch.[358] Nach § 16 Abs. 5 ÖPNVG NRW bleiben die Vorschriften über die allgemeine Kommunalaufsicht unberührt. Es wird somit auch auf die repressiven Aufsichtsmittel der §§ 121 ff. GO NRW verwiesen. Diese sind gegenüber den SPNV-Aufgabenträgern anwendbar.

---

[350] § 16 Abs. 1 S. 2 ÖPNVG NRW.
[351] Vgl. § 5 Abs. 3a ÖPNVG NRW a. E.
[352] Pieper, 422.
[353] Näher hierzu: Pieper, 423 ff.
[354] Pieper, 422.
[355] Zur Frage, ob die Aufsichtsbehörde bei der repressiven Aufsicht eine Pflicht zum Einschreiten trifft: Schmidt, 554 f.
[356] Näher hierzu z. B.: Hofmann/Theisen/Bätge, 532 ff.
[357] § 16 Abs. 5 ÖPNVG NRW. Vgl. auch Landtag NRW-Drs. 11/7847, 39.
[358] § 16 Abs. 2, 3 ÖPNVG NRW.

Für die Trägerzweckverbände gelten über die Verweisungsnorm des § 29 Abs. 3 GkG NRW die §§ 119 ff. GO NRW, also sämtliche präventive und repressive Aufsichtsmittel.

2. Sonderaufsicht

Ausnahmsweise sieht das ÖPNVG NRW neben der allgemeinen Rechtsaufsicht eine Sonderaufsicht des Staates über die SPNV-Aufgabenträger vor. Diese ist in den §§ 6 Abs. 1, 16 Abs. 6 ÖPNVG NRW normiert.[359] Die Trägerzweckverbände nehmen keine Pflichtaufgaben zur Erfüllung nach Weisung wahr, sodass sie nicht der Sonderaufsicht unterliegen.

a) Aufsichtsbehörde

Nach § 6 Abs. 1 S. 2, 3, 4, § 16 Abs. 6 S. 1 ÖPNVG NRW ist das Verkehrsministerium Sonderaufsichtsbehörde.

b) Prüfungsmaßstab

aa) Kooperationspflicht

Die Sonderaufsicht des Staates in § 6 Abs. 1 ÖPNVG NRW bezieht sich zunächst auf die Kooperation der SPNV-Aufgabenträger für den Fall, dass einzelne SPNV-Linien das Gebiet mehrerer Kooperationsräume berühren.[360] Sofern die SPNV-Aufgabenträger eine Zusammenarbeit nicht eigenständig vornehmen, trifft das Verkehrsministerium entsprechende Entscheidungen.[361] Außerdem ist die zweckmäßige Umsetzung des SPNV-Netzes im besonderen Landesinteresse gem. § 7 Abs. 4 ÖPNVG NRW von § 6 Abs. 1 ÖPNVG NRW erfasst.[362]

Das SPNV-Netz im besonderen Landesinteresse umfasst landesweit bis zu 40 Millionen Zugkilometer.[363] In diesem finden sich die für die Erschließung aller Landesteile mit SPNV-Leistungen bedeutsamen Verbindungen.[364] Es wird vom Verkehrsministerium im Einvernehmen mit dem Verkehrsausschuss des Land-

---

[359] Nach Auskunft des Ministeriums für Verkehr NRW vom 07.07.2017 erfolgte die Regelung in § 6 Abs. 1 ÖPNVG abweichend zu § 16 Abs. 6 ÖPNVG NRW, um an dortiger Stelle das „Stufenverfahren" im Sachzusammenhang darstellen zu können. Systematisch überzeugender wäre es gewesen, die Regelungen über die Sonderaufsicht in einer Norm zusammenzufassen.
[360] § 6 Abs. 1 S. 1 ÖPNVG NRW.
[361] § 6 Abs. 1 S. 2 ÖPNVG NRW.
[362] § 6 Abs. 1 S. 4 ÖPNVG NRW.
[363] § 7 Abs. 4 S. 4 ÖPNVG NRW.
[364] § 7 Abs. 4 S. 2 ÖPNVG NRW.

tags festgelegt und regelmäßig fortgeschrieben.[365] Bei der Festlegung und Fort-schreibung sind die Bindungen der SPNV-Aufgabenträger an Verkehrsverträge mit Nahverkehrsunternehmen zu „berücksichtigen".[366] Unklar ist, welche Ver-bindlichkeitsstufe hiermit gemeint ist. Da die Verkehrsverträge in der Regel auf eine gewisse Dauer geschlossen werden und sich in diesem Zusammenhang Anpassungen als schwierig ausgestalten dürften, könnte davon auszugehen sein, dass „berücksichtigen" als eine verbindliche Vorgabe des Gesetzgebers zu verstehen ist. Dadurch würde die Planungssicherheit für die SPNV-Aufga-benträger erhöht. Allerdings deutet die allgemeine Wortbedeutung von „berück-sichtigen", also etwas in seine Überlegungen einzubeziehen, darauf hin, dass lediglich ein Einbringen in den Abwägungs- und Festlegungsprozess gemeint ist.[367] Für dieses Verständnis spricht auch die gesetzliche Systematik: Die Zu-ständigkeit für die Festlegung und Fortschreibung des SPNV-Netzes im beson-deren Landesinteresse liegt nach § 7 Abs. 4 S. 1 ÖPNVG NRW beim Verkehrs-ministerium und dem Verkehrsausschuss des Landtages. Die SPNV-Aufgaben-träger könnten diese Aufgabe durch den Abschluss von entsprechenden Ver-kehrsverträgen unterlaufen. Daher ist unter „berücksichtigen" ein Einbringen in den Abwägungsprozess beim Aufstellungs- und Fortschreibungsverfahren zu verstehen.

bb) Bewilligung von Investitionsmaßnahmen

Schließlich erfasst die Sonderaufsicht in § 16 Abs. 6 ÖPNVG NRW nach S. 1 auch die Aufgabe als Bewilligungsbehörde für Zuwendungen i. S. d. §§ 13, 15 S. 2 ÖPNVG NRW. Erfasst sind demnach die Investitionsmaßnahmen in be-sonderem Landesinteresse und die Infrastrukturmaßnahmen, die vor dem 01.01.2008 vom Land bewilligt oder vereinbart wurden. Die Sonderaufsicht be-zieht sich insbesondere auf die Einhaltung der förderungsfähigen Projekte[368], die Verteilung an die berechtigten Zuwendungsempfänger[369] sowie die Einhal-tung der jeweiligen Zuwendungsvoraussetzungen[370].

---

[365] § 7 Abs. 4 S. 1 ÖPNVG NRW.
[366] § 7 Abs. 4 S. 2 ÖPNVG NRW.
[367] Dudenredaktion, 297 (Suchwort: berücksichtigen).
[368] Dazu: § 13 Abs. 1 S. 2 Nr. 1-8 ÖPNVG NRW sowie Verwaltungsvorschrift Nr. 2 zu § 13 ÖPNVG NRW.
[369] Dies sind nach § 13 Abs. 1 S. 3 ÖPNVG NRW Kreise, Städte und Gemeinden, öffentliche und private Verkehrsunternehmen, Eisenbahnunternehmen sowie juristische Personen des privaten Rechts, die Zwecke des ÖPNVG verfolgen.
[370] Dazu gehören z.B. für Maßnahmen nach § 13 Abs. 1 S. 2 Nr. 1 ÖPNVG NRW die Einhal-tung der Fördervorraussetzungen nach § 3 GVFG. Vgl. dazu Verwaltungsvorschrift Nr. 4 zu § 13 ÖPNVG NRW.

c) Aufsichtsmittel

Aufsichtsmittel im Rahmen der Sonderaufsicht sind, zusätzlich zu den Mitteln der allgemeinen Rechtsaufsicht, auch Weisungsrechte. Dies ergibt sich aus Art. 78 Abs. 4 S. 2 LVerf NRW. Der Umfang des Weisungsrechts ergibt sich jeweils aus der einfachgesetzlichen Grundlage.[371] Diese ist vorliegend §§ 6 Abs. 1 S. 2, 4, 16 Abs. 6 S. 2 ÖPNVG NRW. Als *ultima ratio* ist ein Letztentscheidungsrecht des Landes beim kooperationsraumübergreifenden Zusammenwirken der SPNV-Aufgabenträger möglich. Die Entscheidung wird nach § 6 Abs. 1 S. 3 ÖPNVG NRW als sonderaufsichtliche Weisung verbindlich. In Bezug auf das SPNV-Netz im besonderen Landesinteresse ist die Erteilung von Zweckmäßigkeitsweisungen möglich.

aa) Verfassungsrechtliche Bewertung

Sowohl das Letztentscheidungsrecht als auch die Möglichkeit zur Erteilung von Zweckmäßigkeitsweisungen könnten im Widerspruch zur kommunalen Selbstverwaltung stehen.[372] Es bedarf vor diesem Hintergrund einer verfassungsrechtlichen Bewertung.

(1) Letztentscheidungsrecht des Landes nach § 6 Abs. 1 S. 3 ÖPNVG NRW

Die SPNV-Aufgabenträger können sich in personeller Hinsicht nicht auf das kommunale Selbstverwaltungsrecht aus Art. 28 Abs. 2 GG, Art. 78 Abs. 1, 2 LVerf NRW berufen[373], die hinter ihnen stehenden Kreise und kreisfreien Städte als Mitglieder dagegen schon.[374] Das kommunale Selbstverwaltungsrecht wird nach dem Wortlaut von Art. 28 Abs. 2 GG, 78 Abs. 2 LV NRW im Rahmen der Gesetze garantiert. Eine Beschränkung kann somit nur durch ein Gesetz erfolgen. Gesetze in diesem Sinne sind Bundes- und Landesgesetze, zunehmend auch Europäisches Unionsrecht, Rechtsverordnungen sowie Satzungen, die dem Maßstab des Art. 80 Abs. 1 S. 2 GG und Art. 70 LVerf NRW genügen.[375]

Mit § 6 Abs. 1 S. 3 ÖPNVG NRW liegt ein einschränkendes Landesgesetz vor. Allerdings besteht die in Art. 28 Abs. 2 GG, Art. 78 Abs. 1, 2 LVerf NRW normierte Eingriffsmöglichkeit nicht unbegrenzt.[376] Welche konkreten Anforderun-

---

371 Pieper, 89.
372 Werner/Patout et al., § 6 ÖPNVG NRW, Erl. 1.
373 BVerfG, Urteil vom 24.07.1979, Az.: 2 BvK 1/78, BeckRS 1979,00810; BVerwG, Beschluss vom 02.04.2013, Az.: 9 BN 4.12, BeckRS 2013, 50106; BVerwG, Urteil vom 23.08.2011, Az.: 9 C 2/11, NvWZ 2012, 506 (507 f.); Oebbecke (1984), Rn. 409.
374 ThüVerfGH, Urteil vom 23.04.2009, Az.: VerfGH 32/05, DÖV 2009, 681 (681); Müller (2011), 47.
375 Hofmann/Theisen/Bätge, 60 f.
376 BVerfG, Urteil vom 20.03.1952, Az.: 1 BvR 267/51, NJW 1952, 577 (577).

gen an die Rechtfertigung zu stellen sind, entscheidet sich danach, ob ein Eingriff in den Kern- oder Randbereich des kommunalen Selbstverwaltungsrechts vorliegt.[377] Ein Eingriff in den Kernbereich, der grundsätzlich nur in besonderen Ausnahmefällen gegeben ist[378], ist unzulässig. Der Inhalt des Kernbereichs bestimmt sich nach der Rechtsprechung des Bundesverfassungsgerichts nicht gegenständlich oder nach feststehenden Merkmalen, sondern nach dem historisch gewachsenen Kern der gemeindlichen Selbstverwaltung.[379] Dagegen hat sich die vom Bundesverwaltungsgericht früher entwickelte Substraktionsmethode, nach der zu fragen ist, was nach einem Eingriff noch von der Selbstverwaltung übrigbleibt und inwieweit dies dem typischen Erscheinungsbild der Gemeinde gerecht wird[380], für die Bestimmung des Kernbereichs als untauglich erwiesen.[381]

Vorliegend scheidet eine Verletzung des Kernbereichs durch die Einräumung von Letztentscheidungsrechten schon aufgrund der Regelung des Art. 78 Abs. 4 S. 2 LVerf NRW aus. Demnach kann sich das Land bei Pflichtaufgaben ein Weisungsrecht nach näherer gesetzlicher Vorschrift vorbehalten. Somit kommt lediglich ein Eingriff in den Randbereich des kommunalen Selbstverwaltungsrechts in Betracht. Durch das Weisungsrecht wird die kommunale Aufgabenträgerschaft im SPNV nicht berührt. Es wird aber in die Eigenverantwortlichkeit der Aufgabenerfüllung eingegriffen.[382]

Dieser Eingriff ist gerechtfertigt, wenn er aus Gründen des Gemeinwohlinteresses erfolgt und das Übermaßverbot beachtet.[383] Eingriffe müssen also geeignet, erforderlich und verhältnismäßig im engeren Sinne (d. h. angemessen) sein.[384]

Gemeinwohlinteresse ist vorliegend die Sicherung der Bedienung mit SPNV-Leistungen im gesamten Bundesland.[385]

Das Letztentscheidungsrecht i. S. d. § 6 Abs. 1 S. 2 ÖPNVG NRW ist zur Sicherung der Bedienung mit SPNV-Leistungen in Nordrhein-Westfalen geeignet,

---

[377] Dazu ausführlich z. B.: Gern/Brüning, Rn. 119 ff.
[378] Ehlers, DVBl. 2000, 1301 (1307); Müller (2011), 42.
[379] BVerfG, Beschluss vom 23.1.1988, Az.: 2 BvR 1619/83, 2 BvR 1628/83, NVwZ 1989, 347 (348); BVerfG, Beschluss vom 26.10.1994, Az.: 2 BvR 445/91, NVwZ 1995, 677 (678).
[380] BVerwG, Urteil vom 22.11.1957, Az.: VII C 69/57, VerwRspr 1958, 736 (740).
[381] Brüning, in: Ehlers/Fehling/Pünder, § 64 Rn. 44.
[382] Oebbecke (2015), 18.
[383] BVerfG, Beschluss vom 23.06.1987, Az.: 2 BvR 826/83, NVwZ 1988, 47 (49); Vogelsang/Lübking/Ulbrich, Rn. 32.
[384] Zum Grundsatz der Verhältnismäßigkeit z. B.: BVerfG, Beschluss vom 09.03.1994, Az.: 2 BvL 43/92 u.a., NJW 1994, 1577 (1578 f.); Katz/Sander, Rn. 213.
[385] § 2 Abs. 3 S.1 ÖPNVG NRW.

da der legitime Zweck, die Sicherstellung der Bedienung mit dem SPNV, dadurch zumindest gefördert wird.[386]

Die Erforderlichkeit des Eingriffs ist zu bejahen, wenn kein milderes, gleich effektives Mittel zur Erreichung des legitimen Zwecks möglich ist.[387] Als Alternative kann vorliegend ein generelles Weisungsrecht des Landes bei kooperationsraumübergreifenden SPNV-Linien in Betracht kommen. Allerdings wäre ein generelles Weisungsrecht nicht als milderes Mittel gegenüber einem Weisungsrecht im *ultima ratio*-Fall anzusehen. Dies scheidet somit als Alternative aus. Weiterhin könnte daran gedacht werden, die Pauschale i. S. d. § 11 Abs. 1 S. 1 ÖPNVG NRW zu kürzen.[388] Allerdings ist ein solches Vorgehen nur in den Fällen möglich, die § 11 Abs. 5 ÖPNVG NRW vorsieht: Der Hinwirkungspflicht auf einen Gemeinschaftstarif nach § 5 Abs. 3 S. 3 ÖPNVG NRW wird nicht nachgekommen bzw. diese wird nicht umgesetzt oder anderen Anforderungen aus der Rechtsverordnung nach § 11 Abs. 1 S. 3 ÖPNVG NRW wird nicht nachgekommen. Selbst wenn ein dahingehender Fall gegeben ist, dürfte die Kürzung bzw. Nichtauszahlung von Mitteln keine Abhilfe im Hinblick auf eine kooperationsraumübergreifende Abstimmung unter den SPNV-Aufgabenträgern bringen. So lässt sich schwer bestimmen, wer für das Nichtzustandekommen einer Einigung verantwortlich ist. Hierdurch dürfte zudem regelmäßig nicht eine kurzfristige Lösung der Abstimmungsschwierigkeiten erfolgen.[389]

Schließlich muss die Maßnahme auch angemessen sein. Der Eingriff darf also nicht außer Verhältnis zum Ziel, der Bedienung mit SPNV-Leistungen im Land, stehen. Dies ist im Rahmen einer Abwägung der widerstreitenden Interessen zu ermitteln.[390] Zu beachten ist zunächst, dass der Eingriff nur kooperationsraumübergreifende Aspekte des SPNV betrifft. Die Aufgabenträgerschaft nach §§ 3 Abs. 1 S. 1, 5 Abs. 3 S. 1 ÖPNVG NRW bleibt unberührt. Aus diesem Grund ist es nicht überzeugend, dass man dem Gesetzgeber vorwirft, mit der Regelung den Grundgedanken der Regionalisierung zu revidieren.[391] Der Grundgedanke der Regionalisierung besteht darin, die Zuständigkeiten für den SPNV auf regionaler Ebene anzusiedeln.[392] An dieser Zuständigkeit ändert sich durch das

---

[386] Hierzu z. B. aus der Rechtsprechung: BVerfG, Beschluss vom 09.03.1994, Az.: 2 BvL 43/92 u.a., NJW 1994, 1577 (1579); Stein/Frank, 244.

[387] Hierzu z. B. aus der Rechtsprechung: BVerfG, Beschluss vom 09.03,1994, Az.: 2 BvL 43/92 u.a., NJW 1994, 1577 (1579).

[388] § 11 Abs. 5 ÖPNVG NRW.

[389] Oebbecke (2015), 7.

[390] Hierzu z. B. aus der Rechtsprechung: BVerfG, Beschluss vom 09.03.1994, Az.: 2 BvL 43/92 u.a., NJW 1994, 1577 (1579).

[391] Stellungnahme der VRR AöR vom 28.10.2016, Landtag NRW-Stellungnahme 16/4412.

[392] Landtag NRW-Drs. 11/7847, 2.

Entscheidungsrecht gem. § 6 Abs. 1 S. 2 ÖPNVG NRW nichts. Ferner wird kritisiert, dass durch das Entscheidungsrecht die Gefahr von Anordnungen des Landes bestünde, die hohe Kosten nach sich ziehen würden. Dies würde letztlich zu einer Ausgleichungspflicht der hinter den SPNV-Aufgabenträgern stehenden Kreise und kreisfreien Städte führen.[393] Allerdings hat das Verkehrsministerium die Grundsätze der Wirtschaftlichkeit und Sparsamkeit[394] im Rahmen entsprechender Letztentscheidungsrechte zu beachten.[395] Die Finanzierung der Aufgaben im SPNV erfolgt durch die Pauschale i. S. d. § 11 Abs. 1 S. 1 ÖPNVG NRW, die den Aufgabenträgern seitens des Landes aus den Mitteln des Regionalisierungsgesetzes des Bundes gewährt werden. Da die Aufgaben im SPNV in seiner Gesamtheit einer Finanzierung aus der genannten Pauschale bedürfen, ist es unerheblich, dass einige SPNV-Linien sich ohne die Pauschale selbst finanzieren könnten.[396] Die Aufgabenträgerschaft besteht für den gesamten SPNV und beschränkt sich nicht nur auf wirtschaftlich lukrative Linien. Eine andere Betrachtungsweise würde zu einer „Rosinenpickerei" führen. Schließlich sprechen historische Gründe für ein Entscheidungsrecht i. S. d. § 6 Abs. 1 S. 2 ÖPNVG NRW: Die Zuständigkeiten für den SPNV sind erst im Rahmen der Regionalisierung auf die Kreise und kreisfreien Städte übertragen worden. Es handelt sich nicht um deren originären Aufgabenbereich.[397]

Die besseren Gründe sprechen somit für einen gerechtfertigten Eingriff in das kommunale Selbstverwaltungsrecht.

(2) Zweckmäßigkeitsweisungen nach § 6 Abs. 1 S. 4 ÖPNVG NRW

Das Verkehrsministerium kann schließlich im Einzelfall uneingeschränkt Zweckmäßigkeitsweisungen gegenüber den SPNV-Aufgabenträgern erteilen, sofern die Umsetzung des SPNV-Netzes im besonderen Landesinteresse i. S. d. § 7 Abs. 4 S. 1 ÖPNVG NRW betroffen ist.[398] Ob Zweckmäßigkeitsweisungen erteilt werden, steht nach dem Wortlaut von § 6 Abs. 1 S. 4 ÖPNVG NRW im Ermessen des Ministeriums.

Offen lässt das Gesetz, was unter einer zweckmäßigen Umsetzung des SPNV-Netzes i. S. d. § 7 Abs. 4 S. 1 ÖPNVG NRW zu verstehen ist. Umsetzung bedeutet nach dem Wortsinn Verwirklichung.[399] Verwirklicht werden soll nach § 7

---

[393] Stellungnahme der VRR AöR vom 28.10.2016, Landtag NRW-Stellungnahme 16/4412.
[394] Art. 114 Abs. 2 S. 1 GG; Art. 86 Abs. 2 S. 1 LVerf NRW.
[395] Landtag NRW-Drs. 16/12435, 31.
[396] Auskunft der VRR AöR vom 31.05.2017.
[397] Oebbecke (2015), 20.
[398] § 6 Abs. 1 S. 4 ÖPNVG NRW.
[399] Werner/Patout et al., § 6 ÖPNVG NRW Erl. 1.

Abs. 4 S. 2 ÖPNVG NRW die Erschließung bedeutsamer SPNV-Verbindungen für alle Landesteile. Letztlich handelt es sich hierbei um eine Konkretisierung des Grundsatzes aus § 2 Abs. 3 S. 1 ÖPNVG NRW, der eine angemessene Bedienung der Bevölkerung mit ÖPNV-Leistungen als Ziel vorsieht. Abweichungen von diesen Vorgaben sind grundsätzlich nur vorübergehend möglich, z. B. bei Baumaßnahmen. Eine Ausnahme besteht, wenn besondere Dringlichkeitsaspekte für die Abweichung vorliegen und das Verkehrsministerium zustimmt.[400] Dabei liegt eine besondere Dringlichkeit erst vor, wenn den Grundsätzen aus § 2 ÖPNVG NRW, insbesondere einer angemessenen Bedienung der Bevölkerung mit ÖPNV-Leistungen[401], nicht mehr nachgekommen werden kann.

In diesem Zusammenhang besteht die Möglichkeit, dass ein ungerechtfertigter Eingriff in das kommunale Selbstverwaltungsrecht vorliegt.[402] Im Wesentlichen kann in diesem Zusammenhang auf die vorstehenden Argumente verwiesen werden. Zu ergänzen ist, dass die meisten Verkehrsverträge neu ausgehandelt wurden und nur geringfügige Anpassungsmöglichkeiten vorsehen. Eine entsprechende Änderung wäre nur mit einem hohen finanziellen Aufwand möglich.[403] Die Zweckmäßigkeitsweisungen in § 6 Abs. 1 S. 4 ÖPNVG NRW sollen sich allerdings nur auf die Umsetzung der gesetzlichen Vorgaben im Zusammenhang mit dem SPNV-Netz i. S. d. § 7 Abs. 4 S. 1 ÖPNVG NRW erstrecken.[404] Es ist daher nicht davon auszugehen, dass bei korrekter Umsetzung der gesetzlichen Vorgaben ein Anpassungsbedarf besteht. Im Zusammenhang mit dem Zweckmäßigkeitsweisungsrecht in § 6 Abs. 1 S. 4 ÖPNVG NRW handelt es sich daher um einen gerechtfertigten Eingriff in das kommunale Selbstverwaltungsrecht.

(3) Konnexitätsrechtliche Bewertung

Die Möglichkeit von Weisungsrechten wurde in das ÖPNVG NRW mit der Novelle im Dezember 2016 eingefügt.[405] Zuvor war in § 6 Abs. 1 S. 2 ÖPNVG NRW a. F. eine Hinwirkungspflicht des Landes für den Fall vorgesehen, dass eine Zusammenarbeit der SPNV-Aufgabenträger nicht in angemessener Zeit zustande kam. Über die zweckmäßige Umsetzung des SPNV-Netzes im besonderen Landesinteresse entschied ursprünglich das Verkehrsministerium, sofern

---

[400] Verwaltungsvorschrift Nr.2.2 zu § 7 ÖPNVG NRW.
[401] § 2 Abs. 3 S. 1 ÖPNVG NRW.
[402] Werner/Patout et al., § 6 ÖPNVG NRW Erl. 1.
[403] Stellungnahme der VRR AöR vom 28.10.2016, Landtag NRW-Stellungnahme 16/4412.
[404] Landtag NRW-Drs. 16/12435, 31.
[405] Gesetz- und Verordnungsblatt NRW, Nr. 44 vom 27. Dezember 2016, 1157 ff.

keine Einigung zwischen den SPNV-Aufgabenträgern zustande kam, abschließend.[406]

Bezüglich der Entscheidungs- bzw. Weisungsrechte des Verkehrsministeriums in § 6 Abs. 1 S. 2, 4 ÖPNVG NRW könnte das sog. Konnexitätsprinzip verletzt sein. Das Konnexitätsprinzip verpflichtet das Land dazu, die im Zusammenhang mit der Begründung oder Erweiterung der kommunalen Aufgabenlasten entstehenden Kosten zu tragen.[407]

Die Gebietskörperschaften erhalten finanzielle Mittel, damit sie die kommunale Selbstverwaltung ausfüllen können. Art. 78 Abs. 3 S. 1 LVerf NRW stellt die Grundlage dafür dar, dass den Gebietskörperschaften durch das Land weitere, neue Aufgaben übertragen werden können. Erforderlich ist dann allerdings, dass zum Schutz der kommunalen Selbstverwaltung vor finanzieller Aushöhlung ein Ausgleich gezahlt wird. Deshalb wurde in Art. 78 Abs. 3 S. 2 LVerf NRW eine sog. Konnexitätsklausel geschaffen. Zwar sind die SPNV-Aufgabenträger nicht direkt vom Anwendungsbereich des Konnexitätsprinzips erfasst, allerdings die hinter ihnen stehenden Kreise und kreisfreien Städte. Diese sind Gebietskörperschaften i. S. d. Art. 78 Abs. 3 LVerf NRW.[408]

Es muss ein konnexitätsrelevanter Sachverhalt i. S. d. Art. 78 Abs. 3 LVerf NRW vorliegen. Dazu bedarf es einer konnexitätsrelevanten Verpflichtung und konnexitätsrelevanten Aufgabenübertragung.

Eine konnexitätsrelevante Verpflichtung liegt vor, wenn durch Gesetz oder Rechtsverordnung die Übernahme oder Durchführung einer öffentlichen Aufgabe angeordnet wird.[409] Mit der Regelung in § 6 Abs. 1 S. 1 ÖPNVG NRW liegt ein Landesgesetz vor, das die Kooperationspflicht der SPNV-Aufgabenträger regelt. Die Aufgabenübertragung beruht demnach ebenfalls auf einer konkreten Entscheidung des Landesgesetzgebers, sodass eine konnexitätsrelevante Verpflichtung vorliegt.

Schließlich bedarf es einer konnexitätsrelevanten Aufgabenübertragung. Eine solche liegt nach Art. 78 Abs. 3 S. 2 LVerf NRW vor, wenn den Gemeinden oder Gemeindeverbänden neue Aufgaben übertragen oder bestehende Aufgaben verändert werden. Da die kooperationsraumübergreifende Zusammenarbeit der SPNV-Aufgabenträger sowie die Umsetzung des SPNV-Netzes im besonderen

---

[406] § 6 Abs. 1 S. 3 ÖPNVG NRW a. F.
[407] Art. 104a Abs. 1 GG. Siehe auch: Kluth, LKV 2009, 337 (340); Leisner-Egensperger, NVwZ 2021, 1487 (1488).
[408] Jäger, 213.
[409] Art. 78 Abs. 3 S. 1 LVerf NRW.

Landesinteresse bereits zuvor kommunale Pflichtaufgaben waren[410], liegt keine Übertragung neuer Aufgaben vor. Somit kommt nur die Veränderung bestehender Aufgaben in Betracht. Ob eine solche vorliegt, ist daran zu messen, ob sich die bereits zuvor übertragene Aufgabe auf Grund der neuen gesetzlichen Grundlage inhaltlich ändert. Hierfür ist die Rechtslage vor und nach Erlass der Neuregelung zu vergleichen. Sofern ein solcher Vergleich ergibt, dass die Verpflichtung zur Aufgabenwahrnehmung bereits in demselben Umfang bestand, liegt keine Veränderung vor.[411] Durch die Einführung der Weisungsrechte werden die Möglichkeiten zur Einflussnahme des Landes verstärkt, da sie in der alten Fassung des ÖPNVG NRW in dieser Form nicht bestanden. Allerdings wird an dem Aufgabencharakter keine Änderung vorgenommen. Die Aufgaben nach § 6 Abs. 1 S. 1 ÖPNVG NRW waren zuvor bereits Pflichtaufgaben. Zur Bestimmung, ob eine Veränderung der bestehenden Aufgabe vorliegt, könnte § 2 Abs. 4 des Konnexitätsausführungsgesetzes des Landes Nordrhein-Westfalen (KonnexAG) heranzuziehen sein. Diese Norm, die im Zuge der Änderung von Art. 78 LVerf NRW beschlossen wurde, bestimmt, dass die Veränderung einer bestehenden Aufgabe vorliegt, wenn die den Vollzug prägenden besonderen Anforderungen an die Aufgabenerfüllung geändert werden. Solche Änderungen können die Einführung von Weisungsrechten sein.[412] Dagegen spricht jedoch, dass in dem Bericht des Hauptausschusses zum Gesetzentwurf des KonnexAG NRW eine Veränderung bestehender Aufgaben „nur in solchen Fällen, in denen verbindliche Anforderungen, z. B. Standards, geändert werden"[413], vorliegen. Standards sind diejenigen, „die den behördlichen Vollzug einer Aufgabe maßgeblich prägen"[414]. Die Weisungsrechte stellen keinen Standard der Aufgabenerfüllung dar. Allerdings würde, wenn man die Regelung des § 2 Abs. 4 KonnexAG heranzieht, die Landesverfassung nach Maßgabe des einfachen Rechts ausgelegt werden. Es ist somit auf das Verständnis im Sinne der Landesverfassung abzustellen.[415]

Nach Teilen des Schrifttums ist von einem umfassenden Veränderungsbegriff des Art. 78 Abs. 3 S. 2 LVerf NRW auszugehen. Der Gesetzgeber wollte dem-

410 Landtag NRW-Drs. 16/12435, 31. Die Kooperationspflicht bestand bereits im ÖPNVG NRW 1995, die Umsetzungspflicht zum SPNV-Netz im besonderen Landesinteresse wurde mit der Novellierung 2007 eingefügt (vgl. Gesetz- und Verordnungsblatt NRW 2007, 258).

411 VerfGH NRW, Urteil vom 12.10.2010, Az.: VerfGH 12/09, NVwZ-RR 2011, 41 (44).

412 Oebbecke (2015), 27.

413 Beschlussempfehlung und Bericht des Hauptausschusses, Landtag NRW-Drs. 13/5515, 23.

414 Beschlussempfehlung und Bericht des Hauptausschusses, Landtag NRW-Drs. 13/5515, 23.

415 Oebbecke (2015), 28.

nach möglichst alle Fälle der Erweiterung von Aufgaben unter die Konnexitäts-pflicht fassen, damit der Schutz des Konnexitätsprinzips nicht weitgehend leer-läuft. Marginale Veränderungen sollen nicht von vorneherein aus dem Anwen-dungsbereich ausgenommen werden. Es soll bei jeder Veränderung zunächst geprüft werden, ob mit diesen wesentliche Belastungen einhergehen.[416]

Die Rechtsprechung zu Art. 78 Abs. 3 LVerf NRW geht von einem ähnlichen Zweck aus: Mit der Regelung sollen „die Kommunen vor Aufgabenübertragun-gen oder -veränderungen ohne konkreten Ausgleich der zusätzlichen finanziel-len Belastungen geschützt"[417] werden. Das Konnexitätsprinzip entfalte „eine Warnfunktion für den Landesgesetzgeber, der sich über die entstehenden Kos-ten einer Aufgabenerfüllung bewusst werden muss"[418]. Der Zweck, einen um-fassenden Schutz zu gewährleisten, spricht für eine weite Auslegung des Merk-mals der Änderung.[419]

Eines Ergebnisses hinsichtlich der Frage, ob eine Änderung der Aufgabenerfül-lung vorliegt, bedarf es jedoch nur, wenn eine konnexitätsrelevante finanzielle Belastung der Gebietskörperschaft gegeben ist, die wesentlich ist, also eine Ba-gatellschwelle überschreitet.[420] In diesem Zusammenhang wird eine Belastung von 0,25 Euro pro Einwohner bzw. landesweit 4,5 Millionen Euro als Richtwert für eine wesentliche Belastung genannt.[421] Die konnexitätsrelevante finanzielle Belastung muss allerdings eine zusätzliche Aufwendung darstellen, die vorher nicht bereits bestanden hat.[422] Die Pflicht zur Kooperation der SPNV-Aufgaben-träger sowie zur Umsetzung des SPNV-Netzes im besonderen Landesinteresse bestand bereits vor der Einführung der Weisungsrechte. Die damit einherge-henden Kosten müssen die SPNV-Aufgabenträger ohnehin tragen.[423] Eine Mehrbelastung könnte sich jedoch ergeben, wenn durch die Weisungsrechte des Ministeriums höhere Kosten verursacht werden. In diesem Zusammenhang ist zwischen den Verwaltungskosten und Zweckaufgaben zu differenzieren.[424] An den von den SPNV-Aufgabenträgern zu tragenden Verwaltungskosten än-dern die Weisungsrechte nichts. Sie werden erst relevant, wenn sich die SPNV-Aufgabenträger nicht einigen können. Während zuvor personale und finanzielle Mittel aufgewandt werden mussten, um eine entsprechende Einigung zu erzie-

---

[416] Jäger, 148.
[417] VerfGH NRW, Urteil vom 12.10.2010, Az.: 12/09, BeckRS 2010, 54972.
[418] VerfGH NRW, Urteil vom 12.10.2010, Az.: 12/09, BeckRS 2010, 54972.
[419] Oebbecke (2015), 28.
[420] VerfGH NRW, Urteil vom 12.10.2010, Az.: 12/09, BeckRS 2010, 54972.
[421] Jäger, 200.
[422] Jäger, 182.
[423] Oebbecke (2015), 29.
[424] Oebbecke (2015), 29.

len, trifft das Verkehrsministerium nunmehr eine Entscheidung. Dadurch ist zu erwarten, dass die personalen und finanziellen Mittel der SPNV-Aufgabenträger geschont werden. Lange Diskussionen zwischen den SPNV-Aufgabenträgern werden reduziert.[425] Die bloße Einführung der Weisungsrechte zieht auch keine höheren Zweckausgaben der SPNV-Aufgabenträger nach sich.

Entsprechende Zweckausgaben können nur anfallen, wenn das Land von seinem Weisungsrecht Gebrauch macht, wobei dann fraglich ist, ob es sich um eine Mehrbelastung handelt.[426] Hierfür sind die Situationen, in denen ein Weisungsrecht des Landes besteht und in denen keines besteht, miteinander zu vergleichen. Schon vor der Novellierung des ÖPNVG NRW war die kooperationsraumübergreifende Zusammenarbeit eine Pflichtaufgabe der SPNV-Aufgabenträger. Die damit einhergehenden „notwendigen, durchschnittlichen Aufwendungen" i. S. d. Art. 78 Abs. 3 S. 2 LVerf NRW wurden also bereits zuvor von den SPNV-Aufgabenträgern getragen.[427]

Im Hinblick auf die kooperationsraumübergreifende Zusammenarbeit dürfen die Weisungen des Landes nur die strittigen Punkte erfassen. Insoweit ist zu beachten, dass die SPNV-Aufgabenträger schon vor der Novellierung des ÖPNVG NRW zur zweckmäßigen Aufgabenerfüllung verpflichtet waren. Durch die Einflussmöglichkeiten des Landes können letztlich aufgrund der einheitlichen Lösungen Skalenerträge erzielt werden. So kann es zu günstigeren Bedingungen im SPNV kommen.[428] Zudem ist das Verkehrsministerium im Rahmen seiner Entscheidung an die Grundsätze der Wirtschaftlichkeit und Sparsamkeit gebunden.[429] Daher ist nicht zu erwarten, dass der Aufwand für die Zweckausgaben durch die Novellierung des ÖPNVG NRW den Rahmen übersteigt, den die SPNV-Aufgabenträger bereits nach der alten Fassung des Gesetzes zu tragen hatten. Es liegt somit kein zusätzlicher finanzieller Aufwand für die hinter den SPNV-Aufgabenträgern stehenden Kreise und kreisfreien Städte aufgrund der Weisungs- und Letztentscheidungsrechte in § 6 Abs. 1 S. 2, 4 ÖPNVG NRW vor. Es fehlt insgesamt an einem konnexitätsrelevanten Sachverhalt.

Es liegt weder durch die Letztentscheidungs- noch Weisungsrechte des Verkehrsministeriums in § 6 Abs. 1 S. 2, 4 ÖPNVG NRW eine Verletzung des Konnexitätsprinzips gegenüber den SPNV-Aufgabenträgern vor.

---

[425] Oebbecke (2015), 29.
[426] Oebbecke (2015), 29.
[427] Oebbecke (2015), 30.
[428] Oebbecke (2015), 31.
[429] Landtag NRW-Drs. 16/12435, 31.

3. Prüfung durch den Landesrechnungshof

Im Hinblick auf die gewährten Pauschalen und Zuwendungen i. S. d. §§ 10 ff. ÖPNVG NRW erfolgt eine Prüfung der ÖPNV-Aufgabenträger durch den Landesrechnungshof.[430]

a) Zuständige Behörde

Zuständige Behörde für die Prüfung ist der Landesrechnungshof. Dessen Zuständigkeit ergibt sich grundsätzlich aus § 88 Abs. 1 S. 1 der Landeshaushaltsordnung des Landes Nordrhein-Westfalen (LHO NRW), wonach er die Haushalts- und Wirtschaftsführung des Landes prüft. Die ÖPNV-Aufgabenträger gehören nicht zur Landesverwaltung und auch der Ausnahmetatbestand in § 91 Abs. 1 S. 1 Nr. 1-4 LHO NRW[431] ist nicht einschlägig. Im Hinblick auf die Pauschalen i. S. d. §§ 11, 11a ÖPNVG NRW handelt es sich bei § 16 Abs. 7 S. 1 ÖPNVG NRW somit um eine spezielle Prüfungsermächtigung. Etwas anderes gilt im Hinblick auf die Zuwendungen i. S. d. §§ 12, 13, 14 ÖPNVG NRW. Insoweit greift der Ausnahmetatbestand des § 91 Abs. 1 S. 1 Nr. 3 LHO NRW, da es sich bereits nach dem Wortlaut um Zuwendungen handelt. Der Landesrechnungshof kann eine Prüfung vornehmen, wenn die Zuwendungen weitergeleitet werden, wie es in der Praxis erfolgt.[432] Einer speziellen Prüfungsermächtigung bedarf es insoweit nicht.

b) Prüfungsmaßstab

Der Prüfungsmaßstab bezüglich der Pauschalen i. S. d. §§ 11, 11a ÖPNVG NRW beschränkt sich nach § 16 Abs. 7 S. 1 ÖPNVG NRW lediglich auf die bestimmungsgemäße Verwendung der Mittel. Die entsprechenden Vorgaben ergeben sich aus dem Bewilligungsbescheid für die Pauschale. Außerdem werden in § 11 Abs. 1 S. 4, 7, Abs. 2 S. 6 ÖPNVG NRW sowie § 11a Abs. 2 S. 2, Abs. 3 ÖPNVG NRW verschiedene Vorgaben zur Mittelverwendung, die u. a. eine Beschränkung der Verwendung und Zweckbindung vorsehen, gemacht. Nicht zum Prüfungsmaßstab der Pauschalen gehört dagegen die Einhaltung der Vorschriften des Zuwendungsrechts, da es sich bei diesen nicht um eine Zuwendung handelt.[433] Gleiches gilt für interne Verwaltungsvorschriften der Aufgabenträger. Bei diesen handelt es sich „nicht um Zweckbindungsbestimmun-

---

[430] Vgl. für die Pauschalen die Regelung des § 16 Abs. 7 ÖPNVG NRW. Für Zuwendungen ergibt sich dies aus § 91 Abs. 1 S. 1 Nr. 3 LHO NRW.

[431] Zur rechtlichen Qualifikation der Pauschalen i. S. d. §§ 11, 11a ÖPNVG NRW: Werner/Patout et al., § 11 ÖPNVG NRW Erl. 2.

[432] § 91 Abs. 1 S. 2 LHO NRW.

[433] Werner/Patout et al., § 15 ÖPNVG NRW Erl. 4.

gen des Landes, an die die Aufgabenträger gegenüber dem Land gebunden sind."[434]

Bei Zuwendungen[435] erfolgt die Prüfung nach § 91 Abs. 2 S. 1 LHO NRW im Hinblick auf die bestimmungsgemäße und wirtschaftliche Verwendung. Was unter der bestimmungsgemäßen Verwendung zu verstehen ist, ergibt sich aus dem Zuwendungsbescheid sowie den diesem Verwaltungsakt eventuell beigefügten Nebenbestimmungen.[436] Inhaltlich deckt sich der Begriff der wirtschaftlichen Verwendung mit dem in § 7 LHO NRW.[437] Eine wirtschaftliche Verwendung liegt demnach vor, wenn die bestmögliche Nutzung der Mittel erfolgt.[438]

c) Prüfungsverfahren

Das Prüfungsverfahren des Landesrechnungshofs besteht aus bis zu sechs Phasen: Arbeitsplanung innerhalb des Rechnungshofes, Prüfungsankündigung, Durchführung der Erhebungen durch den Landesrechnungshof, Prüfungsmitteilung bzw. Beantwortungsverfahren, Jahres- bzw. Sonderbericht, parlamentarische Behandlung der Berichte und Abschluss des Prüfungsverfahrens.[439] Dem Landesrechnungshof kommen weder Exekutiv- noch Sanktionsbefugnisse zu. Die Durchsetzung von möglichen Verfahren zur Rückforderung bzw. Erstattung obliegt insoweit der Verwaltung.[440] Die Bewilligungsbehörden, also für die Pauschalen und Förderungen nach §§ 11, 11a, 12 und 14 ÖPNVG NRW die Bezirksregierung und für die Förderung nach § 13 ÖPNVG NRW die SPNV-Aufgabenträger[441], treffen die jeweiligen Rückforderungsentscheidungen auf Grundlage der §§ 48, 49 des Verwaltungsverfahrensgesetzes Nordrhein-Westfalen (VwVfG NRW).

---

434 Werner/Patout et al., § 15 ÖPNVG NRW Erl. 4.
435 Nicht thematisiert werden soll an dieser Stelle die Frage, ob der Prüfungsmaßstab nur eine Prüfung der Verwendung der Zuwendung zulässt oder auch die übrige Haushalts- und Wirtschaftsführung des Zuwendungsempfängers erfasst. Vgl. dazu z. B.: Endell/Frömgen/Albrecht, 9. Ergänzungslieferung Januar 2018, Rechnungsprüfung A-X, Erl. 2.3.1.
436 Endell/Frömgen/Albrecht, 9. Ergänzungslieferung Januar 2018, Rechnungsprüfung A-X, Erl. 2.3.1.
437 Endell/Frömgen/Albrecht, 9. Ergänzungslieferung Januar 2018, Rechnungsprüfung A-X, Erl. 2.3.1.
438 Endell/Frömgen/Albrecht, 6. Ergänzungslieferung April 2014, Zuwendungen A-I, Erl. 4.3.
439 Hierzu im Einzelnen: Endell/Frömgen/Albrecht, 9. Ergänzungslieferung Januar 2018, Rechnungsprüfung A-X, Erl. 2.6.
440 Endell/Frömgen/Albrecht, 9. Ergänzungslieferung Januar 2018, Rechnungsprüfung A-X, Erl. 1.2.
441 § 15 S. 1, 2 ÖPNVG NRW.

4. Überblick zu Rechtsschutz und Staatshaftung[442]

Im Rahmen des Rechtsschutzes für die Trägerzweckverbände ist zu beachten, dass nach § 29 Abs. 3 GkG NRW die Anwendung von § 126 GO NRW, der ein Vorverfahren i. S. d. §§ 68 ff. der Verwaltungsgerichtsordnung (VwGO) für entbehrlich erklärt, nicht möglich ist. Es ist somit grundsätzlich ein Vorverfahren durchzuführen. Allerdings statuiert § 68 Abs. 1 S. 2, 1. Fall VwGO, dass von der Erfordernis eines Vorverfahrens aufgrund spezieller landesrechtlicher Regelungen abgewichen werden kann. Eine solche Regelung liegt grundsätzlich mit § 110 Abs. 1 S. 1 des Justizgesetzes Nordrhein-Westfalen (JustG NRW) vor. Im Falle des verwaltungsgerichtlichen Rechtsschutzes der Trägerzweckverbände bedarf es, soweit erforderlich, keines Vorverfahrens.

Daneben ist im Falle eines gesetzlichen Eingriffs in die kommunale Selbstverwaltung der hinter den SPNV-Aufgabenträgern bzw. den Trägerzweckverbänden stehenden Gemeinden und Gemeindeverbänden an die Möglichkeit einer Verfassungsbeschwerde nach Art. 75 Nr. 4 der Landesverfassung Nordrhein-Westfalen (LVerf NRW) i. V. m. § 52 Abs. 1 des Verfassungsgerichtshofgesetzes Nordrhein-Westfalen (VerfGHG NRW) zum Landesverfassungsgericht zu denken.

Im Rahmen der Haftung für Aufsichtsmaßnahmen ist auf der Ebene des Sekundärrechtsschutzes die Amtshaftung nach § 839 des Bürgerlichen Gesetzbuches (BGB) i. V. m. Art. 34 GG möglich. Auf diesen Anspruch können sich die SPNV-Aufgabenträger und die Trägerzweckverbände als juristische Personen des öffentlichen Rechts berufen. Sie sind „Dritter" im Sinne der Amtshaftung, da sie im Falle der Staatsaufsicht der Aufsichtsbehörde ähnlich wie im Staat-Bürger-Verhältnis gegenüberstehen.[443]

---

[442] Dazu ausführlich: Pieper, 450 ff.
[443] BGH, Urteil vom 09.01.1958, Az.: III ZR 95/56, NJW 1958, 629 (629). Dazu ausführlich z.B.: Brüning/Vogelsang, Rn. 373 ff.

C. Innere Verbandsverfassung der SPNV-Aufgabenträger

I. Organe

Eine juristische Person benötigt Organe, um im Rechtsverkehr handlungsfähig zu sein. Die Organe haben unterschiedliche Aufgaben und Befugnisse.

1. SPNV-Aufgabenträger

a) Gemeinsame Anstalt i. S. d. § 5a Abs. 1 S. 1 ÖPNVG NRW

Organe der gemeinsamen Anstalt sind der Verwaltungsrat und der Vorstand.[444] Daneben können ggf. weitere Gremien gebildet werden.

aa) Verwaltungsrat

(1) Aufgaben

Die Aufgaben des Verwaltungsrats ergeben sich, sofern das ÖPNVG NRW keine speziellen Regelungen vorsieht, über die Verweisung in § 5a Abs. 1 S. 2 ÖPNVG NRW aus § 114a Abs. 7 GO NRW.

Wichtigste Aufgaben des Verwaltungsrats sind die Bestellung und Überwachung der Geschäftsführung des Vorstands.[445] Daneben ergeben sich aus § 114a Abs. 7 S. 3 Nr. 1-7 GO NRW weitere Aufgaben. Danach entscheidet der Verwaltungsrat über den Erlass von Satzungen, die Beteiligung der Anstalt an Unternehmen oder Einrichtungen sowie deren Gründung, die Feststellung des Wirtschaftsplans und Jahresabschlusses, die Festsetzung allgemein geltender Tarife und Entgelte für Leistungsnehmer, die Bestellung des Abschlussprüfers, die Ergebnisverwendung sowie Rechtsgeschäfte der Anstalt i. S. d. § 111 GO NRW, also die Veräußerung von Unternehmen, Einrichtungen und Beteiligungen.

Aus dem Selbstverwaltungsrecht der gemeinsamen Anstalt folgt, dass die Satzung weitere Aufgaben, welche über die gesetzlichen Aufgaben hinausgehen, vorsehen kann.[446] So ist der Verwaltungsrat der VRR AöR beispielsweise für strategische und verkehrspolitische Grundsatzfragen[447] oder die Festlegung des SPNV-Etats[448] zuständig.

---

[444] §§ 5a Abs. 1 S. 2 ÖPNVG NRW, 114a Abs. 2 S. 2 GO NRW.
[445] §§ 5a Abs. 1 S. 2 ÖPNVG NRW, 114a Abs. 7 S. 1, 2 GO NRW. Siehe auch § 20 Abs. 1 S. 2 Satzung VRR AöR.
[446] § 5 Abs. 1 S. 2 ÖPNVG NRW.
[447] § 20 Abs. 3 Nr. 1 VRR AöR.
[448] § 20 Abs. 3 Nr. 3 VRR AöR.

(2) Zusammensetzung

Der Verwaltungsrat setzt sich aus einem Vorsitzenden und den übrigen Mitgliedern zusammen.[449] Über die Größe des Verwaltungsrats und den Vorsitz sind Regelungen in der Satzung zu treffen.[450] Die Größe des Verwaltungsrates bei der VRR AöR beträgt 44 Mitglieder. Den Vorsitz im Verwaltungsrat führt der Vorsitzende des Zweckverbandes VRR.[451] Von den übrigen 43 Mitgliedern, die von den Trägerzweckverbänden gewählt werden[452], entsendet der Zweckverband VRR 41 und der Zweckverband NVN zwei.[453] In demselben Verhältnis werden Stellvertreter für die ordentlichen Mitglieder benannt.[454]

Mitglieder des Verwaltungsrats können nicht Bedienstete der VRR AöR, leitende Bedienstete von juristischen Personen oder Organisationen des öffentlichen oder privaten Rechts, an der die VRR AöR mit über 50 % beteiligt ist, sowie Bedienstete von Aufsichtsbehörden, die die Aufsicht über die VRR AöR ausüben, werden.[455]

Die Mitglieder des Verwaltungsrats sind ehrenamtlich tätig.[456] Sie erhalten allerdings eine Aufwandsentschädigung und etwaige Fahrt- sowie ggf. Beherbergungskosten erstattet.[457] Der Vorsitzende des Verwaltungsrats und dessen Stellvertreter erhalten eine zusätzliche monatliche Entschädigung.[458]

(3) Wahlperiode

Die Mitglieder des VRR-Verwaltungsrats werden für die Dauer von fünf Jahren unter sinngemäßer Anwendung von § 50 Abs. 4 GO NRW von den Zweckverbandsversammlungen der Trägerzweckverbände gewählt.[459]

Diese Regelung entspricht nicht den Vorgaben von § 114a Abs. 8 S. 5 GO NRW, der über § 5a Abs. 2 S. 2 ÖPNVG NRW Anwendung findet, wonach die Amtszeit des Verwaltungsrates an die Wahlperiode des Gemeinderates gebunden ist. Insoweit ist zunächst zu beachten, dass sich § 114a Abs. 8 S. 5 GO NRW auf den Fall bezieht, dass eine Gemeinde eine Anstalt i. S. d. § 114a GO

---

[449] §§ 5a Abs. 1 S. 2 ÖPNVG NRW, 114a Abs. 8 S. 1 GO NRW.
[450] § 5a Abs. 3 ÖPNVG NRW.
[451] § 21 Abs. 6 S. 1 Satzung VRR AöR.
[452] § 5a Abs. 2 S. 1 ÖPNVG NRW.
[453] § 21 Abs. 1 S. 1 lit. a) - c) Satzung VRR AöR.
[454] § 21 Abs. 1 S. 1 lit. a) Satzung VRR AöR.
[455] §§ 5a Abs. 1 S. 2 ÖPNVG NRW, 114a Abs. 8 S. 8 Nr. 1-3 GO NRW; 20 Abs. 5 Satzung VRR AöR.
[456] § 22 Abs. 1 S. 1 Satzung VRR AöR.
[457] § 22 Abs. 1 S. 2 lit. a) - c) Satzung VRR AöR.
[458] § 22 Abs. 2 S. 1 Satzung VRR AöR.
[459] § 21 Abs. 3 S. 1 Satzung VRR AöR.

NRW bildet. Hier handelt es sich vielmehr um eine gemeinsame Anstalt i. S. d. § 5a Abs. 1 S. 1 ÖPNVG NRW. Die Regelungen der GO NRW finden insoweit nur entsprechend Anwendung.[460] Das Gesetz geht bei § 114a Abs. 8 S. 5 GO NRW davon aus, dass der Vertreter im Verwaltungsrat zugleich gewähltes Ratsmitglied ist. Entsprechende Regelungen für Mitglieder des Verwaltungsrats, die dem Rat nicht angehören, enthält das Gesetz nicht. In diesem Fall bleibt es nach allgemeiner Ansicht bei einer Wahlzeit von fünf Jahren.[461] Da die Wahldauer des Gemeinderats ebenfalls fünf Jahre beträgt[462], entsteht keine zeitliche Diskrepanz.

(4) Demokratische Legitimation

Die Vertreter der Trägerzweckverbände im Verwaltungsrat werden nicht unmittelbar durch das Volk i. S. d. Art. 20 Abs. 1, 2 GG gewählt, sodass Zweifel an der demokratischen Legitimation bestehen könnten. Allerdings werden sie durch die Verbandsversammlungen der Trägerzweckverbände gewählt, deren Vertreter unmittelbar durch die Vertretungen der Kreise und kreisfreien Städte gewählt werden, die ihrerseits unmittelbar vom Volk legitimiert werden.[463] Eine ausreichende demokratische Legitimation ist gegeben.

(5) Sitzungen und Abstimmungen

Der Verwaltungsrat der VRR AöR tritt auf schriftliche Einladung des Vorsitzenden zusammen.[464] Fristgerecht ist die Einladung, wenn sie den Mitgliedern mindestens am zehnten Tag vor der Sitzung zusammen mit der Tagesordnung zugegangen ist.[465] In dringenden Fällen gilt eine Notfrist von 24 Stunden.[466] Sie greift beispielsweise, wenn eine Bedienung mit SPNV-Leistungen durch die Verkehrsunternehmen nicht gesichert ist oder eine Unterbrechung droht.[467]

Sitzungen des Verwaltungsrats finden mindestens dreimal jährlich statt und können darüber hinaus auf Verlangen von mindestens einem Drittel der Mitglieder des Verwaltungsrats unter Angabe eines Beschlussgegenstandes einberufen und durchgeführt werden.[468] Die Leitung der Sitzungen, die grundsätzlich

---

[460] § 5a Abs. 1 S. 2 ÖPNVG NRW.
[461] Held/Kotzea, in: Held/Becker et al., Stand: August 2016, § 114a GO NRW Erl. 6.
[462] § 42 Abs. 1 S. 1 GO NRW.
[463] Waldmann, NVwZ 2008, 284 (284 f.).
[464] § 23 Abs. 1 S. 1 Satzung VRR AöR.
[465] § 23 Abs. 1 S. 2 Satzung VRR AöR.
[466] § 23 Abs. 1 S. 3 Satzung VRR AöR.
[467] Vgl. Art. 5 Abs. 5 S. 1 VO (EG) 1370/2007.
[468] § 23 Abs. 2 S. 1, 2 Satzung VRR AöR.

öffentlich stattfinden[469], obliegt dem Vorsitzenden des Verwaltungsrats.[470] Der Verwaltungsrat ist beschlussfähig, wenn eine ordnungsgemäße Ladung erfolgt ist und mindestens die Hälfte der satzungsmäßigen Vertreter anwesend ist.[471] Beschlüsse werden grundsätzlich mit einfacher Mehrheit getroffen. Bei Stimmengleichheit gibt die Stimme des Verwaltungsratsvorsitzenden den Ausschlag.[472] Besonders wichtige Entscheidungen werden seitens des Verwaltungsrats mit einer Zweidrittel-Mehrheit beschossen. Beispiele hierfür sind die Aufstellung und Fortschreibung des Nahverkehrsplans oder die Bestellung des Vorstands.[473]

Die Vertreter des Trägerzweckverbandes NVN haben für den Fall, dass sich die Entscheidung ausschließlich auf dem Gebiet des Zweckverbandes VRR auswirkt, lediglich eine beratende Stimme.[474] Dies ist vor der regionalen Größenverteilung der beiden Trägerzweckverbände VRR und NVN nachvollziehbar. Im Vergleich zum Trägerzweckverband NVN ist das Gebiet des Trägerzweckverbandes VRR wesentlich größer. Die Regelung ähnelt insoweit dem Schutzgedanken des § 5 Abs. 4 ÖPNVG NRW, der ein Einvernehmenserfordernis des betroffenen Mitglieds für den Fall statuiert, dass sich Entscheidungen nur in dessen Gebiet unmittelbar auswirken.[475] Kritisch könnte die Regelung allerdings insofern sein, als dass die Entscheidungsrechte der Vertreter des Trägerzweckverbandes NVN in den Gebieten des Trägerzweckverbandes VRR im Ergebnis nicht mehr vorhanden sind. Vor dem Hintergrund der Finanzierung durch die beiden Trägerzweckverbände müssten beiden grundsätzlich dieselben Entscheidungsrechte zukommen. Die Entscheidungsrechte folgen der Finanzierungsverantwortung. Allerdings ist vorliegend nicht von einer unzulässigen Einschränkung der Entscheidungsrechte des NVN auszugehen. Sofern eine SPNV-Umlage im Gebiet für die Verkehrsbedienung im Gebiet des Trägerzweckverbandes VRR erhoben werden muss, da die staatlichen Mittel zur SPNV-Finanzierung aus § 11 Abs. 1 S. 1 ÖPNVG NRW nicht ausreichen[476], zahlt er diese alleine.[477] Es besteht somit nicht die Gefahr, dass es zu einer Umgehung der aus der Finanzierungsverantwortung folgenden Entscheidungs-

---

[469] § 23 Abs. 7 S. 1 Satzung VRR AöR. Eine Ausnahme besteht bei schutzwürdigen Interessen der VRR AöR, der Trägerzweckverbände oder Dritter nach § 23 Abs. 7 S. 2 Satzung VRR AöR.
[470] § 23 Abs. 3 Satzung VRR AöR.
[471] § 23 Abs. 4 S. 1 Satzung VRR AöR.
[472] § 23 Abs. 5 S. 1, 2 Satzung VRR AöR.
[473] § 23 Abs. 6 lit. a) - h) Satzung VRR AöR.
[474] § 21 Abs. 1 S. 1 lit. c) Satzung ZV VRR AöR.
[475] Vgl. auch § 19 Abs. 2 S. 1, 2 Satzung VRR AöR.
[476] Deren Verteilung ist in § 33 Abs. 3 S. 2 Satzung VRR AöR prozentual geregelt.
[477] § 33 Abs 4 S. 1 Satzung VRR AöR.

rechte für den NVN kommt. Vor diesem Hintergrund ist die satzungsmäßige Regelung zulässig.

(6) Weitere Probleme

(aa) Weisungsrechte der Mitglieder

Anders als bei der Anstalt des öffentlichen Rechts nach § 114a GO NRW finden bei der gemeinsamen Anstalt die Regelungen des § 114a Abs. 7 S. 4, 5, 7 GO NRW keine Anwendung, was sich aus § 5a Abs. 2 S. 2 ÖPNVG NRW ergibt. Gesetzlich ergeben sich daher keine Weisungsrechte für die Mitglieder der gemeinsamen Anstalt. Dies entspricht auch § 5 Abs. 1 S. 2 ÖPNVG NRW, wonach die Ausgestaltung der Organisation Sache der SPNV-Aufgabenträger ist.

Möglich ist allerdings, dass entsprechende Regelungen zu Weisungsrechten im Rahmen des Selbstverwaltungsrechts in der Satzung festgelegt werden.[478] Begrenzt wird diese Befugnis durch die Gesetze. Darüber hinaus sind Weisungsrechte unzulässig, wenn die Eigenverantwortlichkeit der Anstalt soweit reduziert ist, dass eine Selbständigkeit bzw. Unabhängigkeit der Anstalt nicht mehr gegeben ist. Durch die Einführung von solch weitgehenden Weisungsrechten würde der Zweck einer Aufgabenausgliederung in eine gemeinsame Anstalt, die in der Reduzierung von behördlichen Tätigkeiten der Mitglieder besteht, konterkariert werden.[479]

Entscheidend sind in vorbezeichnetem Fall die Satzungen der Trägerzweckverbände, denn nur sie könnten den von ihnen in den Verwaltungsrat entsandten Mitgliedern Weisungen erteilen. Bezüglich der Erteilung von Weisungen findet sich in § 10 Abs. 1 Nr. 6 Satzung Zweckverband VRR eine Regelung, wonach Weisungen in den Fällen des § 114a Abs. 7 S. 3 Nr. 1, 2 GO NRW erteilt werden können. Eine identische Regelung findet sich in § 9 Abs. 2 Nr. 6 Satzung Zweckverband NVN. Geregelt sind in § 114a Abs. 7 S. 3 Nr. 1, 2 GO NRW die Fälle des Erlasses von Satzungen und die Beteiligung oder Erhöhung einer Beteiligung der Anstalt an anderen Unternehmen oder deren Einrichtung bzw. Gründung. Es handelt sich hierbei um Entscheidungen, die für die Trägerzweckverbände im äußersten Falle massive finanzielle Auswirkungen haben können, denn sie treffen im Ergebnis die Gewährträgerhaftung. Die Erteilung von Weisungen bei Angelegenheiten von herausgehobener Bedeutung wird für zulässig

---

[478] Vgl. § 5 Abs. 1 S. 2 ÖPNVG NRW.
[479] Lübbecke, 121.

erachtet[480], sodass gegen die entsprechenden Regelungen keine Bedenken bestehen.

(bb) Möglichkeit der Bildung von Fraktionen

Im Verwatungsrat der VRR AöR haben sich Fraktionen gebildet. Es finden sich in den einschlägigen Gesetzen keine Regelungen über die Möglichkeit der Bildung von Fraktionen im Verwaltungsrat einer AöR, weshalb an der Zulässigkeit Zweifel bestehen können.

Fraktionen sind Bestandteil nahezu sämtlicher politischer Vertretungen. Regelungen finden sich im Bundesrecht beispielsweise in Art. 53a Abs. 1 S. 2 GG, §§ 10 ff. GOBT und im Landesrecht u. a. in Art. 30 Abs. 5 LVerfNRW sowie § 56 GO NRW. Bei ihnen handelt es sich um freiwillige Vereinigungen von politisch gleichgesinnten Volksvertretern mit dem Ziel, möglichst gleichgerichtet zusammenzuwirken.[481] Das Wesen von Fraktionen ist insbesondere durch zwei Merkmale gekennzeichnet: Sie wirken zum einen bei der Willensbildung und Entscheidungsfindung in den Vertretungen mit, erleichtern zum anderen die Parlamentsarbeit durch Meinungsbildung im Vorfeld innerhalb der jeweiligen Fraktionen.[482] Die Zuständigkeit einer Fraktion ist hierbei auf die Kompetenzen der Körperschaft begrenzt, zu sie gehört.[483]

Gegen die Möglichkeit, Fraktionen im Verwaltungsrat der VRR AöR zu bilden, spricht, dass in § 114a Abs. 11 GO NRW, der dort näher bezeichnete Vorschriften der GO NRW für sinngemäß anwendbar erklärt und über § 5a Abs. 1 S. 2 ÖPNVG NRW Anwendung findet, ein Verweis auf die Regelungen zu den Fraktionen in § 56 GO NRW fehlt. Es könnte davon ausgegangen werden, dass der Gesetzgeber bewusst auf einen Verweis verzichtet hat und somit die Regelungen in § 56 GO NRW auf die gemeinsame Anstalt nicht anwenden wollte.

Allerdings spricht dagegen, dass es auch bei der Arbeit innerhalb des Verwaltungsrats zu erheblichen Effizienzsteigerungen kommt, wenn die Fraktion als Willensbildungsorgan auch im Verwaltungsrat gebildet werden kann. Es besteht insoweit eine Vergleichbarkeit mit Fraktionen in politischen Vertretungen, wie beispielsweise dem Rat oder dem Kreistag.

Darüber hinaus sieht § 5 Abs. 1 S. 2 ÖPNVG NRW vor, dass die Ausgestaltung der Organisationsstrukturen der SPNV-Aufgabenträger den Mitgliedern im Rah-

---

480 Held/Kotzea, in: Held/Winkel, Stand: Juni 2021, § 114a GO NRW, Erl. 6.
481 § 56 Abs 1 S. 1 GO NRW.
482 OVG Nordrhein-Westfalen, Beschluss vom 24.01.2005, Az.: 15 B 2713/04, NVwZ-RR 2005, 497 (498).
483 Heusch, NWVBl. 2015, 401 (404).

men ihrer Satzungshoheit vorbehalten bleibt. Sie haben in der Satzung der VRR AöR zwar keine ausdrückliche Regelung über die Bildung von Fraktionen im Verwaltungsrat getroffen, diese jedoch vorgesehen.[484]

Schließlich wird von der VRR AöR Verkehrspolitik betrieben. Sie ist für einen funktionsfähigen SPNV als Aufgabe der Daseinsvorsorge verantwortlich. So sieht die Satzung der VRR AöR als Aufgabe vor, politische Initiativen im ÖPNV zu ergreifen.[485] Es ist mithin kein Grund ersichtlich, weshalb die Bildung von Fraktionen als prägendes Element politischer Vertretungen nicht auch im Verwaltungsrat zulässig sein soll, in dem Verkehrspolitik betrieben wird. Nach alledem sprechen die besseren Gründe dafür, im Verwaltungsrat die Bildung von Fraktionen zuzulassen.

bb) Vorstand

Der Vorstand leitet nach §§ 5a Abs. 1 S. 2 ÖPNVG NRW, 114a Abs. 6 S. 1, 2 GO NRW die Geschäfte der gemeinsamen Anstalt in eigener Verantwortung und vertritt sie sowohl gerichtlich als auch außergerichtlich.[486] Geschäfte der gemeinsamen Anstalt sind nach § 5 Abs. 3 S. 1 ÖPNVG NRW die Planung, Organisation und Ausgestaltung des SPNV, der Schnellbusverkehre gem. § 5 Abs. 3 S. 2 ÖPNVG NRW sowie die ggf. weiter übernommenen Aufgaben gem. § 5 Abs. 3a, 1. Hs. ÖPNVG NRW im ÖSPV. Begrenzt wird die Eigenverantwortlichkeit des Vorstands jedoch durch gesetzliche Vorschriften und Satzungen.[487]

Wie beim Verwaltungsrat ist die demokratische Legitimation des Vorstands über die in die Verbandsversammlungen der Trägerzweckverbände entsandten Vertreter der Kreise und kreisfreien Städte gegeben. Diese werden vom jeweiligen Rat oder Kreistag gewählt und wählen die Mitglieder des Verwaltungsrats, die wiederum für die Vorstandswahl zuständig sind.[488]

Die Größe des Vorstands ist mangels gesetzlicher Vorgaben in der Satzung der VRR AöR zu bestimmen. Der Vorstand der VRR AöR besteht aus zwei Personen, von denen einer Vorstandssprecher ist.[489] Er wird vom Verwaltungsrat gewählt. Die Amtszeit darf maximal fünf Jahre betragen, wobei eine erneute Bestellung zulässig ist.[490] Ein Widerruf bzw. eine vorzeitige Kündigung ist nur aus

---

[484] Vgl. z. B. §§ 21 Abs. 1 lit. b, 25 Abs. 4 S. 2 lit. b Satzung VRR AöR.
[485] § 4 Abs. 1 S. 4 Satzung VRR AöR.
[486] Vgl. auch §§ 24 Abs. 1 S. 1 Satzung VRR AöR.
[487] § 114a Abs. 6 S. 1 GO NRW.
[488] Waldmann, NVwZ 2008, 284 (284 f.).
[489] § 24 Abs. 3 S. 1, 2 Satzung VRR AöR.
[490] §§ 5a Abs. 1 S. 2 ÖPNVG NRW, 114a Abs. 6 S. 2 GO NRW; § 24 Abs. 8 S. 1, 2 Satzung VRR AöR.

wichtigem Grund zulässig und wird vom Verwaltungsrat mit 2/3-Mehrheit beschlossen.[491]

Der Vorstand ist gegenüber dem Verwaltungsrat auskunftspflichtig und nimmt
an dessen Sitzungen teil.[492]

Mangels gesetzlicher Regelungen kann die Vergütung der Vorstände im Rahmen der allgemeinen Grundsätze der Sparsamkeit und Wirtschaftlichkeit flexibel vereinbart werden.[493]

cc) Weitere Gremien

Weder das ÖPNVG NRW, die GO NRW oder die Kommunalunternehmensverordnung Nordrhein-Westfalen (KUV NRW) enthalten Regelungen zu der Zulässigkeit, weiterer Gremien bei der gemeinsamen Anstalt.

(1) Meinungsstand

Zum einen wird im Schrifttum davon ausgegangen, dass weitere Gremien zulässig seien[494], wobei teilweise einschränkend verlangt wird, dass diesen keine
Entscheidungskompetenz zukommen dürfe.[495] Zum anderen wird die Zulässigkeit der Bildung weiterer Gremien mangels gesetzlicher Ermächtigung abge-
lehnt.[496] Daraus folgt, dass die Bildung weiterer Gremien möglich ist, wenn eine
gesetzliche Ermächtigung vorliegt. Eine solche gibt es mit § 5 Abs. 1 S. 2
ÖPNVG NRW. Die Mitglieder der SPNV-Aufgabenträger nehmen die Ausgestaltung der Organisationsstrukturen selbst vor. Die Entscheidung darüber, ob
weitere Gremien gebildet werden, gehört hierzu. Entsprechende Regelungen
müssen dann in der Satzung getroffen werden. Den Mitgliedern der SPNV-Aufgabenträger kommt insoweit ein weiter Gestaltungsspielraum zu. Die Bildung
weiterer Gremien ist somit für die gemeinsame Anstalt möglich.

---

[491] § 24 Abs. 8 S. 3 Satzung VRR AöR.
[492] § 24 Abs. 9 S. 1 Satzung VRR AöR.
[493] Cronauge, Rn. 236.
[494] Ehlers, ZHR 167 (2003), 546 (560); Lübbecke, 141.
[495] Ehlers, ZHR 167 (2003), 546 (560).
[496] Held/Kotzea, in: Held/Becker et al. (Hrsg.), Stand: Oktober 2009, § 114a GO NRW Erl. 6.

(2) Weitere Gremien bei der VRR AöR

Von dieser Möglichkeit hat die VRR AöR Gebrauch gemacht: Die Satzung sieht vier Ausschüsse[497] und einen Unternehmensbeirat als weitere Gremien vor.[498]

Der Vergabeausschuss hat eine eigene Entscheidungskompetenz zu vergaberechtlichen Fragen.[499] Er besteht aus 14 stimmberechtigten Mitgliedern, von denen der Trägerzweckverband VRR 13 und der Trägerzweckverband NVN einen entsendet. Die entsprechenden Vertreter müssen Mitglieder der Verbandsversammlung des jeweiligen Trägerzweckverbandes sein.[500] Dass die Vertreter nicht aus dem Verwaltungsrat der VRR AöR benannt werden, ist vor dem Hintergrund von § 5 Abs. 1 S. 2 ÖPNVG NRW, wonach für die Ausgestaltung der Organisationsstrukturen die Mitglieder zuständig sind, unproblematisch.

Das Stimmrecht des NVN-Vertreters besteht nur in dem Fall, in dem die Entscheidung das Gebiet dieses Trägerzweckverbandes berührt.[501] Die Satzung der VRR AöR differenziert bei der Finanzierung der SPNV-Leistungen zwischen Mitteln, die für Leistungen im Gebiet der jeweiligen Trägerzweckverband VRR und NVN verwendet werden. Den NVN treffen keine Finanzverpflichtungen für Leistungen, die sich ausschließlich im Gebiet des Trägerzweckverbandes VRR auswirken.[502] Sämtliche SPNV-Linien im Bereich des NVN sind zudem abgehende Linien, die auch das Gebiet des Trägerzweckverbandes VRR betreffen.[503] Es gibt somit keinen Fall, in dem lediglich die NVN-Vertreter abstimmen dürften, um eine Ungleichbehandlung gegenüber dem Trägerzweckverband VRR auszuschließen.

Der Ausschuss für „Investitionen und Finanzen" bereitet Beschlüsse des Verwaltungsrats in Angelegenheiten von erheblicher und grundsätzlicher finanzieller Bedeutung vor.[504] Er fasst lediglich empfehlende Beschlüsse.[505] Der Ausschuss besteht aus 26 stimmberechtigten Mitgliedern, von denen der Trägerzweckverband VRR 25 entsendet und der Trägerzweckverband NVN einen, dessen Stimmrecht nur besteht, sofern das Gebiet des NVN durch eine Ent-

---

[497] Es handelt sich dabei um: Vergabeausschuss (§ 25 Satzung VRR AöR), Ausschuss für Investitionen und Finanzen (§ 26 Satzung VRR AöR), Ausschuss für Tarif und Marketing (§ 27 Satzung VRR AöR) und Ausschuss für Verkehr und Planung (§ 28 Satzung VRR AöR).
[498] Vgl. §§ 25 ff. Satzung VRR AöR.
[499] § 25 Abs. 1, 2 S. 1 Satzung VRR AöR.
[500] § 25 Abs. 4 Satzung VRR AöR.
[501] § 25 Abs. 4 S. 2 lit. b) Satzung VRR AöR.
[502] § 33 Abs. 1 lit. c), d) Satzung VRR AöR.
[503] Auskunft der VRR AöR vom 15.02.2018.
[504] § 26 Abs. 1 S. 1, Abs. 2 S. 1 Satzung VRR AöR.
[505] § 26 Abs. 1 S. 2 Satzung VRR AöR.

scheidung betroffen ist.[506] Die Mitglieder gehören, wie beim Vergabeausschuss, den Verbandsversammlungen der Trägerzweckverbände an.[507]

Der Ausschuss für „Tarif und Marketing" fasst nur empfehlende Beschlüsse.[508] Ihm gehören 26 Vertreter aus den Verbandsversammlungen der Trägerzweck-verbände an: 25 aus dem Trägerzweckverband VRR und einer aus dem Trä-gerzweckverband NVN. Dieser hat nur ein Stimmrecht, wenn die Entscheidung das Gebiet des NVN berührt.[509] An den Sitzungen des Ausschusses nehmen als ständige Gäste Vertreter von Gewerkschaften, die die Arbeitnehmerinteres-sen im ÖSPV und SPNV vertreten, sowie Vertreter der Fahrgastverbände „Pro Bahn" und VCD teil.[510] Diese haben kein Stimmrecht.[511]

Schließlich fasst der Ausschuss für „Verkehr und Planung" ebenfalls empfeh-lende Beschlüsse.[512] Er besteht aus 26 stimmberechtigten Mitgliedern, die den Verbandsversammlungen der Trägerzweckverbände angehören: 25 Vertreter des Trägerzweckverbandes VRR und ein Vertreter des NVN, der nur ein Stimm-recht bei das Gebiet des NVN betreffenden Abstimmungen hat.[513] Die ständigen Gäste setzen sich aus Vertretern derselben Institutionen zusammen wie beim Ausschuss für „Tarif und Marketing".[514]

Im Unternehmensbeirat sitzen neben Vertretern des Verwaltungsrats[515] auch Vertreter der Verbundverkehrsunternehmen[516]. Dadurch sollen die Verkehrsun-ternehmen in die Verbundstrukturen sowie die politische Willensbildung einbe-zogen und zugleich deren Expertise bei Entscheidungen genutzt werden.[517] Für das Gremium benennt jedes Verbundverkehrsunternehmen ein Mitglied und ei-nen Stellvertreter.[518] Daneben gehören dem Unternehmensbeirat vier stimmbe-rechtigte und vier stellvertretende Mitglieder des Verwaltungsrats an, die von der Verbandsversammlung des Trägerzweckverbandes VRR aus einer Vor-

---

[506] § 26 Abs. 3 Satzung VRR AöR.
[507] § 26 Abs. 3 S. 2 lit. a), b) Satzung VRR AöR.
[508] § 27 Abs. 1 S. 2 Satzung VRR AöR.
[509] § 27 Abs. 3 Satzung VRR AöR.
[510] § 27 Abs. 5 S. 1 Satzung VRR AöR.
[511] § 27 Abs. 3 S. 1 Satzung VRR AöR e contrario.
[512] § 28 Abs. 1 S. 2 Satzung VRR AöR.
[513] § 28 Abs. 3 Satzung VRR AöR.
[514] § 28 Abs. 5 S. 1 Satzung VRR AöR.
[515] § 21 Abs. 2 S. 1 Satzung VRR AöR.
[516] § 29 Abs. 3 S. 1 Satzung VRR AöR.
[517] § 29 Abs. 1 S. 1 Satzung VRR AöR.
[518] § 29 Abs. 3 S. 1 Satzung VRR AöR.

schlagsliste des Unternehmensbeirats gewählt werden.[519] Es werden ausschließlich empfehlende Beschlüsse gefasst.[520]

Der Zulässigkeit der weiteren Gremien steht im konkreten Fall nicht der Einwand entgegen, dass es an einer geschlossenen Legitimationskette fehle. Den weiteren Gremien kommt mit Ausnahme des Vergabeausschusses keine Entscheidungsbefugnis zu. Sie fassen lediglich empfehlende Beschlüsse, sodass kein hoheitliches Handeln vorliegt. Der Vergabeausschuss wiederum besteht vollständig aus Mitgliedern der Verbandsversammlungen der Trägerzweckverbände.[521] Diese sind ausreichend über deren Wahl durch die Mitglieder der jeweiligen Zweckverbandsversammlung legitimiert. Die Mitglieder der Zweckverbandsversammlung wiederum sind über die Wahl in de Vertretungen der hinter den Zweckverbänden stehenden Kreise und kreisfreien Städte legitimiert.[522]

Es bestehen somit keinerlei Bedenken gegen die Bildung weiterer Gremien.

dd) Haftung der Organe und Gremien gegenüber der Anstalt

Bezüglich der Organhaftung ist zwischen einer solchen für das Handeln der Mitglieder des Verwaltungsrats, des Vorstands und seiner Stellvertreter sowie der verschiedenen Gremien zu differenzieren.

(1) Haftung des Verwaltungsrats

Für die Mitglieder des Verwaltungsrats finden sich, soweit es um durch diese gefasste Beschlüsse geht, in § 2 Abs. 4 KUV NRW, der auf § 43 Abs. 4 GO NRW verweist, ebenfalls spezielle Haftungsregelungen. Die Haftung greift in drei Fällen: Vorsätzliche oder grob fahrlässige Pflichtverletzung, Verstoß gegen das Mitwirkungsverbot bei Vorliegen von Ausschlussgründen sowie Bewilligung von Auszahlungen und Aufwendungen, wenn das Gesetz oder die Haushaltssatzung keine Ermächtigung vorsieht und nicht zugleich die erforderlichen Deckungsmittel bereitgestellt werden.[523]

(2) Haftung des Vorstands

Aus § 3 Abs. 1 S. 2 KUV NRW i. V. m. § 48 des Beamtenstatusgesetzes (BeamtStG), § 81 des Landesbeamtengesetzes (LBG) ergibt sich die Haftung des Vorstands nach beamtenrechtlichen Grundsätzen, allerdings beschränkt auf Vorsatz und grobe Fahrlässigkeit. Als *lex specialis* verdrängt diese Regelung

---

[519] § 21 Abs. 2 S. 1, 2 Satzung VRR AöR.
[520] § 29 Abs. 1 S. 2, Abs. 2 Satzung VRR AöR.
[521] § 25 Abs. 4 Satzung VRR AöR.
[522] BVerwG, Beschluss vom 27.06.2005, Az.: 10 B 72.04, BeckRS 2005, 28063.
[523] Näher zur Haftung nach § 43 Abs. 4 GO NRW: Müller, NVwZ 2017, 1829 ff.

die Haftung aus allgemeinen Vorschriften, insbesondere § 280 BGB und § 93 des Aktiengesetzes (AktG) analog.[524] Eine Haftungsreduzierung greift aufgrund des abschließenden Charakters von § 3 Abs. 1 S. 2 KUV NRW vorliegend nicht.[525] Der Wortlaut der Norm sieht nur eine Beschränkung auf Vorsatz und grobe Fahrlässigkeit vor.

Für die Stellvertreter des Vorstands finden sich keine ausdrücklichen gesetzlichen Haftungsregeln. Daher könnte davon ausgegangen werden, dass für sie die allgemeinen Haftungsregeln Anwendung finden. Eine Stimme im Schrifttum wendet jedoch § 3 Abs. 1 S. 2 KUV NRW analog auf diesen Fall an.[526] Begründet wird dies mit einem Grundsatz aus dem Gesellschaftsrecht: Demnach haftet der stellvertretende Vorsitzende einer AG oder Genossenschaft bzw. der stellvertretende Geschäftsführer einer GmbH nach denselben Regelungen wie der Vorstand. Dieser Grundsatz sei auf die Anstalt analog anzuwenden.[527] Dies ergebe sich aus der identischen Struktur einer AG und einer Anstalt.[528] Insbesondere seien Aufgaben und Kompetenzen der Vorstandsmitglieder einer Anstalt und einer AG vergleichbar. So leiten beide die Geschäfte in eigener Verantwortung und sind für die gerichtliche bzw. außergerichtliche Vertretung zuständig.[529] Diesem Grundsatz folgend ist demnach die Regelung des § 3 Abs. 1 S. 2 KUV NRW analog auf die stellvertretenden Vorstandsmitglieder anzuwenden.

(3) Haftung der Gremien
Neben dem Verwaltungsrat und Vorstand gibt es mit den Ausschüssen und dem Unternehmensbeirat weitere Gremien der VRR AöR.

Die Ausschüsse setzen sich aus Mitgliedern des Verwaltungsrats zusammen, sodass diesbezüglich die erörterten Regelungen greifen. Zudem ist zu beachten, dass die Ausschüsse, mit Ausnahme des Vergabeausschusses, lediglich empfehlende und keine bindenden Beschlüsse fassen.[530] Die Gefahr einer tatsächlichen Haftungssituation ist somit erheblich reduziert. Möglich, wenngleich dieser Fall eher selten sein dürfte, bleibt eine deliktische Haftung der Ausschussmitglieder.

---

[524] Empt/Orlikowski-Wolf, ZIP 2016, 1054 (1055).
[525] Empt/Orlikowski-Wolf, ZIP 2016, 1054 (1055).
[526] Empt/Orlikowski-Wolf, ZIP 2016, 1054 (1056).
[527] Empt/Orlikowski-Wolf, ZIP 2016, 1054 (1056).
[528] Für die Vergleichbarkeit einer AG mit einer Sparkassen AöR: BGH, Hinweisbeschluss vom 15.09.2014, Az.: II ZR 112/13, BeckRS 2015, 02166.
[529] Für die AG: § 76 Abs. 1 AktG. Für die AöR: § 114a Abs. 6 S. 1, 2 GO NRW.
[530] § 19 Abs. 1 S. 2 Satzung VRR AöR.

Der Unternehmensbeirat fasst ebenfalls nur empfehlende Beschlüsse[531], sodass allenfalls die deliktische Haftung relevant wird.

b) Zweckverband

Gesetzlich vorgesehene Organe des Zweckverbandes sind die Verbandsversammlung und der Verbandsvorsteher.[532] Daneben können die Satzungen im Rahmen der Satzungsautonomie weitere Gremien vorsehen.

aa) Verbandsversammlung

(1) Aufgaben

Die Verbandsversammlung ist Beschlussfassungsorgan sowie im Hinblick auf die Zusammenarbeit Bindeglied zwischen dem Zweckverband und dessen Mitgliedern.

Die Zuständigkeiten der Verbandsversammlung und damit ihre Aufgaben ergeben sich aus den Satzungen der Zweckverbände, soweit weder ÖPNVG NRW noch das Gesetz über kommunale Gemeinschaftsarbeit (GkG NRW) etwas anderes bestimmen.[533] Den Zweckverbänden NVR und NWL kommt demnach allgemein die Zuständigkeit hinsichtlich aller wesentlichen Angelegenheiten des Zweckverbandes zu.[534] Der Verbandsversammlung werden per Gesetz folgende Rechte garantiert[535]: Recht, Satzungen zu erlassen[536]; Wahl des Vorsitzenden sowie des stellvertretenden Vorsitzenden der Verbandsversammlung[537]; Beschlussfassung über die Haushaltssatzung sowie Rechnungslegung und Entlastung des Verbandsvorstands[538]; Wahl des Verbandsvorstehers[539]; Stellung als Dienstvorgesetzter des Verbandsvorstehers[540]; Bestimmung eines Beamten, Angestellten oder Mitglieds der Verbandsversammlung zur Zweitzeichnung von verpflichtenden Erklärungen[541]; Änderung der Satzung sowie Auflösung des Zweckverbandes[542].

---

[531] § 29 Abs. 2 S. 1 Satzung VRR AöR.
[532] § 14 GkG NRW; §§ 4 Satzung ZV NVR, 5 Satzung ZV NWL.
[533] §§ 5 Abs. 2 ÖPNVG NRW, 15 Abs. 6 GkG NRW.
[534] §§ 6 Abs. 1 Satzung ZV NVR, 7 Abs. 1 S. 1 Satzung ZV NWL.
[535] Wagener, § 15 GkG Rn. 16.
[536] § 8 Abs. 4 GkG NRW.
[537] § 15 Abs. 4 GkG NRW.
[538] § 15 Abs. 5 S. 1 GkG NRW.
[539] § 16 Abs. 1 S. 1 GkG NRW.
[540] § 16 Abs. 2 S. 3 GkG NRW.
[541] § 16 Abs. 4 S. 2 GkG NRW.
[542] § 20 Abs. 1 S. 1 GkG NRW.

(2) Zusammensetzung

Die Verbandsversammlung setzt sich aus Vertretern der Mitglieder zusammen.[543] Das GkG NRW sieht vor, dass mindestens ein Vertreter pro Mitglied in die Verbandsversammlung geschickt wird.[544] Für jedes Mitglied ist außerdem ein Stellvertreter zu benennen.[545] Die Trägerzweckverbände entsenden aus ihren Verbandsversammlungen oder ihren Dienstkräften die entsprechenden Vertreter.[546] Eine ausreichende demokratische Legitimation ist durch die hinter den Trägerzweckverbänden stehenden Kreise und kreisfreien Städte gegeben. Das GkG NRW lässt es zu, dass einzelne Mitglieder mehr als einen Vertreter benennen. Dies folgt aus dem Wortlaut von § 15 Abs. 1 S. 2 GkG NRW, der normiert, dass „wenigstens" ein Vertreter entsandt wird. Ebenfalls zulässig ist, mangels entgegenstehender gesetzlicher Regelungen, die Stimmenzahl der Mitgliedsvertreter in der Verbandsversammlung unterschiedlich zu gewichten oder Mehrfachstimmrechte einzuräumen.[547]

Beim Zweckverband NVR wird pro 100.000 Einwohner im Verbandgebiet je ein Vertreter durch die Trägerzweckverbände in die Verbandsversammlung entsandt, wobei eine regelmäßige Nachprüfung und Anpassung an den aktuellen Einwohnerstand vorgenommen wird.[548] Aktuell besteht die Verbandsversammlung aus 50 ordentlichen Mitgliedern und ebenso vielen personenbezogenen Stellvertretern.[549] Die Vertreter und deren Stellvertreter müssen Mitglieder der Verbandsversammlung der Trägerzweckverbände AVV und VRS sein.[550] Ihr müssen die Verbandsvorsteher der Trägerzweckverbände oder ein von ihnen vorgeschlagener Bediensteter angehören.[551] Für den Trägerzweckverband AVV gilt ein Minderheitenschutz insoweit, als dass rechnerisch sichergestellt sein muss, dass ohne eine Stimme von dessen Vertretern eine ¾-Mehrheit nicht möglich ist.[552] Zur Zielerreichung sind ggf. Überhangmandate einzurichten.[553]

---

[543] § 15 Abs. 1 S. 1 GkG NRW; §§ 5 Abs. 1 S. 1 Satzung ZV NVR, 6 Abs. 1 S. 1 Satzung ZV NWL.
[544] § 15 Abs. 1 S. 2 GkG NRW.
[545] § 15 Abs. 3 GkG NRW; §§ 5 Abs. 1 S. 5 Satzung ZV NVR; 6 Abs. 1 S. 3 Satzung ZV NWL.
[546] § 15 Abs. 2 S. 1 GkG NRW.
[547] Plückhahn, in: Köhler/Held et al., Stand: Dezember 2021, § 15 GkG NRW Erl. 2.
[548] § 5 Abs. 2 S. 1 Satzung ZV NVR. Bei der Berechnung wird die Stadt Aachen bei der Städteregion Aachen nicht berücksichtigt (§ 5 Abs. 2 S. 2 Satzung ZV NVR).
[549] Auskunft des ZV NVR vom 03.01.2018.
[550] § 5 Abs. 1 S. 3 Satzung ZV NVR.
[551] § 5 Abs. 1 S. 2 Satzung ZV NVR.
[552] § 5 Abs. 3 S. 1 Satzung ZV NVR.
[553] § 5 Abs. 3 S. 2 Satzung ZV NVR.

Der Trägerzweckverband ZRL entsendet zwölf, der ZVM elf, der VVOWL zehn und der nph und ZWS jeweils sechs Vertreter in die Verbandsversammlung des NWL.[554] Auch bei der Verbandsversammlung liegt, wie beim Verwaltungsrat der gemeinsamen Anstalt, keine Verletzung des Demokratieprinzips dadurch vor, dass es an einer geschlossenen Legitimationskette vom Volk zum einzelnen Mitglied fehlt. Die Mitglieder der Verbandsversammlung sind ausreichend über die Mitglieder der Zweckverbandsversammlungen der jeweiligen Trägerzweck- verbände, die wiederum durch die Vertretungen der hinter ihnen stehenden Kreise und kreisfreien Städte gewählt wurden, demokratisch legitimiert.

Die Verbandsversammlung wählt aus ihrer Mitte einen Vorsitzenden sowie drei bzw. vier Stellvertreter.[555] Während beim NVR nach § 8 Abs. 2 Satzung drei Stellvertreter zu wählen sind, sind dies beim NWL nach § 8 Abs. 1 Satzung vier, sodass alle Trägerzweckverbände vertreten sind. Der Vorsitzende der Ver- bandsversammlung vertritt den Zweckverband repräsentativ.[556] Darüber hinaus lädt der Vorsitzende zu den Sitzungen ein, legt die Tagesordnung fest[557] und führt die Sitzungen der Verbandsversammlung.[558] Schließlich besteht gegen- über der Verbandsversammlung eine Informationspflicht.[559] Um diese erfüllen zu können, hat der Vorsitzende der Verbandsversammlung seinerseits ein In- formationsrecht gegenüber dem Verbandsvorsteher.[560]

Die Mitglieder der Verbandsversammlung sind ehrenamtlich tätig.[561] Sie haben Anspruch auf Ersatz ihrer Auslagen und von Verdienstausfall in entsprechender Anwendung von § 45 GO NRW.[562] Ausnahmen sind dann denkbar, wenn mit Art und Umfang der Aufgabenstellung des Zweckverbandes besondere Verant- wortung bei der Verbandsversammlung liegt. In diesem Fall kann eine Entschä- digung für die Mehrbelastung gezahlt werden.[563] Im Sinne der Rechtssicherheit und Transparenz sollten entsprechende Regelungen und Voraussetzungen in

---

[554] § 6 Abs. 3 Satzung ZV NWL.
[555] § 15 Abs. 4 GkG NRW. §§ 8 Abs. 2 Satzung ZV NVR, 8 Abs. 1 Satzung ZV NWL.
[556] Wagener, § 15 GkG Rn. 12.
[557] Beim Zweckverband NWL nach § 8 Abs. 2 S. 2 Satzung im Benehmen mit dem Verbands- vorsteher.
[558] § 8 Abs. 1 GkG NRW i. V. m. §§ 47, 48, 51 GO NRW. §§ 8 Abs. 3 S. 1 Satzung ZV NVR, 8 Abs. 2 S. 1 Satzung ZV NWL.
[559] Vgl. § 8 Abs. 1 GkG NRW i. V. m. § 55 Abs. 1 S. 1 GO NRW. Plückhahn, in: Köhler/Held et al., Stand: Juli 2015, § 15 GkG NRW Erl. 13.2.
[560] Plückhahn, in: Köhler/Held et al., Stand: Juli 2015, § 15 GkG NRW Erl. 13.2.
[561] § 17 Abs. 1 S. 1 GkG NRW.
[562] § 17 Abs. 1 S. 2 GkG NRW.
[563] § 17 Abs. 1 S. 3 GkG NRW.

der Satzung des Zweckverbandes getroffen werden. Entsprechende Regelungen finden sich in § 13 Satzung NVR und in § 16 Satzung NWL.

(3) Sitzungen und Abstimmungen

Nach dem GkG NRW tritt die Verbandsversammlung wenigstens einmal im Jahr zusammen, um eine Beschlussfassung über die Haushaltssatzung sowie den Jahresabschluss zu erreichen und den Vorstand zu entlasten, im Übrigen nach Bedarf.[564] Sowohl NVR als auch NWL haben abweichend hiervon in ihren Satzungen festgelegt, dass die Verbandsversammlung mindestens zweimal pro Jahr zusammenkommen muss.[565] Beim NVR ist darüber hinaus eine Einberufung vor jeder Gesellschafterversammlung der NVR GmbH vorgeschrieben.[566] Der Wortlaut der Satzungsregelung unterscheidet nicht zwischen ordentlichen und außerordentlichen Gesellschafterversammlungen der NVR GmbH, sodass auch bei außerordentlichen Gesellschafterversammlungen trotz der zeitkritischen Angelegenheit zwingend zuvor die Zweckverbandsversammlung des NVR zusammenkommen muss. Des Weiteren besteht die Möglichkeit, die Verbandsversammlung unverzüglich einzuberufen: Beim NVR, wenn die Geschäftslage es erfordert oder 1/5 der Vertreter der Verbandsversammlung dies unter Nennung eines Anliegens fordern[567]; beim NWL, wenn ein Trägerzweckverband oder der Verbandsvorsteher dies unter Angabe des Verhandlungsgegenstandes verlangt.[568]

Die Sitzungen der Verbandsversammlung sind grundsätzlich öffentlich.[569] Allerdings können abweichende Regelungen in den jeweiligen Satzungen getroffen werden. Dies gilt zumindest dann, wenn ein wichtiger Grund hierzu vorliegt.[570] Ein wichtiger Grund liegt nach § 7.3 Abs. 3 GO NWL vor, wenn es das öffentliche Wohl oder die Wahrung der schutzwürdigen Interessen des Zweckverbandes, eines Mitglieds oder Dritter erfordert. Die Öffentlichkeit ist darüber hinaus nach § 7.3 Abs. 4 GO NWL bei Auftragsvergaben, Personal- oder Vertragsangelegenheiten ausgeschlossen.

Die Frage, ob die Stimmabgabe (zu etwaigen Weisungsrechten in diesem Zusammenhang sogleich) im Rahmen der Sitzungen der Verbandsversammlung durch die Mitgliedsvertreter einheitlich zu erfolgen hat, wird im Schrifttum unter-

---

564   § 15 Abs. 5 S. 1 GkG NRW.
565   §§ 8 Abs. 3 S. 2 Satzung ZV NVR, 8 Abs. 3 S. 1 Satzung ZV NWL.
566   § 8 Abs. 3 S. 2 Satzung ZV NVR.
567   § 8 Abs. 3 S. 3 Satzung ZV NVR.
568   § 8 Abs. 3 S. 2 Satzung ZV NWL.
569   § 8 Abs. 1 GkG NRW i. V. m. § 48 Abs. 2 S. 1 GO NRW; § 7.3 Abs. 1 GO NWL.
570   Wagener, § 8 GkG Erl. 1; Oebbecke (1984), Rn. 425.

schiedlich beantwortet: Ein Teil geht davon aus, dass die Stimmabgabe grundsätzlich einheitlich erfolgen muss. Dies ergebe sich daraus, dass jedes Mitglied eines Zweckverbandes grundsätzlich nur eine Meinung haben könne. Ein Verstoß gegen die einheitliche Stimmabgabe führe zu dessen Rechtswidrigkeit.[571] Andere wiederum nehmen die Pflicht zur einheitlichen Stimmabgabe nur an, wenn dies in der Verbandssatzung normiert ist. Ansonsten sei es Sache der Mitglieder eines Zweckverbandes, deren Vertreter zu einer einheitlichen Stimmenabgabe zu bewegen. Die Abstimmung sei dann nicht rechtswidrig, sondern gültig. Vielmehr bestünde für die Mitglieder die Möglichkeit, ihre Vertreter aus der Verbandsversammlung zur Sanktionierung abzuberufen.[572] Diese Ansicht ist überzeugend, denn es finden sich weder im GkG NRW noch im ÖPNVG NRW Normen, die die Einheitlichkeit der Stimmenabgabe vorschreiben. Somit bleibt es den Zweckverbänden im Rahmen ihrer Satzungsautonomie selbst überlassen, entsprechende Regelungen zu treffen. Auch für die Rechtswidrigkeit der Abstimmung im Falle der uneinheitlichen Stimmenabgabe finden sich keine gesetzlichen Regelungen, sodass die Abberufung als Sanktionierung ausreichend ist.

Üblicherweise ist für die Einberufung der Vorsitzende der Verbandsversammlung zuständig. Bei dessen Verhinderung übernimmt sein Stellvertreter diese Aufgabe.[573] Sowohl NVR als auch NWL verfahren nach diesem Grundsatz.[574] Die Einberufung muss dabei so zeitig erfolgen, dass eine sachgerechte Vorbereitung der Mitgliedervertreter auf die Sitzung möglich ist.[575] In den Satzungen von NVR und NWL finden sich Fristen, die diesen Zeitraum konkretisieren: Zwischen Einladung und Sitzung müssen beim NVR zwei Wochen (gerechnet ab der Absendung)[576], bei NWL zehn Tage (gerechnet ab Zugang)[577] liegen. In besonders eilbedürftigen Fällen kann der Zeitraum bei beiden Zweckverbänden auf eine Woche reduziert werden.[578] Nur wenn die Einladung zeitig erfolgt, liegt eine ordnungsgemäße Einberufung vor.

Nach § 15 Abs. 5 S. 3 GkG NRW ist die Verbandsversammlung nur beschlussfähig, wenn wenigstens die Hälfte der Vertreter vor Ort ist. In der Satzung können weitere Vorschriften zur Beschlussfähigkeit der Verbandsversammlung nor-

---

[571] Luppert, 161 f.
[572] Plückhahn, in: Köhler/Held et al., Stand: Juli 2015, § 15 GkG NRW Erl. 14.4.2.
[573] Plückhahn, in: Köhler/Held et al., Stand: Juli 2015, § 15 GkG NRW Erl. 14.1.
[574] §§ 8 Abs. 3 S. 1 Satzung ZV NVR, 8 Abs. 4 Satzung ZV NWL.
[575] Plückhahn, in: Köhler/Held et al., Stand: Juli 2015, § 15 GkG NRW Erl. 14.2.
[576] § 8 Abs. 3 S. 6 Satzung ZV NVR.
[577] § 8 Abs. 2 S. 3 Satzung ZV NWL.
[578] §§ 8 Abs. 3 S. 7 Satzung ZV NVR, 8 Abs. 2 S. 4 Satzung ZV NWL.

miert werden.[579] Diese Regelung hat der Zweckverband NVR sinngemäß in seiner Satzung übernommen: Nach § 9 Abs. 1 S. 3 Satzung NVR muss die Hälfte der stimmberechtigten Mitglieder der Verbandsversammlung anwesend und zudem muss ordnungsgemäß geladen worden sein.[580] Bei Beschlussunfähigkeit ist binnen drei Tagen eine neue Sitzung einzuberufen. Der Zeitpunkt dieser Sitzung muss mindestens acht Tage später liegen.[581] In diesem Fall ist die Verbandsversammlung ohne Rücksicht auf die Anzahl der anwesenden Mitglieder beschlussfähig, sofern in der Einladung hierauf hingewiesen wurde.[582] Beschlüsse fasst die Verbandsversammlung des NVR grundsätzlich mit einer 2/3-Mehrheit. Ausnahmen können in der Satzung vorgesehen werden.[583] Wahlen finden, soweit die Satzung nichts anderes bestimmt, in offener Abstimmung statt, ansonsten mit einem Stimmzettel.[584] Gewählt ist, auf wen mindestens 2/3 der gültigen Stimmen der Verbandsversammlung entfallen.[585] Sollte eine entsprechende Mehrheit nicht erreicht werden, findet eine Stichwahl zwischen den beiden Kandidaten statt, die die meisten Stimmen auf sich vereinigen konnten.[586] Sollte auch die Stichwahl zu keinem Ergebnis führen, gilt die einfache Mehrheit.[587] Als *ultima ratio* entscheidet das Los.[588] Sofern sich eine Entscheidung der NVR Verbandsversammlung nur im Gebiet eines Trägerzweckverbandes auswirkt, ist nach § 9 Abs. 4 Satzung NVR dessen Einvernehmen erforderlich.

Die Verbandsversammlung des NWL ist nach § 9 Abs. 1 S. 1 der Satzung beschlussfähig, wenn ordnungsgemäß geladen wurde sowie 2/3 der satzungsmäßigen Stimmzahl der Vertreter anwesend sind.[589] Im Falle der Beschlussunfähigkeit kann mit einer Frist von einer Woche unter derselben Tagesordnung zu einer weiteren Sitzung geladen werden.[590] In dieser Sitzung ist die Verbandsversammlung ohne Rücksicht auf die Anzahl der anwesenden Mitglieder beschlussfähig.[591] Die Beschlüsse im NWL werden grundsätzlich mit der Mehrheit

---

[579]   § 15 Abs. 5 S. 4 GkG NRW.
[580]   § 8 Abs. 3 S. 4 Satzung ZV NVR.
[581]   § 9 Abs. 1 S. 4 Satzung ZV NVR.
[582]   § 9 Abs. 1 S. 5 Satzung ZV NVR.
[583]   § 9 Abs. 2 Satzung ZV NVR.
[584]   § 9 Abs. 3 S. 1 Satzung ZV NVR.
[585]   § 9 Abs. 3 S. 2 Satzung ZV NVR.
[586]   § 9 Abs. 3 S. 3 Satzung ZV NVR.
[587]   § 9 Abs. 3 S. 4 Satzung ZV NVR.
[588]   § 9 Abs. 3 S. 5 Satzung ZV NVR.
[589]   § 8 Abs. 2 S. 1 Satzung ZV NWL.
[590]   §§ 9 Abs. 1 S. 3 Satzung ZV NVR; 9 Abs. 1 S. 2 Satzung ZV NWL.
[591]   § 9 Abs. 1 S. 3 Satzung ZV NWL.

der abgegebenen Stimmen gefasst[592], außer die Satzung sieht andere Mehrheitsvorgaben vor[593]. Ausnahmen sieht die Satzung beispielsweise bei Beschlüssen vor, die die Bildung von Ausschüssen und die Delegierung von Entscheidungen auf diese betreffen (dann Einstimmigkeit)[594] oder bei Entscheidungen bezüglich des Nahverkehrsplans (dann 2/3 Mehrheit)[595]. Darüber hinaus muss bei Beschlüssen, die überwiegend oder ausschließlich Angelegenheiten einzelner Trägerzweckverbände betreffen, die Zustimmung der Mehrheit der Vertreter des betroffenen Trägerzweckverbandes vorliegen.[596] Schließlich bedürfen Beschlüsse über den Abschluss von Verkehrsverträgen der Zustimmung des Trägerzweckverbandes, in dessen Gebiet die Verkehrsleistungen erbracht werden.[597]

Soweit die Zweckverbandssatzung keine gesonderten Vorschriften zum Verfahren bei der Abstimmung enthält, finden über § 8 Abs. 1 GkG NRW die Vorschriften der GO NRW, insbesondere § 50 Abs. 1, 4, 5, 6 GO NRW, sinngemäß Anwendung.[598]

(4) Probleme

(aa) Weisungsrechte und Einflussnahmemöglichkeiten

Nach § 15 Abs. 1 S. 3 GkG NRW haben die Vertreter in der Verbandsversammlung den Interessen der Mitglieder zu folgen. Sie sind an Beschlüsse der kommunalen Vertretungen und Ausschüsse gebunden.[599] (Nahezu[600]) Jedes öffentlich-rechtliche oder privatrechtliche Rechtsverhältnis zwischen Vertretenem und Vertreter sieht ein Weisungsrecht vor.[601] Somit besteht im Grundsatz ein Weisungsrecht der Mitglieder als Vertretene gegenüber den Vertretern. Dem Weisungsrecht wird allerdings nach der Rechtsprechung durch das Gebot, das Wohl des Zweckverbandes zu beachten, eine Grenze gesetzt.[602] Außerdem sind die Gesetze und die Satzung des Zweckverbandes einzuhalten.

---

[592] § 9 Abs. 2 Satzung ZV NWL.
[593] Vgl. insbesondere § 7 Abs. 2 Satzung ZV NWL.
[594] § 9 Abs. 3 S. 1 Satzung ZV NWL.
[595] § 7 Abs. 2 lit. d) Satzung ZV NWL.
[596] § 9 Abs. 3 S. 2 Satzung ZV NWL.
[597] § 9 Abs. 3 S. 3 Satzung ZV NWL.
[598] Plückhahn, in: Köhler/Held et al., Stand: Juli 2015, § 15 GkG NRW Erl. 14.4.1.
[599] § 15 Abs. 1 S. 4 GkG NRW.
[600] Vgl. zu Ausnahmen z. B. Art. 38 Abs. 1 S. 2 GG.
[601] Wagener, § 15 GkG NRW Rn. 4.
[602] Vgl. OVG Nordrhein-Westfalen, Beschluss vom 12.12.2006, Az.: 15 B 2625/06, NVwZ 2007, 609 (609); Plückhahn, in: Köhler/Held et al., Stand: Juli 2015, § 15 GkG NRW. Erl. 3.

Bei den SPNV-Aufgabenträgern besteht die Besonderheit, dass diese in der Praxis nicht von den Kreisen und kreisfreien Städten, sondern von den Trägerzweckverbänden gebildet werden. Daher stellt sich die Frage, ob es hier auf die Weisungsrechte der Trägerzweckverbände oder der letztlich hinter den SPNV-Aufgabenträgern stehenden Kreise und kreisfreien Städte ankommt.

In § 4 Abs. 1 GkG NRW wird normiert, dass Mitglieder eines Zweckverbandes Gemeinden und Gemeindeverbände sein können. Ein Zweckverband ist nach § 5 Abs. 2, 1. Halbsatz GkG NRW Gemeindeverband im Sinne des Gesetzes. Zwar gehen die Regelungen im GkG NRW im Folgenden davon aus, dass der Zweckverband durch Gemeinden gebildet wird, allerdings hindert dies nicht daran, diese auf die Besonderheiten in bestehenden Zweckverbänden als Mitglied eines neuen Zweckverbandes zu übertragen. Die Verbandsversammlung ist Vertretungsorgan für die Mitglieder. Daher kann es im Rahmen des Weisungsrechts nach § 15 Abs. 1 S. 3, 4 GkG NRW bei den SPNV-Aufgabenträgern nur auf Weisungen der Trägerzweckverbände ankommen. Die Interessen der Kreise und kreisfreien Städte werden wiederum allerdings über deren Weisungsrechte in den Verbandsversammlungen der Trägerzweckverbände gewahrt.

Sofern der Vertreter entgegen den Weisungen des Mitglieds handelt, berührt dies nicht die Wirksamkeit der Handlung.[603] In diesem Fall besteht lediglich die Möglichkeit, die Mitgliedsvertreter in der Verbandsversammlung nachträglich wegen „Ungehorsam"[604] abzuberufen.

(bb) Möglichkeit der Bildung von Fraktionen

Die Frage, ob in den Verbandsversammlungen der SPNV-Aufgabenträger die Möglichkeit besteht, Fraktionen zu bilden, ist korrespondierend zur Situation bei der gemeinsamen Anstalt zu beantworten: Aufgrund von § 5 Abs. 1 S. 2 ÖPNVG NRW, der die Ausgestaltung der Organisation der SPNV-Aufgabenträger deren Mitgliedern zuweist, besteht die Möglichkeit, Fraktionen zu bilden. Zudem können im Rahmen ihrer Satzungsbefugnis entsprechende Regelungen festgeschrieben werden. So finden sich in der Satzung des Zweckverbandes NVR zwar keine ausdrücklichen Regelungen zu den Fraktionen, doch werden sie vorausgesetzt.[605] Zwar fehlen in der Satzung des NWL entsprechende Regelungen, doch sind solche in § 7.7 Geschäftsordnung NWL vorhanden. Die

---

[603] Plückhahn, in: Köhler/Held et al., Stand: Juli 2015, § 15 GkG NRW Erl. 3.
[604] OVG Nordrhein-Westfalen, Urteil vom 21.04.1969, Az.: III A 832/68, VerwRspr 1969, 963 (967).
[605] Vgl. §§ 7a, 13 Abs. 1, 3 Satzung ZV NVR.

Mitglieder der Verbandsversammlung können sich zu Fraktionen zusammen-schließen, wobei jede Fraktion aus mindestens zwei ordentlichen Mitgliedern bestehen muss.[606]

Außerdem verweist § 8 Abs. 1 GkG NRW für den Zweckverband auf die Rege-lungen der GO NRW, die sinngemäß anzuwenden sind. In § 56 Abs. 1 GO NRW finden sich Regelungen zur Fraktion im Rat. Da für jede Regelung der GO NRW zu ermitteln ist, ob diese sinngemäß auf den Zweckverband angewandt werden kann[607], bedarf es in diesem Zusammenhang einer Prüfung der Zulässigkeit im Einzelfall. Nicht auf den Zweckverband anzuwenden sind die Vorschriften der GO NRW, die auf „den Status der Gemeinde als einer mit Allzuständigkeit aus-gestatteten Gebietskörperschaft sowie auf den Bürgerstatus ihrer Mitglieder be-ruhen und dies regeln".[608] Gleiches gilt für Regelungen, die sich mit der unmit-telbaren Wahl von Gemeindeorganen und deren Kompetenzen befassen.[609] Schließlich sind aufgrund der speziellen Regelungen im GkG NRW die Vor-schriften des 7. Teils der GO NRW nicht auf den Zweckverband anwendbar.[610] Die sinngemäße Anwendung von § 56 GO NRW ist zunächst nicht aufgrund der Organisation und Struktur des Zweckverbandes ausgeschlossen. Fraktionen spielen im Rahmen der politischen Willensbildung und Entscheidungsfindung eine besondere Rolle.[611] Auch in den Verbandsversammlungen der SPNV-Auf-gabenträger wird Willensbildung bezogen auf die Verkehrspolitik betrieben. Da-her ist als weiteres Argument für die Möglichkeit, Fraktionen zu bilden, die sinn-gemäße Anwendung von § 56 GO NRW über § 8 Abs. 1 GkG NRW zu nennen.

In den Verbandsversammlungen der SPNV-Aufgabenträger können somit Frak-tionen gebildet werden.

bb) Verbandsvorsteher

Gewählt wird der Verbandsvorsteher von der Verbandsversammlung.[612] Beim Zweckverband NVR wird der Verbandsvorsteher aus dem Kreis der Verbands-vorsteher bzw. stellvertretenden Verbandsvorsteher der Trägerzweckverbände bzw. mit Zustimmung des Dienstvorgesetzten aus dem Kreis von deren allge-meinen Vertretern oder leitenden Bediensteten gewählt.[613] Ähnliches gilt beim

---

[606]   § 7.7 Abs. 2 S. 1, 3 Geschäftsordnung ZV NWL.
[607]   Plückhahn, in: Köhler/Held et al., Stand: Juli 2015, § 16 GkG NRW Erl. 1.3.
[608]   Plückhahn, in: Köhler/Held et al., Stand: Juli 2015, § 16 GkG NRW Erl. 1.3.2.
[609]   Plückhahn, in: Köhler/Held et al., Stand: Juli 2015, § 16 GkG NRW Erl. 1.3.2.
[610]   Plückhahn, in: Köhler/Held et al., Stand: Juli 2015, § 16 GkG NRW Erl. 1.3.2.
[611]   § 56 Abs. 2 S. 1 GO NRW.
[612]   § 16 Abs. 1 S. 1 GkG NRW; §§ 10 Abs. 1 S. 1 Satzung ZV NVR; 10 Abs. 1 S. 1 Satzung ZV NWL.
[613]   § 10 Abs. 1 S. 1 Satzung ZV NVR.

NWL, wo der Verbandsvorsteher aus dem Kreis der Verbandsvorsteher der Trägerzweckverbände gewählt wird. Er hat vier Stellvertreter, für jeden Trägerzweckverband einen, sodass jeder Trägerzweckverband auf der Vorstandsebene vertreten ist.[614] Für den Verbandsvorsteher und dessen Stellvertreter im NWL beträgt die Wahlzeit drei Jahre.[615] Sie endet beim NWL mit dem Ausscheiden aus dem Hauptamt oder der Neu- bzw. Wiederwahl.[616] Eine Abwahl aus wichtigem Grund ist möglich. Die Personalhoheit des Zweckverbandes schließt diese Maßnahme als Kehrseite zur Wahl ein.[617] Außerdem hätte der Zweckverband ansonsten keine Möglichkeit zur Sanktionierung von Verstößen gegen Gesetz, Satzung oder Beschlüsse der Zweckverbandsversammlung.

Der Verbandsvorsteher führt die laufenden Geschäfte und die übrige Verwaltung des Zweckverbandes nach Maßgabe der Gesetze, Satzung sowie Beschlüsse der Verbandsversammlung.[618] Soweit nicht einem anderen Organ ausdrücklich eine Aufgabe zugewiesen ist, ist also der Verbandsvorsteher hierfür zuständig.[619] Geschäfte der laufenden Verwaltung sind Geschäfte, die einen vorgesehenen Verlauf oder Gang nehmen. Um als laufend zu gelten, müssen diese mehrmals und regelmäßig wiederkehren.[620] Bei den Geschäften der übrigen Verwaltung des Zweckverbandes handelt es sich um einen Auffangtatbestand. Alle Geschäfte, die nicht Geschäfte der laufenden Verwaltung sind und die nicht per Gesetz, Satzung oder Beschluss der Verbandsversammlung einem anderen Organ zugewiesen sind, sind Geschäfte der übrigen Verwaltung.[621]

Erklärungen des Verbandsvorstehers, mit denen der Zweckverband verpflichtet werden soll, bedürfen nach § 16 Abs. 4 S. 1 GkG NRW der Schriftform. Sie sind darüber hinaus grundsätzlich doppelt gegenzuzeichnen, zum einem vom Verbandsvorsteher, zum anderen von dessen Stellvertreter oder einem von der Verbandsversammlung zu bestimmenden Bediensteten oder Mitglied der Verbandsversammlung.[622] Die Verbandsversammlung kann Ausnahmen von der Doppelzeichnung bestimmen. In diesem Fall genügt die Unterschrift des Verbandsvorstehers.[623] Durch die gesetzlich vorgesehene entsprechende Anwen-

---

[614] § 10 Abs. 1 S. 1 Satzung ZV NWL.
[615] § 10 Abs. 1 S. 1 Satzung ZV NWL.
[616] § 10 Abs. 2 Satzung ZV NWL.
[617] Plückhahn, in: Köhler/Held et al., Stand: Dezember 2021, § 16 GkG NRW Erl. 3.3.
[618] § 16 Abs. 2 S. 1 GkG NRW; §§ 10 Abs. 3 Satzung ZV NVR, 10 Abs. 3 Satzung ZV NWL.
[619] Oebbecke (1984), Rn. 429.
[620] Wagener, § 16 GkG NRW, Rn. 4.
[621] Wagener, § 16 GkG NRW, Rn. 5.
[622] § 16 Abs. 4 S. 2 GkG NRW.
[623] § 16 Abs. 4 S. 3 GkG NRW.

dung von § 64 Abs. 2-4 GO NRW wird insbesondere die Vertretungsvorschrift im Rahmen von Geschäften der laufenden Verwaltung gelockert. In diesem Fall bedarf es nicht der Gesamtvertretung. Wird der Gesamtvertretungserfordernis, sofern keine Ausnahmeregelung besteht, nicht Genüge getan, so ist die Erklärung schwebend unwirksam.[624]

Der Verbandsvorsteher vertritt den Zweckverband gerichtlich und außergerichtlich.[625] Diese Aufgabe kann die Verbandsversammlung oder Satzung nicht einem anderen Organ übertragen.[626] Davon zu differenzieren ist die Möglichkeit, im Innenverhältnis die Geschäftsführungsbefugnis des Verbandsvorstehers zu begrenzen. Eine solche Begrenzung hat allerdings keine Auswirkungen auf die Wirksamkeit der Rechtshandlung, sondern zieht nur Folgen im Innenverhältnis nach sich.[627] So kommt bei besonders schweren oder mehrmaligen Verstößen die Abberufung des Verbandsvorstehers in Betracht.

Der Verbandsvorsteher ist nach § 17 Abs. 1 S. 1 GkG NRW ehrenamtlich tätig und hat nach § 17 Abs. 1 S. 2 GkG NRW grundsätzlich nur Anspruch auf Ersatz seiner Auslagen und des Verdienstausfalls. Allerdings kann die Verbandssatzung bei Zweckmäßigkeit vorsehen, dass nach öffentlicher Ausschreibung ein hauptamtlicher Verbandsvorsteher bestellt wird.[628]

cc) Weitere Organe bzw. Gremien

§ 14 GkG NRW normiert als Organe bzw. Gremien des Zweckverbandes die Verbandsversammlung und den Verbandsvorsteher. Es fehlen gesetzliche Regelungen zur Zulässigkeit weiterer Gremien. Allerdings ist allgemein anerkannt, dass der Zweckverband in der Verbandssatzung weitere Organe bzw. Gremien vorsehen kann.[629]

(1) Situation beim Zweckverband NVR

Beim Zweckverband NVR gibt es drei weitere Gremien: Haupt- und Vergabeausschuss sowie Fraktionsvorsitzendenkonferenz. Der Hauptausschuss bereitet alle Themen und Entscheidungen der Verbandsversammlung, mit Ausnahme von Vergabesachen, vor.[630] Für diese ist der Vergabeausschuss zustän-

---

[624] Plückhahn, in: Köhler/Held et al., Stand: Dezember 2021, § 16 GkG NRW Erl. 9.1.
[625] § 16 Abs. 2 S. 1 GkG NRW; §§ 10 Abs. 4 S. 1 Satzung NVR, 10 Abs. 3 Satzung ZV NWL.
[626] Wagener, § 16 GkG NRW Rn. 6.
[627] Plückhahn, in: Köhler/Held et al., Stand: Dezember 2021, § 16 GkG NRW Erl. 6.
[628] § 17 Abs. 1 S. 5 GkG NRW.
[629] Hofmann/Theisen/Bätge, 605; Oebbecke (1984), Rn. 428; Plückhahn, in: Köhler/Held et al., Stand: Dezember 2021, § 14 GkG NRW Erl. 3; Wagener, § 14 GkG NRW Rn. 1.
[630] § 7 Abs. 2 Satzung ZV NVR.

dig.[631] Dem Vergabeausschuss kann von der Verbandsversammlung die unmittelbare Entscheidungsgewalt über Vergabeverfahren übertragen werden.[632] Von dieser Möglichkeit wurde durch Beschluss der Verbandsversammlung vom 12.12.2014 einstimmig Gebrauch gemacht.[633]

Die Besetzung der Ausschüsse erfolgt spiegelbildlich zur Verbandsversammlung, was bedeutete, dass der Trägerzweckverband AVV Minderheitenschutz genießt.[634] Je 200.000 Einwohner, bezogen auf das geographische Gebiet, wird ein Vertreter in den jeweiligen Ausschuss entsandt.[635] Ausschussmitglieder und deren Stellvertreter müssen Mitglieder der Verbandsversammlung sein.[636]

Neben Haupt- und Vergabeausschuss gibt es mit der Fraktionsvorsitzendenkonferenz ein weiteres Gremium beim NVR. Diese soll insbesondere die Gremiensitzungen des Zweckverbandes, also der Verbandsversammlung und der Ausschüsse, und politische Grundsatzentscheidungen vorbereiten.[637] Mitglieder der Fraktionsvorsitzendenkonferenz sind der Vorsitzende der Verbandsversammlung, der Verbandsvorsteher, der erste Stellvertreter des Verbandsvorstehers und insgesamt sieben Vertreter der Fraktionsvorstände von den Fraktionen, die der Verbandsversammlung angehören, sowie die Geschäftsführung der Regiegesellschaft NVR GmbH.[638] Die Fraktionsvorsitzendenkonferenz fasst keine bindenden, sondern lediglich empfehlende Beschlüsse.[639]

Weitere Ausschüsse können gebildet werden.[640]

(2) Situation beim Zweckverband NWL

Beim NWL gibt es drei weitere Organe bzw. Gremien: Geschäftsführung, Geschäftsleitung und Vergabeausschuss.

Der Verbandsvorsteher kann sich zur Aufgabenerledigung eines Geschäftsführers bedienen. In § 16 Abs. 3 S. 1 GkG NRW ist normiert, dass ein Geschäftsleiter zur Entlastung des Verbandsvorstehers bestimmt werden kann. Dieser

---

[631]   § 7 Abs. 3 S. 1 Satzung ZV NVR.
[632]   § 7 Abs. 3 S. 2 Satzung ZV NVR.
[633]   Verbandsversammlung NVR, Beschluss vom 12.12.2014, Vorgang 3-02-14-1.5 (https://sdnet.nvr.de/vorgang/?__=UGhVM0hpd2NXNFdFcExjZYj3bpVUbPn937ovTlO7ZRl; zuletzt abgerufen am 20.12.2022).
[634]   § 7 Abs. 3 S. 1 Satzung ZV NVR.
[635]   § 7 Abs. 3 S. 5, 8 Satzung ZV NVR.
[636]   § 7 Abs. 6 S. 2 Satzung ZV NVR.
[637]   § 7a Abs. 1 Satzung ZV NVR.
[638]   § 7a Abs. 2 S. 1 Satzung ZV NVR.
[639]   § 7a Abs. 4 S. 1, 2 Satzung ZV NVR.
[640]   § 7 Abs. 5 S. 1 Satzung ZV NVR.

wird in der Praxis auch Geschäftsführer genannt.[641] Hierbei handelt es sich vor dem Aufgabenhintergrund der Entlastung des Verbandsvorstehers um ein und dasselbe Amt und lediglich unterschiedliche Bezeichnungen.[642] Ob es beim NWL einen Geschäftsführer gibt, steht nach dem Wortlaut von § 10 Abs. 4 S. 1 Satzung NWL im Ermessen des Verbandsvorstehers. Personalentscheidungen betreffend den Geschäftsführer werden von der Verbandsversammlung getroffen.[643] Der Geschäftsführer und sein Stellvertreter bilden zusammen die Geschäftsführung des NWL.[644] Die Geschäftsführung ist nach § 9 Abs. 1 S. 1 GO Geschäftsführer NWL gegenüber dem Verbandsvorsteher informationspflichtig. Inhaltlich kann der Geschäftsführer grundsätzlich sämtliche Aufgaben des Zweckverbandes wahrnehmen, sofern die Verbandsversammlung nicht zuständig ist. Die Verbandsversammlung kann dem Geschäftsführer grundsätzlich weitere Aufgaben übertragen.[645] Beim NWL übernimmt die Hauptgeschäftsstelle unter Leitung der Geschäftsführung insbesondere die Aufgaben, die nicht dezentral von einem Trägerzweckverband erfüllt werden.[646] Die Geschäftsführung unterstützt den Verbandsvorsteher bei der Führung der laufenden Geschäfte und bei der Vertretung des Zweckverbandes mit dem Ziel, den SPNV zu erhalten und weiterzuentwickeln sowie den ÖPNV im Verbandsgebiet zu fördern.[647] Hierzu überträgt der Verbandsvorsteher der Geschäftsführung Entscheidungen der laufenden Verwaltung[648] und erteilt rechtsgeschäftliche Vertretungsvollmacht, soweit es sich um Geschäfte der laufenden Verwaltung handelt.[649] Des Weiteren bereitet die Geschäftsführung mit Unterstützung der Geschäftsleitung die Beschlussempfehlungen und Sitzungsvorlagen des Verbandsvorstehers für die Verbandsversammlung nach § 7 GO Geschäftsführer NWL vor.

Die Geschäftsführung des NWL bildet zusammen mit den Geschäftsführern der Trägerzweckverbände die Geschäftsleitung.[650] Sie bildet den erweiterten Führungskreis zur Verwaltung und Vertretung des Zweckverbandes im Auftrag des

---

[641] Diese Terminologie verwendet ebenfalls Schmidt, 442 ff.
[642] Vgl. § 10 Abs. 4 S. 1 Satzung ZV NWL.
[643] § 7 lit. m) Satzung ZV NWL.
[644] § 1 Abs. 1 S. 2 GO Geschäftsführer NWL.
[645] Landtag NRW-Drs. 16/6090, 40.
[646] § 4 Abs. 1 S. 3 GO Geschäftsführer NWL.
[647] § 1 Abs. 2 S. 1 GO Geschäftsführer NWL.
[648] § 5 Abs. 1 GO Geschäftsführer NWL.
[649] § 5 Abs. 2 S. 1 GO Geschäftsführer NWL.
[650] Nicht zu verwechseln mit dem Geschäftsleiter i. S. d. § 16 Abs. 3 S. 1 GkG NRW, der die Funktion eines Geschäftsführers wahrnimmt.

Verbandsvorstehers.[651] Die Geschäftsführung steht der Geschäftsleitung vor.[652] Die Mitglieder der Geschäftsleitung sind nach § 4 Abs. 2 GO Geschäftsführer NWL entsprechend der Aufgabenverteilung innerhalb der Trägerzweckverbände und ggf. weiterer Festlegungen für die Vertretung der regionalen Interessen gegenüber dem Verbandsvorsteher und der Geschäftsführung verantwortlich. Außerdem bereitet die Geschäftsleitung zusammen mit der Geschäftsführung die Beschlussempfehlungen und Sitzungsvorlagen des Verbandsvorstehers für die Verbandsversammlung vor.[653] Es finden regelmäßig Sitzungen der Geschäftsleitung statt, während derer Aktuelles und die Steuerung der Verbandsarbeit besprochen wird.[654] Die Mitglieder der Geschäftsleitung sind gegenüber der Geschäftsführung informations- und auskunftspflichtig.[655] Die Mitarbeiter des NWL sind gegenüber den Mitgliedern der Geschäftsleitung in ihrem jeweiligen Auskunftsbereich informationspflichtig.[656]

Der Vergabeausschuss fasst Beschlüsse zu Vergabeentscheidungen nach der Zustimmung des Trägerzweckverbandes, in dessen Gebiet sich die Entscheidung auswirkt.[657] Er setzt sich aus 15 Mitgliedern sowie 15 Stellvertretern, die allesamt Mitglieder der Verbandsversammlung des NWL sind, zusammen.[658] Der Vergabeausschuss wählt aus seinen Mitgliedern einen Vorsitzenden und einen Stellvertreter.[659] Das Vorschlagsrecht für die Mitglieder des Vergabeausschusses obliegt nach § 2 Abs. 2 S. 1 GO Vergabeausschuss NWL den Fraktionen in der Verbandsversammlung.

dd) Haftung der Organe gegenüber dem Zweckverband

(1) Mitglieder der Verbandsversammlung

Haftungsregelungen zwischen den Zweckverbänden NVR bzw. NWL und den Mitgliedern der Verbandsversammlung finden sich weder in den einschlägigen Landesgesetzen (GkG NRW und ÖPNVG NRW) noch in den Verbandssatzungen.

Allerdings enthält § 43 Abs. 4 GO NRW einen Haftungstatbestand für Ratsmitglieder. Diese Norm regelt abschließend die Innenhaftung von Ratsmitgliedern

---

651   § 3 Abs. 1 GO Geschäftsführer NWL.
652   § 3 Abs. 2 GO Geschäftsführer NWL.
653   § 7 GO Geschäftsführer NWL.
654   § 8 Abs. 1 S. 1 GO Geschäftsführer NWL.
655   § 9 Abs. 2 S. 1, 2 GO Geschäftsführer NWL.
656   § 9 Abs. 3 S. 1 GO Geschäftsführer NWL.
657   § 7 Abs. 3 S. 3 Satzung ZV NWL.
658   § 2 Abs. 1 GO Vergabeausschuss NWL.
659   § 3 GO Vergabeausschuss NWL.

gegenüber der Gemeinde.[660] In § 8 Abs. 1 GkG NRW ist normiert, dass Vorschriften der GO NRW entsprechend auf den Zweckverband anzuwenden sind, wenn keine besonderen Vorschriften im GkG NRW oder der Satzung vorhanden sind. Da dies nicht der Fall ist, spricht grundsätzlich nichts gegen den Rückgriff auf § 43 Abs. 4 GO NRW. Allerdings können aufgrund der Struktur des Zweckverbandes im Vergleich zur Gemeinde[661] nur solche Normen der GO NRW entsprechende Anwendung finden, die nicht „auf dem Status der Gemeinde als einer mit Allzuständigkeit ausgestatteten Gebietskörperschaft sowie auf dem Bürgerstatus ihrer Mitglieder beruhen"[662]. In § 43 Abs. 4 GO NRW geht es um Haftungsfragen. Die Verbandsversammlung ist ähnlich wie der Gemeinderat das Beratungs-, Beschluss- und Kontrollgremium des Zweckverbandes. Daher ist es zweckmäßig, § 43 Abs. 4 GO NRW entsprechend auf die Mitglieder der Verbandsversammlung anzuwenden. Eine Haftung im Innenverhältnis kommt demnach nur in diesen drei gesetzlich normierten Fällen in Betracht: Vorsätzliche und grob fahrlässige Verletzung ihrer Pflicht; Mitwirkung bei der Beschlussfassung, obwohl ein Ausschlussgrund nach § 31 GO NRW vorlag; Zustimmung zur Bewilligung von Aufwendungen und Auszahlungen, für die Gesetz oder Satzung keine Ermächtigung vorsehen, wenn nicht gleichzeitig die erforderlichen Deckungsmittel bereitgestellt werden.[663] Die Mitglieder der Verbandsversammlung haften demnach entsprechend § 43 Abs. 4 GO NRW gegenüber dem Zweckverband.

Daneben kommen auch die allgemeinen Anspruchsgrundlagen aus dem Deliktsrecht (§§ 823 ff. BGB) in Betracht.[664]

(2) Zweckverbandsvorsteher

Auch für den Verbandsvorsteher finden sich weder im GkG NRW noch in den Satzungen der Zweckverbände NVR und NWL Haftungsregelungen. Anknüpfungspunkt für eine Haftung kann nur der Pflichtenkatalog des Verbandsvorstehers sein.[665]

---

[660] Wansleben, in: Held/Becker et al., Stand: September 2020, § 43 GO NRW Erl. 3.
[661] Mitglieder des Zweckverbandes sind grundsätzlich Körperschaften, die der Gemeinde sind Bürger. Aufgaben des Zweckverbandes sind eng begrenzt, während die Gemeinde „allzuständig" ist. Während die Gemeinde eine Gebietskörperschaft ist, ist dies für den Zweckverband zu verneinen. Vgl. Plückhahn, in: Köhler/Held et al., Stand: Juli 2015, § 8 GkG NRW Erl. 1.3.2.
[662] Plückhahn, in: Köhler/Held et al., Stand: Juli 2015, § 8 GkG NRW Erl. 1.3.2.
[663] § 43 Abs. 4 lit. a) – c) GO NRW. Näher zur Regelung des § 43 GO NRW: Müller, NVwZ 2017, 1829 ff.
[664] Krafft/Rotermund, Rn. 1343.
[665] Krafft/Rotermund, Rn. 1334.

Beim Verbandsvorsteher ist im Rahmen der Innenhaftung zunächst entscheidend, ob dieser Beamter ist oder nicht. Ist er Beamter, so findet § 48 S. 1 BeamtStG als Anspruchsgrundlage direkte Anwendung. Demnach haftet der Beamte gegenüber dem Dienstherrn bei vorsätzlicher oder grob fahrlässiger Verletzung der ihm obliegenden Pflichten.

Ist der Verbandsvorsteher kein Beamter, kommt eine entsprechende Anwendung von § 48 S. 1 BeamtStG in Betracht. Eine entsprechende Anwendung dieser Norm ist über die Verweisung in § 8 Abs. 1 GkG NRW auf die Vorschriften der GO NRW, konkret § 65 Abs. 4 GO NRW, möglich. Zwar betrifft § 65 GO NRW im Wesentlichen die unmittelbare Wahl des Bürgermeisters und dessen Kompetenzen und wäre daher aufgrund der unterschiedlichen Struktur von Gemeinde und Zweckverband nicht anwendbar[666], doch regelt § 65 Abs. 4 GO NRW lediglich die Anwendung der beamtenrechtlichen Vorschriften. Als beamtenrechtliche Vorschriften i. S. d. Regelung ist auch das Beamtenstatusgesetz anzusehen, welches auf kommunale Wahlbeamte nach § 6 BeamtStG entsprechend anzuwenden ist. Demnach haftet der Verbandsvorsteher im Innenverhältnis entsprechend § 48 S. 1 BeamtStG.

In Betracht kommt außerdem eine Haftung des Verbandsvorstehers analog § 280 Abs. 1 BGB. Schuldverhältnis ist in diesem Fall eine Sonderbeziehung in Form eines öffentlich-rechtlichen Auftragsverhältnisses, auf welches §§ 662 ff. BGB entsprechend Anwendung finden.[667]

Schließlich ist eine Haftung nach den allgemeinen deliktischen Anspruchsgrundlagen, insbesondere §§ 823 ff. BGB, möglich.

Die Haftung des Verbandsvorstehers ist bei § 48 S. 1 BeamtStG auf Vorsatz und grobe Fahrlässigkeit beschränkt. Auch für eine Haftung aus § 280 Abs. 1 BGB und die deliktische Haftung erfolgt nach Ansicht des Schrifttums eine Reduzierung des Verschuldensmaßstabs entsprechend § 48 S. 1 BeamtStG. Andernfalls würden kommunalrechtliche Beschränkungen ausgehebelt werden.[668] Außerdem ist die Ehrenamtlichkeit für das Amt des Verbandsvorstehers kennzeichnend.[669] Gerade im Bereich der Ehrenamtlichkeit besteht seitens des Ge-

---

[666] Plückhahn, in: Köhler/Held et al., Stand: Juli 2015, § 8 GkG NRW Erl. 1.3.2.

[667] OVG Bautzen, Beschluss vom 15.02.2006, Az.: 4 B 952/04, BeckRS 2007, 20886.

[668] Krafft/Rotermund, Rn. 1338.

[669] § 17 Abs. 1 S. 1 GkG NRW; § 16 Abs. 1 Satzung ZV NWL. Siehe dazu auch: Ziche/Wehnert, DÖV 2009, 890 (895).

setzgebers eine Tendenz dazu, deren Haftung nicht überzustrapazieren, um die Attraktivität zu wahren.[670]

(3) Gremien und zusätzliche Positionen

(aa) Geschäftsführer

Die zusätzliche Position des Geschäftsführers ist fakultativ beim NWL vorgesehen. Wenn der Geschäftsführer Beamter ist[671], greift auch in diesem Fall § 48 S. 1 BeamtStG. Da die Geschäftsführertätigkeit gerade nicht durch ihre Ehrenamtlichkeit gekennzeichnet ist und es zudem an entsprechenden Verweisungen in der GO NRW fehlt, kommt eine entsprechende Anwendung von § 48 S. 1 BeamtStG allerdings nicht in Betracht.

Eine entsprechende Anwendbarkeit von § 43 Abs. 2 des Gesetzes über die Gesellschaft mit beschränkter Haftung (GmbHG), der die Haftung eines Geschäftsführers gegenüber der GmbH regelt, scheidet aus. Das GkG NRW verweist in § 8 Abs. 1 nur auf die Normen der GO NRW und eben nicht auf weitere Gesetze, wie beispielsweise das GmbHG. Eine entsprechende Anwendung von Normen anderer Gesetze kann zwar auch über die Satzung vorgenommen werden[672], ist aber beim NVR im Hinblick auf das GmbHG unterblieben.

Eine persönliche Haftung ist allerdings regelmäßig aus § 280 Abs. 1 BGB möglich, denn zwischen dem Geschäftsführer und dem Zweckverband besteht in der Regel ein entsprechender Anstellungsvertrag, sofern er kein Beamter ist. Eine Haftungsprivilegierung wie beim Verbandsvorsteher ist hier allerdings nicht möglich, da die Tätigkeit des Geschäftsführers keine ehrenamtliche ist.[673]

Schließlich haftet der Geschäftsführer auch nach den deliktischen Anspruchsgrundlagen (§§ 823 ff. BGB).

(bb) Ausschüsse und Fraktionsvorsitzendenkonferenz

Die Haftung der Ausschussmitglieder vollzieht sich, sofern sie überhaupt Entscheidungskompetenz haben, nach den Ausführungen zu den Mitgliedern der Verbandsversammlung.

---

[670] Krafft/Rotermund, Rn. 1338, mit Hinweis auf § 31a BGB.
[671] Zur Möglichkeit von NVR und NWL hauptamtliche Beamte einzustellen: § 14 Satzung ZV NVR; § 11 Abs. 1 S. 1 Satzung ZV NWL. Zur Dienstherrenfähigkeit des Zweckverbandes allgemein: § 17 Abs. 2 S. 1 GkG NRW.
[672] § 8 Abs. 1 GkG NRW.
[673] So wird der Geschäftsführer des NWL unter Ziff. 2 der Beschlussvorlage 59/2019 des NWL vom 08.10.2019 ausdrücklich als „hauptamtlich" bezeichnet.

Da die Fraktionsvorsitzendenkonferenz lediglich empfehlende Beschlüsse fasst[674], kommt bei ihnen allenfalls eine deliktische Haftung in Betracht.

ee) Organe der Trägerzweckverbände

(1) Gemeinsamkeiten

Die Organe der Trägerzweckverbände gleichen denen der SPNV-Aufgabenträger, welche in Form eines Zweckverbandes gebildet wurden. Im Folgenden wird somit lediglich kurz auf einzelne Besonderheiten eingegangen.

Organe der Trägerzweckverbände sind jedenfalls die Verbandsversammlung und der Verbandsvorsteher.[675]

Jedes Verbandsmitglied entsendet zumindest einen Vertreter in die Verbandsversammlung.[676] Die konkrete Berechnung der Vertreter richtet sich im Trägerzweckverband VRR nach der Einwohneranzahl im Raum des Verbandsmitglieds. Bis zu 100.000 Einwohner wird ein Vertreter entsandt, für jeweils weitere 100.000 Einwohner und eine Resteinwohnerzahl von über 50.000 ein weiterer.[677] Ebenso wird beim Trägerzweckverband VRS je angefangene 100.000 Einwohner im Mitgliedsgebiet je ein Vertreter in die Verbandsversammlung geschickt[678], im Trägerzweckverband nph je 25.000 Einwohner ein Vertreter[679] und beim Trägerzweckverband ZRL je angefangene 40.000 Einwohner[680].

Beim Trägerzweckverband NVN werden jeweils neun Vertreter für die Kreise Kleve und Wesel entsandt.[681] Eine ähnliche Regelung findet sich in der Satzung des Trägerzweckverbandes AVV, bei welchem jedes Verbandsmitglied je fünf Vertreter in die Verbandsversammlung entsendet.[682] Ebenfalls fünf Vertreter je Verbandsmitglied werden in den Trägerzweckverbänden ZRL[683] und VVOWL[684]

---

[674] § 7a Abs. 4 S. 1 Satzung ZV NVR.

[675] § 8 Abs. 1 Satzung ZV VRR; § 7 Satzung ZV NVN; § 4 Abs. 1 Satzung ZV AVV; § 6 Satzung ZV VRS; § 5 Satzung ZV nph; § 4 Abs. 1 Satzung ZV VVOWL; § 4 Satzung ZV ZRL; § 4 Satzung ZV ZVM; § 4 Satzung ZV ZWS.

[676] Vgl. § 9 Abs. 1 S. 2 Satzung ZV VRR; § 8 Abs. 2 S. 1 Satzung ZV NVN; § 5 Abs. 1 S. 1 Satzung ZV AVV; § 7 Abs. 1 S. 1 Satzung ZV AVV; § 5 Abs. 1 S. 1 Satzung ZV ZRL.

[677] § 9 Abs. 3 S. 1, 2 Satzung ZV VRR.

[678] § 7 Abs. 2 S. 1 Satzung ZV AVV.

[679] § 6 Abs. 1 S.1 Satzung ZV nph.

[680] § 5 Abs. 1 S. 2 Satzung ZV ZRL.

[681] § 8 Abs. 2 S. 1 Satzung ZV NVN.

[682] § 5 Abs. 1 S. 2 Satzung ZV AVV.

[683] § 5 Abs. 2 S. 1 Satzung ZV ZRL.

[684] § 5 Abs. 2 Satzung ZV VVOWL.

in die Verbandsversammlung geschickt. Beim Trägerzweckverband ZVM sind es dagegen sieben Vertreter je Verbandsmitglied.[685]

Der Verbandsvorsteher wird durch die Verbandsversammlung gewählt.[686] Er führt die laufenden Geschäfte des Trägerzweckverbandes.[687]

(2) Unterschiede

Die Verbandsversammlung des Trägerzweckverbandes VRR bildet aus ihren Mitgliedern sowohl einen Finanz- als auch einen Betriebsausschuss.[688]

Im Trägerzweckverband NVN gibt es jeweils für die Kreise Kleve und Wesel einen regionalen Beirat.[689] Von diesen zu erörternde Themen umfassen insbesondere die Tarif- und Liniengestaltung sowie die innerörtliche Verkehrsbedienung.[690] Die Beiräte fassen empfehlende Stellungnahmen für die Verbandsversammlung.[691]

Gemäß § 5 Abs. 4 S. 1 Satzung werden im Trägerzweckverband AVV vier regionale Beiräte gebildet (für die Stadt Aachen, die StädteRegion Aachen, den Kreis Düren und den Kreis Heinsberg). Die regionalen Beiräte sind für die Verbandsversammlung und die Vertreter des jeweiligen Verbandsmitglieds beratend tätig.[692]

Die Satzung des Trägerzweckverbandes VRS eröffnet die Möglichkeit, Ausschüsse zu bilden.[693] Ebenfalls kann die Verbandsversammlung Beiräte bil-

---

[685] § 5 Abs. 2 Satzung ZV ZVM.
[686] § 14 Abs. 1 S. 1 Satzung ZV VRR (5 Jahre); § 12 Abs. 1 S. 1, 4 (30 Monate, höchstens jedoch für die Dauer des Hauptamtes); § 9 Abs. 1 S. 1 Satzung ZV AVV (drei Jahre); § 11 Abs. 1 Satzung ZV VRS (sechs Jahre, jedoch höchstens für die Dauer des Hauptamtes); § 8 Abs. 1 S. 1 Satzung ZV nph (für die Dauer der Kommunalwahlperiode); § 11 Abs. 1 S. 1 Satzung ZV VVOWL (für die Dauer der Kommunalwahlperiode, jedoch höchstens für die Dauer des Hauptamtes); § 9 Abs. 1 S. 1 Satzung ZV ZRL (5 Jahre, jedoch maximal bis zu dessen Ausscheiden aus dem Hauptamt); § 9 Abs. 1 S. 1 Satzung ZV ZVM (fünf Jahre); § 9 Abs. 1 S. 1 Satzung ZV ZWS.
[687] § 14 Abs. 2 S. 1 Satzung ZV VRR; § 12 Abs. 2 S. 1 Satzung ZV NVN; § 9 Abs. 2 S. 1 Satzung ZV AVV; § 11 Abs. 3 Satzung ZV VRS; § 8 Abs. 2 S. 1 Satzung ZV nph; § 11 Abs. 2 S. 1 Satzung ZV VVOWL; § 9 Abs. 2 S. 1 Satzung ZV ZRL; § 9 Abs. 2 S. 1 Satzung ZV ZVM; § 9 Abs. 3 S. 1 Satzung ZV ZWS.
[688] Vgl. § 13b Satzung ZV VRR.
[689] § 13 Abs. 1 S. 1 Satzung ZV NVN.
[690] § 13 Abs. 1 S. 2 Satzung ZV NVN.
[691] § 13 Abs. 5 S. 1 Satzung ZV NVN.
[692] § 13 Abs. 4 S. 3 Satzung ZV AVV.
[693] Vgl. § 8 Abs. 3 Satzung ZV VRS, § 10 Abs. 5 Satzung ZV VRS.

den.[694] Die Fraktionsvorsitzenden der Fraktionen in der Verbandsversammlung bilden eine Fraktionsvorsitzendenkonferenz.[695]

Beim Trägerzweckverband nph werden weitere Ausschüsse aufgrund der Satzungsregelungen fakultativ ermöglicht. Die Ausschüsse haben dann die Aufgabe, Beschlüsse der Verbandsversammlung vorzubereiten.[696] Daneben wird nach der Satzung verpflichtend ein Beirat gebildet, in welchem ein Austausch, insbesondere zu Belangen der Kommunen, erfolgen soll.[697] Nicht geregelt ist, ob der Beirat Beschlüsse fassen kann und welche Folgen damit einhergehen. Da gem. § 10 S. 1 Satzung des Trägerzweckverbands nph im Beirat lediglich ein „Austausch" erfolgt, ist nicht von einer Entscheidungskompetenz auszugehen. Nach dem Wortlaut werden keinerlei Beschlüsse, gleich welchen Charakters, getroffen.

Im Trägerzweckverband VVOWL wird ein Beirat gebildet. Dieser Beirat soll die verschiedenen Nutzerinteressen widerspiegeln.[698] Zudem hat der Zweckverband einen Geschäftsführer.[699] Schließlich wird ein Verwaltungsrat gebildet, in dem jedes Verbandsmitglied über eine Stimme verfügt[700] und welcher die Beschlüsse der Zweckverbandsversammung vorbereitet und der Abstimmung der Zweckverbandsmitglieder dienen soll[701]. Dem Verwaltungsrat kommt jedoch die Kompetenz zu, abschließend in bestimmten Angelegenheiten zu entscheiden, beispielsweise der Einstellung und Entlassung von Mitarbeitern des Trägerzweckverbandes, welche die Besoldungsgruppe A12 bzw. TVÖD Entgeltgruppe 12 überschreiten.[702]

Aus § 6 Abs. 3 S. 1 Satzung Trägerzweckverband ZRL ergibt sich, dass die Verbandsversammlung Ausschüsse bilden kann und dass ein sog. Gebietskörperschaftsarbeitskreis gebildet wird. Darüber hinaus gibt es eine Geschäftsführung des Trägerzweckverbandes.[703] Der Geschäftsführer bereitet u. a. für den Verbandsvorsteher des Trägerzweckverbandes die Beschlüsse der Verbandsversammlung vor und führt sie aus.[704]

---

[694] § 8 Abs. 3a Satzung ZV VRS.
[695] Vgl. § 18 Abs. 1 Satzung ZV VRS.
[696] Vgl. § 6 Abs. 5 S. 1 Satzung ZV nph.
[697] § 10 S. 1 Satzung ZV nph.
[698] § 4 Abs. 2 Satzung ZV VVOWL.
[699] § 4 Abs. 3 Satzung ZV VVOWL.
[700] § 8 Abs. 1 Satzung ZV VVOWL.
[701] § 9 Abs. 1 Satzung ZV VVOWL.
[702] § 9 Abs. 2 Satzung ZV VVOWL.
[703] § 6 Abs. 3 S. 2 Satzung ZV ZRL.
[704] § 8 Abs. 4 S. 1 Satzung ZV ZRL.

Der Trägerzweckverband ZVM kann über die Verbandsversammlung Ausschüsse bilden[705] und beschäftigt eine Geschäftsführung[706], welcher sich der Verbandsvorsteher zur Erledigung seiner Aufgaben bedienen kann[707].

Mit der Zustimmung der beiden Verbandsmitglieder, den Kreisen Olpe und Siegen-Wittgenstein, kann der Trägerzweckverband ZWS einen Beirat bilden.[708] Offen lässt die Satzung, ob und welche Aufgaben dieser Beirat hat, wie sich der Beirat zusammensetzen soll und welche Bindungswirkungen von Beiratsentscheidungen ausgehen. Es ist insoweit davon auszugehen, dass dies im Einzelfall durch die Verbandsversammlung festgelegt wird. Dies folgt aus der Allzuständigkeit der Verbandsversammlung für alle wichtigen Angelegenheiten des Trägerzweckverbandes ZWS gem. § 6 S. 1 Satzung ZWS.

II. Mitgliedsrechte und -pflichten

Sowohl in Gesetzen (ÖPNVG NRW, GkG NRW, GO NRW) als auch in den Satzungen der SPNV-Aufgabenträger sowie der Trägerzweckverbände finden sich Rechte und Pflichten normiert. Als Mitgliedsrechte und -pflichten kommen in Betracht: Mitwirkungs-, Beteiligungsrechte und Minderheitenschutz, Recht auf Durchführung der Aufgaben, Überwachungs- und Informationsrechte, Finanzierungspflicht und Haftung sowie das Austrittsrecht.

1. SPNV-Aufgabenträger

Die Mitgliedsrechte und -pflichten der SPNV-Aufgabenträger sind vor dem Hintergrund der erfolgten Übertragung der SPNV-Aufgabenträgerschaft nach § 5 Abs. 3 S. 1 ÖPNVG NRW einzuordnen. Die nach § 3 Abs. 1 S. 1 ÖPNVG NRW originär gesetzlich zuständigen Kreise und kreisfreien Städte, die wiederum in den Trägerzweckverbänden organisiert sind, haben demnach als „Teilmenge" des ÖPNV die SPNV-Aufgabenträgerschaft übertragen. Aufgrund dieser Tatsache sind die Mitwirkungs-, Beteiligungsrechte und der Minderheitenschutz, das Recht auf Durchführung der Aufgaben, die Informations- und Überwachungsrechte, die Finanzierungspflichten und die Haftung sowie die Austritts- und Auflösungsrechte nachvollziehbar.

Es ist jeweils danach zu differenzieren, ob die Mitgliedsrechte und -pflichten auf einer formal gesetzlichen Grundlage basieren, in den Satzungen normiert sind

---

[705] § 6 Abs. 3 Satzung ZV ZVM.
[706] Vgl. § 6 Abs. 2 lit. h) Satzung ZV ZVM.
[707] § 8 Abs. 4 S. 2 Satzung ZV ZVM.
[708] § 11 S. 1 Satzung ZV ZWS.

oder, sofern nötig und zulässig, im Rahmen einer Rechtsfortbildung geschaffen werden.

a) Durchführung der SPNV-Aufgabenträgerschaft

Nach § 3 Abs. 1 S. 1 ÖPNVG NRW kommt den Kreisen und kreisfreien Städten grundsätzlich die SPNV-Aufgabenträgerschaft zu. Den nach dem ÖPNVG NRW gebildeten Zweckverbänden und der gemeinsamen Anstalt ist diese allerdings nach § 5 Abs. 3 S. 1 ÖPNVG NRW zu übertragen. Werden lediglich diese beiden Regelungen betrachtet, so könnte angenommen werden, dass zwischen den Trägerzweckverbänden und den SPNV-Aufgabenträgern keinerlei Beziehung bei der Durchführung der Aufgabe besteht. Bei isolierter Betrachtung der beiden Normen spricht viel dafür, dass die Kreise und kreisfreien Städte die SPNV-Aufgabenträgerschaft unmittelbar und ohne Zwischenschaltung der Trägerzweckverbände übertragen. Allerdings ist der Wortlaut von § 5 Abs. 3 S. 1 ÖPNVG NRW im Hinblick auf die Übertragung der SPNV-Aufgabenträgerschaft offen. Es wird nur angeordnet, dass diese zu übertragen ist, nicht aber, von wem. Ursprünglich wurde den Trägerzweckverbänden nach § 5 Abs. 3 S. 1 ÖPNVG NRW 1995 die SPNV-Aufgabenträgerschaft übertragen. Im Jahr 2012 erfolgte dann eine Reduzierung von neun auf drei SPNV-Aufgabenträger. Die Zweckverbände bzw. die gemeinsame Anstalt werden in Nordrhein-Westfalen in der Praxis durch die Trägerzweckverbände gebildet.[709] Die Trägerzweckverbände haben die SPNV-Aufgabenträgerschaft dann weiter nach § 5 Abs. 3 S. 1 ÖPNVG NRW an die jetzigen SPNV-Aufgabenträger übertragen.

Es besteht somit ein zweistufiges Verhältnis. Die Kreise und kreisfreien Städte haben die SPNV-Aufgabenträgerschaft nach § 5 Abs. 3 S. 1 ÖPNVG NRW 1995 zunächst auf die Trägerzweckverbände übertragen. Die Trägerzweckverbände wiederum haben diese auf die drei SPNV-Aufgabenträger im Wege der delegierenden Aufgabenübertragung überführt.

Bei Schlechterfüllung dürfen die Trägerzweckverbände allerdings nicht selbst handeln, sondern sind verpflichtet, über ihre Vertreter in Verwaltungsrat bzw. Verbandsversammlung auf das Handeln der SPNV-Aufgabenträger einzuwirken.[710] Die Mitglieder der SPNV-Aufgabenträger haben somit einen Anspruch darauf, dass die gesetzlich im ÖPNVG NRW vorgeschriebenen Aufgaben durchgeführt werden.

---

[709] Vgl. § 5 Abs. 1 S. 1 ÖPNVG NRW.
[710] So für den Zweckverband: Plückhahn, in: Köher/Held et al., Stand: Juli 2015, § 6 GkG NRW Erl. 4.4.

Daneben können die SPNV-Aufgabenträger nach § 5 Abs. 3a ÖPNVG NRW weitere Aufgaben übernehmen.[711] Der Wortlaut der Satzungsregelungen der SPNV-Aufgabenträger lässt offen, ob die Übertragung im Wege der Mandatierung oder der Delegation erfolgt. Das GkG NRW sieht für den Zweckverband beide Möglichkeiten vor.[712] Diese weitreichende Regelung stammt jedoch aus dem Jahr 2015.[713] Zuvor gab es nur die Möglichkeit der delegierenden Aufgabenübertragung.[714] Daher könnte zwar grundsätzlich bei Altfällen nur eine delegierende Aufgabenübertragung anzunehmen sein. Dagegen spricht jedoch die Regelung des § 5 Abs. 3a ÖPNVG NRW. Danach können die ÖSPV-Aufgabenträger „weitere Aufgaben [...] übertragen". Der Wortlaut lässt somit die Mandatierung und die Delegation zu. Auch aus § 3 ÖPNVG NRW, in welchem die ÖPNV-Aufgabenträgerschaft geregelt ist und auf wechen § 5 Abs. 3a ÖPNVG NRW verweist, ergibt sich weder eine Begrenzung auf die Mandatierung bzw. die Delegation. Somit sind sowohl die Delegation als auch die Mandatierung im Rahmen der Aufgabenübertragung möglich. Da es sich bei dem ÖPNVG NRW um ein *lex specialis* zum GkG NRW handelt, war auch vor der Gesetzesänderung sowohl eine delegierende als auch mandatierende Aufgabenübertragung möglich. Am weitreichendsten wurde hiervon bei der VRR AöR Gebrauch gemacht, die zugleich ein Verkehrsverbund ist. Die Trägerzweckverbände haben diverse Aufgaben auf sie übertragen. Dazu gehören beispielsweise, aber nicht nur, Aufgaben im Bereich des ÖSPV.[715]

b) Finanzierung und Haftung

Als Kehrseite zur Aufgabendurchführung trifft die Trägerzweckverbände die Finanzierungspflicht und Haftungsverantwortung bezüglich der SPNV-Aufgabenträger.

Die Finanzierungspflicht der Trägerzweckverbände folgt grundsätzlich aus der Aufgabenübernahme. Daher finden sich sowohl in den Gesetzen als auch den Satzungen der SPNV-Aufgabenträger Regelungen hierzu. Deren Bedeutung ist allerdings in der Praxis als gering anzusehen.[716] So werden die hoheitlichen Aufgaben nach §§ 5 ff. ÖPNVG NRW durch Landes- und Bundesmittel gem.

---

[711] Vgl. § 2 Abs. 1 S. 1, 2 Satzung VRR AöR; § 3 Abs. 10 Satzung ZV NVR; § 4 Abs. 6 S. 2 Satzung ZV NWL (beschränkt auf Übertragung durch ÖSPV-Aufgabenträger).
[712] Vgl. § 6 Abs. 1 S. 1 GkG NRW.
[713] GVBl. NRW, Ausgabe 2015 Nr. 10 vom 10.02.2015, 203 ff.
[714] Vgl. § 6 Abs. 1 GkG NRW a. F.
[715] Vgl. § 5 Abs. 2 Satzung ZV VRR; § 4 Abs. 2 Satzung ZV NVN.
[716] So ist es nach Auskunft des Trägerzweckverbandes VVOWL vom 17.02.2017 für den NWL bisher noch nicht zu einer entsprechenden Finanzierungspflicht gekommen.

§§ 10 ff. ÖPNVG NRW finanziert. Nur als *ultima ratio* trifft die Mitglieder eine Finanzierungspflicht.[717]

Aus der Aufgabenwahrnehmung durch die Trägerzweckverbände für deren Mitglieder folgt, sofern die staatlichen Mittel hierfür nicht ausreichen[718], deren Finanzierungspflicht über die Verbandsumlage.[719]

aa) Gemeinsame Anstalt

Zu differenzieren ist zwischen solchen Konstellationen, in denen der Gewährträger auftritt und Verhältnissen zwischen Dritten und der Anstalt selbst.

(1) Anstaltslast

Unter Anstaltslast ist zu verstehen, dass die Gemeinde die (wirtschaftliche) Funktionsfähigkeit der Anstalt für die Dauer ihres Bestehens sichert und etwaige finanzielle Lücken ausgleicht.[720]

Normative Grundlage für die Anstaltslast ist in Nordrhein-Westfalen § 9 KUV NRW[721], welcher über § 5a Abs. 1 S. 2 ÖPNVG NRW auch auf die gemeinsame Anstalt Anwendung findet.[722] Nach § 9 Abs. 1 S. 1 KUV NRW hat die Gemeinde sicherzustellen, dass die Anstalt ihre Aufgabe dauernd erfüllen kann. Ebenfalls ist nach S. 2 für die Ausstattung mit einem angemessenen Stammkapital zu sorgen. Schließlich ist für die technische und wirtschaftliche Leistungsfähigkeit der Anstalt zu sorgen.[723]

Zur Höhe des Stammkapitals finden sich keine Vorgaben in der KUV NRW. Ob die Ausstattung mit dem Stammkapital angemessen ist, ist im Hinblick auf die übertragene Aufgabe zu beantworten.[724] Das Stammkapital beträgt bei der VRR AöR 2.525.000,00 €, wovon der Zweckverband VRR Anteile in Höhe von 2.500.000,00 € und der Zweckverband NVN solche in Höhe von 25.000,00 € hält.[725] Daneben muss die Erfüllung des öffentlichen Zwecks, zu dem die gemeinsame Anstalt errichtet wurde, dauerhaft sichergestellt werden.[726] Die finan-

---

[717]   Vgl. dazu für die Verbandsumlage z. B. § 12 Abs. 6 S. 3 Satzung ZV NVR.
[718]   §§ 10 ff. ÖPNVG NRW.
[719]   §§ 16a Abs. 1 Satzung ZV VRR, 15 S. 1 Satzung ZV NVN, 14 Abs. 1 S. 1, Abs. 2-6 Satzung ZV AVV, 12 Abs. 2 S. 1 Satzung ZV NVR, 12 Abs. 3 Satzung ZV nph, 13 S. 2 Satzung ZV VVOWL, 11 Abs. 2 S. 1 Satzung ZV ZRL,12 Abs. 1 S. 1 Satzung ZV ZVM, 12 Abs. 3 Satzung ZV ZWS.
[720]   Holz/Kürten/Grabolle, KommJur 2014, 281 (284).
[721]   Holz/Kürten/Grabolle, KommJur 2014, 281 (284).
[722]   Werner/Patout et al., ÖPNVG NRW, § 5a ÖPNVG NRW Erl. 1.
[723]   § 9 Abs. 2 S. 1, 2 KUV NRW.
[724]   Müller (2022), § 9 KUV NRW Erl. 1.
[725]   § 30 Abs. 1 S. 1, 2, 3 Satzung VRR AöR.
[726]   Müller (2022), § 9 KUV NRW Erl. 3.

zielle Sicherstellung erfolgt hierbei über drei Säulen: Die im SPNV erzielten Einnahmen, die Transfermittel des Landes (insbesondere nach § 11 Abs. 1 S. 1 ÖPNVG NRW) sowie die SPNV-Umlage des Zweckverbandes VRR und ggf. des NVN, wenn in dessen Gebiet Leistungen ein gewisses Mindestmaß überschreiten.[727]

(2) Gewährträgerhaftung

Im Recht der AöR gilt das Prinzip der Gewährträgerhaftung.[728] Danach haftet die Gemeinde unbeschränkt für die Verbindlichkeiten der AöR, soweit nicht Befriedigung aus deren Vermögen zu erlangen ist. Die Regelung des § 114a Abs. 5 S. 1 GO NRW findet über § 5a Abs. 1 S. 2 ÖPNVG NRW entsprechende Anwendung. Die Trägerzweckverbände VRR und NVN, und nur mittelbar die hinter ihnen stehenden Kreise und kreisfreien Städte, sind demnach Gewährträger der VRR AöR.[729] Sie haften der VRR AöR nach dem Prinzip der Gewährträgerhaftung.

bb) Haftungsbeziehungen im Zweckverband

Beim Zweckverband sieht § 19 Abs. 1 S. 1 GkG NRW vor, dass eine Umlage zu erheben ist, soweit sonstige Erträge des Zweckverbandes die entstehenden Aufwendungen nicht decken. Die Umlage ist also subsidiär zu erheben.[730] Durch die Verbandssatzung kann die Umlagepflicht einzelner Mitglieder beschränkt oder ausgeschlossen werden.[731] Sie soll grundsätzlich nach dem Verhältnis des Nutzens der Mitglieder durch die Aufgabenerfüllung bemessen werden.[732] Ein anderer Maßstab ist allerdings möglich, wenn er angemessen ist.[733] Idealerweise erfolgt eine Bestimmung der Bemessungsgrundlage in der Verbandssatzung.[734]

Die Verbandsumlage wird für jedes Haushaltsjahr neu festgesetzt[735] und bedarf der Genehmigung der Aufsichtsbehörde[736].

Über das Umlagesystem besteht eine unbegrenzte Nachschusspflicht und somit eine unbeschränkte Haftung. Die Trägerzweckverbände trifft eine Pflicht zur

---

[727] § 33 Abs. 1 Satzung VRR AöR.
[728] § 114a Abs. 5 S. 1 GO NRW.
[729] § 1a Satzung VRR AöR.
[730] Klieve, in: Köhler/Held et al., Stand: Juli 2012, § 19 Erl. 1.
[731] § 19 Abs. 1 S. 2 GkG NRW.
[732] § 19 Abs. 1 S. 3 GkG NRW.
[733] § 19 Abs. 1 S. 4 GkG NRW.
[734] Klieve, in: Köhler/Held et al., Stand: Juli 2012, § 19 Erl. 1.
[735] § 19 Abs. 2 S. 1 GkG NRW.
[736] § 19 Abs. 2 S. 2 GkG NRW.

finanziellen Unterstützung der SPNV-Aufgabenträger, die in Form eines Zweckverbandes betrieben werden.[737] Hierfür müssen nach §§ 5 Abs. 2 ÖPNVG NRW, 9 Abs. 2 S. 1 GkG NRW Regelungen in der Verbandssatzung getroffen werden. Im NVR wird dieser Umlageschlüssel anhand der Einwohnerzahlen der beiden Trägerzweckverbände AVV und VRS in der amtlichen Bevölkerungsstatistik erstellt.[738] In der Satzung des NWL sieht § 14 Abs. 2 vor, dass die Umlage auf der Grundlage der Zugkilometer, die auf die Trägerzweckverbände entfallen, zu erheben ist. Es soll also eine verursachungsgerechte Verteilung möglicher Verluste erfolgen.

Bei Fällen der extremen Überschuldung eines Zweckverbandes wird diskutiert, ob es in diesem Fall Grenzen für die Verbandsumlage gibt. Die Zumutbarkeitsgrenzen der Gemeinden seien bei übermäßigen oder unübersehbaren Risiken überschritten.[739] Es liege eine Parallele zur Kreisumlage vor[740], bei der das OVG Rheinland-Pfalz einen Verstoß gegen die Selbstverwaltungsgarantie aus Art. 28 Abs. 2 GG gesehen hat, wenn die Gemeinde

„derart ihrer Mittel beraubt wird, daß ihre Finanzverantwortung und ihre Finanzausstattung entscheidend in Frage gestellt ist".[741]

Es sprechen allerdings erhebliche Gründe gegen eine Begrenzung der Verbandsumlage für den Fall der extremen Überschuldung. Es besteht eine vertragliche Verbindung zwischen einem gesetzlichen Zweckverband und einem Gläubiger. Es würde einen erheblichen Eingriff in die Rechtssicherheit bedeuten, wenn sich Gläubiger eines Zweckverbandes, die unter Umständen nur aufgrund des entsprechenden Haftungsregimes mit diesem kontrahiert haben, nicht mehr auf das Bestehen einer Verbandsumlage verlassen könnten.[742] Darüber hinaus haben die Mitglieder des Zweckverbandes diesen zu fördern und auf Dauer zu erhalten.[743] Daher ist die Verbandsumlage nicht bei extremer Verschuldung des Zweckverbandes begrenzt.

Der Umlageschlüssel muss sich allerdings an verfassungsrechtlichen Prinzipien messen lassen. Hier sind insbesondere das Verhältnismäßigkeitsprinzip, das Willkürverbot nach Art. 3 Abs. 1 GG sowie das Selbstverwaltungsrecht aus Art.

---

[737] Schreiner, 31.
[738] § 12 Abs. 6 S. 4 Satzung ZV NVR.
[739] Cromme, LKV 1998, 161 (166).
[740] Cromme, LKV 1998, 161 (166).
[741] OVG Rheinland-Pfalz, Urteil vom 21.05.1993, Az.: 10 C 878/92, zitiert nach: Cromme, LKV 1998, 161 (166).
[742] Paulick, DÖV 2009, 110 (112).
[743] Paulick, DÖV 2009, 110 (112).

28 Abs. 2 GG zu nennen.[744] Das Verhältnismäßigkeitsprinzip ist ein im gesamten öffentlichen Recht anwendbarer Grundsatz, der auch in den Rechtsbeziehungen zwischen verschiedenen Hoheitsträgern gilt.[745] Aus dem Willkürverbot ergibt sich, dass ein Umlageschlüssel verfassungsrechtlich bedenklich ist, wenn die Trägerzweckverbände ungleich behandelt werden und sich diese ungleiche Behandlung nicht mehr sachlich rechtfertigen lässt.[746] Eine Verletzung des Selbstverwaltungsrechts aus Art. 28 Abs. 2 GG der letztlich hinter den SPNV-Aufgabenträgern stehenden Kreise und kreisfreien Städte liegt vor, wenn durch den Umlageschlüssel die finanzielle Eigenverantwortlichkeit entzogen wird.[747] Grundsätzlich besteht ein Anspruch der Gemeinden und Gemeindeverbände i. S. d. Art. 28 Abs. 2 GG gegenüber dem Land, um die Aufgaben der kommunalen Selbstverwaltung zu erfüllen. Durch die Zahlung der Umlagen könnte dieses System ausgehebelt werden. Allerdings stattet das Land die SPNV-Aufgabenträger nach den §§ 10 ff. ÖPNVG NRW mit Finanzmitteln aus. Nur subsidiär sollen die Trägerzweckverbände entsprechende Umlagen zahlen.[748] Dies ist in der Praxis bisher noch nicht vorgekommen.[749] Aber selbst, wenn der Fall einer Umlagezahlung eintritt, ist dies vor dem Hintergrund der kommunalen Selbstverwaltung unbedenklich: Der Zweckverband hat gegenüber seinen Mitgliedern keinen Anspruch auf eine angemessene Ausstattung mit Finanzmitteln, wie dies im Rahmen von Art. 28 Abs. 2 GG der Fall ist. Die Umlage stellt eine reine Verbandslast dar, die von den Mitgliedern zu tragen ist.[750] Vor diesem Hintergrund begegnen die Umlageschlüssel in den Satzungen der SPNV-Aufgabenträger keinen verfassungsrechtlichen Bedenken.

c) Mitwirkungs- und Beteiligungsrechte

Mitwirkungs- und Beteiligungsrechte bei den SPNV-Aufgabenträgern sind sowohl gesetzlich als auch satzungsmäßig vorgesehen.

In § 5 Abs. 4 ÖPNVG NRW wird das Einvernehmenserfordernis als Beteiligungsrecht für ein Mitglied vorgeschrieben, wenn sich die Entscheidung des SPNV-Aufgabenträgers unmittelbar nur in dessen Gebiet auswirkt. Erforderlich hierfür ist eine bindende Mitwirkung des betroffenen Mitglieds in Form der Zu-

---

[744] Schreiner, 38.
[745] Dazu: BVerfG, Beschluss vom 24.06.1969, Az.: 2 BvR 446/64, NJW 1969, 1843 (1843 f.); BVerfG, Urteil vom 10.03.1981, Az.: 1 BvR 92/71, 1 BvR 96/71, NJW 1981, 1257 (1258).
[746] Schreiner, 33.
[747] Schreiner, 38.
[748] §§ 12 Abs. 6 S. 3 Satzung ZV NVR, 14 Abs. 1 S. 1 Satzung ZV NWL.
[749] Auskunft vom Zweckverband VVOWL vom 17.02.2017.
[750] VG Gießen, Urteil vom 19.12.2007, Az.: 8 E 1792/05, BeckRS 2008, 33234.

stimmung zur Entscheidung.[751] Dies ist auch nachvollziehbar, da so letztlich die kommunale Selbstverwaltung i. S. d. Art. 28 Abs. 2 GG gestärkt wird. Die praktische Bedeutung des Einvernehmenserfordernisses ist indes begrenzt. Nur eine begrenzte Zahl an SPNV-Linien bewegt sich ausschließlich in den geographischen Grenzen eines Mitglieds.[752]

Nach § 5 Abs. 1 S. 3 ÖPNVG NRW steht die organisatorische Ausgestaltung den Mitgliedern der SPNV-Aufgabenträger frei. Ausdruck dieses Rechts ist die Satzungshoheit. In den Satzungen finden sich keine direkten Mitwirkungs- und Beteiligungsrechte der Mitglieder. Durch die Mitglieder werden jedoch Vertreter in die Organe und Ausschüsse der SPNV-Aufgabenträger entsandt, über die Mitwirkungs- und Beteiligungsrechte bestehen. In der gemeinsamen Anstalt werden die Mitwirkungs- und Beteiligungsrechte im Verwaltungsrat[753], im Zweckverband in der Zweckverbandsversammlung[754] wahrgenommen, in welche die Mitglieder Vertreter entsenden. Weder das ÖPNVG NRW noch § 114a GO NRW legen fest, wie viele Mitglieder der Verwaltungsrat bei der gemeinsamen Anstalt haben muss. Daher kann die Anzahl im Rahmen der Satzungshoheit frei bestimmt werden. Für den Zweckverband legt § 5 Abs. 2 ÖPNVG NRW i. V. m. § 15 Abs. 1 S. 2 GkG NRW fest, dass jedes Zweckverbandsmitglied wenigstens einen stimmberechtigten Vertreter in die Verbandsversammlung entsendet. Dem Verwaltungsrat bzw. der Zweckverbandsversammlung kommt jeweils ein Katalog von nicht abänderbaren Kompetenzen zu. Dies sind wichtige Entscheidungen, wie die Aufstellung und Fortschreibung des Nahverkehrsplans gem. § 8 Abs. 1 S. 1 ÖPNVG NRW[755] oder die Festlegung des jährlichen Katalogs der mit den Mitteln nach § 12 ÖPNVG NRW zu fördernden Maßnahmen.[756] Daneben gibt es Ausschüsse, die zu bestimmten Fachthemen eingerichtet werden. Anzahl und Aufgabenbereich hängen von den jeweiligen regionalen Strukturen ab.[757] Das ÖPNVG NRW enthält insoweit keine Vorgaben zu verpflichtend zu bildenden Ausschüssen. Sie können somit im Rahmen der Satzungshoheit frei gebildet werden. So gibt es beispielsweise bei der VRR AöR den Vergabeausschuss, den Ausschuss für Investitionen und Finanzen, den Ausschuss

---

[751] Achterberg, § 13 Rn. 43; Maurer/Waldhoff, § 9 Rn. 29.

[752] Werner/Patout et al., § 5 ÖPNVG NRW Erl. 6. Dort wird als einziges Beispiel im Bereich der VRR AöR die Regionalbahn von Duisburg-Hauptbahnhof nach Duisburg-Entenfang genannt.

[753] Vgl. § 5a Abs. 1 S. 2 ÖPNVG NRW i. V. m. § 114a Abs. 7 S. 1-3, 6 GO NRW.

[754] Vgl. § 5 Abs. 2 ÖPNVG NRW i. V. m. § 15 GkG NRW.

[755] § 20 Abs. 3 Nr. 2 Satzung VRR AöR; § 6 Abs. 4 Satzung ZV NVR; § 7 Abs. 2 lit. d) Satzung ZV NWL.

[756] § 20 Abs. 3 Nr. 10 Satzung VRR AöR; § 6 Abs. 4 Satzung ZV NVR; § 7 Abs. 2 lit. g) Satzung ZV NWL.

[757] Vgl. § 5 Abs. 1 S. 3 ÖPNVG NRW.

für Tarif und Marketing sowie den Ausschuss für Verkehr und Planung.[758] Auch in den Ausschüssen sind die Mitglieder der SPNV-Aufgabenträger vertreten und nehmen hierdurch Mitwirkungs- und Beteiligungsrechte wahr. So werden die Ausschussmitglieder bei der VRR AöR aus den Verbandsversammlungen der Trägerzweckverbände VRR und NVN entsandt.[759]

d) Überwachungs- und Informationsrechte

Überwachungs- und Informationsrechte können sich sowohl gesetzlich als auch aus der Satzung ergeben.

Das ÖPNVG NRW enthält keine Vorschriften zu Überwachungs- und Informationsrechten für die Mitglieder der SPNV-Aufgabenträger. Über den Verweis in § 5a Abs. 1 S. 2 ÖPNVG NRW gilt jedoch § 114a Abs. 7 S. 1 GO NRW für die gemeinsame Anstalt entsprechend, wonach der Verwaltungsrat den Vorstand überwacht. In der Satzung der VRR AöR wurde diese gesetzliche Vorgabe umgesetzt. Der Verwaltungsrat der VRR AöR – und somit letztlich die Mitglieder – überwacht den Vorstand.[760] Dieser kann vom Vorstand zu jeder Zeit verlangen, dass dieser Bericht über die Angelegenheiten der VRR AöR erstattet.[761]

In den Satzungen der Zweckverbände NVR und NWL findet sich – anders als bei der VRR AöR[762] – kein generalklauselartig formuliertes Überwachungs- bzw. Informationsrecht der Mitglieder. In der Satzung des Zweckverbandes NWL ist geregelt, dass der Verbandsvorsteher den Entwurf des Haushaltsplans der Verbandsversammlung vorzulegen hat.[763] Allerdings ist eine Information der Zweckverbandsversammlung durch den Zweckverbandsvorsteher erforderlich, um die der Zweckverbandsversammlung zugewiesenen Aufgaben[764] wahrnehmen zu können. Auch ohne ausdrückliche gesetzliche Grundlage besteht somit ein Überwachungs- und Informationsrecht der Mitglieder der SPNV-Aufgabenträger.

e) Austrittsrecht und Auflösung

aa) Grundsätzliches

Aus § 5 Abs. 1 S. 1 ÖPNVG NRW ergibt sich, dass die dort benannten Kreise und kreisfreien Städte einen Zweckverband bzw. eine gemeinsame Anstalt als

---

[758] Vgl. §§ 25 ff. Satzung VRR AöR.
[759] Vgl. für die VRR AöR: §§ 25 Abs. 4, 26 Abs. 3, 27 Abs. 3, 28 Abs. 3 Satzung VRR AöR.
[760] § 20 Abs. 1 S. 2 Satzung VRR AöR; § 114a Abs. 7 GO NRW.
[761] § 20 Abs. 1 S. 3 Satzung VRR AöR.
[762] Vgl. § 21 Abs. 1 S. 2 Satzung VRR AöR.
[763] § 10 Abs. 5 S. 1 Satzung ZV NWL.
[764] Vgl. § 6 Satzung ZV NVR; § 7 Satzung ZV NWL.

SPNV-Aufgabenträger bilden. Es besteht mithin eine Kooperationspflicht.[765] Vor dem Hintergrund dieser Kooperationspflicht sind die Möglichkeiten zum Austritt und zur Auflösung von Zweckverband oder gemeinsamer Anstalt begrenzt. Denn die unbeschränkte Einräumung von Auftritts- und Auflösungsrechte für die Mitglieder würde ein Verstoß gegen die von Gesetzes wegen angeordnete Kooperationspflicht des § 5 Abs. 1 S. 1 ÖPNVG NRW bedeuten. Vor diesem Hintergrund ist der Austritt aus bzw. die Auflösung eines SPNV-Aufgabenträgers nur dann möglich, wenn zuvor die Gründung eines Vorratsaufgabenträgers erfogt ist, welcher den gesetzlichen Anforderungen des ÖPNVG NRW, insbesondere von § 5, genügt. Insbesondere müssten die Kreise und kreisfreien Städte, die in dem jeweiligen Kooperationsraum[766] den SPNV-Aufgabenträger bilden müssen, vollständig an dem Vorratsaufgabenträger beteiligt sein. Zudem müssten dem Vorratsaufgabenträger sodann zumindest die SPNV-Aufgabenträgerschaft gem. § 5 Abs. 3 ÖPNVG NRW übertragen werden, bevor der Austritt bzw. die Auflösung möglich ist.

Da das ÖPNVG NRW vorsieht, dass der SPNV-Aufgabenträger nur in der Form eines Zweckverbandes oder einer gemeinsamen Anstalt gebildet werden kann[767], dürften die Gründung eines Vorratsaufgabenträgers und der Austritt bzw. die Auflösung aus einem bestehenden SPNV-Aufgabenträger kaum von Relevanz sein. In Betracht kommen diese Möglichkeiten jedoch beispielsweise dann, wenn sich die Zusammensetzung der einzelnen Kooperationsräume ändert, also einzelne Kreise bzw. kreisfreie Städte nicht mehr zu einem Kooperationsraum gehören oder diesem gesetzlich zugewiesen werden.

bb) Folgen eines zulässigen Austritts bzw. einer zulässigen Auflösung

Die Satzungen der VRR AöR als gemeinsamer Anstat bzw. der Zweckverbände NVR und NWL sehen partiell Regelungen für den Fall des Austritts (Regelungen finden sich hierzu nur bei den Zweckverbänden) sowie der Auflösung vor.

(1) Gemeinsame Anstalt

Die Entscheidung über die Auflösung der gemeinsamen Anstalt trifft die Vertretung der Träger[768], bei der VRR AöR also die Verbandsversammlung der Zweckverbände VRR und NVN. Eine Auflösung ist jedoch wie dargestellt nur möglich, wenn zuvor ein Vorratsaufgabenträger gebildet wurde.

---

[765] Landtag NRW-Drs. 11/7847, 32.
[766] Vgl. § 5 Abs. 1 S. 1 lit. a)-c) ÖPNVG NRW.
[767] § 5 Abs. 1 S. 1 ÖPNVG NRW.
[768] Holz/Kürten/Grabolle, KommJur 2014, 281 (285). Vgl. auch § 41 Abs. 1 S. 2 lit. l) GO NRW.

Bei der gemeinsamen Anstalt fällt nach einer Auflösung gem. § 28 KUV NRW das Verbandsvermögen im Wege der Gesamtrechtsnachfolge an die Mitglieder zurück. Hintergrund der Regelung ist, dass die Mitglieder die gemeinsame Anstalt gegründet und für diese subsidiär gehaftet haben. Das Vermögen wird nach § 42 Satzung VRR AöR im Falle der Auflösung nach Erfüllung sämtlicher Verbindlichkeiten im Verhältnis des Anteils am Stammkapital auf die Trägerzweckverbände verteilt.[769]

(2) Zweckverband

Nach § 20 Abs. 1 S. 1 GkG NRW kann ein Zweckverband mit einer 2/3-Mehrheit der Verbandsversammlung aufgelöst werden, sofern die Satzung insoweit keine anderweitigen Vorgaben trifft. Entscheidend ist bei der Auflösung des Zweckverbandes das Interesse der Verbandsmitglieder, welches durch die Abstimmung in der Verbandsversammlung zum Ausdruck gebracht wird.[770] Vorliegend kommt eine Auflösung jedoch nur dann in Betracht, wenn zuvor ein Vorratsaufgabenträger gebildet wurde.

Nach Beendigung der Rechtsbeziehungen zu Dritten sind bei einer Auflösung des Zweckverbandes vorrangig mögliche Regelungen zur Auseinandersetzung in der Verbandssatzung zu beachten.[771] Sofern hierzu Regelungen getroffen werden, handelt es sich um fakultative Regelungen nach § 9 Abs. 2 S. 2 Nr. 1 bzw. 3 GkG NRW. In den Satzungen von NVR und NWL finden sich solche Regelungen. Demnach gehen bei Auflösung des Zweckverbandes das Vermögen und die Verbindlichkeiten auf die Trägerzweckverbände im Verhältnis ihrer finanziellen Aufwendungen am Zweckverband in dem Zeitraum der vorherigen fünf Jahre über.[772]

Daneben kommt grundsätzlich auch ein Austritt eines Mitglieds aus dem Zweckverband in Betracht.[773] Diese Möglichkeit ist jedoch wie bereits dargestellt aufgrund der Kooperationspflicht des § 5 Abs. 1 S. 1 ÖPNVG praktisch stark eingeschränkt.

Für den NVR liegt beim Austritt eines Mitglieds nach derzeitigem Zuschnitt des Kooperationsraumes ein Fall der Auflösung des Zweckverbandes vor. Der NVR besteht lediglich aus zwei Mitgliedern, den Trägerzweckverbänden AVV und

---

[769] Nach § 30 Abs. 1 Satzung ZV VRR hält der Zweckverband VRR 2.500.000 Euro, also knapp 99 %, und der Zweckverband NVN 25.000 Euro, also knapp 1 %, des Stammkapitals.
[770] Plückhahn, in: Köhler/Held et al., Stand: Juli 2015, § 20 GkG NRW Erl. 9.4.
[771] Plückhahn, in: Köhler/Held et al., Stand: Juli 2015, § 20 GkG NRW Erl. 9.10.
[772] §§ 17 Abs. 4 Satzung ZV NVR, 19 Abs. 2 Satzung ZV NWL.
[773] Hierzu: Spannowsky, DÖV 1993, 600 (601).

VRS. Beim Austritt von einem der Trägerzweckverbände würde der NVR lediglich von dem anderen Mitglied getragen werden. Das allerdings würde gegen die Vorgabe von § 5 Abs. 1 S. 1 lit. b) ÖPNVG NRW verstoßen, da nicht mehr alle dort aufgeführten Kreise und kreisfreien Städte den SPNV-Aufgabenträger NVR bilden. Daher bedürfte es im Vorfeld in jedem Fall der Bildung eines Vorratsaufgabenträgers.

Beim NWL, der aus fünf Trägerzweckverbänden besteht, regelt § 18 der Satzung das vorzeitige Ausscheiden eines Mitglieds. Demnach müssen drei Voraussetzungen vorliegen, um aus dem NWL austreten zu können: Das Ausscheiden muss aufgrund gesetzlicher Vorgaben möglich sein, es muss einen wichtigen Grund geben und der Austritt muss fristgerecht erfolgen.[774] § 18 S. 2 der Satzung sieht vor, dass das Ausscheiden mit einer Frist von zwei Jahren zum Ende eines Haushaltsjahres erfolgen kann. Die Möglichkeit zum Austritt ist derzeit jedoch nur dann gegeben, wenn der Gesetzgeber den Zuschnitt der Kooperationsräume gem. § 5 Abs. 1 S. 1 lit. a)-c) ÖPNVG NRW ändert, also Kreise bzw. kreisfreie Städte einem Kooperationsraum zugeordnet oder entzogen werden. Andernfalls wäre ein Verstoß gegen die sich aus dem Wortlaut von § 5 Abs. 1 S. 1 ÖPNVG NRW ergebende Kooperationspflicht gegeben.

Liegen die Voraussetzungen für einen Austritt vor, besteht für den austretenden Trägerzweckverband eine Nachhaftung für die bis zu seinem Ausscheiden entstandenen Verbindlichkeiten des NWL.[775]

2. Trägerzweckverbände

a) Recht auf Aufgabendurchführung

Den Mitgliedern der Trägerzweckverbände kommt ein Recht auf Wahrnehmung der auf diese übertragenen Aufgaben zu.[776] Insoweit sind regionale Besonderheiten zu beachten: Die Trägerzweckverbände VRR und NVN im Kooperationsraum A (VRR AöR) haben – bis auf einige wenige Ausnahmen – sämtliche Aufgaben auf die VRR AöR übertragen.[777]

Auch wenn den Trägerzweckverbänden nach dem ÖPNVG NRW keine Aufgaben im Zusammenhang mit dem SPNV zukommen, so nehmen die bei den Trägerzweckverbänden errichteten Regionalstellen des Zweckverbandes NWL

---

[774]   § 18 S. 1 Satzung ZV NWL.
[775]   § 18 S. 3 Satzung ZV NWL.
[776]   Vgl. hierzu: §§ 5 f. Satzung ZV VRR, 4 Satzung ZV NVN, 3 Satzung ZV AVV, 3 Satzung ZV VRS, 4 Abs. 1, 2 S. 1 i. V. m. §§ 3, 3a Satzung ZV nph, 3 Satzung ZV VVOWL, 3 Satzung ZV ZRL, 3 Satzung ZV ZVM, 3 Satzung ZV ZWS.
[777]   Präambel Satzung VRR AöR; §§ 7 Satzung ZV VRR, 6 Satzung ZV NVN.

(Kooperationsraum C) weiterhin einige operative Aufgaben hierbei wahr. Dies liegt an der in diesem Kooperationsraum gewählten dezentralen Aufgabenwahrnehmung.

b) Mitwirkungs- und Beteiligungsrechte

Den Mitgliedern stehen Mitwirkungs- und Beteiligungsrechte über die Verbandsversammlung als Entscheidungsorgan sowie die Vorbereitungsgremien[778] zu. In diese Gremien entsenden die Mitglieder Vertreter.[779] Die Zweckverbandsversammlung ist für alle Angelegenheiten des Zweckverbandes zuständig, soweit diese nicht durch das GkG NRW oder aufgrund der Satzung dem Verbandsvorsteher zugewiesen sind.[780] Dazu gehören z. B. die Wahl des Verbandsvorstehers[781], die Wahl der in die Organe der SPNV-Aufgabenträger zu entsendenden Vertreter[782] oder die Erhebung einer Verbandsumlage[783].

c) Schutzrechte und -regeln

Teilweise sehen die Satzungen der Trägerzweckverbände ausdrücklich normierte Schutzrechte für einzelne Mitglieder vor. Wenn sich eine Entscheidung des Zweckverbandes allein im Gebiet eines Mitglieds unmittelbar auswirkt, ist nach einigen Satzungen dessen Einvernehmen erforderlich.[784] Nötig ist dann die Zustimmung des betroffenen Zweckverbandsmitglieds.

d) Überwachungs- und Informationsrechte

Den Mitgliedern kommen Überwachungs- und Informationsrechte gegenüber dem Trägerzweckverband zu. Hierunter fällt beispielsweise die verpflichtende

---

[778] So ist beispielsweise der Finanzausschuss des Zweckverbandes VRR nach § 13a Satzung ZV VRR für die Vorbereitung der finanziellen Entscheidungen der Verbandsversammlung zuständig.
[779] §§ 9 Abs. 1 S. 1 Satzung ZV VRR, 8 Abs. 1 S. 1 Satzung ZV NVN, 5 Abs. 1 S. 1 Satzung ZV AVV, 6 Abs. 1 S. 1 Satzung ZV NVR, 6 Abs. 1 S. 1 Satzung ZV nph, 5 Abs. 1 S. 1 Satzung ZV VVOWL, 5 Abs. 1 S. 1 Satzung ZV ZRL, 5 Abs. 1 S. 1 Satzung ZV ZVM, 5 Abs. 1 S. 1 Satzung ZV ZWS.
[780] § 10 Abs. 1 S. 1 Satzung ZV VRR; § 9 Abs. 1 Satzung ZV NVN; § 6 Abs. 1 Satzung ZV AVV; § 7 Abs. 1 Satzung ZV VRS; § 6 S. 1 Satzung ZV VVOWL, 6 Abs. 1 Satzung ZV ZRL, § 6 Abs. 1 Satzung ZV ZVM, § 6 S. 1 Satzung ZWS.
[781] § 10 Abs. 1 S. 2 Nr. 1 Satzung ZV VRR; § 6 Abs. 2 Nr. 1 Satzung ZV AVV, § 10 Abs. 1 Satzung ZV VRS; § 7 Satzung ZV nph, 7 S. 2 Satzung ZV VVOWL, § 6 Abs. 2 Nr. 5 Satzung ZV ZRL, § 6 Abs. 2 Nr. 15 Satzung ZV ZRL, § 6 Abs. 2 lit. f) Satzung ZV ZVM, § 6 S. 3 lit. b) Satzung ZV ZWS.
[782] § 10 Abs. 1 S. 2 Nr. 2, 3 Satzung ZV VRR; § 9 Abs. 2 Nr. 5 Satzung ZV NVN; § 6 Abs. 2 Nr. 4 Satzung ZV AVV, 7 Abs. 5 Satzung ZV VRS; § 7 Satzung ZV nph, § 7 S. 2 Satzung ZV VVOWL, § 6 Abs. 2 lit. t) Satzung ZV ZVM, § 6 S. 3 lit. o) Satzung ZV ZWS.
[783] § 10 Abs. 1 S. 2 Nr. 9 Satzung ZV VRR; § 7 Abs. 5 Satzung ZV VRS; § 7 Satzung ZV nph.
[784] § 11 Abs. 3 Satzung ZV NVN; § 4 Abs. 2 Satzung ZV AVV; § 8 Abs. 3 S. 1 Satzung ZV ZVM.

Teilnahme der Verbandsvorsteher, die den Zweckverband gerichtlich und außergerichtlich vertreten, auf Wunsch der Zweckverbandsversammlung, die sich aus Vertretern der Mitglieder zusammensetzt.[785] So kann der Verbandsvorsteher von den Mitgliedern der Zweckverbandsversammlung zu einzelnen Themen befragt werden. Weiterhin hat der Verbandsvorsteher der Zweckverbandsversammlung den Entwurf eines Haushaltsplans vorzulegen.[786] Dies vor dem Hintergrund, dass die Mitglieder der Trägerzweckverbände als Folge der Wahrnehmung ihrer Aufgaben durch die Trägerzweckverbände deren Finanzierungspflicht trifft. Sie haben dementsprechend ein berechtigtes Interesse daran, über den Haushalt informiert zu sein.

e) Finanzierungspflicht und Haftung

Die Trägerzweckverbände trifft – wie bereits bei den SPNV-Aufgabenträgern dargestellt – die Pflicht zur Finanzierung der SPNV-Aufgabenträger und zu einer Haftung, sofern dies nötig ist.

f) Austrittsrecht und Auflösung

Es besteht – wie bei den SPNV-Aufgabenträgern – grundsätzlich für einzelne Mitglieder die Möglichkeit, aus den Trägerzweckverbänden auszutreten und diesen insgesamt aufzulösen.

3. Konfliktlösungen

Konfliktlösungen können insbesondere in drei Fällen notwendig werden: Kompetenzüberschreitung und Nichtbeachtung von Rechten der Mitglieder durch die SPNV-Aufgabenträger bzw. Trägerzweckverbände, Nichteinhaltung von Pflichten der Mitglieder sowie sonstige Streitigkeiten.

Zunächst können Streitigkeiten der Mitglieder untereinander im Rahmen der Organe ausgetragen werden, in denen deren Vertreter sitzen. Es kann hier zu einem Austausch der divergierenden Meinungen kommen und bereits hierdurch eine Konfliktlösung erreicht werden.

Als nächste Konfliktlösungsmöglichkeit ist in § 30 GkG NRW für den Zweckverband eine Schlichtung durch die Aufsichtsbehörde vorgesehen, sofern weder gesetzlich noch satzungsgemäß andere Regelungen getroffen wurden. Das Schlichtungsverfahren ist keine selbständige Sachurteilsvoraussetzung für ein

---

[785] §§ 14 Abs. 1 S. 3 Satzung ZV VRR, 12 Abs. 1 S. 6 Satzung ZV NVN, 9 Abs. 1 S. 3 Satzung ZV AVV, 10 Abs. 2 S. 2 Satzung ZV VRS, 6 Abs. 3 S. 9 Satzung ZV nph, 11 Abs. 1 S. 3 Satzung ZV VVOWL, 9 Abs. 1 S. 3 Satzung ZV ZRL, 9 Abs. 3 S. 1 Satzung ZV ZVM.
[786] § 11 Abs. 5 Satzung ZV VVOWL, § 9 Abs. 3 S. 1 Satzung ZV ZRL.

verwaltungsgerichtliches Verfahren.[787] Wird ein solches Verfahren allerdings nicht vor Klageerhebung durchgeführt, fehlt das Rechtsschutzbedürfnis. Das Schlichtungsverfahren stellt einen einfacheren, kostengünstigeren und schnelleren Weg zur Klärung von Streitigkeiten dar.[788] Im Rahmen des Verfahrens nach § 30 GkG NRW haben die Beteiligten den gesamten Sach- und Streitstand an die Aufsichtsbehörde mitzuteilen und so aktiv am Verfahren mitzuwirken. Nur so kann die Aufsichtsbehörde ihrer Schlichterfunktion nachkommen.[789] Im Rahmen des Schlichtungsverfahrens sind sowohl Rechts- als auch Zweckmäßigkeitsprüfungen durchzuführen, da so am ehesten das Ziel des Verfahrens, eine außergerichtliche Einigung zu ermöglichen, erreicht wird.[790] Bezüglich des zeitlichen Rahmens, in dem die Aufsichtsbehörde die Schlichtung durchzuführen hat, gibt § 30 GkG NRW keine Vorgaben. Zur Fristbestimmung kann § 75 S. 2 VwGO, also die Untätigkeitsklage, herangezogen werden, sodass die Beteiligten nach Ablauf einer Frist von drei Monaten Klage erheben dürfen.[791] Die Konfliktparteien sind an den Schlichtungsvorschlag nicht gebunden. Es steht ihnen frei, den Streit vor den Verwaltungsgerichten auszutragen.[792]

Die nach dem GkG NRW zuständige Aufsichtsbehörde bestimmt sich nach § 29 GkG NRW und unterscheidet sich von den in § 16 ÖPNVG NRW genannten. Es stellt sich daher die Frage, welche Aufsichtsbehörde für die Durchführung eines Schlichtungsverfahrens zuständig ist. Der Wortlaut von § 30 GkG NRW spricht davon, dass die „Aufsichtsbehörde zur Schlichtung anzurufen" ist. Es wird also nicht konkret Bezug auf die Regelung von § 29 GkG NRW genommen, obwohl dies die Systematik – beide Regelungen finden sich im 6. Teil des GkG NRW – nahelegen würde. Die dort vorhandenen Kompetenzen im Zusammenhang mit den SPNV-Aufgabenträgern sprechen allerdings dafür, dass für die Schlichtung die Aufsichtsbehörden i. S. d. § 16 ÖPNVG NRW zuständig sind. Die praktischen Auswirkungen sind allerdings gering, denn die beiden Regelungen unterscheiden sich im Ergebnis nur darin, dass die oberste Aufsichtsbehörde nach dem GkG NRW das Innenministerium[793], nach dem ÖPNVG NRW

---

[787] Art. 74 Abs. 1 Nr. 1 GG; OVG Nordrhein-Westfalen, Urteil vom 06.12.2011, Az.: 15 A 1544/11, BeckRS 2012, 45088.

[788] OVG Nordrhein-Westfalen, Urteil vom 06.12.2011; Az.: 15 A 1544/11, BeckRS 2012, 45088.

[789] OVG Nordrhein-Westfalen, Urteil vom 06.12.2011, Az.: 15 A 1544/11, BeckRS 2012, 45088.

[790] Wittmann, NWVBl. 2012, 412 (413).

[791] Wittmann, NWVBl. 2012, 412 (413).

[792] Wagener, § 30 GkG NRW, Erl.

[793] § 29 Abs. 2 S. 1, 2 GkG NRW.

das Verkehrsministerium ist[794]. Für die Schlichtung ist demnach die nach dem ÖPNVG NRW zuständige Aufsichtsbehörde zuständig.

Während es für den Zweckverband eine eindeutige gesetzliche Regelung in Bezug auf einen vorherigen Schlichtungsversuch gibt, fehlt eine solche für die gemeinsame Anstalt. Sofern ein SPNV-Aufgabenträger die Rechtsform einer gemeinsamen Anstalt wählt, wird diese auf Grundlage von § 5a Abs. 1 S. 1 ÖPNVG NRW gebildet. Das ÖPNVG NRW hat mit dieser Regelung der später erfolgten Änderung des GkG NRW vorgegriffen, mit der in den §§ 27 f. GkG NRW die Möglichkeit der Bildung eines gemeinsamen Kommunalunternehmens normiert wurde.[795] Für das gemeinsame Kommunalunternehmen nach §§ 27 f. GkG NRW gilt die Schlichtungsvorgabe analog. Es besteht eine große Ähnlichkeit zwischen den Vorschriften, sodass eine zumindest entsprechende Anwendung auch auf die gemeinsame Anstalt geboten ist. Schließlich ist zu bedenken, dass eine vorherige Schlichtung zu einer Entlastung der staatlichen Gerichte führen kann und in der Regel schneller durchgeführt werden kann als ein verwaltungsgerichtliches Verfahren. Dem kann entgegengehalten werden, dass das Schlichtungsverfahren konträr zu einer Erhöhung der Arbeitsbelastung bei der Aufsichtsbehörde führt. Allerdings trifft den Staat ein Interesse an der Funktionsfähigkeit des ÖPNV.[796] Da die Beteiligten nicht an den Schlichtungsvorschlag gebunden sind, kommt es auch zu keiner Verkürzung der effektiven Rechtsschutzmöglichkeiten i. S. d. Art. 19 Abs. 4 GG. Somit ist auch bei der gemeinsamen Anstalt vorher ein Schlichtungsverfahren durchzuführen.

Gegen eine Kompetenzüberschreitung der SPNV-Aufgabenträger bzw. Trägerzweckverbände sowie eine Nichtbeachtung der Mitgliedsrechte stehen schließlich die allgemeinen Rechtsschutzmöglichkeiten der VwGO offen. Ob ein vorheriges Schlichtungsverfahren durchgeführt wurde, ist hierbei im Rahmen des Rechtsschutzbedürfnisses zu berücksichtigen. Es handelt sich bei der vorherigen Durchführung des Schlichtungsverfahrens um eine Verhaltensanforderung an die Mitglieder. Wird dieser nicht nachgekommen, besteht die Gefahr, dass eine Klage aufgrund von fehlendem Rechtsschutzbedürfnis als unzulässig abgewiesen wird.[797]

---

794   § 16 Abs. 4 ÖPNVG NRW.
795   Werner/Patout et al., § 5a ÖPNVG NRW Erl. 1.
796   Vgl. §§ 1 Abs. 1, 2 Abs. 3 S. 1 ÖPNVG NRW.
797   Plückhahn, in: Köhler/Held et al., Stand: Juli 2012, § 30 GkG NRW Erl. 2.

D. Aufgaben

Aufgrund der Besonderheit im Kooperationsraum A, wo die VRR AöR sowohl SPNV-Aufgabenträger als auch Verkehrsverbund ist, werden zunächst die Aufgaben der SPNV-Aufgabenträger und sodann diejenigen des Verkehrsverbundes VRR dargestellt.

I. Hoheitliche Aufgaben

Die hoheitlichen Aufgaben der SPNV-Aufgabenträger ergeben sich aus dem ÖPNVG NRW.

1. Aufgabenträgerschaft im SPNV

Die in § 3 Abs. 1 S. 1 ÖPNVG NRW gesetzlich geregelte Aufgabenträgerschaft im SPNV liegt grundsätzlich bei den Kreisen und kreisfreien Städten. Nach § 5 Abs. 3 S. 1 ÖPNVG NRW ist die Entscheidung über die Planung, Organisation und Ausgestaltung des SPNV auf die SPNV-Aufgabenträger zu übertragen. Ein Regelungsäquivalent findet sich in deren Satzungen.[798] Die Übertragung der Aufgabenträgerschaft ist durch den Gesetzgeber als zwingende Vorschrift ausgestaltet worden.[799] Hintergrund der Regelung ist, dass eine Bedienung mit SPNV-Leistungen, beschränkt auf das Gebiet eines Kreises oder einer kreisfreien Stadt, nicht zweckmäßig ist. Die Aufgabenträgerschaft im SPNV kann von den Kreisen und kreisfreien Städten ohne entsprechende Koordination nicht effektiv wahrgenommen werden.[800] Die Übertragung der SPNV-Aufgabenträgerschaft stellt eine delegierende Aufgabenübertragung dar.[801] Es wird die SPNV-Aufgabenträgerschaft zusammen mit allen Rechten und Pflichten von dem bisherigen Aufgabenträger auf einen anderen Aufgabenträger übertragen.[802]

a) Planung

aa) ÖPNV-Planungen

Das ÖPNVG NRW verwendet den Begriff Planung an verschiedenen Stellen, insbesondere im dritten Abschnitt des Gesetzes, der sich mit der Verkehrsplanung befasst.[803] Verkehrsplanungen sind die ÖPNV-Infrastrukturplanung[804] und die Nahverkehrsplanung. Während die ÖPNV-Infrastrukturplanung durch das

---

[798] §§ 5 Abs. 1 S. 1 Satzung VRR AöR, 3 Abs. 1 Satzung ZV NVR, 4 Abs. 1 S. 1 Satzung ZV NWL.
[799] Werner/Patout et al., § 5 ÖPNVG NRW Erl. 4.
[800] Landtag NRW-Drs. 11/7847, 27; Gatzka, Internationales Verkehrswesen 1995, 458 (458).
[801] Werner/Patout et al., § 5 ÖPNVG NRW Erl. 4.
[802] Käppel, in: Bolsenkötter, Rn. 295.
[803] §§ 7 ff. ÖPNVG NRW.
[804] § 7 Abs. 1 S. 1, Abs. 2 S. 1 ÖPNVG NRW.

Verkehrsministerium im Einvernehmen mit dem Verkehrsausschuss des Landtages betrieben wird[805], obliegt die Nahverkehrsplanung den ÖPNV-Aufgabenträgern.[806]

bb) Infrastrukturplanung

Ergebnisse der Infrastrukturplanung sind der ÖPNV-Bedarfsplan[807] und der ÖPNV-Infrastrukturfinanzierungsplan[808]. Der ÖPNV-Infrastrukturfinanzierungsplan wird auf Grundlage des ÖPNVG-Bedarfsplans erstellt.[809]

Inhalt des Bedarfsplans ist der Neu- und Ausbau der Infrastruktur des ÖPNV.[810] Hierzu zählen sowohl die Schieneninfrastrukturplanungen als auch andere ÖPNV-Investitionsmaßnahmen von mehr als fünf Millionen Euro.[811] Der Bedarfsplan ist ggf. fortzuschreiben[812] und erfasst perspektivisch die weitere Zukunft, also den Zeitraum von 15 bis 20 Jahren.[813] Die Fortschreibung dient der Anpassung an geänderte Rahmenbedingungen.[814]

Der Infrastrukturfinanzierungsplan umfasst Maßnahmen, deren Ausgaben fünf Millionen Euro übersteigen und die vom Land nach § 13 Abs. 1 ÖPNVG NRW gefördert werden.[815] Keine Aussagen enthält der Plan über Investitionsmaßnahmen, die nach § 12 ÖPNVG NRW von den SPNV-Aufgabenträgern gefördert werden.[816]

Beide Pläne werden vom Verkehrsministerium im Einvernehmen mit dem Verkehrsausschuss erstellt.[817]

cc) Nahverkehrsplanung

(1) Hintergrund

Die Aufgabenträger sind nach § 3 S. 1 RegG sowie § 3 Abs. 1 S. 1 ÖPNVG NRW zur Nahverkehrsplanung berechtigt.[818]

---

805 § 7 Abs. 1 S. 1, Abs. 2 S. 1 ÖPNVG NRW.
806 §§ 3 Abs. 1 S. 1, 5 Abs. 3 S. 1 ÖPNVG NRW i. V. m. § 8 Abs. 1 S. 1 ÖPNVG NRW.
807 § 7 Abs. 1 S. 1 ÖPNVG NRW.
808 § 7 Abs. 2 S. 1 ÖPNVG NRW.
809 § 7 Abs. 2 S. 1 ÖPNVG NRW.
810 § 7 Abs. 1 S. 1 ÖPNVG NRW.
811 § 7 Abs. 1 S. 2 ÖPNVG NRW.
812 § 7 Abs. 1 S. 3 ÖPNVG NRW.
813 Gatzka, Internationales Verkehrswesen 1995, 458 (462).
814 Gatzka, Internationales Verkehrswesen 1995, 458 (462).
815 § 7 Abs. 2 S. 2 ÖPNVG NRW.
816 Landtag NRW-Drs. 14/3976, 32.
817 § 7 Abs. 1 S. 1, Abs. 2 S. 1 ÖPNVG NRW.
818 Werner, 233 f.

Hintergrund der Nahverkehrsplanung ist, dass die Aufgabenträger nach § 1 Abs. 1 RegG eine „ausreichende Bedienung der Bevölkerung mit Verkehrsleistungen im ÖPNV" sicherstellen.[819] Diese Regelung nimmt Bezug auf Art. 3 Abs. 2 Verordnung (EG) 1191/69 in der Fassung der Verordnung (EG) 1893/91[820], nach dem der Begriff der „ausreichenden Verkehrsbedienung" folgende Merkmale aufweist: Öffentliche Verkehrsinteressen; Möglichkeit, andere Verkehrsmittel einzusetzen, sowie die Feststellung, ob diese Verkehrsmittel geeignet sind, die betreffenden Verkehrsbedürfnisse zu befriedigen; Beförderungsentgelte und -bedingungen, welche den Verkehrsnutzern angeboten werden können. Die Festlegung einer ausreichenden Bedienung mit Verkehrsleistungen erfolgt im Rahmen der Nahverkehrsplanung. Bei der Planung handelt es sich jedoch lediglich um eine Handlungsmethode. Zur Sicherstellung einer ausreichenden Verkehrsbedienung bedarf es eines vorausschauenden Konzepts.[821] Dieses Konzept ist ausweislich der §§ 8 f. ÖPNVG NRW der Nahverkehrsplan. Der Nahverkehrsplan ist das Ergebnis der Nahverkehrsplanung.[822]

(2) Differenzierungen

Es ist zwischen der Nahverkehrsplanung im weiteren Sinne, Nahverkehrsplanung im Sinne des § 8 Abs. 3 PBefG sowie der sonstigen Verkehrsentwicklungsplanung zu differenzieren.[823]

Die Nahverkehrsplanung im weiteren Sinne ist die Planung des ÖPNV-Aufgabenträgers für den gemeinwirtschaftlichen ÖPNV. In dieser muss ein Konzept für die Bewerkstelligung des Auftrags zur Erfüllung des ÖPNV-Daseinsvorsorgeauftrags erarbeitet werden.[824] Mit der Nahverkehrsplanung im weiteren Sinne wird festgelegt, was der Aufgabenträger als angemessene Bedienung der Bevölkerung mit ÖPNV-Leistungen[825] versteht.[826] Hier werden Vorgaben zur Bedienungsqualität der ÖPNV-Leistungen getroffen, mit denen der Begriff der „angemessenen Bedienung" konkretisiert wird.[827] Soweit keine gesetzlichen Vor-

---

[819] Das ÖPNVG NRW spricht von einer „angemessenen Bedienung", § 2 Abs. 3 S. 1, 1. Hs. ÖPNVG NRW, die Begrifflichkeiten meinen jedoch inhaltlich dasselbe [dazu: Werner/Patout et al., § 2 ÖPNVG NRW Erl. 5].
[820] Welge, der städtetag 1996, 681 (682).
[821] Barth, in: Baumeister, Band 2, A 2, Rn.121.
[822] Maurer/Waldhoff, § 16 Rn. 14.
[823] Dazu ausführlich: Werner, 234 ff.
[824] Werner, 234.
[825] § 2 Abs. 3 2. Hs. ÖPNVG NRW.
[826] Werner, 234.
[827] Werner, 234 f.

gaben bestehen, ist der Aufgabenträger darin frei, den Planungsinhalt zu bestimmen.[828]

Mit der Nahverkehrsplanung i. S. d. § 8 Abs. 3 PBefG kann der Aufgabenträger mit Hilfe des Nahverkehrsplans mittelbar Einfluss auf die Genehmigung von eigenwirtschaftlichen Verkehren nehmen.[829] Denn nach § 13 Abs. 2a S. 1 PBefG kann die Genehmigung versagt werden, wenn der Verkehr nicht im Einklang mit dem Nahverkehrsplan steht. Außerdem ist der Nahverkehrsplan bei der Wiedererteilung von abgelaufenen Genehmigungen zu berücksichtigen.[830]

(3) Zusammenhang der ÖPNV-Planungen

Da der Nahverkehrsplan Grundlage für die Investitionsentscheidungen des Landes werden soll[831], sind die Vorgaben des ÖPNV-Bedarfsplans und des ÖPNV-Infrastrukturfinanzierungsplans im Nahverkehrsplan zu berücksichtigen.[832] Die SPNV-Aufgabenträger sind im Zusammenhang mit den Investitionsentscheidungen im besonderen Landesinteresse nach § 15 S. 2 ÖPNVG NRW Bewilligungsbehörde, aber in diesem Zusammenhang für das Land tätig. Nicht als Investitionsentscheidungen einzuordnen sind die pauschalierten Investitionsförderungen nach § 12 ÖPNVG NRW. Es handelt sich um eine Förderung ohne unmittelbaren Bezug zu konkreten Vorhaben wie im Nahverkehrsplan, sodass es sich nicht um Investitionsentscheidungen des Landes i. S. d. §§ 8, 9 ÖPNVG NRW handeln kann.[833]

(4) Aufstellung des Nahverkehrsplans

Den Aufgabenträgern muss im Interesse einer gleichartigen Durchführung des ÖPNV ein einheitliches Instrumentarium vorgegeben werden, durch welches die Attraktivität des ÖPNV gesteigert werden kann.[834] Dieses Instrumentarium ist der Nahverkehrsplan.[835] Ein Plan ist grundsätzlich das Ergebnis einer Planung.[836] Das Gesetz ordnet die Aufstellung des Nahverkehrsplans als Pflichtaufgabe an.[837] Es liegt mithin eine nach dem ÖPNVG NRW zulässige Aus-

[828] Werner, 235.
[829] Werner, 235.
[830] § 13 Abs. 3 PBefG.
[831] Landtag NRW-Drs. 11/7847, 34.
[832] § 8 Abs. 1 S. 2, 2. Halbsatz ÖPNVG NRW.
[833] § 12 Abs. 3 S. 1 ÖPNVG NRW („zur Förderung von Investitionen des ÖPNV").
[834] Landtag NRW-Drs. 11/7847, 34.
[835] Vgl. z. B. § 8 Abs. 1 S. 1 ÖPNVG NRW.
[836] Maurer/Waldhoff, § 16 Rn. 14.
[837] § 8 Abs. 1 S. 1 ÖPNVG NRW („stellen ... auf").

nahme vom Grundsatz des § 3 Abs. 1 S. 3 ÖPNVG NRW vor, wonach der ÖPNV freiwillige Selbstverwaltungsaufgabe ist.[838]

Der Aufgabenträger definiert im Nahverkehrsplan in der Regel die Anforderungen an Umfang und Qualität des Verkehrsangebotes, dessen Umweltqualität sowie die Vorgaben für die verkehrsmittelübergreifende Integration der Verkehrsleistungen.[839]

(aa) Gesetzliche Grundlage

Die Regelungen der §§ 8 f. ÖPNVG NRW bilden die Rechtsgrundlage zum Nahverkehrsplan im Land Nordrhein-Westfalen. Sofern § 8 Abs. 3 PBefG Vorgaben zum Inhalt bzw. zur Aufstellung enthält, haben diese nur Bedeutung für die genehmigungsrechtliche Wirkung des Nahverkehrsplans. Nur für diesen Bereich hat der Bund nach Art. 74 Nr. 22 GG die konkurrierende Gesetzgebungskompetenz. In § 8 Abs. 3 S. 9 PBefG wird es den Ländern überlassen, weitere Einzelheiten über die Aufstellung und den Inhalt des Nahverkehrsplans zu regeln. Somit verbleibt in diesem Bereich nach Art. 72 Abs. 1 GG sowie Art. 30, 70 GG die Gesetzgebungskompetenz bei den Ländern.[840]

(bb) Aufstellungsberechtigte und -verpflichtete

Gesetzlich verpflichtet zur Aufstellung eines Nahverkehrsplans sind Kreise, kreisfreie Städte und SPNV-Aufgabenträger.[841] Nicht gesetzlich geregelt ist dagegen, ob auch kreisangehörige Gemeinden, sofern ihnen die ÖSPV-Aufgabenträgerschaft übertragen wurde, einen Nahverkehrsplan aufstellen dürfen. Eine Pflicht trifft sie ausweislich des Wortlautes von § 8 Abs. 1 S. 1 ÖPNVG NRW nicht. Zum einen kann daher angenommen werden, dass sie kein Recht zur Aufstellung des Nahverkehrsplans haben. Dafür spricht, dass es dadurch zu einer weitgehenden Zersplitterung der ÖPNV-Planung und einem erhöhten Abstimmungs- und Koordinierungsbedarf sowohl in der Planungshierarchie als auch mit den benachbarten Aufgabenträgern kommen würde.[842] Diesen Aufgabenträgern stehe es allerdings frei, „eigene Planungskonzepte zu stellen und diese im Rahmen des gesetzlich vorgesehenen Beteiligungsverfahrens in die Aufstellung des Nahverkehrsplans einzubringen."[843] Teilweise wird auch vertre-

[838] § 3 Abs. 1 S. 3, Hs. 2 ÖPNVG NRW.
[839] § 8 Abs. 3 S. 2 PBefG.
[840] Barth, in: Baumeister, Band 2, A 2, Rn.191.
[841] § 8 Abs. 1 S. 1 ÖPNVG NRW (für die SPNV-Aufgabenträger i. V. m. § 5 Abs. 1 S. 3 ÖPNVG NRW).
[842] Landtag NRW-Drs. 11/7847, 34.
[843] Ministerium für Wirtschaft, Mittelstand, Technologie und Verkehr des Landes Nordrhein-Westfalen (Hrsg.) August 1996, 18.

ten, dass sie mangels entgegenstehender Anhaltspunkte im Gesetz zwar nicht zur Aufstellung verpflichtet, aber berechtigt sind.[844] Dafür spricht, dass § 8 Abs. 1 S. 1 ÖPNVG NRW nur Regelungen für eine verpflichtende Aufstellung trifft, nicht aber zum Recht, einen Nahverkehrsplan zu erstellen. Allerdings spricht gegen eine Berechtigung, dass den nicht Aufstellungsverpflichteten durch das Einvernehmenserfordernis des § 9 Abs. 1 S. 2 ÖPNVG NRW bereits ein gesteigertes Mitwirkungsrecht gegenüber dem sonst geforderten Benehmen zuerkannt wird. Dadurch können die Interessen und Ziele Berücksichtigung finden. Letztlich ist vom Wortlaut der Norm auszugehen, der eine Aufstellung der kreisangehörigen Städte und Gemeinden gerade nicht verbietet. Sie können einen Nahverkehrsplan aufstellen, müssen dies aber nicht.

(cc) Inhalt

Hinsichtlich der inhaltlichen Ausgestaltung des ÖSPV-Nahverkehrsplans[845] bestand früher Uneinigkeit in der Literatur.[846] Dieser Streit hat sich durch die Novellierung des PBefG erledigt. Das PBefG sieht nunmehr vor, dass detaillierte Regelungen im Nahverkehrsplan möglich sind. Nach § 8a Abs. 2 S. 5 PBefG kann bei einer Vorabbekanntmachung auf den jeweiligen Nahverkehrsplan verwiesen werden. Diese Vorabbekanntmachung soll allerdings „die mit dem beabsichtigten Dienstleistungsauftrag verbundenen Anforderungen für Fahrplan, Beförderungsentgelt und Standards"[847] angeben. Somit geht das PBefG selbst davon aus, dass mit der Bezeichnung als „Rahmen"[848] keine Beschränkung hinsichtlich der inhaltlichen Reichweite einhergeht.

Der Nahverkehrsplan soll für die ÖPNV-Aufgabenträger „eine tragfähige, durchdachte und finanziell realistische Grundlage für die Ausgestaltung des ÖPNV schaffen."[849] Außerdem soll er „ein abgestimmtes Vorgehen sichern, das den bestehenden bzw. noch zu entwickelnden verkehrlichen Verflechtungen entspricht."[850] Bis auf die Vorgaben der §§ 8, 9 ÖPNVG NRW lässt das Gesetz den Aufgabenträgern bei der inhaltlichen Ausgestaltung einen gewissen Handlungs-

---

[844] Barth, 199 f.
[845] Für den SPNV war dieser Streit irrelevant, da der Anwendungsbereich des PBefG nur den ÖSPV erfasst.
[846] Zum Streit- und Meinungsstand vgl. z. B.: Biletzki, NZV 2010, 313 (315 f.); Pützenbacher, NZV 1998, 104 (104 f.); Wachinger/Wittemann, 125; Welge, der städtetag 1996, 71 ff.
[847] § 8a Abs. 2 S. 3 PBefG.
[848] § 8 Abs. 3 S. 8 PBefG.
[849] Gatzka, Internationales Verkehrswesen 1995, 458 (462).
[850] Ministerium für Wirtschaft, Mittelstand, Technologie und Verkehr des Landes Nordrhein-Westfalen (Hrsg.), 5.

spielraum. Damit sollen die kommunalen bzw. regionalen Besonderheiten Berücksichtigung finden.[851]

Der Nahverkehrsplan soll die öffentlichen Verkehrsinteressen des Nahverkehrs konkretisieren. Außerdem soll er den mittel- bis langfristig angestrebten Teil des ÖPNV am Gesamtverkehr, den sog. *modal split*, benennen.[852] Die vorhandenen Verkehrsstrukturen und Ziele der Raumordnung und Landesplanung sowie das SPNV-Netz i. S. d. § 7 Abs. 4 S. 1 ÖPNVG NRW sind zu beachten.[853] Darüber hinaus sind die Belange des Klima- und Umweltschutzes, des Rad- und Fußverkehrs, der Barrierefreiheit i. S. d. § 2 Abs. 8 ÖPNG NRW, des Städtebau und der Quartiersentwicklung sowie die Vorgaben des ÖPNV-Bedarfsplans und ÖPNV-Infrastrukturfinanzierungsplans zu berücksichtigen.[854]

Die bewusst unterschiedliche Verwendung der Begriffe „beachten" und „berücksichtigen" legt eine unterschiedliche Bedeutung und einen unterschiedlichen Verbindlichkeitsgrad nahe. Für eine unterschiedliche Auslegung spricht zudem die allgemeine Bedeutung der Begriffe: Während „beachten" die Einhaltung von etwas achten oder befolgen bedeutet[855], ist unter „berücksichtigen" etwas in seine Überlegungen einbeziehen zu verstehen[856]. „Beachten" besitzt somit einen höheren Verbindlichkeitsgrad als „berücksichtigen".

Die bei der Aufstellung des Nahverkehrsplans einzubeziehenden Planungen und Ziele aus der Raumordnung und Landesplanung werden in § 8 Abs. 3 S. 1 ÖPNVG NRW konkretisiert.[857] Im Rahmen der Konkretisierung wird auf die „Ziele und Rahmenvorgaben für das betriebliche Leistungsangebot und seine Finanzierung sowie die Investitionsplanung"[858] zurückgegriffen. Weiterhin ist bei der Aufstellung die „zu erwartende Verkehrsentwicklung"[859] einzubeziehen. Der Wortlaut lässt offen, wie, in welchem Umfang und in welchem zeitlichen Rahmen diese Prognose erfolgen soll. Die Festlegung der „zu erwartenden Verkehrsentwicklung" und ihre Berücksichtigung im Nahverkehrsplan bleibt den Aufgabenträgern somit selbst überlassen.[860]

---

[851] Gatzka, Internationales Verkehrswesen 1995, 458 (462).
[852] § 8 Abs. 1 S. 2 ÖPNVG NRW.
[853] § 8 Abs. 1 S. 3 ÖPNVG NRW.
[854] § 8 Abs. 1 S. 3 ÖPNVG NRW.
[855] Dudenredaktion, 270 (Suchwort: beachten).
[856] Dudenredaktion, 297 (Suchwort: berücksichtigen).
[857] Werner/Patout et al., § 8 ÖPNVG NRW Erl. 3.
[858] § 8 Abs. 3 S. 1 ÖPNVG NRW.
[859] § 8 Abs. 3 S. 1 ÖPNVG NRW.
[860] Werner/Patout et al., § 8 ÖPNVG NRW Erl. 3.

Unter den im Nahverkehrsplan zu definierenden Rahmen des betrieblichen Leistungsangebots i. S. d. § 8 Abs. 3 S. 2 ÖPNVG NRW fallen: Mindestanforderungen für Betriebszeiten, Zugfolgen und Anschlussbeziehungen an wichtigen Verknüpfungspunkten, Rahmen für eine angemessene Bedienung der Bevölkerung mit ÖPNV-Leistungen i. S. d. § 2 Abs. 3 S. 1 ÖPNVG NRW sowie Qualifikationsstandards der im ÖPNV eingesetzten Fahrzeuge[861] und Entlohnung des eingesetzten Personals der Verkehrsunternehmen nach einschlägigen und repräsentativen Tarifverträgen[862].[863]

Die Nahverkehrspläne beinhalten auch Aussagen zu finanziellen Aspekten. So ist der Finanzbedarf für das betriebliche Leistungsangebot, welches eine angemessene Bedienung der Bevölkerung mit ÖPNV-Leistungen ermöglicht, anzugeben.[864] Außerdem ist, sofern der Nahverkehrsplan Aussagen zur Investitionsplanung enthält, der voraussichtliche Finanzbedarf für diese anzugeben.[865] Wie detailliert diese Angaben zu erfolgen haben, ergibt sich aus dem Gesetz nicht. Genaue Angaben dürften zumindest für infrastrukturelle Planungen und die Erbringung der ÖPNV-Leistungen erforderlich sein.[866] Grund hierfür ist zum einen, dass der Nahverkehrsplan Grundlage für den ÖPNV-Bedarfs- / Infrastrukturfinanzierungsplan sein soll.[867] Zum anderen sieht § 2 Abs. 3 S. 1, 1. Hs. ÖPNVG NRW vor, dass eine angemessene Bedienung der Bevölkerung mit ÖPNV-Leis-

---

[861] Vgl. hierzu: Prieß, in: Kaufmann/Lübbig/Prieß/Pünder/Fehling, Art. 4 VO (EG) 1370/2007 Rn. 64 ff.

[862] Art. 4 Abs. 6 VO (EG) 1370/2007 eröffnet den ÖPNV-Aufgabenträgern hinsichtlich der Qualitätsstandards einen eigenen Ermessensspielraum, sofern die Regelungen des nationalen Rechts eingehalten werden. Ein Verstoß gegen die europarechtliche Dienstleistungsfreiheit (Art. 56 ff. AEUV) dürfte mit einer solchen Klausel nicht vorliegen, da diese nach Art. 58 Abs. 1 AEUV nicht auf den Verkehr, also auch den ÖPNV, anwendbar ist. Es gelten die Sonderregelungen der Art. 90 ff. AEUV. Auch verfassungsrechtlich dürfte eine solche Klausel zulässig sein. Die Gesetzgebungskompetenz des Landes ergibt sich aus Art. 74 Abs. 1 Nr. 11 GG. Der Kompetenztitel „Abeitsrecht" (Art. 74 Abs. 1 Nr. 12 GG) liegt nicht vor [dazu: BVerfG, Beschluss vom 11.07.2006 – Az.: 1 BvL 4/00, NZA 2007, 42 (43)]. Ein Verstoß gegen Art. 9 Abs. 3 GG i. V. m. Art. 4 Abs. 1 LVerf NRW liegt ebenfalls nicht vor. Es bleibt den Koalitionen unbenommen, Tarifverträge zu schließen. Im Zweifel müssten die Unternehmen, die diesen Tarifvertrag anwenden wollen, Entgeltzuschläge zahlen, sofern die Entlohnung in den repräsentativen Tarifverträgen höher als die vor Ort geltende ist [Barczak/Pieroth, RdA 2016, 209 (211)]. Verstöße gegen Art. 12 Abs. 1 GG i. V. m. Art. 4 Abs. 1 LVerf NRW sowie Art. 3 Abs. 1 GG i. V. m. Art. 4 Abs. 1 LVerf NRW dürften im Ergebnis ebenfalls abzulehnen sein, da die Eingriffe gerechtfertigt sind [dazu: BVerfG, Beschluss vom 11.07.2006, Az.: 1 BvL 4/00, NZA 2007, 42 (44 ff.); Dieterich/Ulber, ZTR 2013, 179 (187 f.)].

[863] Beispiele für die inhaltliche Ausgestaltung finden sich bei: Werner/Patout et al., § 8 ÖPNVG NRW Erl. 3.

[864] § 8 Abs. 3 S. 1 ÖPNVG NRW („und seine Finanzierung").

[865] § 8 Abs. 3 S. 3 ÖPNVG NRW.

[866] Werner/Patout et al., § 8 ÖPNVG NRW Erl. 3.

[867] §§ 7 Abs. 1 S. 2, Abs. 2 S. 2 ÖPNVG NRW.

tungen zu gewährleisten ist. Diesem Gewährleistungsauftrag wird durch die entsprechenden Angaben im Nahverkehrsplan nachgekommen.

Schließlich enthalten die Nahverkehrspläne die Struktur und Fortentwicklung der gemeinschaftlichen Beförderungsentgelte und -bedingungen.[868] Sofern die Preisgestaltung dem Aufgabenträger nicht alleine obliegt, hat eine Abstimmung mit dem zuständigen Verkehrs- bzw. Tarifverbund zu erfolgen.[869]

(dd) Fortschreibung des Nahverkehrsplans

Der Nahverkehrsplan ist bei Bedarf fortzuschreiben.[870] Die regelmäßige Überprüfung dient der Möglichkeit, auf aktuelle Veränderungen angebotsorientiert reagieren zu können. Die jeweiligen Aktualisierungszeiträume können unterschiedlich ausfallen.[871]

(ee) Regionaler und lokaler Nahverkehrsplan

Bei der Nahverkehrsplanung haben die ÖPNV-Aufgabenträger zusammenzuarbeiten. Dies wird durch die gesetzlich statuierten Gebote zur Abstimmung untereinander deutlich.[872] Das Abstimmungsgebot ergibt sich daraus, dass mit der ÖPNV-Planung ein über das jeweilige Zuständigkeitsgebiet hinausgehendes Vorgehen gewährleistet werden soll.[873] Der ÖPNV soll „aus einem Guss"[874] angeboten werden. Wird dem Abstimmungsgebot nicht nachgekommen, kann der Nahverkehrsplan an einem Abwägungsdefizit leiden. Seine Festlegungen sind dann genehmigungsrechtlich nicht relevant.[875]

Es ist zwischen den regionalen und lokalen Nahverkehrsplänen zu differenzieren. Diese unterscheiden sich hinsichtlich des räumlichen Geltungsbereiches.

Die regionale Nahverkehrsplanung, insbesondere – aber nicht nur – die SPNV-Planung, ist bei der lokalen Nahverkehrsplanung zu beachten.[876] In den von den SPNV-Aufgabenträgern aufgestellten regionalen Nahverkehrsplänen werden auch die Bereiche geregelt, deren Zuständigkeiten auf die SPNV-Aufgabenträger übertragen wurden.[877] Die lokalen ÖSPV-Nahverkehrsplanungen haben

---

[868] § 8 Abs. 3 S. 4 ÖPNVG NRW.
[869] Werner/Patout et al., § 8 ÖPNVG NRW Erl. 3.
[870] § 9 Abs. 5 S. 1 ÖPNVG NRW.
[871] Landtag NRW-Drs. 16/12435, 33.
[872] § 9 Abs. 3 S. 1, 2 ÖPNVG NRW.
[873] Gatzka, Internationales Verkehrswesen 1995, 458 (462).
[874] Gatzka, Internationales Verkehrswesen 1995, 458 (458).
[875] Schleswig-Holsteinisches OVG, Urteil vom 20.01.2009, Az.: 4 LB 17/07 (nicht veröffentlicht).
[876] § 8 Abs. 2 ÖPNVG NRW.
[877] § 5 Abs. 3a ÖPNVG NRW.

diese Planung zu beachten, um so eine sinnvolle Verknüpfung zu ermöglichen. Dies kann beispielsweise durch Anschluss- und Zubringerverkehre geschehen.[878] Eine Verpflichtung der ÖSPV-Aufgabenträger, zu jeder SPNV-Linie einen neuen ÖSPV-Taktanschluss zu jedem Ort im Kreis- bzw. Stadtgebiet zu gewährleisten, besteht allerdings nicht. Vielmehr sind die Takte im ÖSPV auf diejenigen im SPNV abzustimmen, um so einen Anschluss- bzw. Zubringerverkehr zu gewährleisten.[879] Der Vorrang der SPNV-Nahverkehrsplanung unterliegt im Grundsatz keinen Bedenken. Mit dem SPNV kann ein größeres Verkehrsaufkommen als mit dem ÖSPV bewältigt werden.[880] Es bedarf jedoch vor dem Hintergrund des Art. 28 Abs. 2 GG einer einzelfallbezogenen Abwägung. Der ÖSPV-Nahverkehrsplan ist bei der übergemeindlichen Planung als kommunale Planung zu berücksichtigen. Daher hat eine Beteiligung der ÖSPV-Aufgabenträger an der Aufstellung des SPNV-Nahverkehrsplans zu erfolgen.[881] Die Beteiligungsrechte der Gebietskörperschaften im Zusammenhang mit dem Nahverkehrsplan finden sich in § 9 Abs. 1 ÖPNVG NRW. Die Aufstellung des Nahverkehrsplans erfolgt im Benehmen mit den betroffenen Gebietskörperschaften.[882] Dies sind regelmäßig bei den SPNV-Aufgabenträgern die Verbandsmitglieder und bei den Kreisen die kreisangehörigen Gemeinden.[883] Das Benehmen wird durch die Einräumung der Möglichkeit einer Stellungnahme erreicht.[884] Ebenfalls können kreisangehörige Gemeinden durch die Nahverkehrsplanung der SPNV-Aufgabenträger betroffen sein. In diesem Fall haben diese als Aufgabenträger nach § 3 Abs. 1 ÖPNVG NRW originär eigene Aufgaben an die SPNV-Aufgabenträger nach § 5 Abs. 3a ÖPNVG NRW übertragen. Der SPNV-Aufgabenträger hat dann in seinem Nahverkehrsplan Angaben zu diesen Aufgaben getroffen. Neben dem Benehmen mit dem Kreis ist in diesem Fall ein solches mit den mittelbar betroffenen kreisangehörigen Gemeinden herbeizuführen. Die Aufgabenübertragung des Kreises darf nicht zum Verlust der Rechte der kreisangehörigen Gemeinden führen.[885] Über das reine Benehmen hinaus ist ein Einvernehmen der kreisangehörigen Städte und Gemeinden, denen die ÖSPV-Aufgabenträgerschaft übertragen wurde, zu den Inhalten des Plans er-

---

[878] Landtag NRW-Drs. 11/7847, 34.
[879] SachsAnhVerfGH, Urteil vom 17.09.1998; Az.: LVG 4/96, NVwZ-RR 1999, 96 (99).
[880] Barth, 234.
[881] Barth, 235.
[882] § 9 Abs. 1 S. 1 ÖPNVG NRW.
[883] Ministerium für Wirtschaft, Mittelstand, Technologie und Verkehr des Landes Nordrhein-Westfalen (Hrsg.), 19.
[884] Ministerium für Wirtschaft, Mittelstand, Technologie und Verkehr des Landes Nordrhein-Westfalen (Hrsg.), 20.
[885] Ministerium für Wirtschaft, Mittelstand, Technologie und Verkehr des Landes Nordrhein-Westfalen (Hrsg.), 19 f.

forderlich, die ihr Aufgabengebiet betreffen.[886] Für ein Einvernehmen bedarf es dagegen des Einverständnisses der Gebietskörperschaft, damit der Nahverkehrsplan zustande kommt.[887]

(ff) Einbeziehung weiterer Stellen im Aufstellungsverfahren

Vorhandene Verkehrsunternehmen sind frühzeitig an der Aufstellung des Nahverkehrsplans zu beteiligen.[888] Die bei ihnen vorhandene Fachkompetenz soll nutzbar gemacht werden.[889] Beteiligung ist die Möglichkeit, zumindest durch Anhörungen und die Abwägung der geltend gemachten Interessen Einfluss auf den Nahverkehrsplan zu nehmen. Nicht gemeint ist damit ein Zustimmungserfordernis.[890] Die Beteiligung erfolgt beispielsweise in Foren, Arbeitskreisen oder Abstimmungsrunden. In diesen wird eine Auseinandersetzung mit den jeweiligen Interessen vorgenommen.[891] Hierbei darf es nicht zu einer Ungleichbehandlung der Verkehrsunternehmen kommen. Die Interessen privater wie kommunaler Verkehrsunternehmen müssen gleichermaßen berücksichtigt werden.[892] Zudem hat die Beteiligung „frühzeitig" zu erfolgen. Nötig ist, dass zeitlich die Möglichkeit besteht, die Interessen der Verkehrsunternehmen zu berücksichtigen.[893] Es muss zeitlich möglich sein, diese in den Nahverkehrsplan aufzunehmen. Zu spät wäre daher eine Beteiligung am Ende des Verfahrens.

Behindertenbeauftragte oder Behindertenbeiräte, Verbände der in ihrer Mobilität oder sensorisch eingeschränkten Fahrgäste und Fahrgastverbände sind anzuhören.[894] Gleiches gilt für sämtliche geographisch im Plangebiet ansässigen Interessenvertretungen von Menschen mit Behinderungen.[895]

Die bewusste Differenzierung zwischen „beteiligen" und „anzuhören" legt nahe, dass letztere weniger umfassend als erstere ist. Eindeutig ist jedenfalls, dass sich aus dem Anhörungserfordernis nicht ein konkretes Recht zur Umsetzung ergibt. Ansonsten würde es zu einem Widerspruch zu dem weiter zu verstehenden Begriff der Beteiligung kommen. Folgt man der Legaldefinition der Anhö-

---

[886] § 9 Abs. 1 S. 2 ÖPNVG NRW.
[887] Ministerium für Wirtschaft, Mittelstand, Technologie und Verkehr des Landes Nordrhein-Westfalen (Hrsg.), 20.
[888] § 8 Abs. 3 S. 6, 1. Hs. PBefG; § 9 Abs. 2 S. 1 ÖPNVG NRW.
[889] Ministerium für Wirtschaft, Mittelstand, Technologie und Verkehr des Landes Nordrhein-Westfalen (Hrsg.), 19.
[890] Heinze, in: Heinze/Fehling/Fiedler, § 8 PBefG Rn. 52 (zur ähnlichen Regelung im PBefG).
[891] Werner/Patout et al., § 9 ÖPNVG NRW Erl. 2.
[892] BGH, Urteil vom 24.06.2003, Az.: KZR 32/01, BeckRS 2003, 06304; Wachinger/Wittemann, 120.
[893] § 9 Abs. 2 S. 3 ÖPNVG NRW.
[894] §§ 8 Abs. 3 S. 6 PBefG; 9 Abs. 2 S. 2 ÖPNVG NRW.
[895] Heinze, in: Heinze/Fehling/Fiedler, § 8 PBefG Rn. 51 (zur ähnlichen Regelung im PBefG).

rung in § 28 Abs. 1 VwVfG NRW, so ist darunter die Möglichkeit zu verstehen, sich zu den entscheidungserheblichen Tatsachen äußern zu können. Zwar greift das Anhörungserfordernis nur dann, wenn in die Rechte des Beteiligten eingegriffen wird, doch ist aufgrund von §§ 2 Abs. 3 S. 2, Abs. 8 ÖPNVG NRW eine Übertragung der Legaldefinition geboten. Demnach sind im Rahmen der ÖPNV-Planungen die Belange der körperlich beeinträchtigten Menschen zu berücksichtigen. Würde eine Anhörung von deren Interessenvertretern nicht erfolgen, würde dieser Grundsatz des ÖPNVG NRW verletzt. Überträgt man diese Legaldefinition auf den vorliegenden Fall, so ist unter Anhörung i. S. d. § 9 Abs. 2 S. 2 ÖPNVG NRW die Möglichkeit zu verstehen, sich zu den aus der Sicht der Interessenvertreter entscheidungserheblichen Tatsachen im Zusammenhang mit dem Nahverkehrsplan äußern zu können.

(gg) Aufstellung des Nahverkehrsplans

Der Nahverkehrsplan wird durch Beschluss des Aufgabenträgers aufgestellt.[896] Zuständige Organe hierfür sind demnach der Rat[897], Kreistag[898], Verwaltungsrat[899] oder die Zweckverbandsversammlung[900].

In § 9 Abs. 4 S. 2 ÖPNVG NRW ist geregelt, dass der Beschluss über den Nahverkehrsplan der Bezirksregierung als zuständige Aufsichtsbehörde anzuzeigen ist. Hierbei handelt es sich um eine präventive Aufsicht, mit der Beanstandungs- und Widerspruchsrechte einhergehen.[901] Erreicht werden soll hierdurch die Sicherung der Ziele der Raumordnung und Landesplanung.[902] Ein Nahverkehrsplan, der die Anzeigepflicht nicht eingehalten hat, ist für die Genehmigungsbehörde nach §§ 8, 13 PBefG trotzdem beachtlich. Das PBefG selbst sieht als Voraussetzung für die Beachtlichkeit allein die Einhaltung der Anhörungs- und Beteiligungsvorgaben des § 8 Abs. 3 S. 6 PBefG an.[903]

---

[896] § 9 Abs. 4 S. 1 ÖPNVG NRW.
[897] § 41 Abs. 1 S. 1 GO NRW.
[898] § 26 Abs. 1 S. 1 KrO NRW.
[899] § 5a Abs. 1 S. 2 ÖPNVG NRW i. V. m. § 114a Abs. 2 S. 1 GO NRW i. V. m. § 20 Abs. 3 Nr. 3 Satzung VRR AöR.
[900] § 5 Abs. 2 ÖPNVG NRW i. V. m. § 15 Abs. 6 GO NRW i. V. m. §§ 6 Abs. 4 Satzung ZV NVR, 7 Abs. 2 lit. d) Satzung ZV NWL.
[901] Barth, in: Baumeister, Band 2, A 2 Rn.195.
[902] Ministerium für Wirtschaft, Mittelstand, Technologie und Verkehr des Landes Nordrhein-Westfalen (Hrsg.), 21.
[903] § 8 Abs. 3a S. 2 PBefG.

(hh) Rechtliche Qualifikation des Nahverkehrsplans

Der Plan selbst stellt keine eigene Rechtsform des Staatshandelns dar.[904] Daher ist eine rechtliche Qualifizierung des Nahverkehrsplans erforderlich.

Der Nahverkehrsplan enthält allgemeine planerische Vorgaben für ein Gemeinde- bzw. Kreisgebiet. Einer Einordnung als Allgemeinverfügung i. S. d. § 35 S. 2 VwVfG NRW fehlt es daher am Einzelfallbezug. Der Nahverkehrsplan ist abstrakt-generell.[905]

Möglich ist allerdings eine Qualifizierung als materielle Rechtsnorm. Das Merkmal abstrakt-generell liegt vor. Fraglich ist allerdings, ob dem Nahverkehrsplan auch Außenwirkung zukommt oder ob es sich lediglich um ein Verwaltungsinternum handelt.

Teile des Schrifttums messen dem Nahverkehrsplan Außenwirkung zu. Dem Nahverkehrsplan komme im Genehmigungsverfahren über § 13 Abs. 2a S. 1 PBefG eine bedeutende Rolle zu.[906] Demnach kann die Genehmigung versagt werden, wenn der beantragte Verkehr nicht im Einklang mit dem Nahverkehrsplan steht. Wieder andere verneinen die Außenwirkung. Die Versagung der Genehmigung sei keine zwingende Folge in dieser Konstellation. Vielmehr räume § 13 Abs. 2a S. 1 PBefG der Behörde Ermessen ein. Dem Nahverkehrsplan komme daher nur der Rang eines abwägungserheblichen Belangs zu.[907] Außenwirkung könne somit nicht bejaht werden. Diese Ansicht überzeugt aufgrund des Wortlauts von § 13 Abs. 2a S. 1 PBefG. Zudem ging der Gesetzgeber des ÖPNVG NRW ebenfalls davon aus, dass dem Nahverkehrsplan keine Außenwirkung zukommen, sondern es sich dabei lediglich um ein Verwaltungsinternum handeln solle.[908]

Allerdings hat das PBefG in den letzten Jahren gewisse Änderungen erfahren, durch die dem Nahverkehrsplan eine erhöhte Bindungswirkung zukommt.[909] So enthält § 8 Abs. 3a S. 2 PBefG die Pflicht der Genehmigungsbehörde, den Nahverkehrsplan zu berücksichtigen. Außerdem sieht § 13 Abs. 2b S. 2 PBefG vor, dass im Rahmen des Genehmigungswettbewerbs das Verkehrsunternehmen zu wählen ist, welches die beste Verkehrsbedienung anbietet. Hierbei sind die Festlegungen im Nahverkehrsplan zu berücksichtigen. Schließlich enthält § 13

---

[904] Maurer/Waldhoff, § 16 Rn. 18.
[905] Brenner/Arnold, NVwZ 2015, 385 (385).
[906] So beispielswiese Wachinger/Wittemann, 126.
[907] Brenner/Arnold, NVwZ 2015, 385 (386) m. w. N.; Heinze, in: Heinze/Fehling/Fiedler, § 8 PBefG Rn. 44.
[908] Landtag NRW-Drs. 11/7847, 35.
[909] Brenner/Arnold, NVwZ 2015, 385 (386).

Abs. 2 S. 1 Nr. 3 lit. d) PBefG einen zwingenden Versagungsgrund für den Fall eines beantragten Verkehrs, der einzelne Linien aus einem im Nahverkehrsplan vorgesehenen Linienbündel herauslöst. Eine Qualifizierung des Nahverkehrsplans als materielle Rechtsnorm kann vor dem Hintergrund dieser Änderungen nur anhand der konkreten Ausgestaltung und Detailtiefe im Einzelfall erfolgen.[910]

Anders ist dies zu beurteilen, wenn der Nahverkehrsplan Linienbündelungen vorsieht. Im Falle eines Antrags, mit dem einzelne ertragreiche Linien aus dem im Nahverkehrsplan vorgesehenen Linienbündel herausgenommen werden sollen, hat die Behörde die Genehmigung nach § 13 Abs. 2 S. 1 Nr. 3 lit. d) PBefG zu versagen. Die entsprechende Festlegung in den Nahverkehrsplänen weist Bindungswirkung auf.[911] Als weitere Argumente für eine Außenwirkung in dieser Konstellation können angeführt werden: Der zuständige Aufgabenträger, welcher Linienbündel im Nahverkehrsplan festlegt, entscheidet so über die Notwendigkeit der Ausschreibung eines öffentlichen Dienstleistungsauftrags. Ob und wie Wettbewerb stattfindet, entscheidet somit der Aufgabenträger. Zum anderen besteht in diesem Zusammenhang eine Parallele zum Flächennutzungsplan, dem Außenwirkung zukommt.[912]

b) Organisation

Organisation als Aufgabenbeschreibung meint den Prozess des Organisierens im Hinblick auf ein dauerhaftes Ziel.[913] Die Aktivitäten der Organisationsmitglieder sind auf dieses verfolgte Ziel, die Gewährleistung des SPNV, ausgerichtet. Darunter fallen sowohl die interne Organisation der SPNV-Aufgabenträger als auch organisatorische Maßnahmen im Zusammenhang mit der Verkehrsbedienung.[914]

Unter interner Organisation ist die Ausgestaltung der jeweiligen Strukturen innerhalb der Kooperationsräume zu verstehen.[915] Den SPNV-Aufgabenträgern obliegt die Ausgestaltung der Organisationsstrukturen in ihren Kooperationsräumen.[916] Damit erfasst ist auch die Entscheidung über die Aufgabenwahrnehmung im Kooperationsraum.[917]

---

[910] Brenner/Arnold, NVwZ 2015, 385 (386).
[911] Brenner/Arnold, NVwZ 2015, 385 (386).
[912] Brenner/Arnold, NVwZ 2015, 385 (386).
[913] Groß, in: Voßkuhle/Eifert/Möllers, § 15 Rn. 5.
[914] Barth, 177.
[915] § 5 Abs. 1 S. 2 ÖPNVG NRW.
[916] § 5 Abs. 1 S. 2 ÖPNVG NRW.
[917] Werner/Patout et al., § 5 ÖPNVG NRW Erl. 1.

Im Kooperationsraum A übernimmt die VRR AöR sämtliche Aufgaben.[918] Die Aufgaben des NVR (Kooperationsraum B) werden durch die Regiegesellschaft NVR GmbH wahrgenommen, deren alleiniger Gesellschafter der Zweckverband ist.[919] Die Mitarbeiter werden in Personalunion für den Zweckverband NVR und die NVR GmbH tätig.[920] Im Kooperationsraum C (NWL) werden die Aufgaben dezentral durch die Trägerzweckverbände wahrgenommen. Die fünf Trägerzweckverbände im Kooperationsraum C übernehmen unterschiedliche Aufgaben für den NWL. Der Zweckverband nph hat insbesondere die Aufgabe des Datenmanagements[921] übertragen bekommen[922] und ist in diesem Zusammenhang für die Koordinierung und Bereitstellung von Fahrplaninformationen über das ÖPNV-Angebot und das damit einhergehende Fahrplanmanagement zuständig.[923] Weitere Aufgaben des Zweckverbandes nph sind die Durchführung der Abstimmung bezüglich des NRW-Tarifs sowie die Gewährung diskriminierungsfreier Fahrplan- und Tarifauskünfte.[924] Der Trägerzweckverband ZVM hat die Zuständigkeit für die Infrastrukturförderung[925] und das Fahrzeugmanagement.[926] Des Weiteren wird durch den Trägerzweckverband ZVM die Aufstellung und Fortschreibung des Nahverkehrsplans[927] für den Zweckverband NWL wahrgenommen. Dieser koordiniert hierbei die Interessen der fünf NWL-Trägerzweckverbände in einer gemeinsamen Arbeitsgruppe.[928] Die Projektleitung und Durchführung von Wettbewerbs- und Vergabeverfahren im Bereich des NWL hat der Trägerzweckverband VVOWL übernommen. Außerdem nimmt er, auf einige regionale Linien beschränkt, das Vertragsmanagement und -controlling für die Verkehrsverträge vor und ist zuständig für Statistik, Marktforschung und Verkehrserhebungen im Kooperationsraum C.[929] Schließlich ist das landesweit tätige Kompetenzcenter „Integraler Takt-Fahrplan" (ITF) beim Trägerzweckverband VVOWL angesiedelt. Dieses entwickelt die Fortschreibung des NRW-Takt-Fahrplans in Abstimmung mit dem Land, SPNV-Aufgabenträgern, Infrastruktureigentümern und den Verkehrsunternehmen.[930] Der Trägerzweckver-

---

[918] Präambel Satzung VRR AöR.
[919] § 11 Abs. 1 S. 1, 2 Satzung ZV NVR.
[920] Auskunft vom Zweckverband NVR vom 10.05.2017.
[921] § 5 Abs. 3 S. 3 ÖPNVG NRW.
[922] Werner/Patout et al., § 5 ÖPNVG NRW Erl. 1.
[923] Zweckverband NWL (Hrsg.), NWL kompakt 2/2009, 8.
[924] Auskunft vom Zweckverband nph vom 17.05.2017.
[925] §§ 11 Abs. 1, 12, 13 ÖPNVG NRW.
[926] Werner/Patout et al., § 5 ÖPNVG NRW Erl. 1.
[927] §§ 8 f. ÖPNVG NRW.
[928] Zweckverband NWL (Hrsg.), NWL kompakt 3/2009, 8.
[929] https://www.vvowl.de/de/vvowl/aufgaben.php (abgerufen am 20.12.2022).
[930] Zweckverband NWL (Hrsg.), NWL kompakt 1/2009, 5.

band ZWS ist zuständig für das strategische Qualitätsmanagement[931] des NWL. Dazu gehören u. a. die Erstellung und Fortschreibung von Qualitätsanforderungen für die Vergabe einzelner SPNV-Linien, die Betreuung des Qualitätserfassungssystems Quma und die Erstellung des NWL-Qualitätsberichts.[932] Beim Trägerzweckverband ZRL ist schließlich die Hauptgeschäftsstelle des NWL und somit die Gesamtkoordination im Kooperationsraum C angesiedelt. Er übernimmt zudem teilweise das Management von Verkehrsverträgen und unterstützende Tätigkeiten bei raumübergreifenden Tarif- und Vertriebsfragen.[933]

c) Ausgestaltung

Ausgestaltung meint die Umsetzung der zuvor erfolgten Planung. Das Gesetz lässt offen, in welcher Form der Aufgabenträger die Ausgestaltung vorzunehmen hat. Sie kann sowohl mittelbar auf Basis von Verträgen mit Verkehrsunternehmen als auch unmittelbar durch eigene Tätigkeiten erfolgen.[934]

Die SPNV-Aufgabenträger sind nach § 3 Abs. 2 S. 1 i. V. m. § 5 Abs. 3 S. 1 ÖPNVG NRW zuständige Behörde i. S. d. Verordnung (EG) Nr. 1370/2007.[935] Sie schließen Verkehrsverträge mit den die SPNV-Linien bedienenden Verkehrsunternehmen ab und führen die Vergabeverfahren durch.[936] Schließlich kommt in Notsituationen das Instrument der Auferlegung von Verkehrsleistungen in Betracht.[937]

aa) Vergabe von ÖPNV-Leistungen

(1) Anwendungsbereich des Vergaberechts der VO (EG) 1370/2007

Das in der VO (EG) 1370/2007 geregelte Sondervergaberecht für den ÖPNV ist anwendbar, wenn es sich um „öffentliche Dienstleistungsaufträge" i. S. d. Art. 1 Abs. 1 S. 1, 2 VO (EG) 1370/2007 handelt. Nach der Legaldefinition des Art. 2 lit. i) VO (EG) 1370/2007 müssen für einen öffentlichen Dienstleistungsauftrag folgende Voraussetzungen vorliegen: Die „zuständige Behörde" muss als Auftraggeber gehandelt haben und der „Betreiber eines öffentlichen Dienstes" ist

---

931 § 5 Abs. 3 S. 3 ÖPNVG NRW.
932 Auskunft vom Zweckverband ZWS vom 04.05.2017.
933 Zweckverband NWL (Hrsg.), NWL Mitgliederporträt, Westfälische Interessenvertretung ITF und Sitz der NWL-Hauptgeschäftsstelle, NWL kompakt 1/2010, 8.
934 Werner/Patout et al., § 3 ÖPNVG NRW Erl. 1.
935 Vgl. auch §§ 4 Abs. 8 Satzung VRR AöR, 3 Abs. 4 S. 1 Satzung ZV NVR, 4 Abs. 3 S. 1 Satzung ZV NWL.
936 § 5 Abs. 1 S. 2 Satzung VRR AöR und § 4 Abs. 3 S. 1 Satzung ZV NWL.
937 Art. 5 Abs. 5 S. 2 VO (EG) 1370/2007.

Auftragnehmer. Wer zuständige Behörde ist, regelt Art. 2 lit. b) VO (EG) 1370/2007. Hierunter fallen demnach

„jede Behörde oder Gruppen von Behörden[938] [...], die zur Intervention im öffentlichen Personenverkehr in einem bestimmten geografischen Gebiet befugt ist, oder jede mit einer derartigen Befugnis ausgestattete Einrichtung".

Die nordrhein-westfälischen ÖPNV-Aufgabenträger sind nach § 3 Abs. 2 S. 1 ÖPNVG NRW zuständige Behörde i. S. d. VO (EG) 1370/2007. Neben den ÖPNV-Aufgabenträgern kann die von diesen zu unterscheidende Genehmigungsbehörde i. S. d. § 11 PBefG Behörde gemäß der Verordnung sein.[939] „Betreiber eines öffentlichen Dienstes" sind nach der weiten Begriffsdefinition des Art. 2 lit. d) VO (EG) 1370/2007 die Verkehrsunternehmen. Ein Vertragsschluss ist nicht erforderlich. Möglich ist eine Auferlegung durch die Behörde.

Das Sondervergaberecht der VO (EG) 1370/2007 findet Anwendung, wenn die erbrachten Verkehre einer gemeinwirtschaftlichen Verpflichtung unterliegen. Eine gemeinwirtschaftliche Verpflichtung liegt nach der Legaldefinition des Art. 2 lit. e) VO (EG) 1370/2007 vor, wenn eine von der zuständigen Behörde festgelegte oder bestimmte Anforderung im Hinblick auf die Sicherstellung des ÖPNV vom Unternehmer nicht oder nicht im gleichen Umfang oder nicht zu den gleichen Bedingungen ohne Gegenleistung übernommen wurde. Ein Beispiel für Anforderungen in diesem Sinne ist die Erbringung von SPNV-Leistungen auf unrentablen Strecken.[940] Der Unternehmer trägt in diesem Fall nicht das Betriebsrisiko. Vielmehr erhält er ausschließliche Rechte[941] oder Ausgleichsleistungen für die entstandenen bzw. entstehenden Kosten.[942] Es wird überwiegend davon ausgegangen, dass im SPNV nur gemeinwirtschaftliche Verkehre möglich sind, es also öffentlicher Zuschüsse zur Kostendeckung der Verkehrsunternehmen bedarf.[943]

---

[938] Zu der aktuellen, bisher noch nicht entschiedenen Streitfrage, was eine Gruppe von Behörden ist, vgl. aus der Rechtsprechung u. a.: VK Westfalen, Beschluss vom 19.06.2018, Az.: VK 1-10/18, BeckRS 2018, 13851; VK Bremen, Beschluss vom 30.09.2016, Az.: 16 VK 4/16; VK Rheinland, Beschluss vom 03.05.2016, Az.: VK VOL 27/2015, sowie aus der Literatur: Antweiler, NZBau 2016, 521 (522); Karl/Werner, Verkehr und Technik 2018, 247 ff.

[939] Schäffer, 177.

[940] Otting/Olgemöller/Tresselt, in: Gabriel/Krohn/Neun, § 70 Rn. 21.

[941] Vgl. Art. 2 lit. f) VO (EG) 1370/2007.

[942] Art. 1 Abs. 1 Unterabs. 2 VO (EG) 1370/2007.

[943] Otting/Olgemöller/Tresselt, in: Gabriel/Krohn/Neun, § 70 Rn. 38.

Daneben gibt es kommerzielle[944] bzw. eigenwirtschaftliche Verkehre. Im ÖSPV gilt nach § 8 Abs. 4 S. 1, § 8a Abs. 1 S. 1 PBefG der Vorrang eigenwirtschaftlicher Verkehre. Nur wenn die ausreichende Bedienung mit Verkehrsleistungen eigenwirtschaftlich nicht möglich ist, wird auf die wettbewerbliche Vergabe nach der VO (EG) 1370/2007 zurückgegriffen.[945] Eigenwirtschaftlich sind Verkehre nach der Legaldefinition des § 8 Abs. 4 S. 2 PBefG, deren Aufwand durch Beförderungserlöse, Ausgleichsleistungen nach Art. 3 Abs. 2, 3 VO (EG) 1370/2007 und sonstige Unternehmenserträge im handelsrechtlichen Sinne[946] gedeckt werden. Das Betriebsrisiko trägt also der Unternehmer.

(2) Vergabe im SPNV

Ausgangspunkt ist Art. 5 VO (EG) 1370/2007, wonach grundsätzlich eine wettbewerbliche Vergabe durchzuführen ist. Nach Art. 5 Abs. 3 S. 2 VO (EG) 1370/2007 muss das für die wettbewerbliche Vergabe angewandte Verfahren allen Betreibern von Verkehrsdiensten offen stehen, fair sein sowie den Grundsätzen der Transparenz und Nichtdiskriminierung genügen.[947] Es finden sich jedoch keine Kriterien dazu, wie das Verfahren auszugestalten und insbesondere nach welchen Kriterien zu entscheiden ist.[948]

Allerdings sieht die VO (EG) 1370/2007 in Ausnahmefällen auch die Möglichkeit einer Direktvergabe vor.[949] Eine Direktvergabe kann in Deutschland[950] durchgeführt werden, wenn ein interner Betreiber die Verkehrsdienste erbringen soll[951], der Auftrag unterhalb der in Art. 5 Abs. 4 VO (EG) 1370/2007 normierten Schwellenwerte liegt (sog. Bagatellvergabe) oder eine Notfallmaßnahme[952] dies erfordert.

---

[944] Diesen Begriff benutzt die VO (EG) 1370/2007 in Erwägungsgrund 5 S. 1.
[945] § 8a Abs. 1 S. 1 PBefG.
[946] Gemeint sind sonstige betriebliche Erträge nach § 275 Abs. 2 Nr. 4, Abs. 3 Nr. 6 HGB, Übernahme von Verlusten durch den Eigentümer als Erträge nach § 277 Abs. 3 S. 2 HGB sowie Erträge, die außerhalb des gewöhnlichen Geschäftsbetriebs anfallen, § 277 Abs. 4 HGB (Fehling, Die Verwaltung 34 [2001], 25 [26]).
[947] Näher dazu: Schäffer, 167 ff.
[948] Schäffer, 166.
[949] Näher dazu: Jürschik, Art. 5 VO (EG) 1370/2007 Rn. 9 ff.
[950] Den anderen Direktvergabemöglichkeiten in Art. 5 VO (EG) 1370/2007, steht mit § 131 Abs. 1 GWB nationales Recht entgegen. Diese Norm geht auf eine Entscheidung des BGH zurück: Das nationale Vergaberecht steht der Regelung nach Art. 5 Abs. 6 VO (EG) 1370/2007 entgegen, wenn es sich bei dem zu vergebenden öffentlichen Dienstleistungsauftrag zugleich um einen solchen i. S. d. § 103 Abs. 4 GWB handelt (vgl. BGH, Beschluss vom 08.02.2011, Az.: X ZB 4/10, BeckRS 2011, 3845).
[951] Art. 5 Abs. 2 VO (EG) 1370/2007; § 131 Abs. 2 S. 1 GWB.
[952] Art. 5 Abs. 5 VO (EG) 1370/2007; § 131 Abs. 2 S. 2 GWB.

In § 131 Abs. 1 S. 1 GWB findet sich ein *numerus clausus* an Verfahrensarten. Diese sind: offenes und nicht offenes Verfahren[953], das Verhandlungsverfahren mit Teilnahmewettbewerb[954], der wettbewerbliche Dialog[955] und die Innovationspartnerschaft[956].

§ 131 Abs. 1 S. 2 GWB besagt, dass die Vergabe von Eisenbahnverkehrsleistungen grundsätzlich ohne Teilnahmewettbewerb erfolgen kann. Ein Verhandlungsverfahren ohne Teilnahmewettbewerb ist nur möglich, wenn das Gesetz dies gestattet. Im 4. Teil des GWB finden sich indes keine entsprechenden Ausnahmen, in denen eine Vergabe ohne Teilnahmewettbewerb ermöglicht wird. Allerdings sollen die in § 14 Abs. 4 VgV verankerten Ausnahmen bei § 131 Abs. 1 S. 2 GWB erfasst sein.[957] Die dortigen Nr. 1-9 erfassen Fälle, in denen insbesondere ein Teilnahmewettbewerb aus Dringlichkeitsgründen nicht möglich ist oder bei denen kein erhöhter Wettbewerb bzw. wirtschaftlich günstigere Beschaffungsergebnisse entstehen.[958]

(3) Vergabe im ÖSPV

Im ÖSPV mit Bussen und Straßenbahnen besitzt das allgemeine Vergaberecht Vorrang vor dem Sondervergaberecht der VO (EG) 1370/2007.[959] Bei Verkehrsdiensten mit anderen Verkehrsmitteln, insbesondere Untergrundbahnen[960], greift die Vorrangregelung nicht. In diesem Fall ist das Vergaberecht der VO (EG) 1370/2007 anzuwenden.[961]

Dienstleistungsaufträge i. S. d. Vergaberichtlinien[962] werden nach den in den Richtlinien vorgesehenen Verfahren vergeben, sofern die Aufträge nicht die

---

953 § 119 Abs. 3, 4 GWB.
954 § 119 Abs. 5 GWB.
955 § 119 Abs. 6 S. 1 GWB.
956 § 119 Abs. 7 S. 1 GWB.
957 Bungenberg/Schelhaas, in: Burgi/Dreher/Opitz, § 131 GWB Rn. 118.
958 Bungenberg/Schelhaas, in: Burgi/Dreher/Opitz, § 131 GWB Rn. 119.
959 Art. 5 Abs. 1 S. 3 VO (EG) 1370/2007; § 8a Abs. 2 S. 1 PBefG.
960 Vgl. Erwägungsgrund 18 und Art. 5 Abs. 6 VO (EG) 1370/2007.
961 Vgl. dazu die Regelung in § 8b PBefG, welche den Rahmen des Art. 5 Abs. 3 VO (EG) 1370/2007 ausgestaltet.
962 Art. 1 Abs. 2 lit. d) Richtlinie 2004/17/EG; Art. 1 Abs. 2 lit. d) Richtlinie 2004/18/EG (die Richtlinien sind zwar durch die Richtlinie 2014/24/EU bzw. 2014/25/EU ersetzt worden, finden nach Erwägungsgrund 27 zur Richtlinie 2014/24/EU aber weiterhin auf den ÖPNV Anwendung). Der Regelung in § 103 Abs. 4 GWB liegt das Verständnis dieser Vergaberichtlinien zugrunde.

Form von Dienstleistungskonzessionen[963] annehmen.[964] Ein Dienstleistungsauftrag i. S. d. § 103 Abs. 4 GWB[965] setzt einen Vertrag voraus, bei welchem,

*„die Gegenleistung des öffentliche[n] Auftraggebers in der Zahlung eines
Zuschusses besteht, der derart ausreichend ist, dass der Busunterneh-
mer bei der Erbringung der Dienstleistung nicht dem Marktrisiko ausge-
setzt ist.“*[966]

Wenn ein öffentlicher Dienstleistungsauftrag i. S. d. § 103 Abs. 4 GWB vorliegt,
sieht das GWB die Durchführung der in § 131 GWB vorgeschriebenen Verfahren vor. Den Terminus „Direktvergabe" kennt das GWB dagegen nicht. Daraus
folgt allerdings nicht, dass die Vergabe eines öffentlichen Dienstleistungsauftrags immer im Wettbewerb zu erfolgen hat.[967] So ist eine Direktvergabe möglich, wenn der sachliche Anwendungsbereich des GWB-Vergaberechts nicht eröffnet ist. Hier sind grundsätzlich zwei Fälle denkbar: Es liegt ein Fall der sog.
Inhouse-Vergabe i. S. d. § 108 GWB vor oder die Schwellenwerte des § 106
GWB werden nicht überschritten. In Notfällen ist eine wettbewerbsfreie Vergabe
ausnahmsweise und in engen Grenzen möglich, wenn eine Erfüllung der Verkehrsbedürfnisse andernfalls nicht sichergestellt werden kann.[968] Das allgemeine Vergaberecht enthält in § 14 VgV entsprechende Regelungen. Bei
Dienstleistungen der Daseinsvorsorge wie dem ÖPNV ist anerkannt, dass für
einen gewissen Zeitraum eine besondere Dringlichkeit aus Gründen der Kontinuität anzunehmen ist, wenn die entsprechenden Gründe in der Sphäre des
Auftraggebers liegen. Mögliche Ursachen für eine besondere Dringlichkeit kön-

---

963 Dienstleistungskonzessionen sind nach Art. 1 Abs. 4 Richtlinie 2004/18/EG „Verträge, die
     von öffentlichen Dienstleistungsaufträgen nur insoweit abweichen, als die Gegenleistung
     für die Erbringung der Dienstleistung ausschließlich in dem Recht zur Nutzung der Dienst-
     leistung oder in diesem Recht zuzüglich der Zahlung eines Preises besteht". Entscheidend
     für die Abgrenzung ist also die Risikotragung: Liegt dieses ausschließlich beim Unterneh-
     men, so handelt es sich um eine Dienstleistungskonzession. Gemäß § 149 Nr. 12 2. Alt.
     GWB findet auf Dienstleistungskonzessionen über Personenverkehrsdienste i. S. d. § 1
     PBefG der Unterabschnitt 3 des 3. Abschnitts des GWB („Vergabe von Konzessionen")
     keine Anwendung. In diesem Fall wird das Sondervergaberecht der VO (EG) 1370/2007
     durch § 8b Abs. 2 bis 7 PBefG „ausgefüllt". Eine Direktvergabe nach Art. 5 Abs. 2 bzw. 4
     VO (EG) 1370/2007 ist ebenfalls möglich, wie sich aus § 8a Abs. 3 PBefG ergibt.
964 Art. 5 Abs. 1 S. 2 VO (EG) 1370/2007. Hintergrund des Ausschlusses der Dienstleistungs-
     konzession ist, dass diese nicht von den Vergaberichtlinien erfasst wird (vgl. Art. 17 Richt-
     linie 2004/17/EG und Art. 18 Richtlinie 2004/17/EG).
965 Dieser ist abzugrenzen von dem in Art. 2 lit. i) VO (EG) 1370/2007 normierten Begriff des
     öffentlichen Dienstleistungsauftrags. Für die Anwendung der VO (EG) 1370/2007 kommt
     es nicht auf die Höhe der Ausgleichsleistungen an. Entscheidend ist nur, ob eine gemein-
     wirtschaftliche Verpflichtung auferlegt wird (Diemon-Wies, VergabeR 2014, 305 (309)).
966 Diemon-Wies, VergabeR 2014, 305 (308).
967 Knauff, NZBau 2012, 65 (70).
968 Knauff, NZBau 2012, 65 (71).

nen die Insolvenz des Auftragnehmers oder dessen Schlechtleistung sein, aufgrund dessen der Auftraggeber den zwischen beiden bestehenden Vertrag kündigt.[969]

bb) Abschluss von Verkehrsverträgen

Am Ende des Vergabeverfahrens steht der Abschluss eines Verkehrsvertrages zwischen SPNV-Aufgabenträger und Verkehrsunternehmen durch Zuschlag. Es gibt drei verschiedene Arten von Verkehrsverträgen, die zu unterscheiden sind: Bruttovertrag, Nettovertrag und Anreizvertrag.

(1) Einzelne Vertragsformen

Beim Bruttovertrag erhält der Betreiber einen festen Betrag zur Finanzierung der Verkehrsbedienung aus den Mitteln nach § 11 Abs. 1 S. 1 ÖPNVG NRW, der im Ausschreibungsverfahren ermittelt wird. Die Erlöse aus dem Fahrkartenverkauf kommen unmittelbar dem Aufgabenträger zu. Dieser trägt das Einnahmenrisiko.[970]

Der Nettovertrag sichert dem Betreiber zwar ebenfalls einen festen Betrag zu, der allerdings geringer ausfällt. Die erzielten Einnahmen kommen dagegen vollständig dem Betreiber zugute. Er trägt das Einnahmenrisiko.[971]

Der Anreizvertrag beinhaltet schließlich konkrete Vertragsziele, bei deren Über- bzw. Nichterfüllung Zusatz- bzw. Strafzahlungen fällig werden. Das Einnahmenrisiko tragen somit der Aufgabenträger und der Betreiber gemeinsam.[972]

(2) Ausgestaltung in Nordrhein-Westfalen

Die nordrhein-westfälischen SPNV-Aufgabenträger verwenden keine einheitliche Vertragsart. Bei der VRR AöR werden nur Bruttoverträge abgeschlossen[973], im Zweckverbands NVR dagegen grundsätzlich Nettoverträge[974]. Hintergrund für die Entscheidung des Zweckverbandes NVR ist, dass ursprünglich ein möglichst hohes Maß wirtschaftlichen Handelns beim Eisenbahnverkehrsunternehmen selbst angesiedelt werden sollte. Allerdings setzt dies voraus, dass das Eisenbahnverkehrsunternehmen verlässliche Daten bezüglich des Fahrgastaufkommens für eine entsprechende Kalkulation der benötigten Ausgleichszah-

---

[969] Völlink, in: Ziekow/Völlink, § 14 VgV Rn. 64.
[970] Otting/Olgemöller/Tresselt, in: Gabriel/Krohn/Neun, § 71 Rn. 13.
[971] Beck, 34.
[972] Beck, 35.
[973] Auskunft von der VRR AöR vom 31.05.2017.
[974] § 3 Abs. 4 S. 2 Satzung ZV NVR. Eine Ausnahme besteht nach § 3 Abs. 4 S. 3 Satzung ZV NVR für die Vergabe der SPNV-Linien, die nach § 7 Abs. 4 ÖPNVG NRW im besonderen Landesinteresse liegen. Hier können auch Bruttoverträge abgeschlossen werden.

lungen erhält. Solche Daten liegen bei neuen Linien oder sich stark verändern-den Linienzuschnitten nicht vor. Daher werden im NVR vermehrt Brutto-Ver-träge ausgeschrieben.[975] Im Bereich des NWL werden, mit Ausnahmen bei den kooperationsraumübergreifenden Linien[976], grundsätzlich Bruttoverträge abge-schlossen.[977]

Bei SPNV-Linien, die durch mehrere Kooperationsräume führen, werden die Ausschreibungs- und Leistungsbedingungen einzelfallbezogen abgestimmt. Eine Festlegung auf Brutto- oder Netto-Verträge gibt es hierbei nicht.[978]

Die in den Verkehrsverträgen gewährten Ausgleichsleistungen sind beihilfe-rechtlich nicht relevant. Zwar hat der EuGH in seiner Rechtsprechung „Altmark Trans" festgestellt, dass in staatlichen Zuschüssen an Unternehmen unabhän-gig vom örtlichen oder regionalen Charakter eine verbotene Beihilfe liegen kann, durch die eine Verfälschung des Wettbewerbs möglich ist.[979] Ausgleichszahlun-gen für gemeinwirtschaftliche Verpflichtungen stellen allerdings keine verbotene Beihilfe dar, wenn sie lediglich eine Kompensation für die Durchführung der Ver-kehre sind.[980] In diesem Fall haben die betroffenen Verkehrsunternehmen kei-nen wirtschaftlichen Vorteil, da die Durchführung des ÖPNV finanziell regelmä-ßig defizitär ist.[981]

Somit wird ein Verkehrsvertrag in Nordrhein-Westfalen regelmäßig als Brutto- oder Nettovertrag abgeschlossen. Diese unterscheiden sich hinsichtlich des Einnahmerisikos. Ausgleichszahlungen im Zusammenhang mit gemeinwirt-schaftlichen Verpflichtungen i. S. d. VO (EG) 1370/2007 sind beihilferechtlich nicht zu beanstanden, da sie den Verkehrsunternehmen keinen wirtschaftlichen Vorteil verschaffen.

cc) Auferlegungen

Den SPNV-Aufgabenträgern steht in Notsituationen i. S. d. Art. 5 Abs. 5 S. 1 VO (EG) 1370/2007, also im Falle der Unterbrechung eines Verkehrsdienstes oder bei einer unmittelbaren Gefahr dafür, die Möglichkeit offen, einem Verkehrsun-ternehmen die Bedienung mit Verkehrsleistungen aufzuerlegen.[982] Mit einer

---

[975] Auskunft vom Zweckverband NVR vom 12.06.2017.
[976] Konkret sind dies die Linien RE 1, RE 7, RE 9, RB 25 und S 4.
[977] Auskunft vom Zweckverband NWL vom 19.06.2017.
[978] Auskunft vom Zweckverband NVR vom 12.06.2017 und vom Zweckverband NWL vom 19.06.2017.
[979] EuGH, Urteil vom 24.07.2003, Az.: C-280/00 („Altmark Trans"), BeckRS 2004, 75950.
[980] EuGH, Urteil vom 24.07.2003, Az.: C-280/00 („Altmark Trans"), BeckRS 2004, 75950.
[981] EuGH, Urteil vom 24.07.2003, Az.: C-280/00 („Altmark Trans"), BeckRS 2004, 75950.
[982] Art. 5 Abs. 5 S. 2 VO (EG) 1370/2007.

Auferlegung wird das Verkehrsunternehmen durch die zuständige Behörde, also den Aufgabenträger, einseitig zur Erbringung von Verkehrsleistungen verpflichtet.[983] Eine solche Auferlegung kann zu einem Grundrechtseingriff insbesondere in Art. 12 Abs. 1 GG des Verkehrsunternehmens führen.[984] Sie stellt regelmäßig einen Verwaltungsakt nach § 35 S. 1 VwVfG NRW dar, sodass die dortigen Verfahrensvorschriften, insbesondere eine Anhörung nach § 28 VwVfG NRW, zu beachten sind.[985]

dd) Beachtung des SPNV-Netzes im besonderen Landesinteresse

Die SPNV-Aufgabenträger unterliegen im Hinblick auf das SPNV-Netz im besonderen Landesinteresse i. S. d. § 7 Abs. 4 S. 1 ÖPNVG NRW einer erhöhten Pflichtigkeit, die im Rahmen der Ausgestaltung durch SPNV-Leistungen zu berücksichtigen ist.

Die besondere Pflichtigkeit der Aufgabenträger für das SPNV-Netz im besonderen Landesinteresse ergibt sich aus § 11 Abs. 1 S. 5 ÖPNVG NRW. Danach wird die Bestellung und Verwaltung aus Mitteln der SPNV-Pauschale finanziert. Die Pauschale, die die SPNV-Aufgabenträger grundsätzlich frei verwenden können, muss zur Finanzierung des Netzes genutzt werden, um dessen Funktionsfähigkeit sicherzustellen.[986] Es besteht außerdem ein Weisungsrecht des Verkehrsministeriums im Hinblick auf die zweckmäßige Umsetzung des SPNV-Netzes im besonderen Landesinteresse.[987]

Der Begriff des „Netzes" i. S. d. § 7 Abs. 4 S. 1 ÖPNVG NRW ist „angebotsseitig und infrastrukturell"[988] zu verstehen. Er umfasst somit nicht nur die für das Landesinteresse bedeutsamen SPNV-Verbindungen[989], sondern auch die Landesinteressen im Hinblick auf die SPNV-Infrastrukturplanung. Die Einbeziehung der Infrastrukturplanung ergibt sich aus der Systematik von § 7 ÖPNVG NRW, der sich in den Absätzen 1 und 2 mit der ÖPNV-Infrastrukturplanung befasst.[990] Ziel ist die Sicherung eines überregionalen SPNV-Angebots, der Erhalt von langen Linien mit überregionalem Verbindungscharakter, die Sicherstellung attraktiver

---

[983] Otting/Olgemöller/Tresselt, in: Gabriel/Krohn/Neun, § 72 Rn. 45.
[984] Otting/Olgemöller/Tresselt, in: Gabriel/Krohn/Neun, § 72 Rn. 46.
[985] Otting/Olgemöller/Tresselt, in: Gabriel/Krohn/Neun, § 72 Rn. 46.
[986] Landtag NRW-Drs. 14/3976, 33.
[987] § 6 Abs. 1 S. 3 ÖPNVG NRW.
[988] Werner/Patout et al., § 7 ÖPNVG NRW Erl. 4.
[989] Vgl. § 7 Abs. 4 S. 2 ÖPNVG NRW.
[990] Neumann, 210.

Verbindungszeiten und die Installation von regionalen Zubringern zum Fernverkehr.[991]

Die maximale Länge des SPNV-Netzes im besonderen Landesinteresse beträgt 40 Millionen Zugkilometer.[992] Festgelegt wird es durch das für den Verkehr zuständige Ministerium im Einvernehmen mit dem Verkehrsausschuss des Landtages.[993] Beide schreiben das SPNV-Netz im besonderen Landesinteresse bei Bedarf einvernehmlich fort. Zu beachten ist hierbei insbesondere, dass der Rhein-Ruhr-Express (RRX) einbezogen wird, dass Veränderungen im Zubringer- und Umgebungsnetz des RRX sowie schließlich die Analyse von Schwachstellen / Fortentwicklung des Integralen Taktfahrplans (ITF), wonach die Fahrpläne von Zügen, Stadtbahnen und Bussen im Interesse der Kunden aufeinander abgestimmt werden.[994]

2. Integrierte Verkehrsgestaltung, § 5 Abs. 3 S. 3 ÖPNVG NRW

Die SPNV-Aufgabenträger haben die Aufgabe, auf eine integrierte Verkehrsgestaltung im gesamten ÖPNV in Abstimmung mit seinen Mitgliedern hinzuwirken.[995]

a) Definitionen

Unklar ist zunächst, was unter integrierter Verkehrsgestaltung zu verstehen ist. Definitionen sind im verkehrswissenschaftlichen und auch im (umwelt-)rechtlichen Sinne vorhanden.

aa) Definitionen im verkehrswissenschaftlichen Sinne

Integrierte Verkehrsgestaltung im Sinne der verkehrswissenschaftlichen Definition meint, dass der Verkehr übergreifend in die Fragen der Entwicklung der Region eingebunden werden soll.[996] Die (umwelt-)rechtliche Definition stellt dagegen das Ziel der Bekämpfung von Luft- und Lärmimmissionen durch den Verkehr in den Mittelpunkt. Der Verkehr soll dabei stadtgebietsübergreifend betrachtet werden.[997] Beide Definitionsansätze schließen sich allerdings nicht aus, sondern ergänzen sich vielmehr. Gemeinsames Ziel ist die Bekämpfung künfti-

---

[991] Werner/Patout et al., § 7 ÖPNVG NRW Erl. 4.

[992] § 7 Abs. 4 S. 4 ÖPNVG NRW.

[993] § 7 Abs. 4 S. 1 ÖPNVG NRW.

[994] https://infoportal.mobil.nrw/organisation-finanzierung/spnv-landesnetz.html (zuletzt abgerufen am 20.12.2022).

[995] § 5 Abs. 3 S. 3 ÖPNVG NRW; §§ 6 Abs. 1, 7 Abs. 1 Satzung VRR AöR, 3 Abs. 2 S. 1 Satzung ZV NVR, 3 4 Abs. 1 S. 2 Satzung ZV NWL.

[996] Holzapfel, in: Gies/Huber/Mietzsch u. a.., 36. Ergänzungslieferung 11/2003, Kap. 1.1 Erl. 1.

[997] Alscher, 39.

ger Verkehrsprobleme.[998] Diese Definitionen sind allerdings zu stark an die verkehrswissenschaftlichen bzw. (umwelt-)rechtlichen Bedürfnisse angepasst. Es ist daher im Rahmen einer Auslegung zu ermitteln, was das ÖPNVG NRW unter einer integrierten Verkehrsgestaltung versteht.

bb) Verständnis im ÖPNVG NRW

Der Gesetzeswortlaut von § 5 Abs. 3 S. 3 ÖPNVG NRW enthält zwar keine Legaldefinition, doch enthält er Konkretisierungen der integrierten Verkehrsgestaltung. Ausweislich § 5 Abs. 3 S. 3 ÖPNVG NRW sind hierunter zu fassen: Bildung eines einheitlichen Gemeinschaftstarifs, Bildung kooperationsraumübergreifender Tarife mit dem Ziel eines landesweiten Tarifs, koordiniertes Verkehrsangebot im ÖPNV und einheitliche Beförderungsbedingungen, Produkt- und Qualitätsstandards, kompatible, auch die Digitalisierungstechnik nutzende Fahrgastinformations- und Betriebssysteme und ein übergreifendes Marketing. Es fallen somit eine Vielzahl von Ausprägungen unter die integrierte Verkehrsgestaltung. Die Ausprägungen sind nicht abschließend, was durch die Einfügung von „insbesondere" in § 5 Abs. 3 S. 3 ÖPNVG NRW deutlich wird. Dafür spricht weiter, dass der Begriff „Verkehrsgestaltung" weit und wenig konkret ist.

Die Verkehrsgestaltung im ÖPNV soll „integriert" sein. Der Begriff taucht lediglich an dieser Stelle im ÖPNVG NRW auf und es fehlt an einer weiteren Erläuterung. Allerdings wird „integriert" in der VO (EG) Nr. 1370/2007 verwendet und legaldefiniert. In Art. 2 lit. m) VO (EG) Nr. 1370/2007 werden „integrierte öffentliche Personenverkehrsdienste" als

> *„Beförderungsleistungen, die innerhalb eines festgelegten geografischen Gebiets im Verbund erbracht werden und für die ein einziger Informationsdienst, eine einzige Fahrausweisregelung und ein einziger Fahrplan besteht"*

bezeichnet.

Zu prüfen ist daher, ob „integrierte Verkehrsgestaltung" mit „integrierte öffentliche Personenverkehrsdienste" gleichzusetzen ist. Während die Verkehrsgestaltung ein planerisches Element voraussetzt, handelt es sich bei den „integrierten öffentlichen Personenverkehrsdiensten" nach der Legaldefinition um konkrete Beförderungsleistungen. Die „integrierte Verkehrsgestaltung" setzt somit zeitlich früher an. Es lässt sich Art. 2 lit. m) VO (EG) Nr. 1370/2007 jedoch entnehmen, was europarechtlich unter „integriert" zu verstehen ist: Es soll eine Vereinheitli-

---

[998] Alscher, 55.

chung in festgelegten geografischen Grenzen in Bezug auf die Fahrgastinformation, die Fahrausweisregelung und den Fahrplan erfolgen. Dies verfolgt das
Ziel der Regionalisierung, die Verantwortung im ÖPNV auf einer planerischen
und organisatorischen Ebene zu bündeln.[999]

Die integrierte Verkehrsgestaltung bezieht sich auf die angemessene Bedienung der Bevölkerung durch den ÖPNV i. S. d. § 2 Abs. 3 S. 1 ÖPNVG NRW.
Diese liegt dann vor, wenn die Bedienung mit dem ÖPNV

> *„[...] den Bedürfnissen der Fahrgäste nach hoher Pünktlichkeit und An-
> schlusssicherheit, fahrgastfreundlich ausgestalteten, barrierefreien, si-
> cheren und sauberen Fahrzeugen sowie Stationen und Haltestellen, be-
> quemen und barrierefreiem Zugang zu allen für den Fahrgast bedeutsa-
> men Informationen, fahrgastfreundlichem Service und einer geeigneten
> Verknüpfung von Angeboten des ÖPNV mit dem motorisierten und nicht
> motorisierten Individualverkehr sowie multimodalen Mobilitätsangeboten
> Rechnung trägt."[1000]*

Durch die Forderung nach einer angemessenen Bedienung wird kein quantita-
tiver Maßstab gesetzt. Im ÖPNVG NRW fehlen entsprechende Vorgaben hinsichtlich der räumlichen und zeitlichen Verfügbarkeit der Angebote sowie der
möglichen Reisegeschwindigkeit, insbesondere im Vergleich mit dem motorisierten Individualverkehr.[1001]

Bundesrechtlich wird der Begriff der „ausreichenden Verkehrsbedienung"[1002]
verwendet. Ausreichend ist dabei nicht im Sinne einer Note zu verstehen. Vielmehr ist damit ein individuelles Niveau gemeint, welches auch von den Haus-
haltsmöglichkeiten, Ansprüchen der Bevölkerung und politischen Prioritäten im
demokratischen Prozess geleitet wird.[1003] Aspekte, die bei der Prüfung einer
ausreichenden Verkehrsbedienung ebenfalls relevant sind, sind die Kontinuität,
Regelmäßigkeit, Leistungsfähigkeit und Qualität des Verkehrs. Die Festlegung
dessen, was „ausreichend" ist, erfolgt durch den ÖPNV-Aufgabenträger
selbst.[1004] Zur Sicherstellung sind insbesondere die Möglichkeiten der Vergabe
von Verkehrsleistungen nach der VO (EG) 1370/2007 zu nennen.[1005]

---

[999] Landtag NRW-Drs. 11/7847, 1.
[1000] § 2 Abs. 3 S. 1 ÖPNVG NRW.
[1001] Werner/Patout et al., § 2 ÖPNVG NRW Erl. 5.
[1002] §§ 1 Abs. 1 RegG, 8 Abs. 3 S. 1 PBefG.
[1003] Wachinger, 101 (113).
[1004] Wachinger, 101 (113).
[1005] Werner/Patout et al., § 2 ÖPNVG NRW Erl. 5.

cc) Differenzierung zwischen Landes- und Bundesrecht

Die Differenzierung in Landes- („angemessen") und Bundesrecht („ausreichend") ist vor dem Hintergrund der Finanzverantwortung zu sehen. Ziel des Landesgesetzgebers ist es, die ÖPNV-Aufgabenträger zu einem an hohen Qualitätsstandards messbaren Angebot zu verpflichten. Es stellt die Finanzmittel für eine „angemessene Verkehrsbedienung" bereit, wobei die konkrete Festlegung dem jeweiligen ÖPNV-Aufgabenträger obliegt. Eine „ausreichende Verkehrsbedienung" i. S. d. Bundesrechts ist somit gleich zu verstehen wie die „angemessene Verkehrsbedienung" i. S. d. Landesrechts.[1006]

Die integrierte Verkehrsgestaltung im rechtlichen Sinne und deren Ausprägungen müssen diese gesetzlichen Ziele verfolgen, ansonsten würde ein Widerspruch zu den allgemeinen Grundsätzen des ÖPNV in Nordrhein-Westfalen vorliegen.

Die Auslegung des Begriffs „integrierte Verkehrsgestaltung" ergibt vor dem europarechtlichen Hintergrund somit folgende Begriffsdefinition: Die integrierte Verkehrsgestaltung strebt vor dem Ziel einer angemessenen Bedienung der Bevölkerung mit ÖPNV-Leistungen eine Vereinheitlichung der dieses Ziel fokussierenden Mittel in einem festgelegten geografischen Gebiet an. Welche Parameter diese Zielerreichung fördern sollen, wird nicht abschließend in § 5 Abs. 3 S. 3 ÖPNVG NRW aufgeführt.

dd) Hinwirkung der SPNV-Aufgabenträger durch Abstimmung

Die Hinwirkungspflicht auf die integrierte Verkehrsgestaltung hat der SPNV-Aufgabenträger „in Abstimmung mit seinen Mitgliedern" vorzunehmen.[1007] Mitglieder sind nach § 5 Abs. 1 S. 1 ÖPNVG NRW die Kreise, kreisfreien Städte oder – wie in der Praxis – die Trägerzweckverbände.

Unklar ist, was das ÖPNVG NRW unter „Abstimmung" versteht. Allgemein wird unter Abstimmung das In-Einklang-Bringen von Interessen oder Plänen verstanden.[1008] Wendet man dieses allgemeine Verständnis von Abstimmung an, haben die Mitglieder der SPNV-Aufgabenträger deren Interessen im Hinblick auf die integrierte Verkehrsgestaltung mit denen der SPNV-Aufgabenträger in Übereinstimmung zu bringen. Es sind in diesem Zusammenhang keine Begrenzungen im Hinblick auf den Abstimmungsaufwand festzustellen. In der Literatur wird davon ausgegangen, dass sich aus dem Begriff „Abstimmung" maximal

---

[1006] Werner/Patout et al., § 2 ÖPNVG NRW Erl. 5.
[1007] § 5 Abs. 3 S. 3 ÖPNVG NRW.
[1008] Dudenredaktion, 106 (Suchwort: Abstimmung).

„ein Auftrag zu kooperativem Zusammenwirken mit den Mitgliedern vor dem Hintergrund der gesetzlichen Ziele ableiten"[1009] lässt. Es werde eine vermittelnde Rolle durch das Gesetz gefordert, die allerdings nicht zur Erreichung bestimmter Ziele verpflichte. Somit würden den SPNV-Aufgabenträger auch keinerlei rechtliche Konsequenzen treffen, sofern keine gemeinsame Position nach erfolgtem Austausch erreicht werden könne.[1010] Diesem Verständnis ist zuzustimmen. Die Abstimmungsregelung in § 5 Abs. 3 S. 3 ÖPNVG NRW wurde im Zuge der Reduzierung der Kooperationsräume (von neun auf drei) in das Gesetz eingefügt. Seitdem bilden in der Praxis die Trägerzweckverbände die drei nordrhein-westfälischen SPNV-Aufgabenträger. Dadurch bleiben die regionalen Interessen in den reduzierten Kooperationsräumen gewahrt.[1011] Vor diesem Hintergrund ist es nachvollziehbar, dass es einer „Abstimmung" zwischen den SPNV-Aufgabenträgern und seinen Mitgliedern im Hinblick auf die „integrierte Verkehrsgestaltung" bedarf. So können regionale Interessen eingebracht werden. Durch die Bildung einer gemeinsamen Anstalt bzw. eines Zweckverbandes auf Grundlage von § 5 Abs. 1 ÖPNVG NRW ist das höchste Maß an interkommunaler Kooperation erreicht worden. Für den Fall, dass die Interessen der Mitglieder nicht in Einklang gebracht werden können, werden deren Interessen ausreichend über die in den Verwaltungsrat oder die Zweckverbandsversammlung entsandten Vertreter gewahrt. Schließlich spricht der Gesetzeswortlaut von „Abstimmung" und eben nicht von Konsens, Einstimmigkeit oder Einvernehmen. Im Vergleich zu anderen Regelungen im ÖPNVG NRW, die ebenfalls das Verhältnis der Mitglieder zu den SPNV-Aufgabenträgern betreffen[1012], ist in § 5 Abs. 3 S. 3 ÖPNVG NRW gerade kein Einvernehmen gefordert. Der Grad der Verbindlichkeit ist somit als geringer anzusehen.

ee) Operative Ausführung

Die SPNV-Aufgabenträger nehmen nicht die operative Ausführung der Verkehrsbedienung vor. Dies ist Aufgabe der Verkehrsunternehmen. Diese können aufgrund ihrer unternehmerischen Freiheit im Rahmen der Gesetze selbst die Ausgestaltung der Verkehrsbedienung vornehmen. Da § 2 Abs. 3 S. 1 ÖPNVG NRW eine fahrgastfreundlichen ÖPNV-Bedienung[1013] fordert, besteht in diesem Zusammenhang ein Abstimmungsbedarf zwischen den Verkehrsunternehmen. Diesbezüglich gibt es allerdings Zielvorstellungen des Gesetzgebers. Diese

---

[1009] Werner/Patout et al., § 5 ÖPNVG NRW Erl. 4.
[1010] Werner/Patout et al., § 5 ÖPNVG NRW Erl. 4.
[1011] Landtag NRW-Drs. 14/3976, 31.
[1012] Vgl. §§ 5 Abs. 3 S. 2, Abs. 4 ÖPNVG NRW.
[1013] § 2 Abs. 3 S. 1 ÖPNVG NRW.

Zielvorstellung liegt in der integrierten Verkehrsgestaltung im gesamten ÖPNV. Vor diesem Hintergrund wird in § 5 Abs. 3 S. 3 ÖPNVG NRW bewusst eine Hinwirkungspflicht statuiert. Darunter ist zunächst eine unverbindliche Vorgabe des Gesetzgebers zu verstehen.[1014] Die SPNV-Aufgabenträger haben allerdings im Rahmen ihrer Möglichkeiten eine Umsetzung dieser gesetzlichen Zielvorstellung, z. B. durch eigene Vorschläge, zu fördern. Hierunter fällt auch eine Wiederaufnahme von Beratungen bezüglich der Umsetzung, sofern diese zu einem Stillstand gekommen sind. Den SPNV-Aufgabenträgern kommt eine Vermittlerrolle zu. Somit kann die Hinwirkungspflicht als Koordinationsaufgabe verstanden werden.[1015]

ff) Rechtsfolgen bei fehlender Umsetzung

Der Wortlaut von § 5 Abs. 3 S. 3 ÖPNVG NRW benennt keine Rechtsfolgen für den Fall, dass der verpflichtenden Hinwirkungspflicht nicht nachgekommen wird. Allerdings kann das Land die finanziellen Mittel aus der Pauschale gem. § 11 ÖPNVG NRW, mit der die ÖPNV-Leistungen finanziert werden, zu einem Anteil von bis zu 10 % kürzen, zurückfordern oder aussetzen, wenn der Hinwirkungspflicht auf die Bildung eines Gemeinschaftstarifs nicht nachgekommen wird.[1016]

b) Inhaltliche Ausgestaltung

In § 5 Abs. 3 S. 3 ÖPNVG NRW wird der Begriff der integrierten Verkehrsgestaltung konkretisiert. Die Auflistung ist jeweils nicht abschließend, was durch die Verwendung des Wortes „insbesondere" deutlich wird. Ausweislich von § 5 Abs. 3 S. 3 ÖPNVG NRW gehören zur integrierten Verkehrsgestaltung die Hinwirkungspflicht auf die Bildung eines einheitlichen Gemeinschaftstarifs und kooperationsraumübergreifender Tarife mit dem Ziel eines landesweiten Tarifs, die Hinwirkung jeweils auf ein koordiniertes Verkehrsangebot im ÖPNV, einheitliche Beförderungsbedingungen, einheitliche Produkt- und Qualitätsstandards, einheitliche Fahrgastinformations- und Betriebssysteme sowie ein übergreifendes Marketing.

aa) Tarife

Ein Gemeinschaftstarif ist der Tarif, der in einem Tarifverbundraum gilt und einheitliche Beförderungsentgelte und -bedingungen beinhaltet.[1017] Mit diesem

---

[1014] Werner/Patout et al., § 5 ÖPNVG NRW Erl. 4.
[1015] VRR AöR (Hrsg.), 16.
[1016] § 11 Abs. 5 Nr. 1 ÖPNVG NRW.
[1017] Landtag NRW-Drs. 11/7847, 32.

wird ein fahrgastfreundlicher Service ermöglicht, indem nicht mehr verschiedene Fahrkarten in einem Verbund erworben werden müssen, um die jeweiligen Leistungen nutzen zu können.[1018] Die Bildung solch einheitlicher und nutzerfreundlicher Tarife ist ein wesentliches gesetzliches Anliegen.[1019] Die besondere Bedeutung des Gemeinschaftarifs für den Gesetzgeber wird zunächst durch die systematische Stellung deutlich. Aber auch die Möglichkeit für das Land, die Pauschale i. S. d. § 11 Abs. 1 S. 1 ÖPNVG NRW anteilig zu kürzen, sofern der Hinwirkungspflicht auf einen Gemeinschaftarif nicht nachgekommen wird, unterstreicht die besondere Stellung.[1020]

Die Bildung kooperationsraumübergreifender Tarife, also solcher, die auch in anderen Kooperationsräumen i. S. d. § 5 Abs. 1 S. 1 ÖPNVG NRW gelten, ist lediglich als Zwischenschritt vorgesehen. Ziel war die Schaffung eines landesweiten Tarifs.[1021] Dieser soll die bestehenden Gemeinschaftarife ergänzen und die überregionale ÖPNV-Nutzung mit einem Fahrschein ermöglichen.[1022] Damit wird das gesetzgeberische Ziel einheitlicher und nutzerfreundlicher Tarife erfüllt.[1023] Bei dem landesweiten Tarif handelt es sich um den NRW-Tarif, der kooperationsraumübergreifend im gesamten Bundesland Nordrhein-Westfalen gilt.[1024] Während die Hinwirkungspflicht in § 5 Abs. 3 S. 3 ÖPNVG NRW die SPNV-Aufgabenträger einzeln trifft, bezieht sich diejenige in § 6 Abs. 3 ÖPNVG NRW auf sie gemeinsam.[1025]

bb) Koordiniertes Verkehrsangebot

Eine weitere Ausprägung ist die Hinwirkungspflicht auf ein koordiniertes Verkehrsangebot im gesamten ÖPNV.[1026] Das Idealbild des Gesetzgebers besteht darin, ein zusammenhängendes Verkehrsangebot mit einem hohen Leistungsangebot und einer ebenso hohen Beförderungsqualität zu schaffen. Dem Bürger gegenüber soll der ÖPNV als einheitliches, lückenloses und integriertes Gesamtnetz erscheinen.[1027] Zur Zielerreichung sind u. a. Absprachen und Koope-

---

[1018] Vgl. § 2 Abs. 3 S. 1 ÖPNVG NRW.
[1019] § 2 Abs. 3 S. 2 ÖPNVG NRW.
[1020] § 11 Abs. 5 Nr. 1 ÖPNVG NRW.
[1021] § 5 Abs. 3 S. 3 ÖPNVG NRW.
[1022] Landtag NRW-Drs. 13/2706, 16.
[1023] § 2 Abs. 3 S. 2 ÖPNVG NRW.
[1024] Auskunft vom Kompetenzcenter Marketing NRW vom 13.01.2017.
[1025] Werner/Patout et al., § 6 ÖPNVG NRW Erl. 3.
[1026] § 5 Abs. 3 S. 3 ÖPNVG NRW, §§ 7 Abs. 2 Satzung VRR AöR, 3 Abs. 2 S. 1 Satzung ZV NVR, 4 Abs. 2 S. 1 Satzung ZV NWL.
[1027] § 2 Abs. 3 S. 2 ÖPNVG NRW; Dontsova/Schultze/Tegner/Wille, 36.

rationen zwischen den Aufgabenträgern notwendig, die für den SPNV gesetzlich in § 6 ÖPNVG NRW vorgesehen sind.

cc) Beförderungsbedingungen

Des Weiteren besteht eine Hinwirkungspflicht auf einheitliche Beförderungsbedingungen.[1028] Unter Beförderungsbedingungen sind in diesem Zusammenhang einheitliche Rahmenbedingungen für die Beförderung im Nahverkehr zu verstehen.[1029] Während sich die Hinwirkungspflicht in § 5 Abs. 3 S. 3 ÖPNVG NRW an die einzelnen Kooperationsräume richtet, statuiert § 6 Abs. 3 ÖPNVG NRW eine gemeinsame Hinwirkungspflicht der drei SPNV-Aufgabenträger.[1030]

Seit dem 01.01.2010 gelten landesweit, also in sämtlichen nordrhein-westfälischen Verbund- und Tarifgebieten, einheitliche Beförderungsbedingungen im Nahverkehr.[1031] Sie werden durch separate Tarifbestimmungen der Verbund- und Gemeinschaftstarife sowie des NRW-Tarifs ergänzt.[1032]

dd) Produkt- und Qualitätsstandards

Ebenfalls besteht eine Hinwirkungspflicht auf einheitliche Produkt- und Qualitätsstandards.[1033] Produkt ist nach dem systematischen Zusammenhang die Bedienung mit ÖPNV-Leistungen, für deren Organisation die jeweiligen Aufgabenträger zuständig sind. Hierauf beziehen sich ebenfalls die Qualitätsstandards. Im Erwägungsgrund 17 der VO (EG) Nr. 1370/2007 werden Beispiele genannt, die unter die Qualitätsstandards fallen: Mindestarbeitsbedingungen, Fahrgastrechte, Bedürfnisse von Personen mit eingeschränkter Mobilität, Umweltschutz, Sicherheit von Fahrgästen und Angestellten sowie die sich aus Kollektivvereinbarungen ergebenden Verpflichtungen und andere Vorschriften und Vereinbarungen in Bezug auf den Arbeitsplatz und Sozialschutz an dem Ort, an dem der Dienst erbracht wird. Daraus folgt, dass der Begriff der Qualitätsstandards weit zu verstehen ist. Ziel ist die Attraktivitätssteigerung des ÖPNV.[1034] Wie sich schließlich § 14 ÖPNVG NRW entnehmen lässt, liegt die Verbesserung der Qualität im ÖPNV im besonderen Landesinteresse und kann durch

---

[1028] § 5 Abs. 3 S. 3 ÖPNVG NRW sowie §§ 6 Abs. 2 Satzung VRR AöR, 3 Abs. 2 S. 1 Satzung NVR, 4 Abs. 1 S. 2 Satzung NWL.

[1029] Werner/Patout et al., § 6 ÖPNVG NRW Erl. 3.

[1030] Werner/Patout et al., § 6 ÖPNVG NRW Erl. 3.

[1031] Ziff. 2 Beförderungsbedingungen für die Verbund- und Gemeinschaftstarife in NRW sowie den NRW-Tarif; Werner/Patout et al., § 6 ÖPNVG NRW Erl. 3.

[1032] Ziff. 1 Abs. 1 S. 2 Beförderungsbedingungen für die Verbund- und Gemeinschaftstarife in NRW sowie den NRW-Tarif.

[1033] § 5 Abs. 3 S. 3 ÖPNVG NRW und §§ 7 Abs. 1 lit. b, 3 S. 1 Satzung VRR AöR, 3 Abs. 2 S. 1 Satzung NVR, 4 Abs. 1 S. 2 Satzung NWL.

[1034] § 2 Abs. 3 S. 2 ÖPNVG NRW.

Landesmittel gefördert werden. Dies unterstreicht schließlich die besondere Bedeutung für den Gesetzgeber.

ee) Fahrgastinformations- und Betriebssysteme

Durch einheitliche Fahrgastinformations- und Betriebssysteme[1035] sollen dem Kunden die Nutzung des ÖPNV erleichtert und Nutzerbarrieren gesenkt werden.[1036] Sie sollen nach der Zielvorstellung des Gesetzgebers auch die Digitalisierungstechnik nutzen und die Bedürfnisse von Menschen mit Hör- und Sehbehinderungen berücksichtigen.[1037] Für die Fahrgastinformation besteht aufgrund der hohen Bedeutung für einen attraktiven ÖPNV die Möglichkeit der Förderung als Maßnahme im besonderen Landesinteresse nach § 14 ÖPNVG NRW.

ff) Marketing

Schließlich besteht die Hinwirkungspflicht für ein übergreifendes Marketing. Ziel ist die Steigerung der Attraktivität des ÖPNV.[1038] Anhaltspunkte dafür, was Inhalt eines solchen übergreifenden Marketings sein kann, lassen sich § 2 Abs. 3 S. 1 ÖPNVG NRW entnehmen, der Punkte benennt, wann eine angemessene Bedienung der Bevölkerung mit ÖPNV-Leistungen vorliegt. Demnach können Marketingthemen sein: Pünktlichkeit und Anschlusssicherheit, Fahrgastfreundlichkeit, Barrierefreiheit, Sicherheit und Sauberkeit von Fahrzeugen, Stationen und Haltestellen, Fahrgastinformation, Service sowie die Verknüpfung mit dem Individualverkehr. Ein kooperationsraumübergreifendes Marketing wird insbesondere bezüglich des landesweiten NRW-Tarifs durch das Kompetenzcenter Marketing vorgenommen.[1039]

c) Wahrnehmung der Hinwirkungspflicht

Nach § 5 Abs. 3 S. 3 ÖPNVG NRW hat die Hinwirkungspflicht der SPNV-Aufgabenträger in Abstimmung mit den Trägerzweckverbänden zu erfolgen.

aa) Kooperationsraum A (VRR AöR)

Die Wahrnehmung der VRR AöR geht über eine Hinwirkungspflicht teilweise deutlich hinaus.[1040] Hintergrund ist, dass es sich bei der VRR AöR um einen

---

[1035] Vgl. §§ 7 Abs. 1 lit. c, 4 Satzung VRR AöR, 3 Abs. 2 S. 1 Satzung NVR, 4 Abs. 1 S. 2 Satzung NWL.
[1036] § 2 Abs. 3 S. 1 ÖPNVG NRW.
[1037] § 2 Abs. 3 S. 2 ÖPNVG NRW.
[1038] § 2 Abs. 3 S. 2 ÖPNVG NRW.
[1039] Kompetenzcenter Marketing, 9.
[1040] § 7 Satzung VRR AöR; §§ 9 ff. Verbundgrundvertrag VRR AöR.

Verkehrsverbund handelt, in den über den Verbundgrundvertrag auch die Verkehrsunternehmen einbezogen sind.

Zur Sicherstellung eines koordinierten Verkehrsangebots im ÖPNV sorgt die VRR AöR in ihrem Gebiet für eine Verbesserung des Leistungsangebots und der Beförderungsqualität.[1041] Hierzu koordiniert sie eine Abstimmung der Verkehrsunternehmen, um die Anschlusssicherung im ÖPNV zu optimieren, sowie hinsichtlich der Abstimmung in Sicherheitsbelangen zwischen Verkehrsunternehmen, Sicherheitsbehörden und sonstigen Akteuren im ÖPNV. Schließlich bietet sie eine einheitliche und wiedererkennbare Benutzeroberfläche im ÖPNV.[1042]

Zur Erreichung einheitlicher Produkt- und Qualitätsstandards stimmt sich die VRR AöR mit den Verkehrsunternehmen und lokalen ÖPNV-Aufgabenträgern ab und erarbeitet Produkt- und Qualitätsrichtlinien.[1043] Nach § 4 Abs. 4 S. 1 der Satzung kann die VRR AöR Richtlinien erlassen. Diese Richtlinien richten sich an die Verkehrsunternehmen im Gebiet der VRR AöR, mit denen ein Verbundgrund- und Kooperationsvertrag besteht. In diesem wird die Übertragung der Richtlinien-Kompetenz geregelt.[1044] Ziel ist es, ein möglichst einheitliches Qualitätsniveau im Verbundgebiet anbieten zu können, an welches sich die agierenden Verkehrsunternehmen halten müssen.[1045] Bei der Erarbeitung der Richtlinien hat eine Abstimmung mit den räumlich betroffenen Verkehrsunternehmen und lokalen Aufgabenträgern zu erfolgen.[1046] Eine Abstimmung setzt das austauschende Gespräch in Form eines intensiven Diskussionsprozesses voraus. Ein Einvernehmen ist nicht erforderlich. Kommt es im Rahmen der Abstimmung nicht zu einem gemeinsamen Standpunkt, kann eine abschließende Entscheidung innerhalb des Verwaltungsrats der VRR AöR erfolgen.[1047] Hierbei ist zu berücksichtigen, dass sich die VRR AöR den Grundsätzen der Gleichbehandlung und Diskriminierungsfreiheit verpflichtet hat.[1048] Verkehrsunternehmen sind diejenigen, die mit der VRR AöR den Verbundgrundvertrag abgeschlossen haben. Lokale Aufgabenträger sind nach dem Verständnis des VRR-Verbundgrundvertrages die ÖSPV-Aufgabenträger, regionale die SPNV-Aufgabenträger.[1049] Die Erarbeitung erfolgt auf Grundlage der verkehrspolitischen Ziele der

---

[1041] § 7 Abs. 2 Satzung VRR AöR; § 10 Abs. 1 Verbundgrundvertrag VRR AöR.
[1042] § 7 Abs. 2 Satzung VRR AöR; § 10 Abs. 1 Nr. 1-3 Verbundgrundvertrag VRR AöR.
[1043] § 7 Abs. 3 S. 1 Satzung VRR AöR.
[1044] Auskunft von der VRR AöR vom 31.05.2017.
[1045] Präambel Verbundgrund- und Kooperationsvertrag VRR AöR.
[1046] § 11 Abs. 2 S. 2 Verbundgrundvertrag VRR AöR.
[1047] Auskunft von der VRR AöR vom 09.05.2018.
[1048] § 15 S. 1 Satzung VRR AöR.
[1049] Auskunft von der VRR AöR vom 09.05.2018.

VRR AöR, dem VRR-Nahverkehrsplan sowie unter Berücksichtigung der jeweiligen Betrauung mit ÖPNV-Leistungen[1050].[1051] Die VRR AöR wirkt auf die Anwendung der Richtlinien hin.[1052] Die Verkehrsunternehmen haben diese, sofern sie ordnungsgemäß zustande gekommen sind, zu beachten und umzusetzen.[1053]

Einheitliche Fahrgastinformations- und Betriebssysteme stellt die VRR AöR durch ein eigenes Auskunfts- und Kommunikationssystem sicher.[1054] Die hierfür erforderlichen Daten werden von den Verkehrsunternehmen geliefert.[1055] Die VRR AöR wirkt außerdem auf eine Verbesserung der Fahrgastinformation und Erarbeitung von Richtlinien in Abstimmung mit den räumlich betroffenen Verkehrsunternehmen und lokalen Aufgabenträgern hin.[1056] Die Verkehrsunternehmen führen die Fahrgastinformation nach Maßgabe dieser Richtlinien durch.[1057]

Im Gebiet der VRR AöR betreibt diese Marketing bzw. Presse- und Öffentlichkeitsarbeit für die gemeinsame Marke „VRR".[1058] In diesem Zusammenhang werden Konzepte und Richtlinien für die Sicherstellung einer einheitlichen Benutzeroberfläche erarbeitet. Hier ist insbesondere ein einheitliches Vertriebssystem zu nennen. Daneben entwickelt sie die Marketing-Strategie der VRR AöR fort, wofür auch aktuelle Marktforschungsergebnisse genutzt werden.[1059] Diese Fortschreibung soll jährlich in Abstimmung mit den Verkehrsunternehmen erfolgen.[1060] Dass die Abstimmung jährlich erfolgen *soll*, bedeutet, dass dies im Grundsatz den Regelfall darstellt, aber in Ausnahmefällen hiervon abgewichen werden kann.[1061]

[1050] Vgl. Art. 106 Abs. 2 AEUV; Art. 2 lit. i) VO (EG) 1370/2007. Der Begriff der Betrauung geht auf die Altmark-Trans Rechtsprechung des EuGH (EuGH, Urteil vom 24.07.2003, Az.: Rs. C 280/00 [„Altmark Trans"], NZBau 2003, 503 [508]) zurück. Zweck dieses ersten Kriteriums i. S. d. Rechtsprechung ist die Sicherstellung von hinreichender Transparenz: Die Angemessenheit der Gegenleistung für die Erbringung gemeinwirtschaftlicher Verpflichtungen soll sichergestellt werden (Otting/Olgemöller/Tresselt, in: Gabriel/Krohn/Neun, § 70 Rn. 26).
[1051] § 11 Abs. 1 Verbundgrundvertrag VRR AöR.
[1052] § 7 Abs. 3 S. 2 Satzung VRR AöR.
[1053] § 20 Abs. 2 Verbundgrundvertrag VRR AöR.
[1054] § 7 Abs. 4 S. 1 Satzung VRR AöR.
[1055] § 12 Abs. 1 S. 2 Verbundgrundvertrag VRR AöR.
[1056] § 7 Abs. 4 S. 2 Satzung VRR AöR.
[1057] § 12 Abs. 3 Verbundgrundvertrag VRR AöR.
[1058] § 7 Abs. 5 S. 1 Satzung VRR AöR.
[1059] § 7 Abs. 4 S. 2 Satzung VRR AöR.
[1060] § 13 Abs. 2 S. 2 Verbundgrundvertrag VRR AöR.
[1061] Maurer/Waldhoff, § 7 Rn. 11.

bb) Kooperationsraum B (Zweckverband NVR)

Im Kooperationsraum B erfolgt nach § 3 Abs. 2 S. 3 Satzung Zweckverband NVR die Umsetzung der Hinwirkungspflicht über die Trägerzweckverbände AVV und VRS.

Der Zweckverband AVV bedient sich hinsichtlich der Umsetzung der Hinwirkungspflicht der AVV GmbH als Verbundgesellschaft.[1062] Für den Zweckverband VRS erfolgt die Umsetzung in der Praxis durch den Abschluss von Kooperationsverträgen zwischen der VRS GmbH und den Verbundverkehrsunternehmen in der Region. Die Verpflichtung zur Anwendung einheitlicher Produkt- und Qualitätsstandards im Vertrieb zu kompatiblen, die Digitalisierungstechnik nutzenden Fahrgastinformations- und Betriebssystemen sowie zu übergreifendem Marketing ist in den Kooperationsverträgen zwischen der VRS GmbH und dem jeweiligen Verbundverkehrsunternehmen geregelt. Die konkrete Ausgestaltung wird im Beirat der VRS GmbH durch die Mehrheit der Verbundverkehrsunternehmen beschlossen. Gleiches gilt für die Bildung eines einheitlichen Gemeinschaftstarifs, die Bildung kooperationsraumübergreifender Tarife mit dem Ziel eines landesweiten Tarifs sowie einheitlicher Beförderungsbedingungen. Die konkreten Regelungen bzw. Änderungen an den bestehenden Regelungen werden nach der Beschlussfassung durch den Beirat der VRS GmbH zusätzlich noch durch die Verbandsversammlung des Trägerzweckverbandes VRS bestätigt.[1063]

Bei der Ausschreibung von SPNV-Leistungen gibt der Zweckverband NVR Qualitätsstandards vor und verpflichtet das Eisenbahnverkehrsunternehmen, die im Trägerzweckverband AVV bzw. VRS geltenden Regelungen zur Fahrgastinformation, zum Marketing und zur Anwendung von Beförderungsbedingungen und Tarifbestimmungen anzuwenden. Außerdem knüpft der Zweckverband NVR die Vergabe von Fördermitteln an Verkehrsunternehmen an die Voraussetzung, dass diese einen Gemeinschaftstarif anwenden.[1064]

cc) Kooperationsraum C (Zweckverband NWL)

Der NWL muss sich mit seinen Mitgliedern nach dem Wortlaut von § 5 Abs. 3 S. 3 ÖPNVG NRW in Bezug auf die Ausgestaltung der Hinwirkungspflicht abstimmen. Bei der Umsetzung der Hinwirkungspflicht werden so die regionalen Interessen berücksichtigt.

[1062] § 3 Abs. 7 S. 1 Satzung ZV AVV.
[1063] Auskunft des Zweckverbandes NVR vom 03.05.2018. Vgl. auch §§ 3 Abs. 2, 6 Satzung ZV VRS.
[1064] Auskunft des Zweckverbandes NVR vom 03.05.2018.

Darüber hinaus können die Trägerzweckverbände eigenständig Maßnahmen treffen, mit denen der Hinwirkungspflicht des NWL nachgekommen wird. Da der WestfalenTarif regionale Besonderheiten zulässt – beispielsweise gibt es im Gebiet des VVOWL verschiedene Ticketangebote, die es in anderen Teilen des NWL nicht gibt – können die Trägerzweckverbände auch durch eigene Finanzmittel Maßnahmen wie z. B. Gutachten fördern, die der Weiterentwicklung des Tarifs in der eigenen Region dienlich sind.[1065]

3. Ausgestaltung angemessener Kundenrechte, § 5 Abs. 3 S. 4 ÖPNVG NRW

Die SPNV-Aufgabenträger haben weiter eine Hinwirkungspflicht auf die Ausgestaltung angemessener Kundenrechte im SPNV.[1066] Diese sollen in die Tarifbestimmungen des Gemeinschaftstarifs aufgenommen werden. Da hierfür grundsätzlich die Verkehrsverbünde bzw. Tarifgemeinschaften zuständig sind, besteht lediglich eine Hinwirkungspflicht.

Diese Hinwirkungspflicht wird von den SPNV-Aufgabenträgern nach demselben Muster wie bei der nach § 5 Abs. 3 S. 3 ÖPNVG NRW wahrgenommen, sodass in diesem Zusammenhang auf die obigen Ausführungen verwiesen werden kann.

4. Weiterleitung bzw. Verteilung von Pauschalen und Zuwendungen

Eine weitere Aufgabe der SPNV-Aufgabenträger ist die Weiterleitung bzw. Verteilung von Pauschalen und Zuwendungen i. S. d. §§ 10 ff. ÖPNVG NRW.

Bei Mitteln nach §§ 12, 13 ÖPNVG NRW handelt es sich um Zuwendungen. Zuwendungen sind nach der Legaldefinition in § 23 LHO NRW Leistungen aus dem Landeshaushalt, die zur Erfüllung bestimmter Zwecke an Stellen außerhalb der Landesverwaltung gezahlt werden.

Von den Zuwendungen abzugrenzen sind die Pauschalen. Dies macht die unterschiedliche Verwendung der Begriffe in den §§ 10 ff. ÖPNVG NRW deutlich. Sie sind vor dem Hintergrund der fachbezogenen Pauschalen nach § 29 Haushaltsgesetz (HHG) NRW entwickelt worden.[1067] Nach der Legaldefinition handelt es sich bei den fachbezogenen Pauschalen um Mittel in pauschalierter Form, die den Gemeinden und Gemeindeverbänden für die Durchführung bestimmter Aufgaben zum eigenverantwortlichen Mitteleinsatz für die kommunale

---

[1065] Auskunft des Zweckverbandes VVOWL vom 06.11.2018.
[1066] Vgl. § 5 Abs. 3 S. 4 ÖPNVG NRW; §§ 3 Abs. 2 S. 2 Satzung ZV NVR, 4 Abs. 1 S. 3 Satzung ZV NWL.
[1067] Auskunft vom Ministerium für Verkehr NRW vom 28.08.2017.

Selbstverwaltung zur Verfügung gestellt werden.[1068] Passt man diese Legaldefinition an, so handelt es sich bei den Pauschalen im ÖPNVG NRW um Mittel in pauschalierter Form, die den SPNV-Aufgabenträgern für die Durchführung von Aufgaben im SPNV und ÖPNV vom Land zur Verfügung gestellt werden.

Empfänger der Zuwendungen und Pauschalen können Kreise, Städte und Gemeinden, Verkehrsunternehmen sowie juristische Personen des privaten Rechts sein, die Zwecke des ÖPNV verfolgen.[1069]

a) Weiterleitung, §§ 11, 12 ÖPNVG NRW

Eine Weiterleitung erfolgt bei der Pauschale i. S. d. § 11 Abs. 1 S. 1 ÖPNVG NRW sowie der Zuwendung i. S. d. § 12 ÖPNVG NRW. Unter Weiterleitung ist die Zuweisung der Mittel zu den gesetzlich vorgegebenen Zwecken an die empfangsberechtigten Stellen zu verstehen.[1070]

Während die Pauschale nach § 11 Abs. 1 S. 1 ÖPNVG NRW vollständig weitergeleitet wird, erfolgt bei der Zuwendung nach § 12 ÖPNVG NRW nur eine anteilige Weiterleitung. So sieht § 12 Abs. 3 S. 1 ÖPNVG NRW vor, dass die SPNV-Aufgabenträger die Mittel zu den gesetzlich vorgesehenen Zwecken selbst verwenden oder weiterleiten können.

Nach § 11 Abs. 1 S. 4 ÖPNVG NRW wird die ÖPNV-Pauschale gem. § 11 Abs. 1 S. 1 ÖPNVG, die mindestens eine Milliarde Euro beträgt, insbesondere zur Sicherstellung eines bedarfsgerechten SPNV-Angebots verwendet. Des Weiteren können die Mittel für regionale Schnellbusverkehre oder andere Zwecke des ÖPNV genutzt werden. Der Wortlaut „andere Zwecke des ÖPNV" impliziert eine weitreichende Verwendungsmöglichkeit der Mittel. Voraussetzung ist lediglich, dass die Mittel im Zusammenhang mit dem ÖPNV verwendet werden. Die ÖPNV-Pauschale wird zudem zur Finanzierung des SPNV-Netzes im besonderen Landesinteresse i. S. d. § 7 Abs. 4 S. 1 ÖPNVG NRW genutzt.[1071]

Förderungsfähige Infrastrukturprojekte aus den Zuwendungen nach § 12 ÖPNVG NRW sind u. a.: Neu- und Ausbau von Schienenwegen des SPNV und des sonstigen schienengebundenen ÖPNV (z.B. Straßenbahnen, Untergrundbahnen) einschließlich deren Haltestellen, Neu- und Ausbau von Bushaltestellen und Zentralen Omnibusbahnhöfen (ZOB), Maßnahmen zur Verbesserung der Informations- und Kommunikationsinfrastruktur, Maßnahmen zur Erhöhung

---

[1068] § 29 Abs. 1 HHG NRW.
[1069] §§ 11 Abs. 1 S. 4, 12 Abs. 3 S. 1, 13 Abs. 1 S. 3 ÖPNVG NRW.
[1070] Werner/Patout et al., § 11 ÖPNVG NRW Erl. 1.
[1071] § 11 Abs. 1 S. 5 ÖPNVG NRW.

der Sicherheit im ÖPNV (z.B. Videoüberwachung) sowie auch weitere Maßnahmen, wenn hierzu gesonderte Vereinbarungen mit dem Land bestehen.[1072]

Die Ermessensentscheidung der SPNV-Aufgabenträger in Bezug auf die Weiterleitung der Mittel wird in § 12 Abs. 3 S. 3-5 ÖPNVG NRW durch gesetzliche Vorgaben eingeschränkt.[1073] Nach einem Teil der Literatur soll das ein Eingriff in die kommunalen Selbstverwaltungsaufgaben, konkret die kommunale Gestaltungsbefugnis, darstellen können.[1074] Allerdings scheitert ein Eingriff in das kommunale Selbstverwaltungsrecht daran, dass die ÖPNV-Aufgabenträger keinen Anspruch auf Mittel aus § 12 ÖPNVG NRW haben. Bei der ÖPNV-Aufgabenträgerschaft handelt es sich nach § 3 Abs. 1 S. 3 ÖPNVG NRW um eine freiwillige Selbstverwaltungsaufgabe, welche im Rahmen der Leistungsfähigkeit der Aufgabenträger erbracht wird. Im Rahmen der Finanzausstattung für die freiwilligen Selbstverwaltungsaufgaben ist zu beachten, dass für diese ausschließlich eine Mindestausstattung zu gewähren ist.[1075] Das Land Nordrhein-Westfalen stellt mit dem ÖPNVG NRW den Rechtsrahmen für den ÖPNV im Bundesland. In den §§ 11, 11a ÖPNVG NRW finden sich Regelungen zur Finanzierung des ÖPNV. Durch diese Regelung erfolgt eine ausreichende finanzielle Absicherung der ÖPNV-Aufgabenträgerschaft. Denn es wird insgesamt ein ausreichender finanzieller Grundstock zur Verfügung gestellt. Es besteht somit kein Anspruch auf Bereitstellung der Mittel nach § 12 ÖPNVG NRW. Ein Eingriff in die kommunale Selbstverwaltung liegt nicht vor.

b) Verteilung, § 13 ÖPNVG NRW

Die SPNV-Aufgabenträger sind Bewilligungsbehörde für Investitionsmittel nach § 13 ÖPNVG NRW und für deren Verteilung zuständig.[1076]

Die Zuwendungen erfassen insbesondere förderungsfähige Infrastrukturprojekte mit SPNV-Bezug. Darunter fallen z. B. der Ausbau bestehender Schienenstrecken mit dem Ziel einer Qualitäts- und Angebotsverbesserung, Investitionen

---

[1072] § 12 Abs. 3 S. 1 ÖPNVG NRW; https://www.nvr.de/investitionsfoerderung/nvr-investitionsprogramm/ (abgerufen am 20.12.2022); Zweckverband NWL (Hrsg.), 3.

[1073] Demnach dürfen grds. höchstens 90 % der zuwendungsfähigen Ausgaben der jeweiligen Investitionsmaßnahme gefördert werden, mindestens 50 % der Mittel müssen für nicht-SPNV-bezogene Maßnahmen verwendet werden und die Förderung des streckenbezogenen Aus- und Neubaus von Schieneninfrastruktur mit mehr als fünf Millionen Euro darf nur dann bewilligt werden, wenn sie Bestandteil des ÖPNV-Bedarfsplans i. S. d. § 7 Abs. 1 S. 1 ÖPNVG NRW sind.

[1074] Werner/Patout et al., § 12 ÖPNVG NRW Erl. 3.

[1075] Hessischer StGH, Urteil vom 21.05.2013, Az.: P.St. 2361, LKRZ 2013, 375 (378); VerfGH Nordrhein-Westfalen, Urteil vom 19.07.2011, Az.: VerfGH 32/08, BeckRS 2011, 52552

[1076] § 15 S. 2 ÖPNVG NRW.

des GVFG-Bundesprogramms[1077], SPNV-Infrastrukturmaßnahmen an Groß-bahnhöfen sowie Investitionsmaßnahmen im besonderen Landesinteresse. Nach Prüfung und Anhörung der Antragssteller i. S. d. § 28 VwVfG NRW wird ein Zuwendungsbescheid erteilt.[1078] Dieser wird bei NVR bzw. NWL von der Zweckverbandsversammlung[1079] und bei der VRR AöR durch den Verwaltungs-rat[1080] beschlossen. Im Zuwendungsbescheid finden sich neben der Benennung der Stelle, gegenüber der der Verwendungsnachweis zu erbringen ist, Angaben über die Identität des Empfängers der Zuwendung, die Höhe der bewilligten Zuwendung, den konkreten Verwendungszweck der Zuwendung, die Art und Form der Finanzierung und den Umfang der finanzierungsfähigen Ausgaben.[1081] Er ist rechtlich als Verwaltungsakt i. S. d. § 35 S. 1 VwVfG NRW zu qualifizieren.

5. Kann-Aufgaben der SPNV-Aufgabenträger

Es besteht die Möglichkeit, den SPNV-Aufgabenträgern weitere Aufgaben zu übertragen.[1082] Explizit genannt ist in § 5 Abs. 3 S. 2 ÖPNVG NRW die Möglich-keit, die Aufgabenträgerschaft über den regionalen Schnellbusverkehr zu über-tragen. Diese Übertragung muss im Einvernehmen mit dem betroffenen ÖSPV-Aufgabenträger erfolgen. Nötig ist zudem eine Festlegung in der Satzung des SPNV-Aufgabenträgers, auf den Aufgaben übertragen werden sollen.[1083] Dane-ben findet sich in § 5 Abs. 3a, 1. Hs. ÖPNVG NRW eine Generalklausel bezüg-lich der Übertragung weiterer Aufgaben. Die ÖSPV-Aufgabenträger können demnach weitere Aufgaben auf die SPNV-Aufgabenträger übertragen. Die Re-gelung stellt klar, dass auch solche Aufgaben übertragen werden können, die nicht unter den Katalog des § 5 Abs. 3 ÖPNVG NRW fallen.[1084] So hat die VRR AöR vom Zweckverband VRR die Aufgaben der Festsetzung der Beiträge für den Ausgleich der gemeinwirtschaftlichen Verpflichtungen, der rechtsverbindli-chen Betrauung mit gemeinwirtschaftlichen Verpflichtungen, der Finanzierung und Sicherstellung von Ausgleichsleistungen für gemeinwirtschaftliche Ver-pflichtungen sowie schließlich der Festsetzung von Höchsttarifen übertragen bekommen.[1085] Hierbei kann es sich nur um ÖSPV-Aufgaben handeln, denn die

---

[1077] Bei dem GVFG (Gemeindeverkehrsfinanzierungsgesetz)-Bundesprogramm handelt es sich um Förderungen von ÖPNV-Projekten, die aus den Mitteln des GVFG finanziert wer-den. Die Mittel sind zeitlich begrenzt. Vgl. dazu: Bundestag-Drs. 18/9433, 1 ff.

[1078] Zweckverband NWL (Hrsg.), Infrastrukturförderung, Stand: Juni 2010, 4, 6.

[1079] §§ 6 Abs. 1 Satzung ZV NVR, 7 Abs. 1 S. 1 Satzung ZV NWL.

[1080] §§ 20 Abs. 1 S. 1 i. V. m. 13 Abs. 1, 2 S. 1 Satzung VRR AöR.

[1081] Ax/Schneider, Rn. 178.

[1082] Vgl. auch §§ 2 Abs. 1 S. 2 Satzung VRR AöR, 3 Abs. 10 Satzung NVR.

[1083] Landtag NRW-Drs. 16/12435, 31.

[1084] Landtag NRW-Drs. 14/3976, 32.

[1085] § 5 Abs. 2 Nr. 1, 2 Satzung ZV VRR.

SPNV-Aufgabenträgerschaft obliegt nicht mehr dem Zweckverband VRR, sondern der VRR AöR.[1086] Außerdem wird in der Regelung Bezug auf das PBefG genommen, welches gerade für den ÖSPV gilt.[1087] Dagegen wurden weder im NVR noch NWL von dieser Möglichkeit Gebrauch gemacht.[1088] Möglich ist beispielsweise eine Übertragung der Aufgabenträgerschaft oder Teilaufgaben im ÖSPV.

Die Aufgabenübertragung kann sowohl auf dem Wege der delegierenden als auch mandatierenden Aufgabenübertragung erfolgen. Ob sich die Aufgabenübertragung unmittelbar nach § 5 Abs. 3a ÖPNVG NRW oder § 6 Abs. 1 S. 1 GkG NRW richtet, ist eine lediglich theoretische Frage ohne praktische Relevanz. Denn nach beiden Normen ist nach dem Wortlaut sowohl eine mandatierende als auch eine delegierende Aufgabenübertragung möglich. Dafür, dass sich die Form der Aufgabenübertragung direkt aus dem ÖPNVG NRW ergibt, spricht jedoch, dass es sich bei diesem um das speziellere Gesetz handelt. In diesem finden sich Vorgaben zur Kooperation im ÖPNV. Weiter ist eine Vereinbarung nach § 23 f. GkG NRW bei einem Zweckverband bzw. nach § 54 S. 1 VwVfG NRW – § 23 Abs. 1 S. 1 GkG NRW gilt nach seinem Wortlaut nur für Gemeinden oder Gemeindeverbände – bei einer gemeinsamen Anstalt möglich.

6. Einvernehmenserfordernis

In § 5 Abs. 4 ÖPNVG NRW findet sich ein Einvernehmenserfordernis. Soweit Entscheidungen des SPNV-Aufgabenträgers sich unmittelbar im Gebiet nur eines Mitglieds auswirken, müssen sie im Einvernehmen mit diesem erfolgen. Erfasst sind nicht nur Entscheidungen hinsichtlich der Planung, Organisation und Ausgestaltung des SPNV.[1089] Die Systematik des § 5 ÖPNVG NRW legt vielmehr nahe, dass auch möglicherweise übertragene Aufgaben nach § 5 Abs. 3a ÖPNVG NRW erfasst sind. Die Regelung des § 5 Abs. 4 ÖPNVG NRW ist Ausfluss der kommunalen Entscheidungshoheit.[1090]

7. Aufgabenart

In Nordrhein-Westfalen gilt das monistische Modell, welches von einem einheitlichen Begriff der öffentlichen Aufgaben ausgeht, statt zwischen staatlichen und gemeindlichen Aufgaben zu trennen.[1091] Es lassen sich freie und pflichtige

---

[1086] Vgl. § 7 Abs. 1 Satzung ZV VRR.
[1087] § 5 Abs. 2 Nr. 1 Satzung ZV VRR.
[1088] Werner/Patout et al., § 5 ÖPNVG NRW Erl. 5.
[1089] Vgl. § 5 Abs. 3 S. 3 ÖPNVG NRW.
[1090] Werner/Patout et al., § 5 ÖPNVG NRW Erl. 6.
[1091] Brüning, in: Ehlers/Fehling/Pünder, § 64 Rn. 74.

Selbstverwaltungsaufgaben sowie Pflichtaufgaben zur Erfüllung nach Weisung als Aufgabenarten unterscheiden.[1092]

Erfasst werden alle Angelegenheiten der örtlichen Gemeinde. Bei den freiwilligen Selbstverwaltungsaufgaben besteht eine Entscheidungsautonomie hinsichtlich des „Ob" und „Wie" der Aufgabenerfüllung. Die pflichtigen Selbstverwaltungsaufgaben sehen die Entscheidungsautonomie nur hinsichtlich des „Wie" der Aufgabenerfüllung vor.[1093] Dagegen ist bei Pflichtaufgaben zur Erfüllung nach Weisung ein staatlicher Einfluss dadurch gegeben, dass die Entscheidungsautonomie bis auf Null reduziert sein kann.[1094] Nötig ist, dass die Weisung in jedem Einzelfall auf eine gesetzliche Grundlage zurückgeführt werden kann.[1095]

Nach § 3 Abs. 1 S. 3 ÖPNVG NRW führen die ÖPNV-Aufgabenträger, somit über § 5 Abs. 3 S. 1 ÖPNVG NRW auch die SPNV-Aufgabenträger, die damit zusammenhängenden Aufgaben im Rahmen ihrer Leistungsfähigkeit als freiwillige Selbstverwaltungsaufgabe durch, soweit im ÖPNVG NRW nicht besondere Pflichten auferlegt werden.

Diese gesetzliche Einordnung wird teilweise kritisiert. Die Landes-ÖPNV-Gesetze würden Richtlinien für die Gestaltung des ÖPNV-Angebots enthalten und zudem eine „angemessene Bedienung der Bevölkerung durch den ÖPNV"[1096] vorschreiben.[1097] Der Landesgesetzgeber habe damit die Aufgabenträgerschaft im ÖPNV in der Praxis als Pflichtaufgabe ausgestaltet, weshalb der Rechtssatz *„falsa demonstratio non nocet"* Anwendung finde. Es handele sich eigentlich um eine Pflichtaufgabe und nicht um eine freiwillige Selbstverwaltungsaufgabe. Das Land, welches für die Aufgabenfinanzierung zuständig sei, könne sich den Ausgleichsforderungen der Kommunen nicht entziehen.[1098] Durch die Vorgaben zur Ausgestaltung des ÖPNV in § 2 ÖPNVG NRW, insbesondere in § 2 Abs. 3 ÖPNVG NRW, werde das „Wie" der Ausgestaltung geregelt.[1099]

Gegen die Einordnung als Pflichtaufgabe sprechen allerdings neben dem Wortlaut von § 3 Abs. 1 S. 3, 1. Hs. ÖPNVG NRW weitere Gründe: Die ÖPNV-Aufgabenträgerschaft sollte grundsätzlich als freiwillige Selbstverwaltungsaufgabe

---

[1092] Hierzu z. B.: Sommer, in: Kleerbaum/Palmen, § 3 GO NRW Erl. II.5b).
[1093] Brüning, in: Ehlers/Fehling/Pünder, § 64 Rn. 70, 75; Röhl, in: Schoch, 41 f.
[1094] Brüning, in: Ehlers/Fehling/Pünder, § 64 Rn. 76; Röhl, in: Schoch, 42.
[1095] Brüning, in: Ehlers/Fehling/Pünder, § 64 Rn. 76.
[1096] § 2 Abs. 3 S. 1, 1. Hs. ÖPNVG NRW.
[1097] Wachinger/Wittemann, 113.
[1098] Fromm, TranspR 1994, 425 (429); Meichsner, der landkreis 4/1994, 168 (170).
[1099] Wachinger/Wittemann, 113 f. (dort zur Rechtslage in Baden-Württemberg).

ausgestaltet werden.[1100] Allerdings kommt es bei der rechtlichen Einordnung nicht nur auf die Intention des Gesetzgebers, sondern auch auf die tatsächliche Ausgestaltung an. Die Intention stellt somit allenfalls ein Stützargument dar. Darüber hinaus ist festzustellen, dass es sich bei den Grundsätzen aus § 2 ÖPNVG NRW nicht um verbindliche Vorgaben seitens des Gesetzgebers, sondern um Abwägungskriterien für den Aufgabenträger handelt, die dieser in die Planung, Organisation und Ausgestaltung des ÖPNV einbeziehen soll.[1101] Die dort genannten Abwägungskriterien haben einen unterschiedlichen Verbindlichkeitsgrad, der jeweils anhand des Wortlauts deutlich wird.[1102] In § 2 Abs. 3 S. 1 ÖPNVG NRW wird von einem hohen Verbindlichkeitsgrad ausgegangen („ist … zu gewährleisten"). Allerdings handelt es sich nach dem Willen des Gesetzgebers entgegen des Wortlauts lediglich um Abwägungskriterien.[1103] Der Abwägungsprozess durch den Aufgabenträger bleibt unter Berücksichtigung dieses Arguments daher weiterhin möglich. Schließlich erfolgt seitens des Landes ein Kostenausgleich über die §§ 10 ff. ÖPNVG NRW. Nach alledem handelt es sich bei der ÖPNV-Aufgabenträgerschaft um eine freiwillige Selbstverwaltungsaufgabe.

An fünf Stellen im ÖPNVG NRW werden den Aufgabenträgern besondere Pflichten i. S. d. § 3 Abs. 1 S. 3 ÖPNVG NRW auferlegt: Bildung der SPNV-Kooperationsräume, kooperationsraumübergreifende Zusammenarbeit, Bestellung des SPNV-Netzes im besonderen Landesinteresse, Pflicht zur Aufstellung von Nahverkehrsplänen und Tätigkeit der SPNV-Aufgabenträger als Bewilligungsbehörde i. S. d. §§ 13, 15 S. 2 ÖPNVG NRW.

Die Bildung der SPNV-Kooperationsräume stellt eine pflichtige Selbstverwaltungsaufgabe dar. Ausweislich des Wortlauts von § 5 Abs. 1 S. 1 ÖPNVG NRW „bilden die Kreise und kreisfreien Städte oder bisher bestehenden Zweckverbände" einen SPNV-Aufgabenträger. Die Errichtung ist verpflichtend. Über die konkrete Aufgabenwahrnehmung werden allerdings keine Vorgaben gemacht.

Ebenfalls als pflichtige Selbstverwaltungsaufgabe ist die Pflicht zur Aufstellung von Nahverkehrsplänen nach §§ 8, 9 ÖPNVG NRW einzuordnen.[1104] Der Wortlaut der §§ 8, 9 ÖPNVG NRW stellt nicht ausdrücklich klar, in welche Aufgabenart die Aufstellung des Nahverkehrsplans einzuordnen ist. Allerdings sprechen § 8 Abs. 3 S. 2 PBefG i. V. m. § 8 Abs. 1 S. 1 ÖPNVG NRW für die Einordnung

[1100] Landtag NRW-Drs. 11/7847, 2.
[1101] Landtag NRW-Drs. 11/7847, 31.
[1102] Werner/Patout et al., § 2 ÖPNVG NRW Erl. 1.
[1103] Landtag NRW-Drs. 11/7847, 31.
[1104] Landtag NRW-Drs. 11/7847, 27.

als pflichtige Selbstverwaltungsaufgabe. Gegen die Einordnung als Pflichtaufgabe zur Erfüllung nach Weisung spricht, dass die Normen keine Weisungsbindung vorsehen.[1105] Den Vertretungskörperschaften verbleibt bei der Aufstellung des Nahverkehrsplans vielmehr Entscheidungsautonomie, sodass es sich um eine pflichtige Selbstverwaltungsaufgabe handelt.

Dagegen sieht das ÖPNVG NRW die Möglichkeit von sonderaufsichtlichen Weisungen in den Fällen des kooperationsraumübergreifenden Zusammenarbeitens und der Bestellung des SPNV-Netzes im besonderen Landesinteresse i. S. d. § 6 Abs. 1 S. 4 ÖPNVG NRW vor. Ausweislich Art. 78 Abs. 4 S. 2 LVerf NRW können sonderaufsichtliche Weisungen nur im Bereich der Pflichtaufgaben zur Erfüllung nach Weisung vorgesehen werden.

Ebenfalls als Pflichtaufgabe zur Erfüllung nach Weisung einzuordnen ist die Aufgabe der SPNV-Aufgabenträger als Bewilligungsbehörde nach §§ 13, 15 S. 2 ÖPNVG NRW. In diesem Zusammenhang sieht § 16 Abs. 6 S. 1 ÖPNVG NRW Sonderaufsicht vor. Diese ist ausweislich § 119 Abs. 2 GO NRW nur im Bereich der Pflichtaufgaben zur Erfüllung nach Weisung vorgesehen.

II. Aufgaben als Verkehrsverbund
Die VRR AöR als einziger SPNV-Aufgabenträger, der zugleich auch Verkehrsverbund ist, nimmt auch privatrechtliche Aufgaben[1106] wahr. Deren Inhalt ergibt sich aus den Verbundgrundverträgen, die mit den jeweiligen Verkehrsunternehmen abgeschlossen werden.

1. Tarife, Beförderungsbedingungen und Einnahmenaufteilung

a) Genehmigung von Tarifen und Beförderungsbedingungen

Im SPNV besteht keine Genehmigungspflicht für die Tarife[1107].[1108] Allerdings bedarf es einer Genehmigung der Beförderungsbedingungen, um Eisenbahnverkehrsleistungen erbringen zu dürfen.[1109] Im Nahverkehr sind hierfür grundsätzlich die Länder zuständig, die allerdings die konkrete Zuständigkeit weiter verteilen können.[1110] In Nordrhein-Westfalen ist Genehmigungsbehörde für die

---

[1105] §§ 8 Abs. 1 S. 1, 9 Abs. 4 S. 1 ÖPNVG NRW.
[1106] Auch eine AöR kann privatrechtliche und nicht lediglich hoheitliche Aufgaben wahrnehmen, vgl. Hofmann/Theisen/Bätge, 640.
[1107] Das AEG fasst unter Tarife Beförderungsentgelte und Beförderungsbedingungen (§ 12 Abs. 1 S. 1 AEG). Im Folgenden sind unter Tarif nur die Beförderungsentgelte zu verstehen, sofern nicht auf Abweichungen gesondert hingewiesen wird.
[1108] Kramer, in: Kramer, § 12 AEG Rn. 3.
[1109] § 12 Abs. 3 S. 1 AEG.
[1110] §§ 5 Abs. 4 S. 1 Nr. 1, 2; 12 Abs. 3 S. 4 AEG.

SPNV-Beförderungsbedingungen die jeweils zuständige Bezirksregierung nach § 6 Abs. 1 Nr. 1 ZustVO-ÖSPV-EW NRW[1111].

Im ÖSPV differenziert § 39 Abs. 1 S. 3 PBefG danach, ob die Beförderungsentgelte auf Gegenstand eines öffentlichen Dienstleistungsauftrags sind oder nicht. Soweit die Beförderungsentgelte Teil eines öffentlichen Dienstleistungsauftrags sind, hat der Aufgabenträger diese als zuständige Behörde gegenüber der Genehmigungsbehörde anzuzeigen.[1112] Öffentliche Dienstleistungsaufträge in diesem Sinne sind solche nach der VO (EG) Nr. 1370/2007. Dies ergibt sich daraus, dass diese Verordnung der Grund für die Novellierung des PBefG 2012 war.[1113] Die Pflicht zur Überprüfung der Tarife entfällt in dem Fall öffentlicher Dienstleistungsaufträge.[1114] Das Gesetz fingiert in diesem Fall eine Zustimmung der Genehmigungsbehörde. Gleiches gilt für die Genehmigung der Beförderungsbedingungen im ÖSPV.[1115] Der Aufgabenträger ersetzt bei einem öffentlichen Dienstleistungsauftrag somit die Genehmigungsbehörde nach dem PBefG. Diese ist nach §§ 11 Abs. 1 PBefG, 2 Abs. 1 Nr. 1 ZustVO-ÖSPV-EW NRW die zuständige Bezirksregierung.

b) Ausgestaltung bei der VRR AöR

Die VRR AöR hat nach § 8 Abs. 2 S. 1 Verbundgrundvertrag die Aufgabe, die Tarife im Verbundraum aufzustellen. Dabei sind die Wünsche der Verkehrsunternehmen zu berücksichtigen.[1116] Der im Gebiet der VRR AöR anwendbare Tarif ist, sofern mit dem Verkehrsunternehmen ein Verbundgrundvertrag abgeschlossen wurde, der Verbundtarif. Dieser setzt sich zusammen aus den Gemeinschafts- bzw. Verbundraumtarifen, Übergangstarifen und dem NRW-Tarif sowie Sondervereinbarungen.[1117] Daneben stellt die VRR AöR einheitliche Beförderungsbedingungen für die Verkehrsunternehmen im Kooperationsraum auf.[1118] Die Verkehrsunternehmen, die mit der VRR AöR einen Verbundgrundvertrag abgeschlossen haben, sind zur Anwendung des Verbundtarifs und der einheitlichen Beförderungsbedingungen verpflichtet.[1119]

[1111] Verordnung über die Zuständigkeiten auf den Gebieten des öffentlichen Straßenpersonenverkehrs und Eisenbahnwesens im Bundesland Nordrhein-Westfalen.
[1112] § 39 Abs. 1 S. 3 PBefG.
[1113] Bundestag Drs. 17/8233, 11.
[1114] Bundestag Drs. 17/8233, 17.
[1115] § 39 Abs. 6 S. 3 PBefG.
[1116] § 8 Abs. 2 S. 3 Verbundgrundvertrag VRR AöR.
[1117] § 8 Abs. 1 Verbundgrundvertrag VRR AöR.
[1118] § 8 Abs. 5 S. 1 Verbundgrundvertrag VRR AöR.
[1119] § 8 Abs. 6, 7 S. 1 Verbundgrundvertrag VRR AöR.

Im ÖSPV zeigt die VRR AöR bei öffentlichen Dienstleistungsaufträgen nach § 39 Abs. 1 S. 3 PBefG der Genehmigungsbehörde die Tarife an. Außerdem vertritt sie die Verkehrsunternehmen gegenüber der Genehmigungsbehörde und ist somit auch für die Einholung der Genehmigungen für die Beförderungsbedingungen zuständig.[1120]

c) Interessenkollision im Rahmen der Einnahmenaufteilung?

Die VRR AöR nimmt für seinen Kooperationsraum im gesamten ÖPNV mit der Aufteilung von Einnahmen aus dem Verbundtarif eine privatrechtliche Aufgabe wahr.[1121] Grundlage hierfür ist der zwischen den Verkehrsunternehmen und der VRR AöR abgeschlossene Einnahmenaufteilungsvertrag.[1122] Die VRR AöR hat aber zugleich als SPNV-Aufgabenträger hoheitliche Aufgaben bei der Vergabe von SPNV-Linien. Dieselbe juristische Person ist somit zugleich für die Verteilung der Einnahmen zuständig und SPNV-Aufgabenträger, wodurch die Gefahr einer Interessenkollision besteht. So könnte beispielsweise der SPNV bei der Verteilung der Einnahmen bevorzugt werden. Aufgrund der Regelungen des Einnahmen- und Aufteilungsprozesses in den entsprechenden Verträgen sowie der Einnahmenaufteilungsrichtlinie gibt es allerdings transparente Regelungen des Verteilungsprozesses. Außerdem herrscht eine klare Trennung der Zuständigkeiten innerhalb der VRR AöR vor.[1123] Die Abteilung innerhalb der VRR AöR, die für die Einnahmenaufteilung zuständig ist, ist unabhängig und unterliegt keinerlei Weisungen der VRR AöR. Entscheidend ist nur der Wortlaut der Verteilungsvorgaben im Verbundgrundvertrag und der Satzung.[1124] Schließlich verpflichtet § 15 S. 1 Satzung VRR AöR zur Gleichbehandlung und Diskriminierungsfreiheit. Die VRR AöR hat sich gegenüber den Verkehrsunternehmen, die mit ihr einen Verbundgrundvertrag abgeschlossen haben, betriebs-, interessen- und wettbewerbsneutral zu verhalten.[1125] Bei einem Verstoß hiergegen hätten die betroffenen Verkehrsunternehmen einen Schadenersatzanspruch nach § 280 Abs. 1 BGB.[1126] Das Risiko einer Interessenkollision ist somit durch die Vorgaben im Verbundgrundvertrag und der Satzung nahezu ausgeschlossen.

[1120] § 8 Abs. 10 S. 1 Verbundgrundvertrag VRR AöR.
[1121] § 10 S. 1 Satzung VRR AöR; § 19 Abs. 1 Verbundgrundvertrag VRR AöR.
[1122] § 10 S. 2 Satzung VRR AöR i. V. m. § 19 Abs. 2 Verbundgrundvertrag VRR AöR. Das Verkehrsunternehmen schließt den Vertrag hierfür einerseits mit den anderen Verkehrsunternehmen im Gebiet des VRR und andererseits der VRR AöR ab.
[1123] Auskunft der VRR AöR vom 20.09.2017.
[1124] Auskunft der VRR AöR vom 15.02.2018.
[1125] § 15 S. 2 Satzung VRR AöR.
[1126] Da es sich um einen privatrechtlichen Vertrag handelt, finden die verwaltungsrechtlichen Rechtsschutzmöglichkeiten keine Anwendung.

2. Marktforschung

Die VRR AöR betreibt Marktforschung, um ihre Aufgaben, insbesondere im Marketing und bei verbundbezogenen Planungen, zu erledigen.[1127] Sie stellt ihre Ergebnisse unter Beachtung des Neutralitätsgebots aus § 15 S. 1 Satzung VRR AöR den betroffenen Aufgabenträgern und Verkehrsunternehmen zur Verfügung.[1128] Inhaltlich werden im Zusammenhang mit der Marktforschung insbesondere Verkehrsgewohnheiten und Reaktionen von Fahrgästen sowie die Akzeptanz von Ticket- und Verkehrsangeboten im VRR-Kooperationsraum untersucht.[1129] Betroffene Aufgabenträger können nur die ÖSPV-Aufgabenträger sein, da die VRR AöR SPNV-Aufgabenträger nach § 5 Abs. 3 S. 1 ÖPNVG NRW ist.

3. Vertriebsstrukturen

Die VRR AöR erarbeitet in Abstimmung mit den Nahverkehrsunternehmen einheitliche Vertriebsstrukturen im Verbundraum.[1130] Dazu zählen die Erarbeitung einer verbundeinheitlichen Vertriebsstruktur, Vertriebswege, Erscheinungsbild der Verkaufsstellen, Fahrausweisgestaltung, eine verbundkompatible technische Ausstattung und Maßnahmen zur Einnahmensicherung.[1131]

III. Aufgaben der Trägerzweckverbände

Wesentliche Neuerung der Novellierung des ÖPNVG NRW im Jahr 2008 war die Reduzierung der SPNV-Aufgabenträger von neun auf drei.[1132] Aus den ursprünglichen SPNV-Aufgabenträgern wurden die Trägerzweckverbände, die in der Praxis nach § 5 Abs. 1 S. 1 ÖPNVG NRW die neuen SPNV-Aufgabenträger bilden. Sie wurden durch die Novellierung nicht aufgelöst.[1133] Ihnen kommen vielmehr weiterhin Aufgaben zu.

1. Gemeinsamkeiten

Gemein ist allen Trägerzweckverbänden, neben der Vertretung regionaler Interessen im SPNV die Unterstützung der SPNV-Aufgabenträger.

[1127] § 11 Abs. 1 S. 1 Satzung VRR AöR; § 15 Abs. 1 S. 1 Verbundgrundvertrag VRR AöR.
[1128] § 11 Abs. 2 Satzung VRR AöR.
[1129] § 15 Abs. 1 S. 2 Verbundgrundvertrag VRR AöR.
[1130] § 14 Abs. 1 Verbundgrundvertrag VRR AöR.
[1131] § 14 Abs. 2 Verbundgrundvertrag VRR AöR.
[1132] Die ehemaligen Kooperationsräume ergeben sich aus der Anlage zu § 5 Abs. 1 ÖPVG NRW 1995.
[1133] Landtag NRW-Drs. 14/3976, 31.

a) Vertretung regionaler Interessen

Die Trägerzweckverbände vertreten ihre regionalen Interessen gegenüber den SPNV-Aufgabenträgern.[1134] Primär erfolgt dies über die Organe der SPNV-Aufgabenträger. Die Trägerzweckverbände entsenden in die Organe der SPNV-Aufgabenträger Vertreter, die Einfluss auf die Willensbildung und dort zu treffende Entscheidungen nehmen können.[1135] Allerdings erklärt dies nur, auf welche Weise die Vertretung der regionalen Interessen erfolgt, nicht aber, welchen Inhalt sie haben kann.

Aus §§ 1, 2 ÖPNVG NRW ergeben sich Grundsätze, die im gesamten ÖPNV zu beachten sind.[1136] Sie gelten auch gegenüber den Trägerzweckverbänden, als Beteiligte im ÖPNV. Zunächst soll demnach die Verkehrsinfrastruktur ausgebaut und erweitert werden.[1137] Damit dieses Ziel erreicht wird, können die Trägerzweckverbände Mittel aus den §§ 11 Abs. 1 S. 1, 12, 13 ÖPNVG NRW bei den SPNV-Aufgabenträgern beantragen. Des Weiteren besteht die Möglichkeit, förderungsfähige Infrastrukturprojekte für den ÖPNV-Bedarfs- bzw. -Infrastrukturfinanzierungsplan beim Verkehrsministerum anzumelden.[1138]

Als weiterer Grundsatz ist eine angemessene Bedienung der Bevölkerung mit ÖPNV-Leistungen sicherzustellen.[1139] Um dieses Ziel zu erreichen, können die Trägerzweckverbände an der Aufstellung des SPNV-Nahverkehrsplans über ihre Vertreter in den Organen der SPNV-Aufgabenträger mitwirken. Im NWL gibt es zudem den „Arbeitskreis Nahverkehrsplan", in den die Trägerzweckverbände ihre Vorstellungen und Ziele bei der Aufstellung des Nahverkehrsplans einbringen können. Inhalte können z. B. die Erhaltung von Anschlüssen und die Ausweitung des Verkehrsangebots in den Schwachverkehrszeiten sein.[1140]

Die Vertretung regionaler Interessen ist nicht hierauf beschränkt. Vielmehr erfasst sie das Ziel einer umfassenden Berücksichtigung der verkehrlichen Gegebenheiten im Gebiet der Trägerzweckverbände und deren kontinuierliche Verbesserung im Sinne der Fahrgäste. Ihr kommt, bezogen auf den Regionalisierungsgedanken, eine hohe Bedeutung zu. Die Verantwortung für den ÖPNV sollte auf lokaler Ebene angesiedelt werden, um die dortigen Interessen ange-

---

[1134] §§ 3 Abs. 4 Satzung ZV AVV, 3 Abs. 1 S. 1, Abs. 5 S. 1 Satzung ZV nph, 4 Abs. 1 S. 1 ZV VRR, 3 Abs. 1 S. 1, Abs. 4 Satzung ZV VVOWL, 3 Abs. 1 S. 1 ZV ZRL, 3 Abs. 1 S. 1 Satzung ZV ZVM, 3 Abs. 1 S. 1 Satzung ZV ZWS.
[1135] § 21 Abs. 1 Satzung VRR AöR, § 5 Abs. 1 S. 1 Satzung ZV NVR.
[1136] Landtag NRW-Drs. 11/7847, 31.
[1137] § 2 Abs. 1, 2 S. 1, 4 S. 1, 5 S. 1 ÖPNVG NRW.
[1138] § 7 Abs. 1 S. 1, Abs. 2 S. 1 ÖPNVG NRW.
[1139] §§ 1 Abs. 2 S. 1, 2 Abs. 3 S. 1, 6 S. 1 ÖPNVG NRW.
[1140] Auskunft vom Zweckverband nph vom 17.05.2017.

messen berücksichtigen zu können.[1141] Nach der Reduzierung der SPNV-Aufgabenträger dient die Vertretung der regionalen Interessen durch die Trägerzweckverbände auch der Einhaltung dieses Anliegens der Regionalisierung.

Mit der Aufgabe der Vertretung regionaler Interessen sollen die Trägerzweckverbände somit insbesondere den Ausbau und Erhalt der Verkehrsinfrastruktur und eine angemessene Bedienung der Bevölkerung mit ÖPNV-Leistungen in ihrem Gebiet sichern.

b) Unterstützung der SPNV-Aufgabenträger

Eine weitere Aufgabe der Trägerzweckverbände ist die Unterstützung der SPNV-Aufgabenträger bei ihren gesetzlich vorgegebenen oder satzungsmäßigen Aufgaben.[1142] Die Unterstützung erfolgt dabei insbesondere organisatorisch und finanziell.

Die Unterstützung in organisatorischer Weise erfolgt zunächst durch die Mitwirkung der Trägerzweckverbände an der Willensbildung über die in die Organe entsandten Vertreter.[1143] Außerdem sind sie Bindeglied zu den Fahrgästen vor Ort. Dies zeigt sich insbesondere beim dezentral organisierten NWL, der bei den Trägerzweckverbänden Regionalgeschäftsstellen unterhält.[1144] Die Trägerzweckverbände übernehmen nach Abschluss von Organisationsvereinbarungen für den NWL gesetzliche oder satzungsmäßige Aufgaben.[1145] Im NVR übernimmt beispielsweise die VRS GmbH als Regiegesellschaft des Trägerzweckverbandes VRS den Betrieb des Kompetenzcenters Marketing, dessen Hauptaufgaben in der Durchführung und Weiterentwicklung des NRW-Tarifs liegt.[1146]

Schließlich unterstützen die Trägerzweckverbände die SPNV-Aufgabenträger finanziell über die Verbandsumlage beim Zweckverband bzw. eine SPNV-Umlage und Finanzierungsbeiträge bei der gemeinsamen Anstalt. Die VRR AöR (Kooperationsraum A) wird von den Trägerzweckverbänden durch die SPNV-Umlage bzw. Beiträge finanziert. Diese Mittel sind nur im Gebiet des jeweiligen Trägerzweckverbandes für SPNV-Leistungen einzusetzen.[1147] Mit den Beiträgen finanziert sich darüber hinaus die VRR AöR.[1148] Daneben sind die Träger-

---

[1141] Gatzka, Internationales Verkehrswesen 1995, 458 (461).
[1142] §§ 3 Abs. 3 Nr. 1 Satzung ZV AVV, 3 Abs. 3a S. 2 Satzung ZV nph, 3 Abs. 2 S. 1 Satzung ZV VVOWL.
[1143] §§ 21 Abs. 1 Satzung VRR AöR, 5 Abs. 1 S. 1 Satzung ZV NVR, 6 Abs. 1 S. 1 Satzung ZV NWL.
[1144] Auskunft vom ZV VVOWL vom 17.02.2017.
[1145] Auskunft vom Zweckverband ZWS vom 04.05.2017.
[1146] Auskunft vom Zweckverband VRS vom 10.05.2017.
[1147] § 33 Abs. 1 lit. c), d) Satzung VRR AöR.
[1148] § 35 Nr. 1, 6 Satzung VRR AöR.

zweckverbände Gewährträger der Anstalt.[1149] Im Bereich des NVR (Kooperationsraum B) soll zunächst eine Reduzierung des Finanzbedarfs, insbesondere durch Anpassungen im Leistungsangebot, angestrebt werden. Erst als *ultima ratio* sieht die Satzung vor, dass eine Verbandsumlage von den Trägerzweckverbänden erhoben wird.[1150] Im Kooperationsraum C besteht grundsätzlich die Pflicht der Trägerzweckverbände, den NWL über eine Verbandsumlage zu finanzieren. Diese greift allerdings nur dann, wenn die Bundes- oder Landesmittel zur Finanzierung die entstandenen Kosten nicht decken. Ein solcher Fall ist bisher nicht eingetreten und wird nach jetzigem Standpunkt nicht erwartet.[1151]

c) Hinwirkungspflicht auf Bildung und Anwendung eines landesweiten Tarifs

Ebenso wie die SPNV-Aufgabenträger haben einige Trägerzweckverbände eine Hinwirkungspflicht auf die Bildung und Anwendung einheitlicher Gemeinschaftstarife und die Bildung eines landesweiten Tarifs sowie die jeweils dazugehörenden Beförderungsbedingungen in ihre Satzungen aufgenommen.[1152] Dies mag zunächst verwundern, weil das ÖPNVG NRW die Hinwirkungspflicht der gemeinsamen Anstalt bzw. den Zweckverbänden zuweist. Jedoch regelt die Satzung des NVR, dass die Trägerzweckverbände deren gesetzliche Hinwirkungspflicht umzusetzen haben.[1153] Für die VRR AöR fehlt eine entsprechende Regelung, sodass sich auch keine Vorgaben zur Hinwirkungspflicht in den Satzungen der Trägerzweckverbände VRR und NVN finden.

d) Möglichkeit der Übertragung weiterer Aufgaben

Die Satzungen der Trägerzweckverbände sehen schließlich die Möglichkeit vor, weitere Aufgaben von den SPNV-Aufgabenträgern und ÖSPV-Aufgabenträgern sowie Zweckverbandsmitgliedern übertragen zu bekommen.[1154] In § 5 Abs. 3a ÖPNVG NRW wird ausdrücklich die Möglichkeit der ÖSPV-Aufgabenträger eröffnet, Aufgaben auf die Trägerzweckverbände zu übertragen. Von dieser Möglichkeit wurde unterschiedlich Gebrauch gemacht, weshalb eine Erläuterung bei

---

[1149] § 1a Satzung VRR AöR.
[1150] § 12 Abs. 6 Satzung ZV NVR.
[1151] Auskunft vom Zweckverband VVOWL vom 17.02.2017; vgl. §§ 3 Abs. 3a S. 3, 3 Abs. 2 S. 2 Satzung ZV VVOWL, 3 Abs. 2 S. 2 Satzung ZV ZVM.
[1152] §§ 3 Abs. 3 Nr. 4, 5 Satzung ZV AVV, 3 Abs. 2 S. 1, 2 Satzung ZV VRS, 3 Abs. 1 S. 2 (i. V. m. § 5 Abs. 3 S. 3 ÖPNVG NRW), Abs. 3 Satzung ZV nph, 3 Abs. 1 S. 1 Satzung ZV ZRL (i. V. m. § 5 Abs. 3 S. 3 ÖPNVG NRW), 3 Abs. 4 Satzung ZV VVOWL, 3 Abs. 1 S. 1 Satzung ZV ZVM (i. V. m. § 5 Abs. 3 S. 3 ÖPNVG NRW), Präambel Satzung ZV ZWS.
[1153] § 3 Abs. 2 S. 3 Satzung ZV NVR.
[1154] Vgl. §§ 3 Abs. 9 Satzung ZV VRS, 3 Abs. 8 Satzung ZV VVOWL, 3 Abs. 4 Satzung ZV ZVM, 3 Abs. 6 Satzung ZV ZWS.

den Unterschieden der Aufgaben der Trägerzweckverbände erfolgt (dazu sogleich).

2. Unterschiede

Neben den vorstehenden Gemeinsamkeiten sind innerhalb der Trägerzweckverbände auch Unterschiede festzustellen. Diese beziehen sich auf die Übertragung von Aufgaben im ÖSPV gem. § 5 Abs. 3a ÖPNVG NRW sowie die konkrete Aufgabenwahrnehmung für die SPNV-Aufgabenträger.

a) Übertragung von Aufgaben im ÖSPV[1155]

aa) Gesetzliche und satzungsgemäße Zuständigkeiten

In § 5 Abs. 3a, 2. Hs. ÖPNVG NRW wird für die ÖSPV-Aufgabenträger die Möglichkeit eröffnet, Aufgaben auf die Trägerzweckverbände zu übertragen.

Im Kooperationsraum A hat der Trägerzweckverband VRR von seinen Mitgliedern die Aufgabe der Vorbereitung, Organisation und Koordination der Direktvergabe von ÖSPV-Linien mandatierend übertragen bekommen.[1156] Diese Aufgaben übernimmt die VRR AöR im Wege der Delegation.[1157]

Im Kooperationsraum B übernimmt der Zweckverband AVV einige Teilaufgaben im ÖSPV. So ist er für die Vergabe von ÖSPV-Linien zuständig[1158], koordiniert den verbundgrenzüberschreitenden ÖSPV-Verkehr[1159] und ist für die Finanzierung der Ausgleichsleistungen für die Erfüllung gemeinwirtschaftlicher Verpflichtungen im ÖSPV[1160], zuständig[1161]. Die ÖSPV-Aufgabenträgerschaft verbleibt bei den Kreisen und kreisfreien Städten[1162], sodass eine mandatierende Aufgabenübertragung vorliegt. Der Zweckverband VRS übernimmt keine Aufgaben im ÖSPV.[1163]

Im Kooperationsraum C haben vier der fünf Trägerzweckverbände ÖSPV-Aufgaben oder sogar die ÖSPV-Aufgabenträgerschaft übernommen. Der Zweck-

---

[1155] Den ÖSPV-Aufgabenträgern kommt als Aufgabe dessen Planung, Organisation und Ausgestaltung zu, vgl. § 3 Abs. 1 S. 1 ÖPNVG NRW. Deren Aufgaben sind mit denen der SPNV-Aufgabenträger nahezu identisch. Daher wird im Folgenden nur auf Abweichungen hingewiesen und dies auch nur, wenn diese Aufgabe auf Trägerzweckverbände übertragen wurde.

[1156] § 5a Satzung ZV VRR.

[1157] § 7 Abs. 1 S. 1 Satzung ZV VRR.

[1158] §§ 3 Abs. 1 Nr. 4, 11, 11a Satzung ZV AVV.

[1159] § 3 Abs. 1 Nr. 10 Satzung ZV AVV.

[1160] §§ 11 Abs. 2 S. 2, 11a ÖPNVG NRW.

[1161] § 12 Satzung ZV AVV.

[1162] Auskunft vom Zweckverband AVV vom 23.01.2017.

[1163] Auskunft vom Zweckverband VRS vom 10.05.2017.

verband nph übernimmt die Aufgabenträgerschaft für den ÖSPV in den Kreisen Paderborn und Höxter.[1164] Insoweit liegt eine delegierende Aufgabenübertragung vor. Eine Ausnahme ist das Gebiet der Stadt Paderborn. Seit 2013 ist die Stadt hier wieder selbst ÖSPV-Aufgabenträger.[1165] Der Zweckverband VVOWL hat mit dem Kreis Gütersloh einen Geschäftsbesorgungsvertrag geschlossen, mit dem dieser sämtliche verwaltungsseitige ÖSPV-Aufgaben für den Kreis wahrnimmt. ÖSPV-Aufgabenträger bleibt weiterhin der Kreis Gütersloh. In dessen Gremien wird beispielsweise über die Vergabe von ÖSPV-Linien und die Aufstellung des Nahverkehrsplans entschieden.[1166] Es liegt folglich eine mandatierende Aufgabenübertragung vor. Bei dem Trägerzweckverband ZVM ist ein Fachbereich Bus angesiedelt, der für die Kreise Borken, Coesfeld und Warendorf im Wege einer mandatierenden Aufgabenübertragung die Aufgaben im ÖSPV wahrnimmt. Dafür wurde im Jahr 2012 zwischen den vorbezeichneten Kreisen eine öffentlich-rechtliche Vereinbarung i. S. d. § 23 Abs. 2 S. 2 GkG NRW geschlossen.[1167] Die Kreise Borken, Coesfeld und Warendorf bleiben somit weiterhin ÖSPV-Aufgabenträger. Dies gilt ebenso für die Kreise Olpe und Siegen-Wittgenstein, die ebenfalls im Wege der mandatierenden Aufgabenübertragung die Aufgaben der Planung und Organisation des ÖSPV an den Zweckverband ZWS übertragen haben.[1168] Der Zweckverband ZRL nimmt keine Aufgaben im ÖSPV wahr.[1169]

bb) Zuständigkeit für die Vergabe im ÖSPV

Die Aufgabenträger sind im Rahmen der Ausgestaltung des ÖSPV – wie die SPNV-Aufgabenträger – für die Vergabe von ÖSPV-Leistungen zuständig, sofern ein wettbewerbliches Verfahren durchzuführen ist. Am Ende dieses Verfahrens steht der Abschluss eines Verkehrsvertrages.

cc) Nahverkehrsplanung

Die ÖSPV-Aufgabenträger und somit teilweise die Trägerzweckverbände stellen einen Nahverkehrsplan auf.[1170] Es ergeben sich im Vergleich zum SPNV-

---

[1164] § 3 Abs. 3 Satzung ZV nph.
[1165] http://www.nph.de/de/der-nph/ziele-und-aufgaben.php (abgerufen am 20.12.2022).
[1166] Auskunft vom Zweckverband VVOWL vom 01.02.2017.
[1167] Öffentlich-rechtliche Vereinbarung zur Wahrnehmung von Aufgaben des Öffentlichen Personennahverkehrs (ÖPNV) in den Kreisen Borken, Coesfed und Warendorf vom 25./ 26./27./29.06.2012.
[1168] Auskunft vom Zweckverband ZWS vom 04.05.2017.
[1169] Auskunft vom Zweckverband ZRL vom 17.05.2017.
[1170] §§ 8 Abs. 3 S. 2 PBefG, 8 Abs. 1 S. 1 ÖPNVG NRW.

Nahverkehrsplan nur wenige Abweichungen, die insbesondere das Aufstellungsverfahren betreffen.

Zunächst sind bei der Aufstellung der ÖSPV-Nahverkehrspläne diejenigen des SPNV zu berücksichtigen.[1171] Der ÖPNV soll entsprechend den Mobilitätsbedürfnissen der Fahrgäste sowie dem Ziel einer integrierten Verkehrsgestaltung folgend aufeinander abgestimmt werden. Dies bedeutet in der Praxis, dass die Vorgaben der ÖSPV-Nahverkehrspläne die Linienführung des SPNV, beispielsweise im Hinblick auf Takt, Halt und Anschlüsse, beachten.[1172] Lokale und regionale Verkehre sollen durch Anschluss- und Zubringerverkehre aufeinander abgestimmt werden.[1173] Nach § 9 Abs. 1 S. 1 ÖPNVG NRW ist das Benehmen mit den vom Nahverkehrsplan betroffenen Gebietskörperschaften, also beispielsweise den kreisangehörigen Gemeinden, herzustellen. Unter Benehmen ist nicht ein Konsenserfordernis zu verstehen. Es ist lediglich eine Information der betroffenen Gebietskörperschaft über die Planung und die Möglichkeit einer Stellungnahme erforderlich.[1174]

Des Weiteren bedarf es des Einvernehmens bei der Aufstellung der Nahverkehrspläne, wenn das Gebiet eines anderen Aufgabenträgers betroffen ist.[1175] Einvernehmen ist begrifflich enger als Benehmen. Die bindende Mitwirkung des betroffenen Aufgabenträgers ist erforderlich.[1176]

Bei der Aufstellung der ÖSPV-Nahverkehrspläne haben sich die benachbarten Aufgabenträger abzustimmen.[1177] Dies ist nötig, damit Probleme bei der Aufstellung, insbesondere die Einbettung in höherrangige Planungen, hinreichend bewältigt und grenzüberschreitende Verkehre gemeinsam geplant werden können.[1178] Über die Aufstellung entscheiden nach § 9 Abs. 4 S. 1 ÖPNVG NRW die Vertretungskörperschaften, also für die Kreise und kreisfreien Städte der Kreistag[1179] bzw. der Rat.[1180]

dd) Verwaltung der Pauschale aus § 11 Abs. 2 ÖPNVG NRW

Nach § 11 Abs. 2 S. 1 ÖPNVG NRW erhalten die ÖSPV-Aufgabenträger eine jährliche Pauschale in Höhe von 130 Millionen Euro aus den Mitteln des Regio-

---

[1171] § 8 Abs. 2 ÖPNVG NRW.
[1172] Werner/Patout et al., § 8 ÖPNVG NRW Erl. 3.
[1173] Landtag NRW-Drs. 11/7847, 34.
[1174] Werner/Patout et al., § 9 ÖPNVG NRW Erl. 1.
[1175] § 9 Abs. 1 S. 2 ÖPNVG NRW.
[1176] Achterberg, § 13 Rn. 43.
[1177] § 9 Abs. 3 S. 1 ÖPNVG NRW.
[1178] Werner/Patout et al., § 9 ÖPNVG NRW Erl. 1.
[1179] § 26 Abs. 1 S. 1 KrO NRW.
[1180] § 41 Abs. 1 S. 1 GO NRW.

nalisierungsgesetzes. Die Mittel werden nach einem Schlüssel, welcher Bezug auf die erbrachte Fahrplanleistung im ÖPNV sowie den Flächen- und Bevölkerungsanteil nimmt, verteilt.[1181] Die Auszahlung erfolgt monatlich in gleichen Teilbeträgen.[1182] Eine Anpassung des Schlüssels wird alle drei Jahre vorgenommen. Bewilligungsbehörde ist die Bezirksregierung, in der der Aufgabenträger seinen Sitz hat.[1183] Ein Antrag auf Gewährung der Pauschale seitens des Aufgabenträgers ist nicht erforderlich.[1184] Die Gewährung dieser Pauschale soll bei der Erfüllung der Selbstverwaltungsaufgaben im Zusammenhang mit dem ÖSPV helfen.[1185]

Die Gewährung der Pauschale steht unter der auflösenden Bedingung[1186], dass insoweit mindestens 80 Prozent für Maßnahmen im ÖSPV weitergeleitet werden.[1187] Wird dieser Wert nicht eingehalten, haben die Aufgabenträger die Differenz zwischen dem Mindestumfang und den weitergeleiteten Mitteln an die Bezirksregierung zu erstatten.[1188] Aus dem Wortlaut von § 11 Abs. 2 S. 4 ÖPNVG NRW lässt sich ableiten, dass ein höherer Prozentsatz gewährt werden kann. Im Folgenden werden im Gesetz Vorgaben zur Mittelverteilung gemacht: Mindestens 30 Prozent der Mittel sind als Anreiz für den Einsatz neuwertiger und barrierefreier Fahrzeuge an öffentliche und private Verkehrsunternehmen[1189] weiterzuleiten. Diese Verkehrsunternehmen müssen, um Empfänger der Mittel sein zu können, den Gemeinschaftstarif nach § 5 Abs. 3 S. 3 ÖPNVG NRW anwenden. Die übrigen Mittel sind für Zwecke des ÖPNV zu verwenden. Was unter Zwecke des ÖPNV fällt, ist gesetzlich nicht definiert. Erforderlich ist nach dem Wortlaut lediglich, dass ein Zusammenhang mit dem ÖPNV besteht.

Die Weiterleitung erfolgt durch die ÖSPV-Aufgabenträger an Eisenbahnunternehmen, öffentliche und private Verkehrsunternehmen, Gemeinden und Gemeindeverbände sowie sonstige Personen des Privatrechts, die Ziele des ÖPNV verfolgen.[1190] Sofern diese Stellen Mittel aus der Pauschale begehren,

---

[1181] § 11 Abs. 2 S. 2 ÖPNVG NRW.
[1182] § 11 Abs. 3 S. 1 ÖPNVG NRW.
[1183] Verwaltungsvorschrift Nr. 3.1 zu § 11 Abs. 2 ÖPNVG NRW.
[1184] Vgl. Verwaltungsvorschrift Nr. 2.2 zu § 11 Abs. 2 ÖPNVG NRW.
[1185] Werner/Patout et al., § 11 ÖPNVG NRW Erl. 2.
[1186] § 36 Abs. 2 Nr. 2 VwVfG NRW.
[1187] § 11 Abs. 2 S. 3 ÖPNVG NRW.
[1188] Auskunft vom Zweckverband nph vom 31.05.2017.
[1189] Verkehrsunternehmen i. S. d. Vorschrift sind nach Verwaltungsvorschrift Nr. 2.3 zu § 11 ÖPNVG NRW alle Genehmigungsinhaber oder Betriebsführer im Straßenbahn- oder O-Busverkehr, Linienverkehr nach § 42 PBefG oder im bedarfsorientierten Verkehr sowie deren Subunternehmen. Ebenfalls zu den Verkehrsunternehmen gehören die Inhaber von Genehmigungen nach § 3 Abs. 3 i. V. m. § 9 PBefG.
[1190] § 11 Abs. 2 S. 3 ÖPNVG NRW.

müssen sie einen entsprechenden Antrag stellen. Die Bewilligung vollzieht sich dann in Form eines Bescheides. Dem Antrag sind entsprechende Rechnungen zum Nachweis der Verwendung beizufügen.[1191] Hintergrund hierfür ist, dass die ÖSPV-Aufgabenträger den ordnungsgemäßen Mitteleinsatz gegenüber dem Land nach § 11 Abs. 4 S. 3 ÖPNVG NRW bestätigen müssen.

Zuwendungsbescheide stellen begünstigende Verwaltungsakte dar, die nach §§ 48, 49 VwVfG NRW zurückgenommen oder widerrufen werden können.[1192] Insbesondere kommt ein Widerruf nach § 49 Abs. 3 S. 1 Nr. 1, 2. Fall VwVfG NRW in Betracht.[1193] Demnach kann ein rechtmäßiger Verwaltungsakt widerrufen werden, wenn die gewährte Leistung nicht für den im Verwaltungsakt bestimmten Zweck verwendet wird. Liegt ein Fall der Rücknahme bzw. des Widerrufs vor, ist die gewährte Leistung nach § 49a Abs. 1 S. 1 VwVfG NRW zurückzuerstatten. Der Umfang des Erstattungsanspruchs richtet sich nach § 49a Abs. 2 S. 1 VwVfG NRW, der die Regeln über die Herausgabe einer ungerechtfertigten Bereicherung nach §§ 812 ff. BGB für entsprechend anwendbar erklärt. Auf den Erstattungsanspruch findet die dreijährige Verjährungsfrist des § 195 BGB entsprechend Anwendung.[1194] Der zu erstattende Betrag ist ab dem Eintritt der Unwirksamkeit des Verwaltungsakts mit fünf Prozentpunkten über dem Jahreszinssatz jährlich zu verzinsen.[1195]

Nicht verausgabte Mittel dürfen unabhängig vom Zeitpunkt ihrer Gewährung nach § 11 Abs. 4 S. 1 ÖPNVG NRW bis zu sechs Monate nach Ablauf des Kalenderjahres, in die die Mittel gewährt und nicht verausgabt wurden, für Zwecke des ÖPNV verwendet werden. Geschieht dies nicht, sind die übrigen Mittel dem Land nach § 11 Abs. 4 S. 2 ÖPNVG NRW zurückzugewähren. Ebenfalls gegenüber dem Land hat nach § 11 Abs. 4 S. 3 ÖPNVG NRW ein Nachweis über die ordnungsgemäße Verwendung der Pauschale durch die ÖSPV-Aufgabenträger zu erfolgen.

ee) Verwaltung der Ausbildungsverkehr-Pauschale, § 11a ÖPNVG NRW

Neben den Mitteln aus der Pauschale nach § 11 Abs. 2 ÖPNVG NRW gewährt das Land den ÖSPV-Aufgabenträgern aus Landesmitteln die Ausbildungsver-

---

[1191] Auskunft vom Zweckverband nph vom 31.05.2017.

[1192] Endell/Frömgen/Albrecht, Stand: 9. Ergänzungslieferung Januar 2018, Verfahren der Rückforderung und Erstattung A-IX, Erl. 1.

[1193] Vgl. aus der Rechtsprechung z. B. VG Arnsberg, Urteil vom 07.05.2008, Az.: 1 K 3290/06, BeckRS 2009, 42126 (Zuwendungen als Zuschuss für die Beschaffung zweier Standard-Linienomnibusse in Niederflurtechnik).

[1194] BVerwG, Urteil vom 15.03.2017, Az.: 10 C 3/16, NVwZ 2017, 969 (970 ff.)

[1195] § 49a Abs. 3 S. 1 VwVfG NRW.

kehr-Pauschale in Höhe von 130 Millionen Euro.[1196] § 11a ÖPNVG NRW stellt eine Sonderregelung zu § 45a PBefG dar. In § 45a PBefG wird bundesweit die Ausgleichspflicht im Ausbildungsverkehr gesetzlich geregelt. Allerdings haben die Landesgesetzgeber nach § 64a PBefG die Möglichkeit, die bundesrechtliche durch eine landesrechtliche Regelung zu ersetzen. Von dieser Möglichkeit hat Nordrhein-Westfalen 2011 Gebrauch gemacht, um eine Bündelung der Aufgaben- und Ausgabenverantwortung auf kommunaler Ebene zu erreichen.[1197]

Mit der Ausbildungsverkehr-Pauschale wird ein Ausgleich der Kosten für die Rabattierung von ÖSPV-Fahrpreisen für Auszubildende sowie der Fortbestand der Schüler- und Semestertickets vorgenommen.[1198] Wer Auszubildender i. S. d. § 11a ÖPNVG NRW ist, ist im Gesetz nicht definiert. Im Rahmen der bundesgesetzlichen Regelung in § 45a PBefG ergibt sich die Definition aus § 1 Abs. 1 PBefGAusglV. Neben Personen in einem Ausbildungsverhältnis sowie Schülern und Studenten fallen beispielsweise auch Teilnehmer an einem Freiwilligen Sozialen Jahr hierunter. Der jeweilige ÖSPV-Aufgabenträger kann allerdings, da er nach § 3 Abs. 1 S. 1 ÖPNVG NRW Aufgabenträger für die Planung, Organisation und Ausgestaltung des ÖSPV ist, inhaltlich von der Definition in § 1 Abs. 1 PBefGAusglV abweichen und diese einschränken oder erweitern.[1199]

Die Pauschale wird auf die ÖSPV-Aufgabenträger nach dem im Jahr 2008 für sie festgesetzten Wert auf Basis des § 45a PBefG verteilt.[1200] Diese Werte sind in der Verwaltungsvorschrift zu § 11a ÖPNVG NRW (Anlage 2a) aufgelistet. Den größten Anteil an den Mitteln erhält demnach die Stadt Dortmund mit ca. 6,22 Prozent, den niedrigsten die Stadt Wesseling mit ca. 0,002 Prozent. Eine Antragstellung der ÖSPV-Aufgabenträger ist grundsätzlich nicht erforderlich.[1201]

Bewilligungsbehörde für die Ausbildungsverkehr-Pauschale ist nach Verwaltungsvorschrift Nr. 3 zu § 11a ÖPNVG NRW die Bezirksregierung, in deren Gebiet der ÖSPV-Aufgabenträger seinen Sitz hat. Der Bezirksregierung gegenüber hat ein jährlicher Nachweis über die ordnungsgemäße, d. h. den gesetzli-

---

[1196] § 11a Abs. 1 S. 2 ÖPNVG NRW. Im SPNV ergibt sich ein Ausgleichsanspruch für den Ausbildungsverkehr aus § 6a AEG. In Nordrhein-Westfalen ist dieser allerdings pauschal mit der SPNV-Pauschale gem. § 11 Abs. 1 ÖPNVG NRW abgegolten (vgl. https://infoportal.mobil.nrw/organisation-finanzierung/pauschale-ausbildungsverkehr.html, abgerufen am 20.12.2022).

[1197] Landtag NRW-Drs. 15/444, 19.

[1198] Landtag NRW-Drs. 15/444, 19.

[1199] Landkreistag NRW et al., 5.

[1200] https://infoportal.mobil.nrw/organisation-finanzierung/pauschale-ausbildungsverkehr.html (abgerufen am 20.12.2022).

[1201] Verwaltungsvorschrift Nr. 2 zu § 11a ÖPNVG NRW.

chen Vorgaben entsprechende Verwendung der Ausbildungsverkehr-Pauschale zu erfolgen.[1202]

Die Auszahlung der Pauschale an die Aufgabenträger bzw. Zweckverbände steht unter der auflösenden Bedingung, dass mindestens 87,5 Prozent der Mittel als Ausgleich für die Kosten der Personenbeförderung im Ausbildungsverkehr im ÖSPV an die bedienenden Verkehrsunternehmen weiterzuleiten sind, sofern diese nicht anderweitig gedeckt werden können.[1203] Voraussetzung ist nach § 11a Abs. 2 S. 3 ÖPNVG NRW, dass die Verkehrsunternehmen den Gemeinschafts-, Übergangs- oder landesweiten Tarif nach § 5 Abs. 3 S. 3 ÖPNVG NRW anwenden oder zumindest anerkennen. Eine Anerkennungspflicht ist dann nötig, wenn das bedienende Verkehrsunternehmen in Einzelfällen einen Haustarif anwendet.[1204] Daneben ist eine weitere Voraussetzung, dass eine Rabattierung der Zeitfahrausweise im Ausbildungsverkehr in Höhe von mindestens 20 Prozent erfolgt.[1205]

Die konkrete Verteilung an die bedienenden Verkehrsunternehmen richtet sich gem. § 11a Abs. 2 S. 4 ÖPNVG NRW nach deren Erträgen am Ausbildungsverkehr. Bei der Berechnung werden Erträge von Verkehrsunternehmen aus freigestellten Schülerverkehren und über den gemeinschaftlichen Tarif hinausgehende Zahlungen, wie beispielsweise Zuschüsse von Schulträgern, nicht berücksichtigt.[1206] Die Erträge bestehen aus dem Verkauf von Zeitfahrausweisen des Ausbildungsverkehrs, aus den für die Verkehrsunternehmen erhöhten Beförderungsentgelten im Ausbildungsverkehr sowie aus dem vereinnahmten Eigenanteil für Schülerfahrkarten i. S. d. § 97 SchulG NRW. Erfasst werden allerdings nicht die kassentechnischen Einnahmen. Vielmehr sind die den Verkehrsunternehmen durch den für die Einnahmenaufteilung zuständigen Verkehrs- oder Tarifverbund zugeordneten Einnahmen entscheidend.[1207] Sofern das Verkehrsunternehmen im Gebiet mehrerer ÖSPV-Aufgabenträger tätig ist, kommt es für die Berechnung der Ausbildungsverkehr-Pauschale auf die bedienten Wagen-Kilometer an.[1208] In einem zweiten Schritt werden sämtliche Erträge der tätigen Verkehrsunternehmen im Gebiet eines ÖSPV-Aufgabenträgers addiert und deren prozentuale Anteile an den Gesamterträgen ermittelt. Schließlich wird im dritten Schritt der prozentuale Anteil des Verkehrsunternehmens mit

---

[1202] § 11a Abs. 5 S. 3 ÖPNVG NRW.
[1203] § 11a Abs. 2 S. 1, 2 ÖPNVG NRW.
[1204] Landtag NRW-Drs. 15/444, 20.
[1205] Landtag NRW-Drs. 15/444, 20.
[1206] Landkreistag NRW et al., 9 f.
[1207] Landkreistag NRW et al., 10.
[1208] § 11a Abs. 2 S. 5 ÖPNVG NRW.

dem Anteil, den der betroffene ÖSPV-Aufgabenträger weiterleitet, multipliziert. Das Ergebnis stellt den an das Verkehrsunternehmen weiterzuleitenden Betrag i. S. d. § 11a Abs. 2 ÖPNVG NRW dar.[1209]

Nach § 11a Abs. 3 ÖPNVG NRW sind bis zu 12,5 Prozent der Mittel für Maßnahmen, die der (Fort-)Entwicklung von Tarif- und Verkehrsangeboten sowie Qualitätsverbesserungen im Ausbildungsverkehr dienen, zu verwenden. Darunter ist eine Anpassung der Planung, Organisation und Ausgestaltung der ÖPNV-Angebote an die veränderten Bedürfnisse im Ausbildungsverkehr zu verstehen. Diese können sich beispielsweise aus der Errichtung von Ganztagsschulen, einer Veränderung von Schulstandorten und der demographischen Entwicklung ergeben.[1210] Alternativ können mit ihnen auch die Verwaltungskosten, die bei der Abwicklung der mit der Pauschale verbundenen Aufgaben entstehen, ausgeglichen werden. Die Mittel werden dann vom zuständigen ÖSPV-Aufgabenträger einbehalten. Schließlich besteht nach § 11a Abs. 3 ÖPNVG NRW die Möglichkeit, Teile der Mittel diskriminierungsfrei an öffentliche oder private Verkehrsunternehmen, Gemeinden, Zweckverbände oder juristische Personen des Privatrechts, die Zwecke des ÖPNV verfolgen, weiterzuleiten.

Die Auszahlung der Landesmittel an die ÖSPV-Aufgabenträger erfolgt jährlich in zwei Schritten: 70 Prozent sind zum 1. Mai, 30 Prozent zum 1. Oktober auszuzahlen.[1211] Sind die Mittel in einem Jahr nicht vollständig verwendet worden, so können diese nach § 11a Abs. 5 S. 1 ÖPNVG NRW durch die Aufgabeträger bis zu sechs Monate im folgenden Jahr für Maßnahmen i. S. d. § 11a Abs. 2, 3 ÖPNVG NRW weitergeleitet werden. Im Falle der Nichtverwendung der Mittel sind diese an das Land zurückzuzahlen.[1212] In der Praxis kam es allerdings bisher nicht zu einem Rückforderungsverlangen.[1213]

Die Verkehrsunternehmen beantragen die Mittel aus der Pauschale bei dem für sie zuständigen ÖSPV-Aufgabenträger. Diese erstellen einen Bescheid, einen Verwaltungsakt i. S. d. § 35 S. 1 VwVfG NRW, mit dem über die Mittelgewährung entschieden wird.[1214]

[1209] Landkreistag NRW et al., 11 f.
[1210] Landtag NRW-Drs. 15/444, 20.
[1211] § 11a Abs. 4 S. 1, 2 ÖPNV NRW.
[1212] § 11a Abs. 5 S. 2 ÖPNVG NRW.
[1213] Auskunft vom Zweckverband nph vom 31.05.2017.
[1214] Eine Vorlage für diesen Bescheid findet sich in Anlage 2b zur Verwaltungsvorschrift zu § 11a ÖPNVG NRW.

IV. Eigenbetriebe

Das ÖPNVG NRW normiert in § 2 Abs. 2 S. 3, dass zur Verbesserung des Verkehrsangebotes und zur Steigerung des SPNV-Aufkommens auf die Gründung von Eisenbahnstrukturbetreibern regionaler Art hingewirkt werden soll.

Dieser Hinwirkungspflicht sind die drei SPNV-Aufgabenträger nachgekommen. In deren Satzungen[1215] ist die Gründung von Eigenbetrieben vorgesehen. Eigenbetriebe i. S. d. § 114 Abs. 1 GO NRW sind eine öffentlich-rechtliche Organisationsform für Unternehmen und Einrichtungen der kommunalen Selbstverwaltung, die keine eigene Rechtsfähigkeit besitzen, aber organisatorisch und finanzwirtschaftlich verselbständigt sind.[1216] Durch ihre rechnungsmäßige Selbständigkeit besteht bezogen auf die Darstellung ihrer wirtschaftlichen Betätigung ein hohes Maß an Transparenz. Weitere Vorteile der Gründung eines Eigenbetriebs sind die Förderung des Kostenbewusstseins und die Möglichkeit, einen Vergleich mit anderen Betrieben durchzuführen.[1217]

Um diese Vorteile nutzen zu können, sind in allen drei Kooperationsräumen Eigenbetriebe gegründet worden: Die Möglichkeit, einen Eigenbetrieb zu errichten, ergibt sich für den Zweckverband aus § 8 GkG NRW i. V. m. §§ 7, 107 Abs. 2, 114 GO NRW i. V. m. Eigenbetriebsverordnung NRW.

Im Kooperationsraum A wurde durch den Zweckverband VRR der Eigenbetrieb „Fahrzeuge und Infrastruktur" gegründet.[1218] Der Trägerzweckverband VRR hat teils durch mandatierende, teils durch delegierende Übertragung seine Aufgaben auf die VRR AöR, die nunmehr SPNV-Aufgabenträger ist, übertragen. Hinsichtlich des Eigenbetriebs erfolgt nun eine Aufgabenübertragung von der VRR AöR zurück auf den Zweckverband VRR.[1219] Hintergrund für diese Konstruktion ist, dass der Zweckverband als Gebietskörperschaft andere Darlehenskonditionen als die AöR erhält. Gerade in einem kostenintensiven Bereich wie der Beschaffung von Fahrzeugen handelt es sich hierbei um einen gewichtigen Faktor.[1220] Die Zulässigkeit einer solchen Aufgabenrückübertragung wird durch das ÖPNVG NRW zwar nicht direkt, aber mittelbar ermöglicht. Zum einen erfolgt die Ausgestaltung der Organisationsstrukturen in den jeweiligen Kooperationsräu-

---

[1215] Vgl. §§ 20 Abs. 2 Nr. 3 Satzung VRR AöR, 11 Abs. 3 S. 1 Satzung ZV NVR, 4 Abs. 8 Satzung ZV NWL.
[1216] Brüning, in: Mann/Püttner, § 44 Rn. 25.
[1217] Berning/Flüshöh, 43 f.; Zweckverband NWL (Hrsg.), NWL kompakt 1/2016, 7.
[1218] Vgl. § 1 Abs. 2 Satzung Eigenbetrieb VRR.
[1219] § 17 S. 1 Satzung VRR AöR eröffnet explizit die Möglichkeit, Vereinbarungen über die Übertragung von Zuständigkeiten mit Zweckverbänden zu schließen. Dies gilt nach § 17 S. 2 Satzung VRR AöR insbesondere für die Beschaffung von SPNV-Fahrzeugen.
[1220] Husmann/Langenberg/Jasper/Neven-Darcoussis, Der Nahverkehr 9/2009, 8 (8).

men nach § 5 Abs. 1 S. 2 ÖPNVG NRW durch die Mitglieder. Sofern diese einer Rückübertragung zustimmen, ist dieser Vorgang nicht zu beanstanden. Zum anderen sieht § 2 Abs. 2 S. 2 ÖPNVG NRW vor, dass unter anderem eine wirtschaftliche Verbesserung des Verkehrsangebotes zu erfolgen hat. Können die Fahrzeuge zu günstigeren Konditionen beschafft werden, können die verbleibenden finanziellen Mittel in bessere Serviceleistungen oder die Realisierung eines erhöhten Fahrplantakts investiert werden.[1221] Der Wortlaut der Norm bezieht sich nicht nur auf unbefriedigend genutzte Schienenstrecken („insbesondere"), sondern stellt vielmehr einen allgemeingültigen Grundsatz dar.[1222] Im Kooperationsraum A vergibt somit die VRR AöR die Verkehrsdienstleistungen und der Trägerzweckverband VRR die Beschaffungsleistungen für die Fahrzeuge. Es wird hierbei ein gemeinsames Verfahren ausgeschrieben.[1223]

Auch in den anderen beiden Kooperationsräumen bestehen Eigenbetriebe: Im Kooperationsraum B der Eigenbetrieb „Fahrzeuge" und im Kooperationsraum C der Eigenbetrieb „Infrastruktur und Fahrzeuge".[1224]

Gemeinsam ist den Eigenbetrieben die Aufgabe der Beschaffung und Finanzierung von Fahrzeugen sowie deren Verpachtung, Vermietung und Nutzungsüberlassung.[1225] Bis zur Finanzkrise 2008 war bundesweit ein Großteil der SPNV-Aufgabenträger nicht Eigentümer der Eisenbahnfahrzeuge. Die Fahrzeugfinanzierung stellt einen erheblichen Kostenfaktor für die Nahverkehrsunternehmen dar. Üblicherweise beschafften sich die Nahverkehrsunternehmen die Fahrzeuge selbst und finanzierten sie durch ein – mit hohen Zinsen verbundenes – Darlehen oder leasten sie.[1226] Im Zuge der Finanzkrise 2008 verschwand dieses Modell allerdings immer mehr vom Markt. Es wurden verschiedene Modelle entwickelt, die die Nahverkehrsunternehmen von den hohen Kosten entlasten sollen. Ziel war es, dass im Ergebnis mehr finanzielle Möglichkeiten für einen besseren Service oder die Realisierung eines erhöhten Fahrplantakts vorhanden sind.[1227]

[1221] Jasper/Neven-Darcoussis, Kommunalwirtschaft 2008, 566 (566).
[1222] Vgl. Landtag NRW-Drs. 11/7847, 31.
[1223] Husmann/Langenberg/Jasper/Neven-Darcoussis, Der Nahverkehr 9/2009, 8 (8).
[1224] Vgl. § 1 Abs. 2 Satzung Eigenbetrieb NVR; Zweckverband NWL (Hrsg.), Gründung des NWL-Eigenbetriebes EBINFA, NWL kompakt 1/2016, 7.
[1225] Vgl. §§ 3 Abs. 1 lit. a), b) Satzung Eigenbetrieb VRR, 3 Abs. 1 lit. a), b) Satzung Eigenbetrieb NVR; Zweckverband NWL (Hrsg.), Gründung des NWL-Eigenbetriebes EBINFA, NWL kompakt 1/2016, 7.
[1226] Jasper/Neven-Darcoussis, Kommunalwirtschaft 2008, 566 (566).
[1227] Jasper/Neven-Darcoussis, Kommunalwirtschaft 2008, 566 (566).

Da die Darlehensaufnahme bei der Beschaffung von Fahrzeugen mit hohen Zinszahlungen verbunden ist, gibt es vermehrt Modelle, bei denen die Aufgabenträger für die Beschaffung zuständig sind. Hier wird zwischen Fahrzeugpool-Modellen oder Wiedereinsetzungsgarantie-Modellen differenziert. Bei Fahrzeugpools baut der SPNV-Aufgabenträger einen eigenen Fuhrpark auf. Eine durch den SPNV-Aufgabenträger abgegebene Wiedereinsetzungsgarantie sichert dem Nahverkehrsunternehmen die Weiterverwendung der Altfahrzeuge zu, ohne dass der Altbieter den Zuschlag für die folgenden Verkehrsleistungen erhält.[1228] Vorteil dieser Modelle ist, dass die SPNV-Aufgabenträger als Gebietskörperschaft Zugang zu günstigen Kommunalkreditkonditionen haben.[1229]

Ein weiteres Modell, das sog. VRR-Finanzierungsmodell, sieht vor, dass der Aufgabenträger an die Stelle eines Leasinggebers tritt und bei SPNV-Ausschreibungen die Fahrzeuge für zukünftige Betreiber finanziert. In diesem Modell übernehmen die Aufgabenträger nicht das unternehmerische Risiko der Nahverkehrsunternehmen, da diese für den Erhalt der Qualität verantwortlich sind und die Fahrzeuge kontrollieren müssen.[1230] Die jeweilige Ausschreibung bezieht sich auf ein konkretes Netz und vollzieht sich nach den Vorgaben der VO (EG) 1370/2007. Das Nahverkehrsunternehmen wählt einen Fahrzeughersteller aus, der die entsprechenden Fahrzeuge liefert. Hierbei hat das Nahverkehrsunternehmen die Vorgaben des SPNV-Aufgabenträgers hinsichtlich der Fahrzeuganforderungen zu beachten. Zu den Anforderungen gehören u. a. Fahrplanvorgaben, Beschleunigungsvermögen, Kapazitäts- sowie Qualitätsvorgaben.[1231] Nachdem das Nahverkehrsunternehmen mit dem Hersteller einen Kaufvertrag geschlossen hat, schließt das Nahverkehrsunternehmen mit der Gebietskörperschaft, die SPNV-Aufgabenträger ist, einen Kaufvertrag über das Fahrzeug. Zwischen den letztgenannten wird dann ein Pachtvertrag geschlossen und die Fahrzeuge werden zur Erbringung der Nahverkehrsleistungen überlassen. Aus den Pachtzahlungen bedient die Gebietskörperschaft das Darlehen.[1232] Das Verkehrsunternehmen verpflichtet sich dazu, die Fahrzeuge in einem vertragsgemäßen Zustand zu erhalten. Am Ende der Laufzeit des Verkehrsvertrags gehen die Fahrzeuge vollständig auf den SPNV-Aufgabenträger über. Dieser kann sie nun wieder auf nachfolgende Nahverkehrsunternehmen übertragen.[1233] Die

---

[1228] Jasper/Neven-Darcoussis, Kommunalwirtschaft 2008, 566 (567).
[1229] Husmann/Langenberg/Jasper/Neven-Darcoussis, Der Nahverkehr 9/2009, 8 (8).
[1230] Husmann/Langenberg/Jasper/Neven-Darcoussis, Der Nahverkehr 9/2009, 8 (8).
[1231] Auskunft vom Zweckverband ZVM vom 27.01.2017.
[1232] Husmann/Langenberg/Jasper/Neven-Darcoussis, Der Nahverkehr 9/2009, 8 (10).
[1233] Jasper/Neven-Darcoussis, Kommunalwirtschaft 2008, 566 (567).

Eigenbetriebe übernehmen auch die Überwachung der Fahrzeuge in Form eines technischen und betriebswirtschaftlichen Controllings.[1234]

Den Eigenbetrieben können auch weitere Aufgaben zukommen. So ist eine weitere Aufgabe des Eigenbetriebs im Kooperationsraum A die Erschließung, Nutzungsüberlassung und Bewirtschaftung von Grundstücken des Zweckverbandes VRR, die für den Eisenbahnverkehr genutzt werden oder gewidmet waren.[1235] Der Eigenbetrieb des Zweckverbandes VRR kann zudem für Eisenbahnverkehrsunternehmen weitere Aufgaben übernehmen, wenn diese einen Bezug zu der Bedienung mit SPNV-Leistungen haben. Beispiele sind hier die Übernahme von Marketingleistungen oder der Einnahmensicherung.[1236] Außerdem kann er, ebenso wie der Eigenbetrieb im Kooperationsraum B, die Aufgaben der Beschaffung und Überlassung von Fahrzeugen für andere Hoheitsträger übernehmen, wenn diese eine SPNV-Linie mit dem jeweiligen SPNV-Aufgabenträger betreiben.

Der Eigenbetrieb im Kooperationsraum C übernimmt für den Zweckverband NWL die Aufgabe der Infrastrukturförderung.[1237]

Durchgeführt werden die Aufgaben nicht von gesondertem Personal, sondern von den Mitarbeitern des jeweiligen Zweckverbandes in Personalunion. Die Eigenbetriebe beschäftigen somit keine hauptamtlichen Mitarbeiter.[1238]

[1234] Vgl. §§ 3 Abs. 1 lit. c) Satzung Eigenbetrieb VRR, 3 Abs. 1 lit. c) Satzung Eigenbetrieb NVR.
[1235] § 3 Abs. 1 lit. d) Satzung Eigenbetrieb VRR.
[1236] § 3 Abs. 1 lit. e) Satzung Eigenbetrieb VRR.
[1237] Zweckverband NWL (Hrsg.), Gründung des NWL-Eigenbetriebes EBINFA, NWL kompakt 1/2016, 7.
[1238] Im Eigenbetrieb Zweckverband VRR nimmt Personal der VRR AöR die Aufgaben wahr, vgl. §§ 3 Abs. 2, 10 Satzung Eigenbetrieb VRR. Personal des Zweckverbandes NVR bzw. der NVR GmbH ist für die operative Tätigkeit des Eigenbetriebs NVR zuständig, §§ 3 Abs. 2, 10 Satzung Eigenbetrieb NVR. Auch im Bereich des NWL werden die Aufgaben in Personalunion wahrgenommen. Die Zuständigkeiten und Entscheidungskompetenzen innerhalb der dezentralen NWL-Struktur werden somit nicht verändert, vgl. Zweckverband NWL (Hrsg.), Gründung des NWL-Eigenbetriebes EBINFA, NWL kompakt 1/2016, 7.

E. Kooperation unter SPNV-Aufgabenträgern und Trägerzweckverbänden

I. Kooperation unter SPNV-Aufgabenträgern

Der ÖPNV kann nur kooperationsraum- bzw. länderübergreifend sinnvoll eingesetzt werden.[1239] Allein so ist es möglich, Anschlüsse zu sichern und eine umfassende Versorgung der Bevölkerung mit ÖPNV-Leistungen zu gewährleisten. Aus diesem Grund sieht § 6 Abs. 1 S. 1 ÖPNVG NRW die Kooperation der SPNV-Aufgabenträger vor. Hierzu werden in der Praxis regelmäßig entsprechende Kooperationsvereinbarungen geschlossen.[1240]

1. Kooperationsraumübergreifender Linienverkehr

Die Kooperationspflicht der SPNV-Aufgabenträger in § 6 Abs. 1 S. 1 ÖPNVG NRW verpflichtet diese zur Zusammenarbeit.[1241] Zusammenarbeit wird sowohl im allgemeinen Sprachgebrauch[1242] als auch der Literatur als „ein bewusstes Zusammenwirken bei der Verrichtung einer Tätigkeit zur Erreichung eines gemeinsamen Ziels"[1243] verstanden. Hierfür ist eine Arbeitsanstrengung der betroffenen SPNV-Aufgabenträger erforderlich.[1244] Die Kooperation wird in der Praxis durch öffentlich-rechtliche Verwaltungsvereinbarungen zwischen den SPNV-Aufgabenträgern erreicht.[1245]

Die Pflicht zur Kooperation greift, wenn Planung, Organisation und Ausgestaltung von SPNV-Linienverkehren das Gebiet mehrerer SPNV-Aufgabenträger berühren.[1246] Verpflichtet sind nach dem Wortlaut von § 6 Abs. 1 S. 1 ÖPNVG NRW die SPNV-Aufgabenträger, durch die die entsprechenden Linien führen. Ein Beispiel für die Zusammenarbeit i. S. d. § 6 Abs. 1 S. 1 ÖPNVG NRW ist die gemeinsame Erarbeitung von Unterlagen für Vergabeverfahren im Hinblick auf die Art und Weise der Durchführung des Verfahrens sowie der Vertragsinhalte.[1247] Die dafür erforderlichen Prozesse und der entsprechende Personaleinsatz können durch die Kooperation im Sinne der Grundsätze einer sparsamen und wirtschaftlichen Verwaltung optimiert werden.

[1239] Werner/Patout et al., § 6 ÖPNVG NRW Erl. 1.
[1240] Werner/Patout et al., § 6 ÖPNVG NRW Erl. 1.
[1241] Vgl. §§ 5 Abs. 4 S. 1, 2 Satzung VRR AöR, 3 Abs. 4 S. 5, Abs. 6 S. 3 Satzung ZV NVR, 4 Abs. 7 Satzung ZV NWL.
[1242] Dudenredaktion, 2127 (Suchwort: zusammenarbeiten).
[1243] Werner/Patout et al., § 6 ÖPNVG NRW Erl. 1.
[1244] Werner/Patout et al., § 6 ÖPNVG NRW Erl. 1.
[1245] Werner/Patout et al., § 6 ÖPNVG NRW Erl. 1.
[1246] § 6 Abs. 1 S. 1 ÖPNVG NRW.
[1247] Werner/Patout et al., § 6 ÖPNVG NRW Erl. 1.

Sofern keine Einigung der SPNV-Aufgabenträger bei Fragen der kooperationsraumübergreifenden SPNV-Linien in angemessener Zeit erfolgt, greift das für das Verkehrswesen zuständige Ministerium nach § 6 Abs. 1 S. 2 ÖPNVG NRW ein. Es fordert die Beteiligten zu Berichten über den konkreten Sachstand auf, erarbeitet innerhalb dieses Sachstandes Lösungsvorschläge für den Einzelfall und hört die Beteiligten an. Schließlich ist als *ultima ratio* ein Letztentscheidungsrecht des Ministeriums vorgesehen, sofern keine Einigung der Beteiligten zustande kommt. Der von den SPNV-Aufgabenträgern vorgetragene Sachstand bildet den Rahmen für die Entscheidung.[1248] Die getroffene Entscheidung wird nach § 6 Abs. 1 S. 3 ÖPNVG NRW mit Bekanntgabe gegenüber den Beteiligten als sonderaufsichtliche Weisung verbindlich. Es handelt sich mithin um eine Pflichtaufgabe zur Erfüllung nach Weisung. Die gesetzliche Regelung geht somit von einem abgestuften System aus: Die Einwirkungsrechte des Verkehrsministeriums beschränken sich zunächst auf eine Vermittlerrolle. Erst wenn eine Einigung der SPNV-Aufgabenträger zu Fragen der Kooperation in angemessener Zeit nicht zustande kommt, bestehen Einwirkungsrechte des Verkehrsministeriums durch sonderaufsichtliche Weisungen. Diese stellen zwar einen Eingriff in die kommunale Selbstverwaltung der hinter den SPNV-Aufgabenträgern stehenden Gebietskörperschaften dar, der jedoch gerechtfertigt ist.

Keine Auskunft gibt das Gesetz darüber, wann ein Zeitraum i. S. d. § 6 Abs. 1 S. 2 ÖPNVG NRW nicht mehr angemessen ist. Mangels konkreter gesetzlicher Vorgaben und Kriterien verbieten sich allgemeingültige Ausführungen. Vielmehr kommt es stets auf den Einzelfall und die Komplexität des der Entscheidung zugrundeliegenden Sachverhalts an. Nicht mehr angemessen ist der Zeitraum jedenfalls dann, wenn durch ein Zuwarten die angemessene Bedienung der Bevölkerung mit SPNV-Leistungen nicht mehr gewährleistet werden kann.[1249] Es muss so viel Zeit gegeben sein, dass das Ministerium entsprechend dem Einzelfall eine Entscheidung treffen und diese durch die beteiligten SPNV-Aufgabenträger umgesetzt werden kann. In Betracht kommt für einen Übergangszeitraum insoweit jedoch die Ergreifung einer Notmaßnahme i. S. d. Art. 5 Abs. 5 S. 1 VO (EG) 1370/2007, also beispielsweise einer Auferlegung von entsprechenden Nahverkehrsleistungen.

Im Zusammenhang mit einer sonderaufsichtlichen Weisung des Verkehrsministeriums kann es zu einer erhöhten Kostentragung des SPNV-Aufgabenträgers kommen, für den die sonderaufsichtliche Weisung nachteilig ist (bspw. aufgrund

---

[1248] § 6 Abs. 1 S. 2 ÖPNVG NRW.
[1249] Vgl. § 2 Abs. 3 S. 1 ÖPNVG NRW.

höherer Betriebskosten). Daher stellt sich die Frage, ob es die Möglichkeit eines finanziellen Ausgleichs aufgrund der sonderaufsichtlichen Weisung gibt. Die Regelung in § 6 Abs. 1 ÖPNVG NRW enthält keine Regelungen zur Kostentragungspflicht im Falle einer sonderaufsichtlichen Weisung. Ein Rückgriff ist daher auf die allgemeinen Regelungen zur Finanzierung des SPNV in § 11 Abs. 1 ÖPNVG NRW zu nehmen. Nach § 11 Abs. 1 S. 1 ÖPNVG NRW gewährt das Land den SPNV-Aufgabenträgern eine Pauschale zur Finanzierung des Leistungsangebots. Diese Pauschale ist nach § 11 Abs. 1 S. 4 ÖPNVG NRW zur Sicherung eines „bedarfsgerechten SPNV-Angebots" an die Eisenbahnverkehrsunternehmen weiterzuleiten. Die Letztentscheidung des Landes, welche als sonderaufsichtliche Weisung verbindlich wird, sollte das Ziel haben, ein bedarfsgerechtes Leistungsangebot zu ermöglichen. Die mit der sonderaufsichtlichen Weisung verbundenen Mehrkosten sind daher von der Pauschale des § 11 Abs. 1 S. 1 ÖPNVG NRW abgedeckt. Kriterien dafür, was ein bedarfsgerechtes Angebot ausmacht, können § 2 ÖPNVG NRW, insbesondere dessen Abs. 3, entnommen werden. Nach § 2 Abs. 2 S. 2 ÖPNVG NRW ist eine „wirtschaftliche Verbesserung des Verkehrsangebots" anzustreben. Das Land wird somit im Rahmen der Letztentscheidung auch die finanziellen Aspekte mit zu berücksichtigen haben.

2. SPNV-Netz im besonderen Landesinteresse

Daneben werden die SPNV-Aufgabenträger zur zweckmäßigen Umsetzung des SPNV-Netzes im besonderen Landesinteresse verpflichtet.[1250] Hierbei sind ausweislich der Gesetzesbegründung die Vorgaben des ÖPNVG NRW und der ÖPNV-Pauschalenverordnung zu beachten.[1251]

Unter „Umsetzung" ist die konkrete Ausgestaltung und Bedienung des SPNV-Netzes, in der Regel durch den Abschluss von Verkehrsverträgen mit den Nahverkehrsunternehmen nach erfolgreicher Durchführung eines Vergabeverfahrens, zu verstehen.[1252]

Bezogen auf die Zweckmäßigkeit sind die Grundsätze des § 2 ÖPNVG NRW in den Blick zu nehmen. Neben dem Grundsatz des § 2 Abs. 3 S. 1 ÖPNVG NRW, wonach eine angemessene Bedienung der Bevölkerung mit ÖPNV-Leistungen sichergestellt werden soll, ist insbesondere Abs. 2a relevant. In diesem werden Anforderungen an den Rhein-Ruhr-Express (RRX) definiert. Demnach steht

---

[1250] § 6 Abs. 1 S. 4 ÖPNVG NRW.
[1251] Landtag NRW-Drs. 16/12435, 31.
[1252] Werner/Patout et al., § 6 ÖPNVG NRW Erl. 1.

„im besonderen Interesse des Landes der taktverdichtete und Reisezeit einsparende Eisenbahnbetrieb zwischen Dortmund und Köln einschließlich seiner landesweiten Durchbindung sowie der hierfür erforderliche Ausbau der Eisenbahninfrastruktur (Rhein-Ruhr-Express)".[1253]

Für die Sicherstellung des RRX haben die SPNV-Aufgabenträger zu sorgen.[1254] Damit ist die Finanzierung der RRX-Linien gemeint. Dies ergibt sich daraus, dass die ÖPNV-Pauschalen-Verordnung die Verteilung und Verwendung der Mittel aus § 11 Abs. 1 ÖPNVG NRW regelt.

Nach § 6 Abs. 1 S. 4 ÖPNVG NRW kann das Verkehrsministerium im Einzelfall Zweckmäßigkeitsweisungen für die Umsetzung des SPNV-Netzes im besonderen Landesinteresse gegenüber den SPNV-Aufgabenträgern erteilen. Eine Einigung der SPNV-Aufgabenträger darf im Hinblick auf die Umsetzung nicht zustande gekommen sein. Die Möglichkeit des Verkehrsministeriums, Zweckmäßigkeitsweisungen zu erteilen, greift zwar in die kommunale Selbstverwaltung der hinter den SPNV-Aufgabenträgern stehenden Kreise und kreisfreien Städte ein, ist jedoch im Ergebnis gerechtfertigt. Hinsichtlich einer etwaigen Kostentragungspflicht gilt das zum Letztentscheidungsrecht nach § 6 Abs. 1 S. 2, 3 ÖPNVG NRW Ausgeführte: Etwaige Mehrkosten sind durch die Pauschale des § 11 Abs. 1 S. 1 ÖPNVG NRW ausgeglichen.

3. Sonstige Vorgaben und Möglichkeiten zur Kooperation

Im Rahmen der Kooperation ist es weiterhin möglich, dass benachbarte SPNV-Aufgabenträger einzelne Angelegenheiten im Einvernehmen auf den einen oder anderen übertragen.[1255] Dies kann mangels gesetzlicher Vorgaben sowohl im Wege der mandatierenden als auch der delegierenden Aufgabenübertragung erfolgen.[1256]

Beispiele für die Angelegenheiten nach § 6 Abs. 2 ÖPNVG NRW sind die Organisation von S-Bahn-Verkehren, Projektplanungen oder Verhandlungen mit Anbietern von Leistungen im SPNV.[1257] Die einvernehmliche Aufgabenübertragung erfolgt bei Zweckverbänden über eine öffentlich-rechtliche Vereinbarung i. S. d. § 23 Abs. 1 GkG NRW. Wenn allerdings die gemeinsame Anstalt beteiligt ist, ist, da der persönliche Anwendungsbereich des § 23 Abs. 1 GkG NRW nicht

---

[1253] § 2 Abs. 2a S. 1 ÖPNVG NRW.
[1254] § 2 Abs. 2 ÖPNV-Pauschalen-Verordnung NRW.
[1255] § 6 Abs. 2 ÖPNVG NRW.
[1256] Werner/Patout et al., § 6 ÖPNVG NRW Erl. 2.
[1257] Landtag NRW-Drs. 11/7847, 33.

eröffnet ist, lediglich der Abschluss eines öffentlich-rechtlichen Vertrages gem. § 54 S. 1 VwVfG NRW möglich.[1258]

§ 6 Abs. 3 ÖPNVG NRW listet als weitere Kooperationsverpflichtung auf, dass auf die Bildung landesweiter Tarif- und landeseinheitlicher Beförderungsbedingungen sowie die Bildung kooperationsraumübergreifender Tarife mit dem Ziel eines landesweiten Tarifs hingewirkt werden soll. Diese Regelung erklärt sich vor dem Hintergrund, dass die landesweite Bedienung mit SPNV-Leistungen auch kooperationsübergreifend erfolgt und so entsprechend auch die Regelungen ausgestaltet sein sollen.[1259] Sie ist im Zusammenhang mit § 5 Abs. 3 S. 3 ÖPNVG NRW zu lesen und normiert diese Vorgaben im kooperationsraumübergreifenden Bereich.[1260] Die Norm ist als „Soll-Vorschrift" ausgestaltet. Durch eine „Soll-Vorschrift" wird eine Rechtsfolge zwar grundsätzlich gesetzt, in atypischen Ausnahmefällen ist eine Abweichung allerdings möglich. Es liegt eine Regelvermutung vor.[1261] Hintergrund der Regelung ist, dass der Fahrgast durch die Schaffung landesweit einheitlicher Tarif- und Beförderungsbedingungen profitieren und so die Attraktivität des ÖPNV gesteigert werden soll. Der Hinwirkungspflicht kommen die Aufgabenträger beispielsweise durch die Bildung des Kompetenz Centers Marketing (KCM) nach.[1262] Dieses ist beim Trägerzweckverband VRS angesiedelt und ist für die Fortschreibung des NRW-Tarifs und der hierfür geltenden Beförderungsbedingungen zuständig.[1263]

In § 6 Abs. 4 S. 1 ÖPNVG NRW findet sich eine gesetzliche Regelung, mit der die zweckmäßige Zusammenarbeit mit den ÖPNV-Aufgabenträgern der benachbarten Bundesländer und Staaten in das Ermessen der Aufgabenträger gelegt wird.[1264] Diese Regelung konkretisiert die gesetzliche Zielvorstellung des § 2 Abs. 11 S. 1 ÖPNVG NRW, wonach der Sicherung und dem Ausbau von Staatengrenzen überschreitenden Nahverkehrsleistungen eine besondere Bedeutung zukommt. Ein Beispiel hierfür ist die im Jahr 2010 erfolgte wettbewerbliche Vergabe des SPNV-Netzes Westliches Münsterland. Hierbei arbeitete der VRR AöR mit der Stadt Enschede und der Region Overijssel zusammen.[1265] Weiteres Beispiel für die zweckmäßige Zusammenarbeit mit benachbarten Bundesländern ist die Kooperation der nordrhein-westfälischen SPNV-Aufgabenträ-

---

[1258] Werner/Patout et al., § 6 ÖPNVG NRW Erl. 2.
[1259] Landtag NRW-Drs. 11/7847, 33.
[1260] Werner/Patout et al., § 6 ÖPNVG NRW Erl. 3.
[1261] Maurer/Waldhoff, § 7 Rn. 11.
[1262] Werner/Patout et al., § 6 ÖPNVG NRW Erl. 2.
[1263] https://www.kcm-nrw.de/aufgaben/tarif.html (abgerufen am 20.12.2022).
[1264] Vgl. Landtag NRW-Drs. 11/7847, 33.
[1265] Werner/Patout et al., § 6 ÖPNVG NRW Erl. 4.

ger mit dem Zweckverband SPNV Rheinland-Pfalz Nord und dem Nordhessischen Verkehrsverbund als zuständige SPNV-Aufgabenträger bei der Planung und Durchführung des Rhein-Ruhr-Express (RRX).[1266] Schließlich können in diesem Zusammenhang mit Zustimmung des Verkehrsministeriums nach § 6 Abs. 4 S. 2 ÖPNVG NRW Zuständigkeitsvereinbarungen zwischen den verschiedenen ÖPNV-Aufgabenträgern geschlossen werden. Ein Beispiel hierfür ist der Rhein-Ijssel-Express, bei dem die VRR AöR sowohl für den nordrhein-westfälischen als auch den niederländischen Teil die Ausschreibung im Vergabeverfahren durchgeführt hat.[1267]

Bis zum 31.03. eines jeden Jahres haben die SPNV-Aufgabenträger dem Verkehrsministerium einen Bericht über die Kooperation vorzulegen.[1268] Durch den Bericht soll das Ministerium Informationen erhalten, die es zur Erfüllung der Aufgabe nach § 6 Abs. 1 ÖPNVG NRW, der Entscheidungsrechte gem. S. 2 und der Erteilung von Zweckmäßigkeitsweisungen gem. S. 4 benötigt.[1269]

II. Kooperation unter Trägerzweckverbänden

Sämtliche Trägerzweckverbände sind eine Kooperation eingegangen, indem sie in der Praxis die drei nordrhein-westfälischen SPNV-Aufgabenträger gebildet haben.[1270]

Darüber hinaus gibt es unterschiedlich ausgestaltete satzungsmäßige Vorgaben zur Kooperation der Trägerzweckverbände.

In der Satzung des Trägerzweckverbandes VRR findet sich in § 4 Abs. 1 S. 2 eine Regelung zur Zusammenarbeit mit dem Land, den Trägerzweckverbänden, den ÖPNV-Aufgabenträgern, den Verbandsmitgliedern und den Verkehrsunternehmen. Ziel dieser Kooperation ist eine angemessene Bedienung der Bevölkerung mit ÖPNV-Leistungen. Dies soll mithilfe einer koordinierten Angebotsplanung und -gestaltung, einheitlicher und nutzerfreundlicher Tarife, einer koordinierten Information der Fahrgäste sowie einheitlicher Qualitätsstandards erreicht werden.[1271]

In den Satzungen der Trägerzweckverbände AVV und VRS gibt es Vorgaben zur Zusammenarbeit. So kooperiert der AVV mit den niederländischen und belgischen Aufgabenträgern im ÖPNV.[1272] Ziel ist es, auf eine bedarfsgerechte

---

[1266] Auskunft vom Eigenbetrieb EBINFA (NWL) vom 14.06.2017.
[1267] Auskunft von der VRR AöR vom 09.07.2018.
[1268] § 6 Abs. 5 ÖPNVG NRW.
[1269] Landtag NRW-Drs. 16/57, 25.
[1270] § 5 Abs. 1 S. 1 ÖPNVG NRW.
[1271] § 4 Abs. 1 S. 1 i. V. m. S. 2 Satzung ZV VRR.
[1272] Vgl. auch § 2 Abs. 11 S. 1 ÖPNVG NRW.

Weiterentwicklung des grenzüberschreitenden ÖPNV in der EUREGIO Maas-Rhein hinzuwirken.[1273] Ebenfalls arbeitet der AVV, ebenso wie der VRS, mit den nordrhein-westfälischen Tarifgemeinschaften bezüglich der Fortschreibung des NRW-Tarifs und der entsprechenden Beförderungsbedingungen zusammen und entscheidet hierzu mit diesen.[1274]

Aufgrund der dezentralen Struktur im NWL enthalten die Satzungen der dortigen Trägerzweckverbände eine Verpflichtung zur Zusammenarbeit mit diesem.[1275] Zwischen dem NWL und den Trägerzweckverbänden ist zur genauen Ausgestaltung der Zusammenarbeit der „Öffentlich-rechtliche Vertrag zur Ausgestaltung der Organisationsstrukturen des Schienenpersonennahverkehrs in Westfalen-Lippe" geschlossen worden.[1276]

Schließlich arbeiten die Trägerzweckverbände innerhalb des Verwaltungsrats (VRR AöR[1277]) bzw. der Verbandsversammlungen (NVR[1278] und NWL[1279]) zusammen. Eine Ergebnisfindung ist nur möglich, wenn zumindest eine Mehrheit diesem zustimmt. Grundvoraussetzung hierfür ist die Zusammenarbeit der von den Trägerzweckverbänden entsandten Vertreter in die Organe der SPNV-Aufgabenträger.[1280]

III. Kooperation bei Eigenbetrieben

Für die Kooperation der drei nordrhein-westfälischen SPNV-Eigenbetriebe werden, nach einem Beschluss der zuständigen Verbandsversammlung, Verwaltungsvereinbarungen in Bezug auf die Beschaffung und Finanzierung von SPNV-Fahrzeugen abgeschlossen, sofern die entsprechenden SPNV-Linien durch mehrere Kooperationsräume führen. Gleiches gilt für die Beschaffung und Finanzierung der RRX-Fahrzeuge.[1281] Inhalt dieser Vereinbarungen sind die Ziele und der Ablauf der Kooperation für die gesamte Laufzeit des Verfahrens.

Sofern es um SPNV-Fahrzeuge geht, die in mehreren Kooperationsräumen eingesetzt werden, werden die jeweiligen Eigenbetriebe nach Bruchteilen Eigentü-

---

[1273] § 3 Abs. 6 Satzung ZV AVV.
[1274] §§ 3 Abs. 4 Nr. 6 S. 1, 2 Satzung ZV AVV, 3 Abs. 3 S. 2 Satzung ZV VRS.
[1275] §§ 3 Abs. 3a S. 3 Satzung ZV nph, 3 Abs. 2 S. 2 Satzung ZV VVOWL, 3 Abs. 2 S. 2 Satzung ZV ZRL, 3 Abs. 2 S. 2 Satzung ZV ZVM, 3 Abs. 2 S. 2 Satzung ZV ZWS.
[1276] Auskunft vom Zweckverband VVOWL vom 24.05.2017.
[1277] Vgl. §§ 20 ff. Satzung VRR AöR.
[1278] §§ 5 ff. Satzung ZV NVR.
[1279] §§ 6 ff. Satzung ZV NWL.
[1280] §§ 5 S. 2 Nr. 3 Satzung ZV NVN, 6 Abs. 1 Nr. 3 Satzung ZV VRR, 6 Abs. 2 Nr. 4 Satzung ZV AVV, 7 Abs. 5 Satzung ZV VRS, 7 Satzung ZV nph, 6 S. 2 Satzung ZV VVOWL, 6 Abs. 2 Nr. 15 Satzung ZV ZRL, 6 Abs. 2 lit. t) Satzung ZV ZVM, 6 S. 3 lit. o) Satzung ZV ZWS.
[1281] Auskunft vom Eigenbetrieb EBINFA (NWL) vom 04.07.2017.

mer der Fahrzeuge. Es liegt somit eine Bruchteilsgemeinschaft i. S. d. §§ 741 ff. BGB vor. Der Bruchteilsanteil bemisst sich bei kooperationsraumübergreifend eingesetzten SPNV-Fahrzeugen nach den Zugkilometern, welche die SPNV-Linie im Kooperationsraum zurücklegt.[1282] Bei der Beschaffung von RRX-Fahrzeugen werden die Eigenbetriebe Eigentümer nach Bruchteilen. Neben den nordrhein-westfälischen SPNV-Eigenbetrieben ist der Zweckverband SPNV Rheinland-Pfalz Nord als zuständiger Aufgabenträger[1283] weiterer Bruchteilseigentümer der Fahrzeuge.[1284]

IV. Landesweite Einrichtungen mit Beteiligung der SPNV-Aufgabenträger und Trägerzweckverbände

Es besteht ein Interesse des Landes an einem funktionsfähigen ÖPNV, der insbesondere eine angemessene Bedienung der Bevölkerung mit Nahverkehrsleistungen gewährleistet.[1285] Dafür bedarf es einer über lokale und regionale Grenzen hinausgehenden Zusammenarbeit zwischen den Akteuren im ÖPNV.[1286] Hierfür gibt es unterschiedliche landesweite Einrichtungen, die die Akteure im ÖPNV beraten. Konkret handelt es sich um die Kompetenzcenter, den ÖV-Datenverbund und das Zukunftsnetz Mobilität NRW. Das Verkehrsministerium fördert diese Einrichtungen finanziell.

Da entsprechendes Wissen bei den SPNV-Aufgabenträgern, Trägerzweckverbänden, Regiegesellschaften und Verkehrsunternehmen vorhanden bzw. leicht entwickelbar ist, wurden die landesweiten Einrichtungen dort angesiedelt. Neben der Sachkompetenz können zudem die technischen und personellen Ressourcen vor Ort genutzt werden.[1287]

1. Kompetenzcenter

Aktuell gibt es landesweit fünf Kompetenzcenter, deren Beratungsschwerpunkte die Grundsatzentscheidungen des ÖPNVG NRW für einen angemessenen ÖPNV widerspiegeln. In § 2 ÖPNVG NRW sind insbesondere die Themen „Sicherheit und Sauberkeit"[1288], „Pünktlichkeit und Anschlusssicherheit"[1289], „Fahrgastfreundlichkeit und -information"[1290] sowie „Verknüpfung der Ver-

---

[1282] Auskunft vom Eigenbetrieb EBINFA (NWL) vom 23.06.2017.
[1283] Der hessische SPNV-Aufgabenträger, der ebenfalls am RRX beteiligt ist, hat aufgrund der geringen Anzahl an Traktionskilometern keine Bruchteile an den RRX-Fahrzeugen.
[1284] Auskunft vom Eigenbetrieb EBINFA (NWL) vom 14.06.2017.
[1285] § 2 Abs. 3 S. 1 ÖPNVG NRW.
[1286] § 2 Abs. 3 S. 2 ÖPNVG NRW.
[1287] Auskunft vom Ministerium für Verkehr NRW vom 22.06.2017.
[1288] § 2 Abs. 1, Abs. 3 S. 1 ÖPNVG NRW.
[1289] § 2 Abs. 3 S. 1 ÖPNVG NRW.
[1290] § 2 Abs. 3 S. 1 ÖPNVG NRW.

kehre"[1291] vorgesehen. Umgesetzt werden diese Kernthemen in den Kompetenzcentern Fahrgastinformation (KCF)[1292], Marketing (KCM)[1293], Digitalisierung (KCD)[1294] und Sicherheit (KCS)[1295].

Die Finanzierung der Kompetenzcenter erfolgt aus Landesmitteln über Zuwendungen i. S. d. § 14 ÖPNVG NRW.[1296] Nach Antrag der Kompetenzcenter werden von den zuständigen Bezirksregierungen für die Dauer von grundsätzlich drei Jahren Zuwendungsbescheide erteilt. Die konkrete Abwicklung erfolgt über die jeweils zuständige Bezirksregierung.[1297] Als Nachweis für die rechtmäßige Mittelverwendung müssen Verwendungsnachweise vorgelegt werden.[1298]

2. ÖV-Datenverbund

Der ÖV-Datenverbund sammelt Informationen zu Linien und Fahrplänen im Nahverkehr und ermöglicht so landesweit einheitliche Auskünfte gegenüber den Fahrgästen.[1299] Die Bedeutung für den Gesetzgeber ergibt sich aus § 2 ÖPNVG NRW: Den Fahrgästen muss ein bequemer und barrierefreier Zugang zu den für sie wichtigen Informationen sowie ein fahrgastfreundlicher Service gewährleistet werden, wobei auch die Digitalisierungstechnik berücksichtigt werden soll.[1300] Darüber hinaus können aus den gesammelten Daten Rückschlüsse auf

---

[1291] § 2 Abs. 3 S. 1 ÖPNVG NRW.

[1292] Das 2001 gegründete KCF ist nicht bei einem SPNV-Aufgabenträger, einem Trägerzweckverband oder einer Regiegesellschaft angesiedelt, sondern bei der Westfälischen Verkehrsgesellschaft mbH in Münster, einer Servicegesellschaft von regionalen Verkehrsunternehmen. Es ist die landesweite Anlaufstelle für die telefonische Fahrplan- und Tarifinformation „Schlaue Nummer" (Auskunft vom KCF vom 31.01.2017).

[1293] Die VRS GmbH in Köln ist für den Betrieb des seit 2002 agierenden KCM zuständig. Wesentliche Aufgabe ist die Planung, Organisation und Durchführung des NRW-Tarifs. Hierunter fallen Fragen des Vertriebs, der Fortschreibung des NRW-Tarifs, der Aufteilung von Einnahmen aus dem NRW-Tarif, der Fahrgastkommunikation und -information sowie die damit zusammenhängende Marktforschung (https://www.kcm-nrw.de/aufgaben/tarif.html [abgerufen am 20.12.2022]).

[1294] Seit Januar 2019 werden im KCD Fragen der Digitalisierung gebündelt. Es handelt sich um einen Zusammenschluss der ehemaligen Kompetenzcenter Elektronisches Fahrgeldmanagemt (KCEFM) und Fahrgastinformation (KCF). Angeboten werden u. a. digitale Fahrplanauskünfte für Fahrgäste und Unterstützung bei der Einführung und Fortentwicklung elektronischer Fahrgeldmanagement-Systeme (https://www.kcd-nrw.de/ [abgerufen am 20.12.2022]).

[1295] Das KCS, 2008 gegründet, ist bei der VRR AöR angesiedelt. Es ist für die Fragen rund um die (Fahrgast-) Sicherheit im ÖPNV zuständig (https://www.kcsicherheit.de/ [abgerufen am 20.12.2022]).

[1296] Verwaltungsvorschrift Nr. 2.1 zu § 14 ÖPNVG NRW.

[1297] Verwaltungsvorschrift Nr. 6.2 zu § 14 ÖPNVG NRW.

[1298] Verwaltungsvorschrift Nr. 6.4 zu § 14 ÖPNVG NRW.

[1299] https://infoportal.mobil.nrw/information-service/oev-datenverbund.html (abgerufen am 20.12.2022).

[1300] Vgl. § 2 Abs. 3 S. 1, 2 ÖPNVG NRW.

die ÖPNV-Bedienung im städtischen und ländlichen Raum gewonnen werden.[1301]

Der ÖV-Datenverbund besteht aus mehreren sog. Regionalen Koordinierungsstellen (RKS) und einer sog. Zentralen Koordinierungsstelle (ZKS). Letztere sorgt für die Integration der landesweiten Daten der regionalen Stellen und führt diese zusammen.[1302] Die Regionalen Koordinierungsstellen sind angesiedelt bei der VRR AöR für den Kooperationsraum A, im Gebiet des NVR bei den Trägerverbänden AVV und VRS und schließlich bei den Trägerzweckverbänden[1303] im Kooperationsraum des NWL.[1304]

Das Land fördert die Koordinierungsstellen finanziell durch Zuwendungen i. S. d. § 14 ÖPNVG NRW, da diese der Verbesserung der Qualität des ÖPNV dienen.

3. Zukunftsnetz Mobilität NRW

Aufgabe des Zukunftsnetzes Mobilität NRW ist die Beratung zu einer nachhaltigen Verkehrsentwicklung. Das Zukunftsnetz unterstützt in diesem Zusammenhang insbesondere die kommunalen Gebietskörperschaften.[1305] Hier ergeben sich aus den Grundsätzen des § 2 ÖPNVG NRW Hinweise darauf, was nach dem Gesetz unter einer „nachhaltigen Verkehrsentwicklung" zu verstehen ist. Demnach hat die Verkehrsentwicklung, um nachhaltig zu sein, die Erfordernisse des Klima- und Umweltschutzes, die sozialverträgliche Stadt- und Quartiersentwicklung, die Barrierefreiheit, Sicherheit und den absehbaren Verkehrsbedarf zu berücksichtigen.[1306]

Landesweit gibt es vier regionale sowie eine landesweite Koordinierungsstelle. Die Regionalen Koordinierungsstellen sind bei ÖPNV-Akteuren angesiedelt: mit der VRR AöR bei einem SPNV-Aufgabenträger und Verkehrsverbund, mit dem Zweckverband nph bei einem Trägerzweckverband, mit der VRS GmbH bei einer Regiegesellschaft und der Westfälischen Verkehrsgesellschaft mbH, in Zu-

---

[1301] Vgl. § 2 Abs. 5 S. 1 ÖPNVG NRW.
[1302] Landtag NRW-Drs. 16/979, 2.
[1303] Die damit zusammenhängenden Aufgaben übernimmt für die Zweckverbände ZRL und ZVM die Westfälische Verkehrsgesellschaft mbH, für die Zweckverbände nph und VVOWL die OWL Verkehr GmbH.
[1304] https://infoportal.mobil.nrw/information-service/oev-datenverbund.html (abgerufen am 20.12.2022).
[1305] https://www.zukunftsnetz-mobilitaet.nrw.de/wofuer-wir-stehen/unser-ziel (abgerufen am 20.12.2022).
[1306] Vgl. § 2 Abs. 1, Abs. 3 S. 1, Abs. 4, Abs. 5 ÖPNVG NRW.

sammenarbeit mit der Westfälischen Provinzialversicherung[1307], bei einer Servicegesellschaft der (zumindest zum Teil) kommunalen Verkehrsunternehmen. Die landesweite Koordinierungsstelle ist ebenfalls bei der VRS GmbH in Köln angesiedelt.

Das Land fördert die Koordinierungsstellen aus Mitteln des § 14 ÖPNVG NRW sowie aus Landesfördermitteln „Verkehrssicherheit/Mobilitätsmanagement".[1308] Hier besteht die Verpflichtung der Koordinierungsstellen, die rechtmäßige Mittelverwendung gegenüber der für die Erteilung des Zuwendungsbescheids zuständigen Bezirksregierung nachzuweisen.[1309] Andernfalls kann es zu Rückforderungsansprüchen des Landes kommen.

[1307] Eine Sondersituation liegt bei der Koordinierungsstelle Westfalen vor. Diese sitzt bei der Westfälischen Verkehrsgesellschaft mbH und der Westfälischen Provinzial Versicherung und gerade nicht bei einem SPNV-Aufgabenträger oder einem Trägerzweckverband. Die regionale Verankerung bei den Kreisen und kreisfreien Städten, ein Grundgedanke der Regionalisierung, ist allerdings auch in dieser Konstruktion gegeben. Die Westfälische Verkehrsgesellschaft mbH ist Servicegesellschaft der (zumindest zum Teil) kommunalen Verkehrsunternehmen. Ihr Aufsichtsrat setzt sich aus Kommunalvertretern zusammen, sodass ein regionaler Einfluss besteht. Die Beteiligung der Westfälischen Provinzialversicherung erklärt sich historisch: Sie war bereits an der Entwicklung des Netzwerks „Verkehrssicheres NRW" beteiligt und bringt sich nun im Zukunftsnetz NRW für diese Thematik ein (Auskunft vom Ministerium für Verkehr NRW vom 06.03.2017).
[1308] Auskunft vom Ministerium für Verkehr NRW vom 03.07.2017.
[1309] Verwaltungsvorschrift Nr. 6.2/6.4 zu § 14 ÖPNVG NRW.

F. Finanzierung

I. Allgemeines

Die Bereitstellung des ÖPNV ist defizitär. Allein durch die Einnahmen aus dem Verkauf von Fahrkarten lässt sich eine vollständige Finanzierung nicht erreichen. So war 2014 von einem bundesweiten Defizit von etwa zwei Milliarden Euro auszugehen.[1310] Nicht berücksichtigt sind hierbei die notwendigen Ausgaben für Investitionen in beispielsweise den Erhalt und ggfs. den Ausbau der Infrastruktur.

Zur Finanzierung des ÖPNV steht den Ländern nach Art. 106a S. 1 GG ein Geldbetrag aus dem Steueraufkommen des Bundes zu. Es handelt sich hierbei um eine „Zahlungspflicht"[1311] des Bundes an die Länder. Den Kommunen steht unmittelbar aus dieser Norm kein Weiterleitungsanspruch gegenüber den Ländern zu. Die Umverteilung erfolgt – mangels gesetzlicher Vorgaben – eigenständig durch die Länder.[1312] Vorgaben zum Mittelumfang finden sich in Art. 106a GG nicht. Die Regelung ist vielmehr dynamisch, sodass der Geldbetrag, den die Länder erhalten, angepasst werden kann.[1313] Eine nähere Regelung erfolgt im Regionalisierungsgesetz des Bundes.[1314] Dort enthält § 5 RegG entsprechende Vorgaben. Ausweislich des Wortlauts von § 5 Abs. 1 RegG, welcher nicht zwischen SPNV und ÖSPV differenziert, sondern den Oberbegriff ÖPNV verwendet, können die Regionalisierungsmittel sowohl für den SPNV als auch ÖSPV sowie den ÖPNV im Übrigen verwendet werden. Die Regionalisierungsmittel betrugen 2016 acht Mrd. Euro.[1315] Ab dem Jahr 2017 steigen diese Mittel bis zum Jahr 2031 um jährlich 1,8 %.[1316] Die Verteilung des von Seiten des Bundes bereitgestellten Betrages auf die Länder erfolgt über den sog. Kieler Schlüssel. Dieser Verteilungsschlüssel richtet sich jeweils hälftig nach den Einwohnern (Stand 2012) und den bestellten Zugkilometern (Anmeldungen im Jahr 2015).[1317] Eine entsprechende Auflistung sortiert nach Bundesländern findet sich für den Zeitraum bis 2031 in Anlage 1 zu § 5 Abs. 4, Abs. 9 RegG. Die gezahlten Geldbeträge sind zweckgebunden für den ÖPNV zu verwenden.[1318]

[1310] Reinhardt, 525.
[1311] So ausdrücklich: Bundestag Drs. 18/9981, 13.
[1312] Hidien, DVBl. 1997, 595 (598).
[1313] Hidien, DVBl. 1997, 595 (600).
[1314] Art. 106a S. 2 GG; Bundestag Drs. 18/9981, 13.
[1315] § 5 Abs. 2 RegG.
[1316] § 5 Abs. 3 RegG.
[1317] Bundestag Drs. 18/9981, 1.
[1318] Kube, in: Epping/Hillgruber, Art. 106a GG Rn. 4.

Speziell für die Finanzierung von Investitionen in die Infrastruktur sieht das Gemeindeverkehrsfinanzierungsgesetz Regelungen vor. Auf Grundlage des Gemeindeverkehrsfinanzierungsgesetzes gewährt der Bund den Ländern Finanzhilfen für die Investitionen in die Verkehrsinfrastruktur der Gemeinden.[1319] Das Gemeindeverkehrsfinanzierungsgesetz sieht somit nicht nur für den ÖPNV Investitionsmittel vor. Für den ÖPNV relevante förderungsfähige Vorhaben sind unter anderem der Bau oder Ausbau von besonderen Fahrspuren für Omnibusse[1320], der Bau oder Ausbau von Verkehrswegen der Straßenbahnen, Hoch- und Untergrundbahnen sowie Bahnen besonderer Bauart, soweit sie dem ÖPNV dienen[1321] und schließlich der Bau oder Ausbau von zentralen Omnibusbahnhöfen und Haltestelleneinrichtungen sowie von Betriebshöfen und zentralen Werkstätten, soweit sie dem ÖPNV dienen[1322]. Die (hohen) Voraussetzungen der Förderung sind in § 3 GVFG normiert. Der zuwendungsfähige Anteil an den Kosten beträgt abhängig von der Art des Vorhabens zwischen 60[1323] und 90[1324] Prozent.

II. Finanzierungsregelungen im ÖPNVG NRW

In den §§ 10 ff. ÖPNVG NRW werden die Fördertatbestände des ÖPNV lediglich dem Grunde nach geregelt. Eine Ausgestaltung erfolgt durch Förderrichtlinien. Bei der Aufstellung dieser Förderrichtlinien sind die kommunalen Spitzenverbände NRW zu beteiligen. Damit soll ein Abbau von nicht benötigten Sach- und Personalstandards für den kommunalen Bereich gewährleistet werden.[1325]

1. Grundsätze der ÖPNV-Finanzierung gem. § 10 ÖPNVG NRW

In § 10 ÖPNVG NRW werden die Grundsätze der ÖPNV-Finanzierung festgelegt. Die in dieser Norm dargestellte Förderung knüpft an die Vorgaben aus dem Bundesrecht, also dem Regionalisierungsgesetz, an.[1326]

In § 10 Abs. 1 ÖPNVG NRW findet sich aus Gründen der Übersicht[1327] eine Auflistung der geförderten Tatbestände. Diese spiegelt im Wesentlichen die folgenden §§ 11-14 ÖPNVG NRW wieder, es werden also die Pauschalen und Zuwendungen dargestellt.

[1319] § 1 GVFG.
[1320] § 2 Abs. 1 Nr. 1 b) GVFG.
[1321] § 2 Abs. 1 Nr. 2 a) GVFG.
[1322] § 2 Abs. 1 Nr. 3 GVFG.
[1323] § 4 Abs. 1 S. 2 GVFG.
[1324] § 4 Abs. 1 S. 1 GVFG.
[1325] Landtag NRW-Drs. 11/7847, 36.
[1326] Landtag NRW-Drs. 11/7847, 35.
[1327] Gatzka, Internationales Verkehrswesen 1995, 458 (463).

Unter Zuwendungen sind nach der Legaldefinition des § 23 LHO NRW Ausgaben und Verpflichtungsermächtigungen für Leistungen an Stellen außerhalb der Landesverwaltung zur Erfüllung bestimmter Zwecke zu verstehen. Keine Zuwendungen sind dagegen u. a. Leistungen, auf die der Empfänger einen sowohl dem Grunde als auch der Höhe nach unmittelbar aus einer Rechtsvorschrift Anspruch hat.[1328] Die ÖPNV-Aufgabenträger haben auf die jeweiligen Pauschalen in §§ 11, 11a ÖPNVG NRW unmittelbar einen gesetzlichen Anspruch sowohl dem Grunde als auch der Höhe nach. Sie sind daher nicht als Zuwendung i. S. d. § 23 LHO NRW zu verstehen und von dieser zu unterscheiden.

Gefördert werden nach § 10 Abs. 1 ÖPNVG NRW:

- Nr. 1: allgemeine Förderung der ÖPNV-Betriebskosten (vgl. § 11 ÖPNVG NRW),

- Nr. 1a: Finanzierung des Ausbildungsverkehrs (vgl. § 11a ÖPNVG NRW),

- Nr. 2: allgemeine Förderung von ÖPNV-Investitionen (vgl. § 12 ÖPNVG NRW),

- Nr. 3: ÖPNV-Investitionen im besonderen Landesinteresse (vgl. § 13 ÖPNVG NRW) und

- Nr. 4: sonstige Zwecke des ÖPNV (vgl. § 14 ÖPNVG NRW).

Die Höhe der Mittel bestimmt sich nach dem Haushaltsplan.[1329] Dadurch wird auf der einen Seite die Planungssicherheit der ÖPNV-Aufgabenträger geschwächt[1330], andererseits ist so eine flexible Mittelanpassung auch für kurzfristige Finanzierungsprojekte möglich.

Die zweckgebundenen Bundesmittel (insbesondere nach RegG und GVFG / bis Ende 2019 auch Mittel nach dem EntflechtungsG) werden in voller Höhe an die im ÖPNVG NRW bestimmten Empfänger weitergeleitet.[1331] Wer die jeweiligen Empfänger sind, wird in den §§ 11 ff. ÖPNVG NRW geregelt.

Die im Bundesrecht geregelten Ausgleichsleistungen nach § 45a PBefG und § 6a AEG wurden ab 2011 durch Pauschalen i. S. d. §§ 11 Abs. 1 S. 1 ÖPNVG NRW (für die Ausgleichsleistungen nach AEG) bzw. 11a Abs. 1 S. 1 ÖPNVG

[1328] Verwaltungsvorschrift Nr. 1.2.2 zu § 23 LHO NRW.
[1329] § 10 Abs. 2 S. 1 ÖPNVG NRW.
[1330] Welge, der städtetag 1996, 681 (683).
[1331] § 10 Abs. 2 S. 2 ÖPNVG NRW.

NRW (für die Ausgleichsleistungen nach PBefG) ersetzt.[1332] Die Mittel werden den Aufgabenträgern zugewiesen und von diesen verantwortet. Damit wurde dem Grundgedanken der Regionalisierung gefolgt, wonach die Aufgaben- und Ausgabenverantwortung in einer Hand zusammengeführt wird.[1333] Das ÖPNVG NRW regelt dabei zum einen den entsprechenden Verteilungsmaßstab für die Mittel, zum anderen sollen die Aufgabenträger dafür allgemeine Vorschriften nach Art. 3 Abs. 2 VO (EG) 1370/2007 erlassen.[1334] Damit hat das Land von den Ermächtigungen der sog. Öffnungsklauseln in § 64a PBefG, § 6h AEG Gebrauch gemacht.[1335] In § 45a PBefG ist die Ausgleichspflicht mit staatlichen Mitteln für Fehlbeträge infolge des Ausbildungsverkehrs geregelt. Die Norm sichert somit die „Überlebensfähigkeit des ÖPNV"[1336]. Nach § 8 Abs. 4 S. 3 PBefG sind die Ausgleichsleistungen vom Anwendungsbereich der VO (EG) 1370/2007 ausgenommen.

Ebenfalls hat der Landesgesetzgeber Gebrauch von der Ermächtigung nach § 6h AEG gemacht und die Ausgleichsleistungen nach § 6a AEG durch die Pauschale i. S. d. § 11 Abs. 1 S. 1 ÖPNVG NRW ersetzt.

Die Ausgleichsleistungen gemäß § 228 Abs. 7 S. 1 SGB IX werden weiterhin gewährt.[1337] In den §§ 228 ff. SGB IX werden die Voraussetzungen einer unentgeltlichen Beförderung schwerbehinderter Menschen im Nah- und Fernverkehr normiert. Durch diese Mobilitätsförderung soll die Teilhabe dieser Menschen am Gemeinschaftsleben gefördert werden.[1338] Nach § 228 Abs. 7 S. 1 SGB IX werden die dadurch entstehenden Fahrgeldausfälle nach Maßgabe der §§ 231-233 SGB IX erstattet. Die Erstattungen fallen nicht unter den Anwendungsbereich der VO (EG) 1370/2007.[1339] Das heißt, dass die Eigenwirtschaftlichkeit trotz Ausgleichsleistungen i. S. d. § 228 Abs. 7 S. 1 SGB IX nicht gefährdet ist.[1340] Bei den Ausgleichsleistungen handelt es sich nicht um Subventionen, sondern um Entschädigungen wegen der Inpflichtnahme der Verkehrsunternehmen.[1341]

[1332] § 10 Abs. 3 S. 1 ÖPNVG NRW.
[1333] Landtag NRW-Drs. 15/444, 19.
[1334] Barth/Meerkamm, TranspR 2016, 377 (377).
[1335] Landtag NRW-Drs. 13/3976, 33.
[1336] BVerfG, Beschluss vom 08.12.2009, Az.: 2 BvR 758/07, BeckRS 2010, 45931.
[1337] § 10 Abs. 3 S. 7 ÖPNVG NRW. Die Norm verweist immer noch auf § 145 Abs. 3 SGB IX (Stand: 16.04.2022). Die Norm wurde geändert und entspricht nunmehr § 228 SGB IX (Bundestag-Drs. 18/9522, 312).
[1338] Jabben, in: Rolfs/Giesen/Kreikebohm/Udsching, § 228 SGB IX Rn. 2.
[1339] § 228 Abs. 7 S. 2 SGB IX.
[1340] Fiedler, in: Heinze/Fehling/Fiedler, § 145 SGB IX Rn. 4 (zur Vorgängerregelung des § 145 Abs. 3 SGB IX).
[1341] BVerwG, Beschluss vom 14.12.1972, Az.: VII C 3771, BeckRS 1972, 30426663.

§ 10 Abs. 4 ÖPNVG NRW ermächtigt das Verkehrsministerium im Einverneh-men mit dem Finanzministerium und Innenministerium sowie im Benehmen mit dem Verkehrsausschuss des Landtages zum Erlass von Verwaltungsvorschrif-ten (VV ÖPNVG NRW). Diese Verwaltungsvorschriften dienen zur Durchfüh-rung des vierten Abschnitts des ÖPNVG NRW (§§ 10-14 ÖPNVG NRW), in dem die Finanzierung geregelt wird. Ziel dieser Verwaltungsvorschriften ist es, dass eine einheitliche Rechtsanwendung der zuständigen Behörden erreicht wird.[1342]

2. Förderung des ÖPNV, § 11 ÖPNVG NRW

In § 11 ÖPNVG NRW wird die allgemeine Förderung des SPNV geregelt. Zur Realisierung dieser Förderung leitet das Land einen Teil der Regionalisierungs-mittel des Bundes an die SPNV-Aufgabenträger weiter. Die Verteilung der Mittel erfolgt unter Zugrundelegung der im Kooperationsraum erbrachten Betriebsleis-tung, d. h. der Zug-Kilometer. In einer Richtlinie erfolgt die nähere Ausgestaltung der Mittel aus § 11 ÖPNVG NRW.[1343] Der § 11 ÖPNVG NRW ist so ausgestal-tet, dass er zum einen die Zweckbindung der Mittel festlegt und zum anderen betont, dass die Finanzmittel im Wege eines öffentlich-rechtlichen Subventio-nierungsverhältnisses zugehen.[1344]

Die SPNV-Aufgabenträger sind bei der Verwendung der Mittel aus § 11 ÖPNVG NRW frei, sofern die Qualität des SPNV-Angebotes erhalten bleibt.[1345]

a) SPNV-Pauschale, § 11 Abs. 1 ÖPNVG NRW

aa) Mittelhöhe und Mittelherkunft

Nach § 11 Abs. 1 S. 1 ÖPNVG NRW gewährt das Land den SPNV-Aufgaben-trägern aus Mitteln des Regionalisierungsgesetzes eine jährliche Pauschale von mindestens 1 Mrd. Euro. Durch die Verwendung des Wortes „mindestens" wird deutlich, dass dieser Betrag nach unten hin begrenzt ist, nach oben hin jedoch erhöht werden kann. Die Erhöhung erfolgt anteilig entsprechend der Anpas-sungs- und Revisionsregelungen des Regionalisierungsgesetzes.[1346] Dieses sieht in § 5 Abs. 3 RegG eine jährliche Erhöhung der Mittel bis 2031 um 1,8 % vor. Nach dem Wortlaut müsste die Pauschale i. S. d. § 11 Abs. 1 S. 1 ÖPNVG NRW somit jährlich zumindest um 1,8 % erhöht werden. Dafür spricht auch, dass sich in den §§ 11 ff. ÖPNVG NRW ansonsten kein Verweis auf die Anpas-sungsregelungen des Regionalisierungsgesetzes findet. Allerdings sieht § 12

[1342] Werner/Patout et al., § 10 ÖPNVG NRW Erl. 5.
[1343] Landtag NRW-Drs. 11/7847, 36.
[1344] Gatzka, Internationales Verkehrswesen 1995, 458 (463).
[1345] Landtag NRW-Drs. 11/7847, 36.
[1346] § 11 Abs. 1 S. 2 ÖPNVG NRW.

Abs. 1 ÖPNVG NRW vor, dass für die pauschalierte Investitionsförderung Mittel nach dem Regionalisierungsgesetz von „jährlich mindestens 150 Millionen Euro" bereitgestellt werden müssen. Dies könnte dafür sprechen, dass auch hier die Anpassungsregelungen zu berücksichtigen sind. Allerdings beträgt der dem Land Nordrhein-Westfalen nach Anlage 1 zu § 5 Abs. 4, 9 RegG zustehende Betrag jährlich mehr als die Pauschalen nach § 11 Abs. 1 S. 1 ÖPNVG NRW und § 11a Abs. 1 S. 1 ÖPNVG NRW sowie die Zuwendungen nach § 12 Abs. 1 ÖPNVG NRW zusammen addiert. Insofern bleibt dem Land mit dem restlichen Betrag noch ein entsprechender Spielraum, um auch die Zuwendungen nach § 12 Abs. 1 ÖPNVG NRW erhöhen zu können, ohne dass es eines Rückgriffs auf starre Erhöhungsregeln bedarf.

bb) Mittelverwendung

Die Höhe der den SPNV-Aufgabenträgern zukommenden Pauschale wird durch eine Rechtsverordnung, die ÖPNV-Pauschalen-Verordnung NRW, festgelegt. Der darin enthaltene Schlüssel berücksichtigt u. a. die Bevölkerungsentwicklung. Zuständig für den Erlass der Rechtsverordnung ist das Verkehrsministerium im Einvernehmen mit dem Verkehrsausschuss des Landtages.[1347] Ziel der Rechtsverordnung ist die Schaffung eines objektiven und transparenten Schlüssels zur Mittelverteilung. Der Verteilungsschlüssel darf neben der Bevölkerungsentwicklung weitere objektive und transparente Parameter enthalten.[1348] Die Verteilung der Mittel auf die SPNV-Aufgabenträger ist in § 1 Abs. 1 ÖPNV-Pauschalen-Verordnung NRW bis einschließlich zum Jahr 2032 geregelt. Der Betrag je SPNV-Aufgabenträger hat sich ab 2020 um einen Pauschalbetrag je Zug-Kilometer gegenüber den im Vergleich mit dem Vorjahr geleisteten Zug-Kilometern erhöht, wenn diese auf Strecken geleistet wurden, auf denen ein besonderes Landesinteresse i. S. d. § 1 Abs. 2 S. 1 Nr. 1 oder 2 ÖPNV-Pauschalen-Verordnung besteht.

Die Festlegung des Verteilungsschlüssels in einer Rechtsverordnung ist auf Kritik gestoßen. Ein solcher Verteilungsschlüssel dürfe nicht allein auf Basis einer Rechtsverordnung erfolgen. Dies stelle einen Verstoß gegen den aus Art. 20 Abs. 3 GG hergeleiteten Wesentlichkeitsgrundsatz dar. Der Landesgesetzgeber habe die wesentlichen Grundsätze für die Festlegung des Verteilungsschlüssels im ÖPNVG NRW selbst zu regeln. Die Ministerialverwaltung allein dürfe dafür

---

[1347] § 11 Abs. 1 S. 3 ÖPNVG NRW.
[1348] Landtag NRW-Drs. 16/12435, 33.

nicht zuständig sein. Vielmehr solle die Rechtsverordnung nur dazu dienen, die Zuordnung der Finanzmittel der Summe nach zu konkretisieren.[1349]

Der Wesentlichkeitsgrundsatz verpflichtet den Gesetzgeber dazu, die wesentlichen Entscheidungen selbst zu treffen und nicht der Verwaltung zu überlassen.[1350] Was wiederum wesentlich ist, lässt sich nicht pauschal festlegen und ist anhand von Wertungskriterien zu bestimmen.[1351] Die verfassungsrechtlichen Wertungskriterien im Zusammenhang damit, was „wesentlich" ist, sind „in erster Linie die tragenden Prinzipien des Grundgesetzes".[1352] Hierunter fallen nach der Rechtsprechung des Bundesverfassungsgerichts insbesondere die Grundrechte.[1353] Bei der kommunalen Selbstverwaltung handelt es sich jedoch um keine grundrechtliche Gewährleistung, sondern um eine sog. institutionelle Garantie.[1354] Aus diesen Gründen kann die Kritik an der Festlegung des Verteilungsschlüssels auf Grundlage einer Rechtsverordnung nicht überzeugen. Es erfolgt gerade keine Tangierung des grundrechtssensiblen Bereichs.

cc) Zweck der Mittel

Mit den Mitteln aus § 11 Abs. 1 S. 1 ÖPNVG NRW soll ein bedarfsgerechter SPNV sichergestellt werden.[1355] Was der bedarfsgerechte SPNV ist, liegt nach Stimmen in der Literatur mangels anderweitiger gesetzlicher Vorgaben im Ermessen des Aufgabenträgers.[1356] Konkretisierungen finden sich jedoch im ÖPNVG NRW und in der ÖPNV-Pauschalen-Verordnung NRW.

Das ÖPNVG NRW benutzt den Begriff „bedarfsgerecht" auch an anderen Stellen. So ist nach § 2 Abs. 2 S. 1 ÖPNVG NRW das Eisenbahnnetz als „Grundnetz für eine leistungsfähige und bedarfsgerechte verkehrliche Erschließung zu erhalten". Hierzu ist nach dem Gesetzeswortlaut auf alle Möglichkeiten zur technischen, organisatorischen und wirtschaftlichen Verbesserung des Verkehrsangebotes sowie zur Steigerung des dadurch erreichbaren Verkehrsaufkommens, insbesondere bei unbefriedigend genutzten Schienenstrecken, hinzuwirken.

Bedarfsgerecht ist also ein SPNV, der das Verkehrsangebot verbessert und das Verkehrsaufkommen steigert. Wie dies erreicht werden soll, steht im Ermessen

---

[1349] Stellungnahme des Städtetag NRW, Landtag NRW-Stellungnahme 16/4423, 6 f. mit Verweis auf gemeinsame Stellungnahme der SPNV-Aufgabenträgern, des Städtetag NRW, LKT NRW sowie Städte- und Gemeindeverbund NRW vom 14.09.2016, S. 4 f.
[1350] BVerfG, Beschluss vom 21.12.1977, Az.: 1 Bv 1/76; 1 BvR 137/74, NJW 1978, 807 (810).
[1351] Wissenschaftlicher Dienst des Bundestages, 3.
[1352] BVerfG, Beschluss vom 08.08.1978, Az.: 2 BVL 8/77, NJW 1979, 359 (360).
[1353] BVerfG, Beschluss vom 08.08.1978, Az.: 2 BVL 8/77, NJW 1979, 359 (360).
[1354] Hellermann, in: Epping/Hillgruber, Art. 28 Rn. 32, 33 (jeweils m. w. N.).
[1355] § 11 Abs. 1 S. 4 ÖPNVG NRW.
[1356] Werner/Patout et al., § 11 ÖPNVG NRW Erl. 1.

des Aufgabenträgers. Nach der ÖPNV-Pauschalen-Verordnung NRW gibt es jedoch auch gewisse Vorgaben. Verwendungszweck der Pauschale ist die Sicherstellung von ÖPNV-Projekten, „die auf Grund von Vorgaben auf Ebene des Bundes unter Mitwirkung des Landes realisiert werden"[1357]. Die ÖPNV-Pauschalen-Verordnung stellt in diesem Zusammenhang Vorgaben für die Sicherstellung des Rhein-Ruhr-Express auf. Hierzu gehören neben Anforderungen an die Fahrzeuge[1358] auch eine Hinwirkungspflicht auf ein vorgegebenes Linien- und Haltekonzept zwischen Köln und Dortmund[1359]. Außerhalb dieser Vorgaben trifft die Meinung der Literatur jedoch zu, dass die SPNV-Aufgabenträger die Mittel in ihrem freien Ermessen verwenden können. Nicht darunter fällt das SPNV-Netz im besonderen Landesinteresse nach § 7 Abs. 4 ÖPNVG NRW, welches separat in § 11 Abs. 1 S. 5 ÖPNVG NRW aufgeführt wird.

dd) Rückforderungsanspruch

Werden die Mittel nicht für den SPNV verwendet, entsteht ein Rückforderungsanspruch des Landes. Eine Ergänzung der gesetzlichen Zweckbestimmung durch Auflagen und Nebenbestimmungen durch die Bezirksregierung ist aufgrund des Vorbehalts des Gesetzes nicht zulässig.[1360]

ee) Weiterleitung

Nach § 11 Abs. 1 S. 4, 1. Hs. ÖPNVG NRW erfolgt diese Sicherstellung insbesondere durch die Weiterleitung der Mittel an die Eisenbahnverkehrsunternehmen. Daneben nennt das Gesetz auch die Möglichkeit, nicht die Verpflichtung[1361], die Mittel für regionale Schnellbusverkehre oder andere Zwecke des ÖPNV zu verwenden sowie sie an Eisenbahnunternehmen, öffentliche bzw. private Verkehrsunternehmen, Gemeinden bzw. Gemeindeverbände und juristische Personen des Zivilrechts, die Zwecke des ÖPNV verfolgen, weiterzuleiten.[1362] Gefördert werden können somit auch die im ÖPNV tätigen Infrastrukturunternehmen.[1363] Unter Weiterleitung ist in diesem Zusammenhang zu verstehen, dass die zugewiesenen Mittel für die gesetzlich bestimmten Zwecke verwendet werden.[1364] Was unter „andere Zwecke des ÖPNV" fällt, ist offen. Für die Aufgabenträger selbst ist jedoch die einzig denkbare Konstellation die, dass

---

[1357] § 2 Abs. 1 ÖPNV-Pauschalen-Verordnung NRW.
[1358] § 2 Abs. 2 Nr. 2 lit. a) – r) ÖPNV-Pauschalen-Verordnung NRW.
[1359] § 2 Abs. 2 Nr. 1 ÖPNV-Pauschalen-Verordnung NRW.
[1360] Werner/Patout et al., § 11 ÖPNVG NRW Erl. 1.
[1361] Landtag NRW-Drs. 16/12435, 34.
[1362] § 11 Abs. 1 S. 4, 2. Hs. ÖPNVG NRW.
[1363] Landtag NRW-Drs. 13/2706, 18.
[1364] Werner/Patout et al., § 11 ÖPNVG NRW Erl. 1.

ein Eigenbetrieb zur Erfüllung von Aufgaben im ÖPNV gegründet wird.[1365] Für Dritte dagegen sieht der gesetzliche Wortlaut keine Begrenzung vor, solange die Verwendung etwas mit dem ÖPNV zu tun hat.

Darüber hinaus erfolgt die Finanzierung des SPNV-Netzes im besonderen Landesinteresse i. S. d. § 7 Abs. 4 S. 1 ÖPNVG NRW durch die Pauschale.[1366] Dies ist zusammen mit der Vorgabe, dass für die Organisation der Aufgabenträger nur 2 % der Mittel aus § 11 Abs. 1 ÖPNVG NRW einbehalten werden dürfen, die einzige gesetzliche Vorgabe. Ansonsten kann über Mittel frei entschieden werden.[1367]

Der Verwendungszweck für die Mittel aus § 11 Abs. 1 S. 1 ÖPNVG NRW kann durch Rechtsverordnung i. S. d. Satz 3 näher bestimmt werden, soweit dies zur Sicherstellung von Projekten des SPNV notwendig ist, die auf Vorgaben des Bundes vom Land realisiert werden.[1368]

Die SPNV-Aufgabenträger dürfen maximal 2 % der Mittel aus § 11 Abs. 1 S. 1 ÖPNVG NRW für allgemeine Ausgaben verwenden oder weiterleiten.[1369] Unter „allgemeine Ausgaben" sind solche zu verstehen, die zur Deckung der im Wirtschafts- bzw. Haushaltsplan ausgewiesenen Kosten dienen. Unklar ist, ob durch diese Mittel auch die Trägerzweckverbände finanziert werden können.[1370] Das ÖPNVG NRW verbietet eine solche Weiterleitung *expressis verbis* nicht. Zwar sind die SPNV-Aufgabenträger Normadressat und die Trägerzweckverbände sind gesetzlich zu deren Finanzierung verpflichtet, doch ist der Wortlaut von § 11 Abs. 1 S. 7 ÖPNVG NRW weit gefasst. Es fehlt eine Beschränkung dahingehend, dass die Mittel nicht zur Finanzierung der Trägerzweckverbände verwendet werden dürfen. In den Satzungen einiger Trägerzweckverbände werden daher als (eine) Finanzierungsquelle die Mittel aus § 11 Abs. 1 S. 1 ÖPNVG NRW angegeben.[1371]

ff) (Keine) Bedarfsplanpflicht

Eine Förderung von Infrastrukturmaßnahmen i. H. v. mehr als 5 Millionen Euro darf nur erfolgen, wenn sie Bestandteil des ÖPNV-Bedarfsplans nach § 7 Abs. 1

[1365] Werner/Patout et al., § 11 ÖPNVG NRW Erl. 1.
[1366] § 11 Abs. 1 S. 5 ÖPNVG NRW.
[1367] Landtag NRW-Drs. 14/3976, 34.
[1368] § 11 Abs. 1 S. 6 ÖPNVG NRW.
[1369] § 11 Abs. 1 S. 7 ÖPNVG NRW.
[1370] Werner/Patout et al., § 11 ÖPNVG NRW Erl. 1.
[1371] So beispielsweise § 12 Abs. 2 Satzung ZV nph, § 13 S. 1 Satzung ZV VVOWL, § 12 Abs. 1 Satzung ZV ZRL.

S. 1 ÖPNVG NRW sind.[1372] Der ÖPNV-Bedarfsplan wird vom Verkehrsministerium im Einvernehmen mit dem Verkehrsausschuss des Landtages erstellt und fortgeschrieben.[1373]

An der Bedarfsplanpflicht wird kritisiert, dass Sinn und Zweck der Pauschalen nach dem ÖPNVG NRW die Stärkung der Kooperationsräume sei. Durch die Einbindung des Landes sei eine zeitnahe Umsetzung von Projekten bei dringenden Investitionsmaßnahmen somit schwierig.[1374] Außerdem bestünde eine höhere Sachnähe bei den entsprechenden Entscheidungsgremien der SPNV-Aufgabenträger.[1375]

Stattdessen wird vorgeschlagen, dass anstelle einer Bedarfsplanpflicht eine Benehmensherstellung zwischen dem jeweiligen SPNV-Aufgabenträger und dem Land vorzuschreiben sei.[1376] Diesem Vorgehen ist insofern zuzustimmen, als dass durch die Bedarfsplanpflicht der Grundgedanke der Regionalisierung, nämlich die Zusammenfassung der Aufgaben- und Ausgabenverantwortung bei einer Stelle, konterkariert wird.[1377]

Andererseits ist zu bedenken, dass das Land gegenüber dem Bund eine Nachweispflicht über die Verwendung der Regionalisierungsmittel nach § 6 Abs. 2 S. 1 RegG hat. Durch die Bedarfsplanpflicht wird das Land über entsprechende Vorhaben informiert und kann so seiner Nachweispflicht nachkommen. Dies wäre jedoch auch bei einer Benehmensherstellung problemlos und ohne großen Aufwand möglich. Schließlich besteht wegen § 11 Abs. 4 S. 3 ÖPNVG NRW eine Nachweispflicht, wofür die Mittel der ÖPNV-Pauschale eingesetzt werden.

Aus diesen Gründen ist die Bedarfsplanpflicht abzulehnen.

b) ÖSPV-Pauschale, § 11 Abs. 2 ÖPNVG NRW

Das Land gewährt den ÖSPV-Aufgabenträgern eine Pauschale i. H. v. 130 Millionen Euro.[1378] Die Verteilung auf die einzelnen ÖSPV-Aufgabenträger als Pauschalenempfänger regelt § 3 ÖPNV-Pauschalen-Verordnung NRW.[1379] Eine Antragstellung für den Erhalt der ÖSPV-Pauschale ist grundsätzlich nicht erfor-

---

[1372] § 11 Abs. 1 S. 8 ÖPNVG NRW.
[1373] § 7 Abs. 2 S. 1 ÖPNVG NRW.
[1374] Landtag NRW-Drs. 16/4412, VRR-Stellungnahme, 4.
[1375] Landtag NRW-Drs. 16/4412, Gesamtstellungnahme, 6.
[1376] Landtag NRW-Drs. 16/4412, VRR-Stellungnahme, 4.
[1377] So auch: Landtag NRW-Drs. 16/4412, VRR-Stellungnahme, 4.
[1378] § 11 Abs. 2 S. 1 ÖPNVG NRW.
[1379] Die höchste Pauschale erhält nach § 3 ÖPNV-Pauschalen-Verordnung die Stadt Köln mit über 15 Millionen Euro, die niedrigste die Stadt Wesseling mit knapp 65.000 Euro.

derlich.[1380] Mit diesen Mitteln sollen die Aufgabenträger den ÖPNV als Selbstverwaltungsaufgabe finanzieren.[1381]

Aufgabenträger in diesem Sinne sind die ÖSPV-Aufgabenträger. Dies ergibt sich aus einem systematischen Vergleich mit § 11 Abs. 1 S. 1 ÖPNVG NRW, der die Finanzierung der Aufgaben der „Zweckverbände" regelt. Diesen ist nach § 5 Abs. 3 S. 1 ÖPNVG NRW die SPNV-Aufgabenträgerschaft übertragen. Somit kann es sich bei den Aufgabenträgern gem. § 3 Abs. 1 S. 1 ÖPNVG NRW nur um die ÖSPV-Aufgabenträger handeln. Zudem regelt § 11 Abs. 2 S. 4 ÖPNVG NRW die Verwendung für „Zwecke des ÖPNV mit Ausnahme des SPNV". Schließlich wird in der Gesetzesbegründung auch davon gesprochen, dass es sich beim ÖPNV in diesem Sinne um den straßengebundenen ÖPNV, also den ÖSPV, handelt.[1382] Durch die Norm soll eine Integration sämtlicher Finanzmittel für den ÖSPV in einer Hand erfolgen, was ein Grundanliegen der Regionalisierung war.[1383]

Die Pauschale stellt keine Zuwendung im haushaltsrechtlichen Sinne nach § 23 LHO dar, sondern eine spezielle Finanzzuweisung des Landes.[1384]

§ 11 Abs. 2 S. 5, 1. Hs. ÖPNVG NRW regelt die Verteilung der Pauschale auf die ÖSPV-Aufgabenträger. In Höhe von 90 % richtet sich die Verteilung nach den erbrachten ÖSPV-Betriebsleistungen.[1385] Weitere 8 % richten sich nach dem Anteil an den Einwohnerzahlen des Jahres 2014 nach dem Gemeindefinanzierungsgesetz 2016.[1386] Schließlich richten sich 2 % der Pauschale nach der örtlich entfallenden Fläche auf den ÖSPV-Aufgabenträger im Jahr 2014.[1387] Die Verteilung der Mittel wird alle drei Jahre nach den o. g. Kriterien neu festgelegt.[1388]

Mindestens 80 % der Mittel sind für den ÖPNV – mit Ausnahme des SPNV – zu verwenden. Davon sind wiederum mindestens 30 % als Anreiz zum Einsatz von neuwertigen, barrierefreien Fahrzeugen für die Verkehrsunternehmen einzusetzen, die den Gemeinschaftstarif nach § 5 Abs. 3 S. 3 ÖPNVG NRW anwen-

---

[1380] Verwaltungsvorschrift Nr. 2.2 zu § 11 ÖPNVG NRW.
[1381] Werner/Patout et al., § 11 ÖPNVG NRW Erl. 2.
[1382] Landtag NRW-Drs. 16/12435, 34.
[1383] Faber, Eildienst LKT NRW 2009, 40 (40).
[1384] Vgl. VV-LHO NRW Nr. 1.2.2 zu § 23 LHO NRW. Die Pauschale ist dem Grund und der Höhe nach gesetzlich im ÖPNVG NRW festgelegt.
[1385] § 11 Abs. 2 S. 5, 1. Hs. Nr. 1 ÖPNVG NRW.
[1386] § 11 Abs. 2 S. 5, 1. Hs. Nr. 2 ÖPNVG NRW.
[1387] § 11 Abs. 2 S. 5, 1. Hs. Nr. 3 ÖPNVG NRW.
[1388] § 11 Abs. 2 S. 5, 2. Hs. ÖPNVG NRW.

den.[1389] Durch diese Vorgaben soll eine zweckentsprechende Verwendung der Mittel im Fahrgastinteresse erreicht werden.[1390] Ziel ist die Beschaffung neuer Fahrzeuge in allen Landesteilen und die Finanzierung weiterer ÖPNV-Angebote.[1391]

Die Vorgabe, einen Anteil der Mittel für barrierefreie Fahrzeuge einzusetzen, wird aus der Praxis kritisiert. Die Pauschale wurde 2008 eingeführt und hatte den Zweck, den Organisationsaufwand der ÖSPV-Aufgabenträger zu reduzieren sowie deren Selbstbestimmung zu stärken. Außerdem sollten die Spielräume der kommunalen Ebene im Rahmen der Mittelverwendung erweitert werden. Durch die gesetzliche Vorgabe, 30 % der Mittel für barrierefreie Fahrzeuge einzusetzen, würden diese Ziele aufgegeben. Ausreichend zur Sicherung von Fahrzeugstandards seien vielmehr Regelungen im Nahverkehrsplan. Auf Landesebene bestehe keine Regelungsnotwendigkeit.[1392]

Allerdings verkennt die vorstehende Argumentation, dass die ÖSPV-Aufgabenträger dem Gewährleistungsauftrag des § 2 Abs. 3 S. 1, 1. Hs. ÖPNVG NRW folgend eine angemessene Bedienung der Bevölkerung mit ÖPNV-Leistungen anzubieten haben. „Angemessen" ist die Verkehrsbedienung u. a., wenn sie barrierefrei erfolgt.[1393] Die Barrierefreiheit stellt somit einen von den ÖSPV-Aufgabenträgern einzuhaltenden Grundsatz dar. Insoweit werden allerdings nicht die ggf. schon bestehenden unterschiedlichen Gegebenheiten in den Gebieten der einzelnen ÖSPV-Aufgabenträger berücksichtigt. So ist es nicht auszuschließen, dass ein ÖSPV-Aufgabenträger bereits eine umfassende Beschwerdefreiheit in seinem Gebiet geschaffen hat und derartige Investitionen – wenn überhaupt – nur noch partiell erforderlich sind. Die Regelung ist daher als wenig flexibel zu kritisieren.

Die übrigen Mittel sind für Zwecke des ÖPNV zu verwenden oder an genannte Stellen weiterzuleiten.[1394] Hierbei kommt den ÖSPV-Aufgabenträgern ein großer Entscheidungsspielraum zu.[1395] Der Gesetzeswortlaut selbst gibt keine Vorgaben, außer dass bei der Verwendung der Mittel eine Beziehung zum ÖPNV bestehen muss. Aus einem systematischen Vergleich mit § 11 Abs. 2 S. 6, 1.

[1389] § 11 Abs. 2 S. 6, 1. Hs. ÖPNVG NRW.
[1390] Landtag NRW-Drs. 16/12435, 34.
[1391] Landtag NRW-Drs. 16/12435, 34.
[1392] Landtag NRW-Drs. 16/4412, VRR-Stellungnahme, 9.
[1393] § 2 Abs. 3 S. 1, 2. Hs. ÖPNVG NRW.
[1394] § 11 Abs. 2 S. 6, 2. Hs. ÖPNVG NRW.
[1395] Landtag NRW-Drs. 14/3976, 34.

Hs. ÖPNVG NRW ergibt sich, dass nach Halbsatz 2 auch der SPNV gefördert werden kann. Dieser ist ausdrücklich nicht ausgenommen.

Die Gewährung der Pauschale kann nicht von weiteren Voraussetzungen, beispielsweise i. S. d. § 36 VwVfG NRW, abhängig gemacht werden. Es besteht vielmehr ein gebundener Anspruch der Aufgabenträger.[1396]

c) Zuständige Behörde und Auszahlungsmodalitäten, § 11 Abs. 3 ÖPNVG NRW

Die Auszahlungen der Mittel an die Aufgabenträger erfolgen in zwölf gleichen monatlichen Teilbeträgen.[1397] Die Bezirksregierung, in deren Gebiet der Aufgabenträger seinen Sitz hat, ist Bewilligungsbehörde für die Pauschalen nach Abs. 1 und 2.[1398] Deren Verwendung und Weiterleitung erfolgt unter der Beachtung haushaltsrechtlicher Bindungen sowie sonstiger gesetzlicher Bestimmungen.[1399] Hierunter sind die Vorgaben des kommunalen Haushaltsrechts, also der Kreisordnung, Gemeindeordnung, Gemeindehaushaltsverordnung und der Kommunalunternehmensverordnung zu verstehen, nicht jedoch der Landeshaushaltsordnung. Diese gilt nicht für die Aufgabenträger als kommunale Gebietskörperschaften. Außerdem sind durch die Aufgabenträger die Vorschriften des Beihilfe- und Vergaberechts zu beachten, insbesondere der VO (EG) 1370/2007.[1400]

Nicht erlaubt ist eine Verwendung der Pauschalen aus § 11 Abs. 1 S. 1, 2 S. 2 ÖPNVG NRW als Eigenanteil im Rahmen der Förderung nach §§ 12, 13 ÖPNVG NRW.[1401]

Es stellt sich die Frage, ob die Sicherstellung eines bedarfsgerechten SPNV-Angebots im Wege eines Zuwendungsbescheids erfolgen kann. Der Zuwendungsbescheid eröffnet einen Anspruch auf Mittelauszahlung. Allerdings hat der Zuwendungsgeber, vorliegend das Land, keinen Anspruch gegen die Aufgabenträger als Zuwendungsempfänger. Die einzig mögliche Sanktion ist eine Rückforderung der Zuwendung. Jedoch unterliegen die SPNV-Aufgabenträger nach § 16 Abs. 1 S. 1 ÖPNVG NRW der Aufsicht des Landes. Nach S. 2 erstreckt sich die Aufsicht darauf, dass die Vorschriften des ÖPNVG NRW beachtet werden. Zu diesen Vorgaben gehört u. a. die Sicherstellung eines bedarfsgerechten

---

[1396] Werner/Patout et al., § 11 ÖPNVG NRW Erl. 2.
[1397] § 11 Abs. 3 S. 1 ÖPNVG NRW.
[1398] Verwaltungsvorschrift Nr. 3.1 zu § 11 ÖPNVG NRW.
[1399] § 11 Abs. 3 S. 2 ÖPNVG NRW.
[1400] Werner/Patout et al., § 11 ÖPNVG NRW Erl. 3.
[1401] § 11 Abs. 3 S. 3 ÖPNVG NRW.

ÖPNV i. S. d. § 11 Abs. 1 S. 4 ÖPNVG NRW. Werden die gesetzlichen Vorschriften nicht eingehalten, kann das Land im Wege der Aufsicht hiergegen einschreiten.

Zinserträge und ersparte Zinsaufwendungen, die bis zur Weiterleitung bzw. Verwendung der Mittel entstehen, sind zur Aufstockung der ÖSPV-Pauschale i. S. d. § 11 Abs. 2 ÖPNVG NRW zu verwenden.[1402] Dies gilt ebenfalls für Zinsen, die bei der Abwicklung der ÖSPV-Pauschale von Dritten vereinnahmt werden.[1403]

d) Nicht verausgabte Mittel, § 11 Abs. 4 ÖPNVG NRW

Für den Fall, dass Mittel nicht verwendet wurden, dürfen diese bis zum 15. August nach Ablauf des Kalenderjahres für Zwecke des ÖPNV verausgabt werden.[1404] Sollten die Mittel nach Ablauf dieser Frist nicht aufgebraucht sein, sind sie an das Land zurückzuerstatten.[1405] Die Erstattung richtet sich nach § 49a VwVfG NRW. Durch die Vorschrift sollen die Aufgabenträger bei der Mittelverwendung flexibler werden.[1406]

Es ist ein Nachweis über die Verwendung erforderlich. Ein entsprechendes Muster für den Nachweis findet sich in der Anlage zu § 6 Abs. 2 RegG. Die Vorlage hat bis zum 15. August des Folgejahres zu erfolgen.[1407] Der Gesetzestext lässt offen, gegenüber wem die Vorlage zu erfolgen hat. Aus einem systematischen Vergleich mit § 11 Abs. 4 S. 2 ÖPNVG NRW ergibt sich jedoch, dass es sich dabei um das Land handeln muss. Hintergrund ist, dass das Land gegenüber dem Bund ebenfalls eine Nachweispflicht nach § 6 Abs. 2 RegG hat.

e) Rückforderungs- und Aussetzungsmöglichkeiten, § 11 Abs. 5 ÖPNVG NRW

Das Land kann die Pauschalen nach § 11 Abs. 1 S. 1, Abs. 2 S. 2 ÖPNVG NRW um bis zu 10 % kürzen, zurückfordern oder die Auszahlung aussetzen.[1408] Das Gesetz sieht zwei Fälle vor, wann dieses Mittel anzuwenden ist: Der Empfänger kommt seiner Hinwirkungspflicht bezüglich des Gemeinschaftstarifs nach § 5 Abs. 3 S. 3 ÖPNVG NRW und dessen Umsetzung[1409] oder anderen Pflichten

---

[1402] § 11 Abs. 3 S. 4, 1. Hs. ÖPNVG NRW.
[1403] § 11 Abs. 3 S. 4, 2. Hs. ÖPNVG NRW.
[1404] § 11 Abs. 4 S. 1 ÖPNVG NRW.
[1405] § 11 Abs. 4 S. 2 ÖPNVG NRW.
[1406] Werner/Patout et al., § 11 ÖPNVG NRW Erl. 4.
[1407] § 11 Abs. 4 S. 3 ÖPNVG NRW.
[1408] § 11 Abs. 5 ÖPNVG NRW.
[1409] § 11 Abs. 5 Nr. 1 ÖPNVG NRW.

aus der Rechtsverordnung für die Verteilung der Mittel nach § 11 Abs. 1 S. 1 ÖPNVG NRW nicht nach[1410].

3. ÖSPV-Pauschale aus Landesmitteln, § 11a ÖPNVG NRW

a) Ausgleichsleistungen, § 11a Abs. 1 ÖPNVG NRW

Das Land gewährt den ÖSPV-Aufgabenträgern eine jährliche Pauschale aus Landesmitteln.[1411] Die Abwicklung der Pauschale kann nach § 5 Abs. 3a, 1. Hs. ÖPNVG NRW von den ÖSPV-Aufgabenträgern auch auf die SPNV-Aufgabenträger oder die Trägerzweckverbände delegiert werden.[1412]

Ab 2012 beträgt diese Pauschale 130 Millionen Euro pro Jahr.[1413] Sie wird auf Aufgabenträger im Verhältnis des auf sie entfallenden Anteils an den Ausgleichsleistungen i. S. d. ersetzten § 45a PBefG für das Kalenderjahr 2008, die im Jahr 2009 festgesetzt wurden, verteilt.[1414]

Anders als die Regionalisierungsmittel erfolgt bei der Pauschale i. S. d. § 11a Abs. 1 S. 1 ÖPNVG NRW keine jährliche Dynamisierung der Landesmittel.[1415] Dieser starre Mitteleinsatz ist zu kritisieren. Es besteht die Gefahr, dass der ÖSPV finanziell vernachlässigt wird, obwohl er gerade in ländlichen Regionen eine immense Bedeutung für die Mobilität der Bevölkerung hat.

Die Zuordnung der Ausgleichsansprüche an die Verkehrsunternehmen, die im Gebiet mehrerer ÖSPV-Aufgabenträger tätig werden, erfolgt nach dem Anteil der im Jahr 2008 landesweit erbrachten Bedienungskilometer.[1416] Für den Fall der Änderung der Aufgabenträgerschaft erfolgt eine Anpassung der Anteile.[1417] In Betracht kommen hier tatsächliche Gebietsänderungen zwischen den Kommunen oder ein Übergang der Aufgabenträgerschaft auf die SPNV-Aufgabenträger nach § 5 Abs. 3a ÖPNVG NRW.[1418]

Es stellt sich die Frage, ob die Ausgleichsansprüche aus dem Jahr 2008 einen dauerhaft geeigneten Schlüssel darstellen. Zwar könnte argumentiert werden, dass sichergestellt ist, dass der Aufgabenträger so die finanziellen Mittel entsprechend der (damaligen) regionalen und betrieblichen Besonderheiten erhält,

---

[1410] § 11 Abs. 5 Nr. 2 ÖPNVG NRW.
[1411] § 11a Abs. 1 S. 1 ÖPNVG NRW.
[1412] Landtag NRW-Drs. 15/444, 20.
[1413] § 11a Abs. 1 S. 2 ÖPNVG NRW.
[1414] § 11a Abs. 1 S. 3 ÖPNVG NRW. Vgl. auch Anlage 2a VV ÖPNVG NRW (Nr. 1 zu § 11a ÖPNVG NRW).
[1415] Werner/Patout et al., § 11a ÖPNVG NRW Erl. 2.
[1416] § 11a Abs. 1 S. 4 ÖPNVG NRW.
[1417] § 11a Abs. 1 S. 5 ÖPNVG NRW.
[1418] Werner/Patout et al., § 11a ÖPNVG NRW Erl. 2.

die es vor Ort gibt.[1419] Dagegen spricht, dass es keine Anreize für eine qualitativ bessere und effizientere Aufgabenwahrnehmung gibt. Zudem bleiben so demographische und strukturelle Änderungen dauerhaft unberücksichtigt.[1420] Zuzustimmen ist, dass im Jahr 2008 eine Orientierung an den vorherigen Ausgleichsansprüchen durchaus überzeugend war. Ohne Anpassungen bleibt dieser Verteilungsschlüssel jedoch statisch und wenig dynamisch. Auf sich ändernde Aspekte kann und wird so nicht reagiert werden. Die Ausgleichsansprüche aus dem Jahr 2008 stellen heute keinen geeigneten Verteilungsschlüssel dar. Es ist daher dringend eine Anpassung des Verteilungsschlüssels an die derzeitigen Gegebenheiten erforderlich.

Einer Antragstellung für den Erhalt der Pauschale durch den Aufgabenträger bedarf es grundsätzlich nicht.[1421] Bewilligungsbehörde ist die jeweils zuständige Bezirksregierung.[1422]

b) Kompensation für den Ausbildungsverkehr, § 11a Abs. 2 ÖPNVG NRW

Von der Pauschale sind mindestens 87,5 % Ausgleichsleistungen für die ÖSPV-Bedienung im Ausbildungsverkehr, sofern diese nicht durch entsprechende Fahrgeldeinnahmen gedeckt sind.[1423] Eine Unterschreitung dieser gesetzlichen Vorgabe ist nicht möglich. Aus dem Wortlaut folgt jedoch, dass eine Überschreitung unschädlich ist, da es sich lediglich um eine Mindestvorgabe handelt.

Das ÖPNVG NRW enthält keine Legaldefinition, wer vom Ausbildungsverkehr erfasst ist. Eine solche ergibt sich jedoch aus § 57 Abs. 1 Nr. 9 PBefG i. V. m. § 1 PBefAusglV.[1424] Nach diesen Normen wird bestimmt, wer Auszubildender i. S. d. § 45a PBefG ist. Auszubildende sind demnach alle schulpflichtigen Kinder bis zur Vollendung des 15. Lebensjahres.[1425] Nach Vollendung des 15. Lebensjahres sind nach dieser gesetzlichen Regelung u. a. Schüler und Studenten öffentlicher, staatlich genehmigter und staatlich anerkannter allgemeinbildender bzw. berufsbildender Schulen, Hochschulen und Akademien[1426] sowie Personen, die in einem Berufsausbildungsverhältnis i. S. d. Berufsausbildungsgesetzes[1427] stehen, als Auszubildende anzusehen.

[1419] Wille, Verkehr und Technik 2011, 279 (281).
[1420] Werner/Patout et al., § 11a ÖPNVG NRW Erl. 2.
[1421] Verwaltungsvorschrift Nr. 2 zu § 11a ÖPNVG NRW.
[1422] Verwaltungsvorschrift Nr. 3 zu § 11a ÖPNVG NRW.
[1423] § 11a Abs. 2 S. 1 ÖPNVG NRW.
[1424] Werner/Patout et al., § 11a ÖPNVG NRW Erl. 3.
[1425] § 1 Abs. 1 Nr. 1 PBefAusglV.
[1426] § 1 Abs. 1 Nr. 2 lit. a) PBefAusglV.
[1427] § 1 Abs. 1 Nr. 2 lit. d) PBefAusglV.

Sofern die bedienenden Verkehrsunternehmen eigene Haustarife nach § 43 S. 1 Nr. 2 PBefG anwenden, ist die Anerkennung des Gemeinschafts-, Übergangs- bzw. des landesweiten Tarifs Voraussetzung für Weiterleitung der Mittel. Die Weiterleitung der Mittel erfolgt dann auf Grundlage des angewendeten Tarifs. Die angewendeten Tarife müssen die Rabattierung der Zeitfahrausweise des Ausbildungsverkehrs um mindestens 20 % bestimmen.[1428]

Die Pauschalenempfänger sollen zur Weiterleitung der Anteile allgemeine Vorschriften i. S. d. Art. 3 Abs. 2 VO (EG) 1370/2007 erlassen.[1429] Die jeweils zuständige Behörde kann durch eine allgemeine Vorschrift Höchsttarife für bestimmte Fahrgastgruppen, hier im Ausbildungsverkehr, als gemeinwirtschaftliche Verpflichtungen festlegen, wofür ein finanzieller Ausgleich gewährt wird.[1430] Dadurch soll ein europarechtskonformer und transparenter Mitteleinsatz sichergestellt werden. In den allgemeinen Vorschriften sind das Antragsverfahren, das Bewilligungsverfahren (ggf. mit Voraus- und Restzahlungen), die Umsetzung der Voraussetzungen hinsichtlich der Unterschreitung des Ausbildungstarifs gegenüber dem entsprechenden Regeltarif sowie das Verfahren zur Prüfung der weiteren Voraussetzungen, insbesondere nach Art. 6 VO (EG) 1370/2007, näher zu regeln.[1431]

Regelmäßig stellen die Verkehrsunternehmen für ihren gesamten Ausbildungsverkehr jeweils einen Antrag pro ÖSPV-Aufgabenträger. In diesem finden sich sämtliche Erträge im Ausbildungsverkehr. Die Zuordnung zum jeweiligen ÖSPV-Aufgabenträger erfolgt ausschließlich entsprechend der im jeweiligen Aufgabenträgergebiet erbrachten Bedienungsleistung.[1432]

Problematisch in diesem Zusammenhang ist, dass ein Teil der Verkehrsunternehmen Verkehrsleistungen auf Grundlage von öffentlichen Dienstleistungsaufträgen i. S. d. Art. 3 Abs. 1 VO (EG) 1370/2007 erbringt. Sofern Verkehrsunternehmen daneben zudem eigenwirtschaftliche Linien oder Verkehre auf Grundlage mehrerer öffentlicher Dienstleistungsaufträge durchführen, ist eine verursachungsgerechte Zuordnung bei Antragstellung im Zusammenhang mit der Ausbilungsverkehrspauschale schwierig. Daher hat von den Verkehrsunternehmen für jede Erbringung, von auf einem öffentlichen Dienstleistungsauftrag beruhenden Verkehrsdiensten, eine getrennte die Antragstellung für die Ausbildungsverkehrspauschale zu erfolgen. Sie kann in Abstimmung mit dem jeweili-

---

[1428] § 11a Abs. 2 S. 3 ÖPNVG NRW.
[1429] Landtag NRW-Drs. 15/444, 20.
[1430] Art. 3 Abs. 2 S. 1 VO (EG) 1370/2007.
[1431] Landtag NRW-Drs. 15/444, 20.
[1432] Landtag NRW-Drs. 16/12435, 35.

gen ÖSPV-Aufgabenträger unterbleiben, wenn Verkehrsunternehmen ihre gesamte Verkehrsleistung lediglich im Gebiet eines ÖSPV-Aufgabenträgers erbringen.[1433]

Die ÖSPV-Aufgabenträger leiten die Mittel an die Verkehrsunternehmen weiter.[1434] Die Verkehrsunternehmen müssen den Gemeinschafts-, Übergangs- sowie den NRW-Tarif nach § 5 Abs. 3 S. 3 ÖPNVG NRW anwenden oder diese zumindest anerkennen.[1435] Außerdem müssen die Tarife für den Ausbildungsverkehr seit dem 01. August 2012 20 % unter dem allgemeinen Preis des Verkehrsunternehmens für die Beförderung liegen.[1436]

Maßstab für die Verteilung der Pauschale nach § 11a Abs. 1 S. 1 ÖPNV NRW sind die Erträge im Ausbildungsverkehr des jeweiligen Jahres, den das Verkehrsunternehmen im Gebiet der ÖSPV-Aufgabenträger erbracht hat.[1437] Was unter „Erträgen im Ausbildungsverkehr" zu verstehen ist, sagt die Norm nicht. Allerdings können nach der Systematik hierunter nur die Erträge aus „Zeitfahrausweisen des Ausbildungsverkehrs" i. S. d. § 11a Abs. 2 S. 1 ÖPNV NRW gemeint sein. Hierfür fehlt jedoch eine Legaldefinition. Daher müssen die ÖSPV-Aufgabenträger durch eine allgemeine Vorschrift festlegen, was hierunter zu verstehen ist.[1438]

Sofern das Verkehrsunternehmen im Gebiet mehrerer ÖSPV-Aufgabenträger tätig ist, erfolgt die Zuordnung der Erträge nach der jeweiligen Fahrleistung.[1439] Aus Gründen der Gleichbehandlung und Transparenz hat auch hier bei Verkehren, die aufgrund eines Dienstleistungsauftrags i. S. d. Art. 3 Abs. 1 VO (EG) 1370/2007 erbracht werden, die Zuordnung bzw. Berechnung für die Jahre ab 2014 getrennt zu erfolgen.[1440] Maßstab für dessen Berechnung sind die Erträge des Verkehrsunternehmens im Ausbildungsverkehr, die auf Grundlage eines öffentlichen Dienstleistungsauftrags i. S. d. Art. 3 Abs. 1 VO 1370/2007 durchgeführt werden.[1441]

[1433] Landtag NRW-Drs. 16/12435, 35.
[1434] § 11a Abs. 2 S. 2 ÖPNVG NRW.
[1435] § 11a Abs. 2 S. 3, 1. Hs. ÖPNVG NRW.
[1436] § 11a Abs. 2 S. 3, 2. Hs. ÖPNVG NRW.
[1437] § 11a Abs. 2 S. 4 ÖPNVG NRW.
[1438] Werner/Patout et al., § 11a ÖPNVG NRW Erl. 3.
[1439] § 11a Abs. 2 S. 5 ÖPNVG NRW.
[1440] § 11a Abs. 2 S. 6 ÖPNVG NRW.
[1441] § 11a Abs. 2 S. 7 ÖPNVG NRW.

c) Mittel zur Fortentwicklung und Qualitätsverbesserung des ÖSPV, § 11a Abs. 3 ÖPNVG NRW

Bis zu 12,5 % der Pauschale nach § 11a Abs. 1 S. 1 ÖPNVG NRW dürfen zur Finanzierung der Fortentwicklung des Tarif- und Verkehrsangebots sowie zur Qualitätsverbesserung im Ausbildungsverkehr dienen. Möglich ist außerdem eine Verwendung für die mit der Abwicklung der Pauschale verbundenen Aufwendungen oder eine diskriminierungsfreie Weiterleitung an öffentliche oder private Verkehrsunternehmen, Gemeinden, Zweckverbände oder juristische Personen des privaten Rechts, die Zwecke des ÖPNV verfolgen.[1442] Hierdurch soll den ÖSPV-Aufgabenträgern eine Anpassung des ÖSPV-Angebots an die veränderten Bedürfnisse im Ausbildungsverkehr ermöglicht werden. Als Beispiele für die veränderten Bedürfnisse nennen die Landtags-Drucksachen u. a. die Einrichtung von Ganztagsschulen oder die Veränderungen von Schulstandorten.[1443]

Leiten die ÖSPV-Aufgabenträger diesen Maximalbetrag nicht weiter, so wird in der Literatur angenommen, dass der überschüssige Teil für die Pauschale nach § 11a Abs. 2 ÖPNVG NRW zu verwenden sei.[1444] Dies ist überzeugend, da in Absatz 2 Satz 1 lediglich von einem Mindestbetrag gesprochen wird, eine Erhöhung also unproblematisch möglich ist. Dieser Anteil kann für die Finanzierung des Verwaltungsaufwandes, der mit der Abwicklung der Pauschale verbunden ist, verwendet werden.[1445]

d) Auszahlungsmodalitäten, § 11a Abs. 4 ÖPNVG NRW

Die Auszahlung der ÖSPV-Pauschale erfolgt in zwei Schritten: 70 % werden bis zum 01. Mai, der Rest bis zum 01. Oktober eines jeden Jahres ausgezahlt.[1446] Bei der Verwendung bzw. Weiterleitung der Mittel sind die haushaltsrechtlichen Bindungen der jeweiligen Empfänger sowie sonstige gesetzliche Bestimmungen zu beachten.[1447] Sofern Zinserträge sowie ersparte Zinsaufwendungen, die vom Zeitpunkt des Eingangs der Pauschale bis zur Weiterleitung entstehen, vorhanden sind, sind diese zur Aufstockung der Mittel zu verwenden.[1448] Das-

---

[1442] § 11a Abs. 3 ÖPNVG NRW.
[1443] Landtag NRW-Drs. 15/444, 20.
[1444] Werner/Patout et al., § 11a ÖPNVG NRW Erl. 4.
[1445] Landtag NRW-Drs. 15/444, 21.
[1446] § 11a Abs. 4 S. 1 ÖPNVG NRW.
[1447] § 11a Abs. 4 S. 2 ÖPNVG NRW.
[1448] § 11a Abs. 4 S. 3, 1. Hs. ÖPNVG NRW.

selbe gilt für Zinsen, die im Zusammenhang mit der Abwicklung der Pauschale durch Dritte vereinnahmt werden.[1449]

e) Rückforderung von nicht verausgabten Mitteln, § 11a Abs. 5 ÖPNVG NRW

Nicht verausgabte bzw. zurückerhaltene Mittel dürfen bis zu sechs Monate im nächsten Jahr für Zwecke i. S. d. § 11a Abs. 2, 3 ÖPNVG NRW weitergeleitet werden.[1450] Andernfalls sind sie dem Land zu erstatten.[1451] Die Erstattung richtet sich nach § 49a VwVfG NRW.

Ein Nachweis über die Verwendung der Pauschale durch den Empfänger hat bis zum 30. September des Folgejahres zu erfolgen.[1452] Das Gesetz nennt zwar nicht ausdrücklich, gegenüber wem der Nachweis zu erbringen ist. Aus der Systematik ergibt sich jedoch, dass dies nur das Land sein kann. Denn ihm sind die nicht verwendeten Mittel zu erstatten und so ist eine Überprüfung möglich. Mit der Nachweis-erbringung soll eine gesetzmäßige Verwendung und die Einhaltung der beihilferechtlichen Regeln überprüfbar werden.[1453]

4. Zuwendungen für ÖPNV-Investitionsmaßnahmen, § 12 ÖPNVG NRW

a) Mittelhöhe und Mittelherkunft, § 12 Abs. 1 ÖPNVG NRW

Das Land gewährte bis einschließlich 2019[1454] aus den Mitteln des Regionalisierungs- sowie des Entflechtungsgesetzes und ab 2020 rein aus Landesmitteln pauschalierte Zuwendungen für ÖPNV-Investitionsmaßnahmen in Gesamthöhe von 150 Millionen Euro.[1455]

Das Entflechtungsgesetz war Teil der im Zuge der Föderalismusreform 2006 erlassenen Gesetze.[1456] Durch die Föderalismusreform 2006 kam es zu einer Umverteilung der Zuständigkeiten des Bundes und der Länder.[1457] Das Entflechtungsgesetz sieht unter anderem vor, dass den Ländern für die Verbesserung der Verkehrsverhältnisse vom Bund Mittel zur Verfügung gestellt werden.[1458] Die Befristung der Zurverfügungstellung der Mittel nach dem Entflechtungsgesetz hängt mit der ab Ende 2019 erforderlichen Neuordnung der Bund-

---

[1449] § 11a Abs. 4 S. 3, 2. Hs. ÖPNVG NRW.
[1450] § 11a Abs. 5 S. 1 ÖPNVG NRW.
[1451] § 11a Abs. 5 S. 2 ÖPNVG NRW.
[1452] § 11a Abs. 5 S. 3 ÖPNVG NRW.
[1453] Werner/Patout et al., § 11a ÖPNVG NRW Erl. 6.
[1454] Zur Befristung nach dem Entflechtungsgesetz: Art. 143c GG, § 1 EntflechtG.
[1455] § 12 Abs. 1 ÖPNVG NRW.
[1456] Föderalismusreform-Begleitgesetz vom 05.09.2006, BGBl. I, 2098, 2102 (das Entflechtungsgesetz findet sich in Art. 13).
[1457] Battis/Eder, NVwZ 2019, 592 (594).
[1458] § 3 EntflechtG.

Länder-Finanzbeziehungen zusammen.[1459] Diese erfolgte 2017 durch das „Gesetz zur Neuregelung des bundesstaatlichen Finanzausgleichssystems ab dem Jahr 2020 und zur Änderung haushaltsrechtlicher Vorschriften".[1460] Durch dieses Gesetz kam es unter anderem zur Anpassung von § 1 Abs. 1, 2 des Finanzausgleichsgesetzes (FAG)[1461]: Die Länder und Gemeinden erhalten eine höhere Beteiligung an den Einnahmen der Umsatzsteuer, während die Beteiligung des Bundes sinkt. Das Land NRW setzt die so erhöhten Finanzmittel des Landes unter anderem zum Ausgleich der wegfallenden Entflechtungsmittel ein.[1462]

b) Mittelverteilung, § 12 Abs. 2 ÖPNVG NRW

Von diesen pauschalierten Zuwendungen erhalten die VRR AöR 53,534 %, der Zweckverband NVR 29,951 % sowie der Zweckverband NWL 16,704 %.[1463] Dieser Schlüssel wurde aufgrund unterschiedlicher Kriterien seitens des Landes entwickelt. Diese Kriterien sind die Auswertung der Fördervorhaben in den Jahren 2008 bis 2010 sowie die Fläche und Einwohnerzahl im Aufgabenträgergebiet.[1464]

c) Mittelzweck, § 12 Abs. 3 ÖPNVG NRW

Die pauschalierten Zuwendungen sind von den SPNV-Aufgabenträgern zur Förderung von Investitionen, insbesondere in die Infrastruktur, zu verwenden oder an Eisenbahnverkehrsunternehmen, öffentliche bzw. private Verkehrsunternehmen, Gemeinden bzw. Gemeindeverbände sowie juristische Personen des Zivilrechts, die ÖPNV-Zwecke verfolgen, weiterzuleiten.[1465] Zur konkreten Ausgestaltung stellen die gemeinsame Anstalt bzw. die Zweckverbände Weiterleitungsrichtlinien auf.[1466]

Ein Verwendungsnachweis, der bis zum 31. März des Folgejahres der Bewilligungsbehörde und dem Verkehrsministerium gegenüber zu erbringen ist, muss den Namen des Landes und des SPNV-Aufgabenträgers, die Bezeichnung des Haushaltsjahres, die Bezeichnung der Einzelmaßnahmen, welche mit Mitteln aus dem Entflechtungsgesetz gefördert wurden, eine maßnahmenbezogene

---

[1459] Bundestag-Drs. 16/813, 22.
[1460] Bundesrat-Drs. 431/17, 1 ff.
[1461] Art. 2 Gesetz zur Neuregelung des bundesstaatlichen Finanzausgleichssystems ab dem Jahr 2020 und zur Änderung haushaltsrechtlicher Vorschriften.
[1462] Landtag NRW-Drs. 16/13704, 16. Zum damaligen Zeitpunkt war noch nicht klar, durch welche Finanzmittel die Entflechtungsmittel ausgeglichen werden. So heißt es: „Gleichzeitig ist die Finanzierung – wenn auch noch nicht abschließend im Detail – gesichert."
[1463] § 12 Abs. 2 ÖPNVG NRW.
[1464] Landtag NRW-Drs. 16/57, 30.
[1465] § 12 Abs. 3 S. 1 ÖPNVG NRW.
[1466] VV ÖPNVG NRW Nr. 2.3 zu § 12.

Darstellung des entsprechenden Jahresbetrages der Ist-Ausgabe der Mittel nach dem Entflechtungsgesetz und die jeweilige Summe über die Jahresbeträge der Ist-Ausgabe der Mittel nach dem Entflechtungsgesetz in Gänze enthalten.[1467]

Aufgrund des Subsidiaritätsgrundsatzes nach § § 23, 44 LHO NRW dürfen durch die Zuwendungen grundsätzlich maximal 90 % der zuwendungsfähigen Ausgaben der jeweiligen Investitionsmaßnahme gefördert werden.[1468] Auf Antrag kann die Bewilligungsbehörde hiervon Ausnahmen zulassen, sofern dies der Erfüllung des Verwendungszwecks dient.[1469]

Ausnahmen zu diesen Vorgaben können in der Verwaltungsvorschrift nach § 10 Abs. 4 ÖPNVG NRW geregelt werden.[1470]

Mindestens 50 % der pauschalierten Zuwendungen sind für Investitionsmaßnahmen des ÖPNV mit Ausnahme des SPNV zu verwenden.[1471]

Die pauschalierten Zuwendungen dürfen für die Förderung des streckenbezogenen Aus- und Neubaus der Schieneninfrastruktur mit zuwendungsfähigen Ausgaben von über 5 Millionen Euro nur verwendet werden, wenn es sich hierbei um einen Bestandteil des ÖPNV-Bedarfsplans i. S. d. § 7 Abs. 1 S. 1 ÖPNVG NRW handelt.[1472]

d) Anrechnung auf ergänzende Förderung gem. § 13 Abs. 2 S. 3 ÖPNVG NRW

Es erfolgt eine Anrechnung der Zuwendungen für ÖPNV-Investitionsmaßnahmen auf die am 01. Januar eines Jahres bestehenden Verpflichtungen zu ergänzende Förderungen gem. § 13 Abs. 2 S. 3 ÖPNVG NRW, also Investitionen in Stationen und Schienenwege der Eisenbahnen des Bundes,[1473] sowie solcher für Infrastrukturmaßnahmen, deren Förderung das Land vor dem 01. Januar 2008 bewilligt oder vereinbart hat. Diese Anrechnung wird nicht vorgenommen, wenn es sich um Maßnahmen handelt, die nach § 13 Abs. 1 S. 1 ÖPNVG NRW gefördert werden. Hintergrund hierfür ist, dass es sich bei diesen Maßnahmen ausweislich des Wortlautes um solche im besonderen Landesinteresse handelt.

[1467] Verwaltungsvorschrift Nr. 6.4 zu § 12 ÖPNVG NRW.
[1468] § 12 Abs. 3 S. 3 ÖPNVG NRW.
[1469] Verwaltungsvorschrift Nr. 2.3 zu § 12 ÖPNVG NRW.
[1470] § 12 Abs. 3 S. 4 ÖPNVG NRW.
[1471] § 12 Abs. 3 S. 5 ÖPNVG NRW.
[1472] § 12 Abs. 3 S. 6 ÖPNVG NRW.
[1473] § 12 Abs. 4 S. 1 Nr. 1 ÖPNVG NRW.

e) Maßnahmenkatalog

Die SPNV-Aufgabenträger haben jährlich einen Katalog der Maßnahmen aufzustellen, die mit pauschalierten Zuwendungen nach § 12 ÖPNVG NRW gefördert werden, durch Beschluss der Zweckverbandsversammlung bzw. des Verwaltungsrats zu verabschieden und der Bewilligungsbehörde anzuzeigen.[1474]
Kopien des Maßnahmenkatalogs und dessen Fortschreibung sind dem Verkehrsministerium von der Bewilligungsbehörde vorzulegen.[1475]

f) Rückforderung nicht verausgabter Mittel

Nicht verausgabte sowie zurück erhaltene Landesmittel dürfen bis zum 30. Juni
des zweiten Folgejahres der Bewilligung zur Förderung von Maßnahmen i. S. d.
§ 12 Abs. 3 ÖPNVG NRW genutzt werden.[1476] Durch diesen Übergangszeitraum soll sichergestellt werden, dass die von den SPNV-Aufgabenträgern geförderten Maßnahmen für den Fall einer zeitlich verzögerten Abwicklung zu
Ende finanziert werden können.[1477] Würde eine dem § 12 Abs. 6 ÖPNVG NRW
entsprechende Regelung fehlen, wäre die für eine Förderung notwendige gesi-
cherte Gesamtfinanzierung nicht zwangsläufig gegeben.[1478]

Bis zum 30. Juni nicht verausgabte Mittel sind gegenüber dem Land zu erstatten.[1479] Die Erstattung richtet sich nach § 49a VwVfG NRW. Dem Land gegenüber sind die verausgabten Mittel bis zum 15. August eines jeden Folgejahres
nachzuweisen.[1480] Da dem Land gegenüber dem Bund nach § 6 Abs. 2 RegG
Nachweispflichten für die Mittel aus dem Regionalisierungsgesetz zukommen,
hat ein Nachweis nach dem Muster der Anlage zu § 6 Abs. 2 RegG zu erfolgen.[1481] Der Nachweis erfolgt in Form einer Tabelle. In dieser finden sich u. a.
Darstellungen von Investitionen in Verkehrsanlagen und Fahrzeugen sowie
Leistungsbestellungen.[1482]

Sofern die Mittel aus dem Entflechtungsgesetz stammen, hat ein entsprechender Nachweis über die Verausgabung nach den bundesrechtlichen Anforderun-

---

[1474] § 12 Abs. 5 ÖPNVG NRW.
[1475] Verwaltungsvorschrift Nr. 2.4 zu § 12 ÖPNVG NRW.
[1476] § 12 Abs. 6 S. 1 ÖPNVG NRW.
[1477] Landtag NRW-Drs. 17/7203, 11.
[1478] Landtag NRW-Drs. 16/12435, 36.
[1479] § 12 Abs. 6 S. 1, S. 2 ÖPNVG NRW.
[1480] § 12 Abs. 6 S. 3 ÖPNVG NRW.
[1481] § 12 Abs. 6 S. 5 ÖPNVG NRW.
[1482] Anlage zu § 6 Abs. 2 RegG.

gen bis zum 31. März des nachfolgenden Jahres zu erfolgen.[1483] Hier gilt das zu § 12 Abs. 3 ÖPNVG NRW Ausgeführte.

5. Zuwendungen für Investitionsmaßnahmen im besonderen Landesinteresse

Bewilligungsbehörde für die Zuwendungen i. S. d. § 13 ÖPNVG NRW ist der jeweilige SPNV-Aufgabenträger.[1484] Zuwendungsempfänger sind Gemeinden und Gemeindeverbände, öffentliche oder private Verkehrsunternehmen, juristische Personen des privaten Rechts, die Zwecke des ÖPNV verfolgen, Eisenbahnen des Bundes sowie öffentliche nichtbundeseigene Eisenbahnen.[1485] Die SPNV-Aufgabenträger prüfen die ordnungsgemäße Verwendung der Mittel.[1486]

a) Mittelhöhe und Mittelherkunft, § 13 Abs. 1 ÖPNVG NRW

Bei den Mitteln nach § 13 Abs. 1 S. 1 ÖPNVG NRW handelt es sich um Zuwendungen für Investitionsmaßnahmen im besonderen Landesinteresse. Diese werden vom Land aus den Mitteln nach dem Gemeindeverkehrsfinanzierungsgesetz, dem Entflechtungsgesetz sowie weiteren Mitteln gewährt.[1487] Zu beachten ist ausweislich Art. 143c Abs. 1 S. 1 GG, § 1 EntflechtG die Befristung der Mittel aus dem Entflechtungsgesetz bis zum 31. Dezember 2019. Auch nach dem Auslaufen ist die Mittelherkunft gesichert.[1488] Nunmehr werden den einzelnen Bundesländern seitens des Bundes erhöhte Mittel aus dem Umsatzsteueraufkommen zugewiesen.[1489] Trotz Ablauf dieser Befristung ist bislang keine Anpassung am Gesetzeswortlaut vorgenommen worden.

Im Gesetz werden abschließend – wie sich aus dem Wortlaut „ist" ergibt – die Investitionsmaßnahmen im besonderen Landesinteresse aufgezählt.[1490]

- Nr. 1 : ÖPNV-Infrastrukturmaßnahmen des GVFG-Bundesprogramms.[1491]

In § 2 GVFG werden abschließend die förderfähigen Vorhaben aufgezählt. Hierzu gehören u. a. der Bau und Ausbau von besonderen Omnibusspuren[1492]

[1483] § 12 Abs. 6 S. 4 ÖPNVG NRW.
[1484] § 15 S. 2 ÖPNVG NRW.
[1485] Verwaltungsvorschrift Nr. 3 zu § 13 ÖPNVG NRW.
[1486] Verwaltungsvorschrift Nr. 7.7.1 zu 13 ÖPNVG NRW.
[1487] § 13 Abs. 1 S. 1 ÖPNVG NRW.
[1488] Landtag NRW-Drs. 16/13704, 16.
[1489] Bundestag-Drs. 19/19828, 2.
[1490] § 13 Abs. 1 S. 2 ÖPNVG NRW.
[1491] Durch eine Änderung des Grundgesetzes werden die Mittel nach dem GVFG nunmehr unbefristet gewährt (BGBl. 2017 I Nr. 47 vom 19.07.2017, S. 2348), vgl. Art. 125c GG.
[1492] § 2 Abs. 1 Nr. 1 lit. b) GVFG.

oder Beschleunigungsmaßnahmen für den ÖPNV, insbesondere rechnergesteuerte Betriebsleitsysteme und technische Maßnahmen zur Steuerung von Lichtsignalanlagen[1493].

- Nr. 2: SPNV-Infrastrukturmaßnahmen an Großbahnhöfen.

Großbahnhöfe „sind Bahnhöfe mit Nah- und Fernverkehr mit einem Reisendenaufkommen von durchschnittlich über 50.000 Personen pro Tag. Gefördert werden können die notwendigen Anteile an der Verkehrsstation, sofern diese überwiegend dem Nahverkehr dient."[1494]

- Nr. 3: Investitionsmaßnahmen zum Erhalt und zur Erneuerung der Infrastruktur von Stadt- und Straßenbahnen sowie dem SPNV dienender Infrastruktur öffentlich nichtbundeseigener Eisenbahnen.

- Nr. 4: Investitionsmaßnahmen zur Reaktivierung von Schienenstrecken sowie zur Elektrifizierung vorhandener Schienenstrecken für den SPNV.

Dies entspricht den in § 2 Abs. 2 S. 2 ÖPNVG NRW (Reaktivierung von Schienenstrecken) sowie § 2 Abs. 1 ÖPNVG NRW (Klima- und Umweltschutz) niedergelegten Grundsätzen, die im gesamten ÖPNV Geltung beanspruchen.

- Nr. 5: Investitionen zur barrierefreien Gestaltung von (Stadt-, Straßenbahn- und Bus-) Haltestellen und von vorhandenen Fahrzeugen des ÖPNV mit Ausnahme des SPNV.

Diese Investitionsmaßnahmen finden ebenfalls eine Entsprechung in den in § 2 ÖPNVG NRW niedergelegten Grundsätzen.[1495] Die förderfähigen Investitionsmaßnahmen müssen mindestens 100.000,00 € zuwendungsfähige Ausgaben vorsehen. Hierbei ist grundsätzlich die Bildung von Maßnahmepaketen, die aus mehreren Haltestellen bestehen, möglich.[1496]

- Nr. 6: Investitionsmaßnahmen zur Beschaffung von batterieelektrischen und wasserstoffbetriebenen Linienbussen des ÖPNV; zur Errichtung der notwendigen Infrastruktur und Werkstatteinrichtungen.[1497]

- Nr. 7: Investitionsmaßnahmen, durch die neue ÖPNV-Technologien geschaffen werden sollen.[1498]

[1493] § 2 Abs. 1 Nr. 4 GVFG.
[1494] Verwaltungsvorschrift Nr. 2.1.2 zu § 13 ÖPNVG NRW.
[1495] § 2 Abs. 3 S. 1, 2. Hs., Abs. 4 S. 3, Abs. 8, Abs. 9 ÖPNVG NRW.
[1496] Verwaltungsvorschrift Nr. 2.1.5 zu § 13 ÖPNVG NRW.
[1497] Siehe auch § 2 Abs. 1, Abs. 4 S. 1 ÖPNVG NRW.
[1498] § 2 Abs. 1 ÖPNVG NRW.

Erfasst werden insbesondere neue Technologien für die Infrastruktur und Fahrzeuge. Nicht förderfähig sind die laufenden Ausgaben, sondern nur die Ausgaben für die Investition selbst.[1499]

- Nr. 8: ÖPNV-Investitionsmaßnahmen, die vom Verkehrsministerium im Einvernehmen mit dem Verkehrsausschuss festgelegt werden.

Als Zuwendungsempfänger kommen Kreise, Städte, Gemeinden, öffentliche und private Verkehrsunternehmen sowie juristische Personen des Zivilrechts, die Zwecke des ÖPNV verfolgen, in Betracht.[1500]

b) Vorrang des Bundesschienenwegeausbaugesetzes

Bei Investitionen in die Eisenbahninfrastruktur des Bundes sind vorrangig die Mittel des Bundesschienenwegeausbaugesetzes zu verwenden.[1501] Hierbei kommt ergänzend nach Anhörung der betroffenen SPNV-Aufgabenträger eine Förderung des Landes in Betracht, die auf die Förderung nach § 12 ÖPNVG NRW angerechnet wird, soweit es sich um Maßnahmen handelt, welche nach Abs. 1 gefördert werden.[1502]

6. Weitere Maßnahmen im besonderen Landesinteresse, § 14 ÖPNVG NRW

Aus den Regionalisierungsmitteln gewährt das Land Zuwendungen für weitere ÖPNV-Maßnahmen in besonderem Landesinteresse. Hierzu zählen insbesondere, aber nach dem Wortlaut nicht abschließend, Bürgerbusvorhaben sowie solche, die zur Verbesserung der Qualität, der Sicherheit und des Service im ÖPNV dienen.[1503] Die Maßnahmen müssen hierbei nicht investiver Art sein. So werden beispielsweise die sog. Kompetenzcenter aus den Mitteln des § 14 ÖPNVG NRW gefördert.[1504] Weiterhin werden aus diesen Mitteln Maßnahmen zur Verstärkung des Verbraucherschutzes, der Öffentlichkeitsarbeit für den ÖPNV und der Qualitäts- und Sauberkeitsoffensive finanziert.[1505]

Bei Bürgerbusvorhaben handelt es sich um den mit Kleinbussen durchgeführten ÖPNV, soweit der Betrieb von ehrenamtlichen Fahrerinnen und Fahrern eines zu diesem Zweck gegründeten Vereins erfolgt.[1506] Die Mittel können beispiels-

---

[1499] Verwaltungsvorschrift Nr. 2.1.7 zu § 13 ÖPNVG NRW.
[1500] § 13 Abs. 1 S. 3 ÖPNVG NRW.
[1501] § 13 Abs. 2 S. 1 ÖPNVG NRW.
[1502] § 13 Abs. 2 S. 2 ÖPNVG NRW.
[1503] § 14 ÖPNVG NRW.
[1504] Landtag NRW-Drs. 14/3976, 35.
[1505] Mit weiteren Beispielen: Verwaltungsvorschrift Nr. 2.2 zu § 14 ÖPNVG NRW.
[1506] Verwaltungsvorschrift Nr. 2.3 zu § 14 ÖPNVG NRW.

weise für die Verwaltungskosten und die Werbung bzw. Öffentlichkeitsarbeit der Bürgerbusse eingesetzt werden.[1507]

Zuwendungsempfänger sind Kreise, Städte, Gemeinden, SPNV-Aufgabenträger, Verkehrsunternehmen, die Eisenbahn oder juristische Personen des öffentlichen oder privaten Rechts, die Zwecke des ÖPNV verfolgen. Bewilligungsbehörde für die Mittel aus § 14 ÖPNVG NRW ist die zuständige Bezirksregierung.[1508]

III. Ausgestaltung der SPNV-Finanzierung in den Kooperationsräumen

1. VRR AöR

Nach § 9 Abs. 1 S. 1 KUV müssen die Träger die Ausstattung mit den nötigen Finanzmitteln sicherstellen, sodass die AöR ihre Aufgaben dauerhaft erfüllen kann. § 9 Abs. 1 S. 2 KUV sieht eine Stammkapitalausstattung durch die Träger, vorliegend die Trägerzweckverbände VRR und NVN, vor. Das Stammkapital beträgt bei der VRR AöR 2.525.000,00 €, wovon der Trägerzweckverband VRR Anteile am Stammkapital in Höhe von 2.500.000,00 € und der Trägerzweckband NVN in Höhe von 25.000,00 € hält.[1509]

Die Angebotsfinanzierung bei der VRR AöR erfolgt durch verschiedene Einnahmequellen. Diese sind:

- die im SPNV erzielten Einnahmen bzw. der auf das SPNV-Leistungsangebot entfallende Einnahmenanteil[1510],

- mindestens 97 % der Zuwendungen i. S. d. § 11 Abs. 1 ÖPNVG NRW[1511], wobei der Großteil der Mittel im Gebiet des Zweckverbandes VRR eingesetzt werden soll[1512],

- die SPNV-Umlage nach Maßgabe der Satzung des Zweckverbandes VRR, wobei diese Mittel ausschließlich für Verkehrsleistungen im VRR-Verbandsgebiet aufzuwenden sind[1513],

---

[1507] Verwaltungsvorschrift Nr. 2.3.1 zu § 14 ÖPNVG NRW.
[1508] Verwaltungsvorschrift Nr. 6.2 zu § 14 ÖPNVG NRW.
[1509] § 30 Abs. 1 Satzung VRR AöR.
[1510] § 33 Abs. 1 lit. a) Satzung VRR AöR.
[1511] § 33 Abs. 1 lit. b) Satzung VRR AöR.
[1512] § 33 Abs. 3 S. 2 Satzung VRR AöR (im Gebiet des Zweckverbandes VRR: 93,407 % und im NVN-Verbandsgebiet 6,593 % abzüglich 317.734,46 €).
[1513] § 33 Abs. 1 lit. c) Satzung VRR AöR.

- sonstige für den SPNV vom NVN zweckgebundene Mittel[1514] ausschließlich für Verkehrsleistungen im NVN-Verbandsgebiet[1515] sowie

- sonstige vom Land Nordrhein-Westfalen für Zwecke des SPNV im Gebiet des Zweckverbandes VRR zur Verfügung gestellten Fördermittel[1516].

2. Zweckverbände

Nach § 19 Abs. 1 S. 1 GkG NRW erhebt der Zweckverband eine Umlage, sofern die sonstigen Erträge nicht ausreichen. Diese Umlage soll grundsätzlich nach dem Nutzen bemessen werden, den das Zweckverbandsmitglied hat.[1517] Ausnahmen von diesem Grundsatz können in der Satzung vereinbart werden.[1518] Eine Festlegung der Umlage erfolgt in der Haushaltssatzung für jedes Haushaltsjahr.[1519] Diese bedarf der Genehmigung der Aufsichtsbehörde.[1520]

Die Zweckverbände NVR und NWL setzen zuvörderst die Mittel aus § 11 ÖPNVG NRW zur Finanzierung des Angebotes ein.[1521] Sofern diese und sonstige Einnahmen des Zweckverbandes nicht ausreichen, kann als *ultima ratio* eine Verbandsumlage erhoben werden.[1522] Vorrangig sind im Bereich des Zweckverbandes NVR jedoch geeignete Maßnahmen zur Reduzierung des Finanzbedarfs unter Wahrung der gesetzlichen Aufgaben zu ergreifen. Hierzu gehört beispielsweise eine Anpassung des Leistungsangebots durch die Abbestellung von Verkehrsleistungen.[1523]

Während die Umlage im Bereich des Zweckverbandes NVR sich nach den Einwohnerzahlen im Gebiet der beiden Trägerzweckverbände AVV und VRS richtet[1524], folgt die Umlage beim Zweckverband NWL den Verlusten auf Basis der erbrachten Zugkilometer in den Räumen der fünf Trägerzweckverbände[1525],

3. Finanzierung der SPNV-Aufgabenträger selbst

Die Finanzierung der VRR AöR selbst erfolgt ebenfalls auf Grundlage verschiedener Einnahmequellen. Diese sind:

[1514] Dazu: § 8 Abs. 2 Satzung VRR AöR.
[1515] § 33 Abs. 1 lit. d) Satzung VRR AöR.
[1516] § 33 Abs. 1 lit. e) Satzung VRR AöR.
[1517] § 19 Abs. 1 S. 3 GkG NRW.
[1518] § 19 Abs. 1 S. 4 GkG NRW.
[1519] § 19 Abs. 2 S. 1 GkG NRW.
[1520] § 19 Abs. 2 S. 2 GkG NRW.
[1521] § 12 Abs. 1 S. 1, Abs. 3 S. 1 Satzung ZV NVR; § 12 Abs. 1 S. 2 Satzung ZV NWL.
[1522] § 12 Abs. 6 S. 1, 3 Satzung ZV NVR; § 14 Abs. 1 S. 1 Satzung ZV NWL.
[1523] § 12 Abs. 6 S. 2 Satzung ZV NVR.
[1524] § 12 Abs. 6 S. 4 Satzung ZV NVR.
[1525] § 14 Abs. 2 Satzung ZV NWL.

- Finanzierungsbeiträge des Zweckverbandes VRR[1526],

- Erträge aufgrund eigener wirtschaftlicher Betätigung der VRR AöR[1527], welche mobilitätsbezogene Dienstleistungen und Produkte anbietet[1528],

- Finanzierungsbeiträge der Verbundverkehrsunternehmen für den Verkehrsverbund[1529],

- Landesmittel nach dem ÖPNVG NRW[1530], womit die Pauschalen nach § 11 Abs. 1 S. 1 ÖPNVG NRW gemeint sind,

- Landesmittel zur Projektförderung nach § 14 ÖPNVG NRW[1531] sowie

- Finanzierungsbeiträge auf Grundlage des öffentlich-rechtlichen Vertrages zur Umsetzung des ÖPNVG zwischen den Zweckverbänden VRR und NVN sowie der VRR AöR vom 20./22.06.2007[1532].

Die Regiekosten des Zweckverbandes NVR werden vorrangig aus den Mitteln des § 11 Abs. 1 S. 6 ÖPNVG NRW bestritten, wonach 2 % dieser Mittel für die Verwaltungskosten eingesetzt werden können.[1533] Sofern diese nicht ausreichen, kann der Regiekostenanteil auf maximal 3 % erhöht werden.[1534]

Reichen die Finanzmittel nicht aus, ergreift der Zweckverband geeignete Maßnahmen zur Reduzierung des Finanzbedarfs unter Wahrung der gesetzlichen Aufgaben.[1535] Dazu gehören insbesondere Anpassungen im Leistungsangebot durch Abbestellung von Verkehrsleistungen.[1536] Wenn auch dies nicht ausreichend ist, wird eine Verbandsumlage nach § 19 Abs. 1 S.1 GkG NRW erhoben.[1537]

Die Regiekosten des Zweckverbandes NWL werden aus den Mitteln nach § 11 Abs. 1 S. 6 ÖPNVG NRW aufgebracht.[1538] Sofern diese nicht ausreichen, wird

---

[1526] § 35 Nr. 1 Satzung VRR AöR.
[1527] § 35 Nr. 2 Satzung VRR AöR.
[1528] § 4 Abs. 6 Satzung VRR AöR.
[1529] § 35 Nr. 3 Satzung VRR AöR.
[1530] § 35 Nr. 4 Satzung VRR AöR.
[1531] § 35 Nr. 5 Satzung VRR AöR.
[1532] § 35 Nr. 6 Satzung VRR AöR.
[1533] § 12 Abs. 3 S. 1 Satzung ZV NVR.
[1534] § 12 Abs. 4 S. 1 Satzung ZV NVR.
[1535] § 12 Abs. 6 S. 1 Satzung ZV NVR.
[1536] § 12 Abs. 6 S. 2 Satzung ZV NVR.
[1537] § 12 Abs. 6 S. 3 Satzung ZV NVR.
[1538] § 12 Abs. 1 S. 2 Satzung ZV NWL.

eine Verbandsumlage erhoben, wobei sich die Beiträge hierzu nach den erbrachten Bedienungskilometern richten.[1539]

4. Trägerzweckverbände

Den Trägerzweckverbänden können Mittel aus § § 11 f. ÖPNVG NRW zukommen, sofern diese zugleich die Tätigkeiten eines ÖSPV-Aufgabenträgers wahrnehmen. Gleiches gilt für Einnahmen durch Beförderungsentgelte. Diese Mittel
werden in der Regel den Finanzbedarf für die Bereitstellung des ÖSPV decken.

Darüber hinaus finanzieren sich die Trägerzweckverbände regelmäßig über
eine Umlage i. S. d. § 19 Abs. 1 S. 1 GkG, sofern die gesetzlich zugewiesenen
Mittel aus dem ÖPNVG NRW nicht ausreichen.[1540] Die Umlage wird nach verschiedenen Schlüsseln berechnet. Zum einen wird als Grundlage die erbrachte
Betriebsleistung in einem bestimmten Gebiet angesetzt[1541], zum anderen erfolgt
eine Festsetzung nach der Einwohnerzahl[1542]. Eine weitere Berechnungsme-
thode orientiert sich an dem Verhältnis der Sitze in der Zweckverbandsversammlung.[1543]

Weitere Mittel können dem Trägerzweckverband aus der Wahrnehmung weiterer übertragener Aufgaben zufließen.[1544]

5. Finanzierung der Verbundarbeit

Die Finanzierung der Verbundarbeit der VRR AöR als Verkehrsverbund erfolgt
durch ein sich jährlich dynamisierendes Leistungsentgelt der Verkehrsunternehmen.[1545] Dieses wird im Voraus jeweils zum ersten eines Quartals erbracht.[1546]

Bei besonderen Vorhaben können nach Abstimmung mit den Verkehrsunternehmen besondere Entgelte im Einzelfall vereinbart werden.[1547]

[1539] § 14 Satzung ZV NWL.
[1540] § 16a Abs. 1 Satzung ZV VRR; § 15 S. 1 Satzung ZV NVN; § 14 Abs. 1 S. 1 Satzung ZV
AVV; § 12 Abs. 2 S. 1 Satzung ZV VRS; § 12 Abs. 3 Satzung ZV nph; § 13 S. 1, 1. Hs.
Satzung ZV VVOWL; § 12 Abs. 1 S. 1 Satzung ZV ZVM; § 12 Abs. 8 S. 1 Satzung ZV
ZWS; §§ 11 Abs. 2 S. 1, 12 Abs. 3 ZV ZRL.
[1541] Vgl. § 15 S. 2 Satzung ZV NVN; § 12 S. 3 Satzung ZV nph; § 12 S. 2 Satzung ZV ZVM;
§ 12 Abs. 3 Satzung ZV ZWS.
[1542] Vgl. § 12 Abs. 2 S. 2 Satzung ZV VRS.
[1543] Vgl. § 13 S. 2, 2. Hs. Satzung ZV VVOWL.
[1544] Vgl. § 13 S. 1 Satzung ZV VVOWL.
[1545] § 36 Satzung VRR AöR, § 21 Abs. 1 Verbundgrundvertrag VRR.
[1546] § 21 Abs. 6 Verbundgrundvertrag VRR.
[1547] § 22 Verbundgrundvertrag VRR.

6. Finanzierung des ÖSPV

Die über das ÖPNVG NRW hinausgehende Finanzierung des ÖSPV stützt sich auf verschiedene Quellen. Neben den grundsätzlich nicht zur Kostendeckung ausreichenden Fahrgeldeinnahmen und den gesetzlichen Ausgleichszahlungen nach § § 11 Abs. 2 S. 2, 11a Abs. 1 S. 1 ÖPNVG NRW, 228 ff. SGB IX, kommen verbundbedingte Ausgleichsleistungen, Finanzhilfen nach dem Regionalisierungsgesetz, Verlustausgleichszahlungen und der steuerliche Querverbund in Betracht.

Sofern die ÖSPV-Leistungen im Rahmen eines Verkehrsverbundes erbracht werden, stellen die verbundbedingten Ausgleichsleistungen eine wichtige Finanzierungsquelle dar. Diese sind in den Verbundgrundverträgen zwischen dem Verkehrsverbund und dem Verkehrsunternehmen kodifiziert.[1548]

Zwar sind die Mittel aus dem Regionalisierungsgesetz vorrangig zur Finanzierung des SPNV zu verwenden[1549], doch ist daneben auch eine ÖSPV-Finanzierung mit diesen Mitteln möglich. Dies ergibt sich aus dem Wortlaut von § 6 Abs. 1 RegG, der davon spricht, dass „insbesondere", aber nicht abschließend, der SPNV mit den Regionalisierungsmitteln zu finanzieren ist. Konkrete gesetzliche Vorgaben, inwieweit der ÖSPV mit diesen Mitteln zu finanzieren ist, gibt es nicht. Allerdings muss eine ausreichende Bedienung der Bevölkerung mit ÖPNV-Leistungen gewährleistet werden.[1550] Hierdurch ist auch der ÖSPV erfasst.[1551]

In der Praxis wird ein Großteil des ÖSPV weiterhin durch kommunale Verkehrsunternehmen erbracht, bei denen eine etwaige Verlustübernahme durch die Eigentümer erfolgt. Darüber hinaus folgt aus dem Sicherstellungsauftrag des § 1 Abs. 1 RegG eine grundsätzliche Finanzierungspflicht der kommunalen Gebietskörperschaften für den ÖSPV.[1552] Insoweit erfolgt eine Teilfinanzierung durch die kommunalen Haushalte durch entsprechende Zuschüsse.[1553]

Daneben können Erträge aus dem steuerlichen Querverbund zur Finanzierung des ÖSPV genutzt werden. Hier bestehen zwei Möglichkeiten: Zum einen gibt es den direkten Querverbund, bei dem innerhalb eines öffentlichen Unternehmens ein Ausgleich von Gewinn und Verlust der unterschiedlichen Geschäfts-

---

[1548] Siehe z. B. § 19 Verbundgrundvertrag VRR.
[1549] § 6 Abs. 1 RegG.
[1550] § 1 Abs. 1 RegG.
[1551] So auch: Werner, 230.
[1552] Lott, 101.
[1553] Darsow, LKV 2002, 1 (2).

bereiche erfolgt. Zum anderen erfolgt eine Zusammenfassung mehrerer Unternehmen, bei der die Gewinnüberschüsse beispielsweise bei der Energieversorgung für den Defizitausgleich, z. B. des ÖPNV, verwendet werden. Vorteil hierbei ist, dass eine Versteuerung der Gewinne aus dem „finanzierenden" Teil des Unternehmens nicht erfolgt.[1554]

[1554] Barth, 41; Lott, 101 f.

G. Zusammenfassende Leitsätze

I. Zu Kapitel A.

Der ÖPNV ist der einem grundsätzlich unbeschränkten Personenkreis offenstehende Stadt-, Vororts- und Regionalverkehr. ÖPNV ist der Oberbegriff für ÖSPV, SPNV und den ÖPNV im Übrigen.

Es gibt diverse Akteure im nordrhein-westfälischen ÖPNV. Insbesondere sind hier die Aufgabenträger, Verkehrsverbünde, Tarifgemeinschaften und Verkehrsunternehmen zu nennen. Bei dem Verkehrsverbund handelt es sich um eine Kooperationsform, bei der ÖPNV-Aufgabenträger und Verkehrsunternehmen zusammenarbeiten, um die Attraktivität des ÖPNV zu steigern. Es wird eine rechtlich selbständige Verbundgesellschaft gebildet, die mit eigenem Personal und eigenen Sachmitteln arbeitet. Dem Verkehrsverbund werden wesentliche Zuständigkeiten im ÖPNV übertragen. Ein integriertes Verkehrsangebot im gesamten ÖPNV soll gesichert werden.

Die ÖPNV-Aufgabenträger können sich sowohl auf den verfassungsrechtlichen Schutz der kommunalen Selbstverwaltungsgarantie durch Art. 28 Abs. 2 GG (Gemeinden) als auch den landesverfassungsrechtlichen Schutz durch Art. 78, 79 LVerf NRW (Gemeinden und Kreise) berufen.

II. Zu Kapitel B.

Die SPNV-Aufgabenträger können sowohl in der Form einer gemeinsamen Anstalt als auch eines Zweckverbandes gebildet werden. Ihnen stehen das Selbstverwaltungsrecht und die Satzungsautonomie zu. Es gibt somit einen *numerus clausus* für die Rechtsform der SPNV-Aufgabenträger i. S. d. § 5 Abs. 1 ÖPNVG NRW. Für diese Begrenzung spricht die Gewährleistung einer Mindestkooperation im Hinblick auf eine ausreichende Bedienung der Bevölkerung mit ÖPNV-Diensten. Aus historischen Gründen sind die Trägerzweckverbände in der Form eines Zweckverbandes gebildet.

In der Praxis sind die Mitglieder der SPNV-Aufgabenträger in Nordrhein-Westfalen die Trägerzweckverbände, hinter denen die Kreise und kreisfreien Städte stehen.

Der Staat übt sowohl eine Rechts- als auch Sonderaufsicht aus. Zudem erfolgt eine Prüfung durch den Landesrechnungshof.

Sowohl die SPNV-Aufgabenträger als auch die Trägerzweckverbände unterliegen der Rechtsaufsicht. Darüber hinaus unterliegen erstere ebenfalls der Sonderaufsicht nach §§ 6 Abs. 1, 16 Abs. 6 ÖPNVG NRW. Die Aufsichtsmittel der

Weisungs- und Letztentscheidungsrechte stellen hierbei keinen Eingriff in die kommunale Selbstverwaltung der hinter den SPNV-Aufgabenträgern stehenden Kreise und kreisfreien Städte dar.

Die SPNV-Aufgabenträger unterliegen zudem einer Prüfung durch den Landesrechnungshof. Dies gilt auch für die Trägerzweckverbände, sofern sie für die Pauschalen gemäß § 11 Abs. 2, § 11a ÖPNVG NRW zuständig sind.

Möglichkeiten des Rechtsschutzes gegen Maßnahmen der Staatsaufsicht ergeben sich nach den allgemeinen Regeln, insbesondere durch die Anfechtungs- und Verpflichtungsklage. Im Rahmen des Sekundärrechtsschutzes kommt bei Vorliegen eines Schadens ein Anspruch auf Amtshaftung nach § 839 BGB i. V. m. Art. 34 GG in Betracht.

III. Zu Kapitel C.

Die gemeinsame Anstalt i. S. d. § 5a Abs. 1 S. 1 ÖPNVG NRW besitzt mit dem Verwaltungsrat und dem Vorstand zwei verpflichtende Organe. Darüber hinaus besteht die Möglichkeit, in der Satzung weitere Gremien vorzusehen. In der Praxis sind dies bei der VRR AöR sieben Ausschüsse und der Unternehmensbeirat, wobei diese Gremien allerdings, mit Ausnahme des Vergabeausschusses, jeweils nur empfehlende Beschlüsse fassen können.

Der Verwaltungsrat ist für die Beschlussfassung der Anstalt zuständig und überwacht dessen Vorstand, der wiederum die Anstalt gerichtlich und außergerichtlich vertritt und dessen Geschäfte führt.

Die Hauptaufgabe des Verwaltungsrats besteht, neben weiteren gesetzlichen und satzungsgemäßen Zuständigkeiten, in der Bestellung und Überwachung des Vorstandes. Er setzt sich zusammen aus Vertretern der Trägerzweckverbände, die sich wiederum in Fraktionen zusammenfinden können. Die Wahlperiode beträgt fünf Jahre.

Es kann sowohl bezüglich des Verwaltungsrats als auch des Vorstands zu einer Haftung gegenüber der Anstalt kommen. Für die Gremien kommt in der Regel nur eine deliktische Haftung in Betracht.

Organe des Zweckverbandes sind die Verbandsversammlung und der Verbandsvorsteher. Weitere Gremien können in den jeweiligen Satzungen vorgesehen werden.

Die Zweckverbandsversammlungen setzen sich zusammen aus den Vertretern der Mitglieder, hier der Trägerzweckversammlung. In den Satzungen ist die Anzahl der Vertreter bestimmt. Sie richtet sich regelmäßig nach der Einwohnerzahl im Gebiet eines Trägerzweckverbandes. Die Mitglieder sind ehrenamtlich tätig. Die Verbandsversammlung tritt einmal jährlich in einer öffentlichen Sitzung zusammen.

Der Verbandsvorsteher wird von der Zweckverbandsversammlung aus den Verbandsvorstehern der Trägerzweckverbände gewählt. Er führt die laufenden Geschäfte und die übrige Verwaltung des Zweckverbandes nach Maßgabe der Gesetze, der Satzung sowie den Beschlüssen der Verbandsversammlung.

Es gibt weitere Organe, die jeweils verbandsbezogen gebildet werden.

So gibt es im Zweckverband NVR den Haupt- und den Vergabeausschuss sowie die Fraktionsvorsitzendenkonferenz. Die Besetzung erfolgt spiegelbildlich zur Besetzung der Verbandsversammlung (bei den Ausschüssen). Die Fraktionsvorsitzendenkonferenz besteht aus dem Vorsitzenden der Verbandsversammlung, dem Verbandsvorsteher, dessen erstem Stellvertreter und sieben Vertretern der Fraktionen der Verbandsversammlung sowie der Geschäftsführung der NVR GmbH. Die Fraktionsvorsitzendenkonferenz fasst lediglich empfehlende Beschlüsse.

Weitere Organe beim Zweckverband NWL sind die Geschäftsführung, die Geschäftsleitung und der Vergabeausschuss.

Die Mitglieder der Verbandsversammlung haften über § 8 Abs. 1 GkG NRW, § 43 Abs. 4 GO NRW sowie nach Deliktsrecht. Derselbe Haftungsmaßstab ist für Ausschussmitglieder anzulegen.

Der Zweckverbandsvorsteher haftet, sofern er Beamter ist, nach § 48 S. 1 BeamtStG. Ansonsten kommt eine Haftung aus § 280 Abs. 1 BGB analog in Betracht. Darüber hinaus bleibt eine deliktische Haftung unberührt. Nach denselben Maßstäben richtet sich die Haftung eines etwaigen Geschäftsführers.

Mitglieder der Fraktionsvorsitzendenkonferenz haften nur nach Deliktsrecht, sofern dortiges Handeln haftungsbegründend ist.

Die vorbezeichneten Haftungsansprüche werden grundsätzlich vom Verbandsvorsteher geltend gemacht. Wenn der Verbandsvorsteher selbst betroffen ist, macht die Verbandsversammlung (§ 16 Abs. 3 S. 3 GkG NRW), vertreten durch den Vorsitzenden (§ 15 Abs. 4 GkG NRW), die Ansprüche geltend.

Die Rechte und Pflichten der Mitgliedschaft in einem SPNV-Aufgabenträger finden sich in Gesetzen (ÖPNVG NRW / GO NRW / GkG NRW) und den jeweiligen Satzungen.

Zunächst ist die Durchführung der SPNV-Aufgabenträgerschaft durch die SPNV-Aufgabenträger gem. § 5 Abs. 3 S. 1 ÖPNVG NRW ein Mitgliedsrecht. Die Kreise und kreisfreien Städte, welche gem. § 5 Abs. 3 S. 1 ÖPNVG NRW 1995 Aufgabenträger sind, haben diese Aufgabe auf die Trägerzweckverbände übertragen. Diese haben im Wege der delegierenden Aufgabenübertragung die SPNV-Aufgabenträgerschaft auf die SPNV-Aufgabenträger übertragen.

Die Mitglieder haben das Recht, dass die Aufgaben gem. § § 5 ff. ÖPNVG NRW durchgeführt werden. Nach § 5 Abs. 3a ÖPNVG NRW können weitere Aufgaben übernommen werden (z. B. im ÖSPV). Dies ist im Wege der Delegation und Mandatierung möglich.

Die Finanzierung der Aufgaben gem. § § 5 ff. ÖPNVG NRW erfolgt gem. § § 10 ff. ÖPNVG NRW. Sofern eine gemeinsame Anstalt vorliegt, trifft die Mitglieder die Gewährleistungshaftung und Anstaltslast. Als *ultima ratio* trifft die Mitglieder eine Finanzierungspflicht über eine Verbandsumlage, sofern ein Zweckverband vorliegt.

Zudem bestehen Mitwirkungs- und Beteiligungsrechte. So sieht § 5 Abs. 4 ÖPNVG NRW ein Einvernehmenserfordernis vor, wenn die Auswirkungen einer Entscheidung sich nur im Gebiet eines Zweckverbandes auswirken. Beteiligt werden die Mitglieder über die Entsendung von Vertretern in die Organe der SPNV-Aufgabenträger.

Darüber hinaus bestehen Überwachungs- (vgl. § § 5a Abs. 1 S. 2 ÖPNVG NRW, 114a Abs. 7 S. 1 GO sowie die Satzungen) und Informationsrechte (vgl. Satzungen). Überwachungsrechte sind aus rechtsstaatlichen Aspekten geboten, da das Rechtsstaatsprinzip keine unkontrollierten Bereiche der Verwaltung duldet.

Schließlich bestehen Austritts- und Auflösungsrechte. Hierbei ist jedoch zu beachten, dass die gesetzlichen Vorgaben des ÖPNVG NRW berücksichtigt werden.

Auch den Trägerzweckverbänden kommen diverse Rechte und Pflichten zu. Im Einzelnen: Recht zur Aufgabendurchführung, Mitwirkungs- und Beteiligungsrechte durch die Vertreter in den Organen der SPNV-Aufgabenträger, Schutzrechte (z. B. Einvernehmenserfordernis), Überwachungs- und Informationsrechte (z. B. Vorlage eines Entwurfes von Haushaltssatzungen), die Finanzierungspflicht/Haftung und schließlich Austritts- bzw. Auflösungsrechte.

IV. Zu Kapitel D.

Den SPNV-Aufgabenträgern sind durch das ÖPNVG NRW hoheitliche Aufgaben zugewiesen worden.

Wichtigste Aufgaben sind die Planung, Organisation und Ausgestaltung des SPNV gemäß § 5 Abs. 3 S. 1 ÖPNVG NRW.

Die Nahverkehrsplanung i. S. d. § § 8 f. ÖPNVG NRW umfasst mit der Erstellung des SPNV-Nahverkehrsplans eine wesentliche Aufgabe für einen funktionsfähigen SPNV. Der Nahverkehrsplan ist ein einheitliches Instrumentarium für den ÖPNV-Aufgabenträger, welches durch den Gesetzgeber vorgegeben wurde, um eine angemessene Bedienung der Bevölkerung mit Nahverkehrsleistungen zu erreichen.

Organisation der Verkehrsbedienung sind Maßnahmen im Hinblick auf die Gestaltung des Verkehrsangebots. So ist darüber zu entscheiden, ob die Bedienung des Verkehrsangebots durch Eigenbetriebe oder Private erfolgen soll. Im SPNV wurde letztere Variante gewählt.

Ausgestaltung meint die Umsetzung der Planung. Dafür werden Verträge mit Verkehrsunternehmen geschlossen, die die Linien bedienen. Daneben gibt es eigene Tätigkeiten der SPNV-Aufgabenträger. Die SPNV-Aufgabenträger sind zuständige Behörden nach § 3 Abs. 1 i. V. m. 5 Abs. 2 S. 1 VO (EG) 1370/2007. Sie schließen in diesem Bereich Verkehrsverträge mit Verkehrsunternehmen und führen Vergabeverfahren durch. Ggf. kommt insoweit auch das Instrument der Auferlegung in Notsituationen in Betracht. Bei der Ausgestaltung ist insbesondere das SPNV-Landesnetz i. S. d. § 7 Abs. 4 S. 1 ÖPNVG NRW zu beachten.

Die ÖPNV-Aufgabenträger führen Vergabverfahren durch. Hinsichtlich des Vergaberegimes ist zwischen Vergaben im SPNV und ÖSPV zu differenzieren. Am Ende des Vergabeverfahrens steht der Abschluss eines Verkehrsvertrages. Bei diesem handelt es sich um einen öffentlich-rechtlichen Vertrag i. S. d. § § 54 ff. VwVfG NRW.

Möglich ist in besonderen Notsituationen eine Auferlegung von Verkehrsleistungen an einzelne Verkehrsunternehmen.

Das SPNV-Netz im besonderen Landesinteresse legt die für das Land bedeutenden Verbindungen fest. Es ist von den SPNV-Aufgabenträgern zu beachten.

Eine weitere Aufgabe der SPNV-Aufgabenträger ist somit die Hinwirkungspflicht auf eine integrierte Verkehrsgestaltung. Integrierte Verkehrsgestaltung meint die – vor dem Ziel einer angemessenen Bedienung der Bevölkerung mit ÖPNV-Leistungen – Vereinheitlichung der dieses Ziel fokussierenden Mittel in einem festgelegten geografischen Gebiet. Welche Parameter hierfür genutzt werden sollen, nennt das ÖPNVG NRW in § 5 Abs. 3 S. 3 ÖPNVG NRW nicht abschließend. Hinwirkungspflicht bedeutet die Verpflichtung der SPNV-Aufgabenträger, sich um eine Umsetzung zu bemühen, jedoch keine verbindliche Zielvorgabe. Sanktionsmöglichkeiten bei Nichteinhaltung bestehen nur in sehr begrenztem Umfang.

Die Umsetzung der Hinwirkungspflicht erfolgt unterschiedlich, teilweise durch den Aufgabenträger selbst, teilweise durch die Trägerzweckverbände.

Darüber hinaus haben die SPNV-Aufgabenträger angemessene Kundenrechte i. S. d. § 5 Abs. 3 S. 4 ÖPNVG NRW auszugestalten. Hierbei sind mindestens die gesetzlichen Vorgaben einzuhalten.

Die SPNV-Aufgabenträger leiten die Pauschale nach § 11 Abs. 1 ÖPNVG NRW, die der Finanzierung des SPNV dient, sowie die Zuwendung nach § 12 ÖPNVG NRW, die den Investitionen im ÖPNV dient, weiter. Zudem sind sie Bewilligungsbehörde für die Zuwendungen nach § 13 ÖPNVG NRW, die den Investitionsmaßnahmen im besonderen Landesinteresse dienen.

Empfänger können jeweils Kreise, (kreisfreie) Städte und Gemeinden, Verkehrsunternehmen sowie juristische Personen des Privatrechts sein, die Zwecke des ÖPNV verfolgen.

Die SPNV-Aufgabenträger können nach § 5 Abs. 3 S. 2 ÖPNVG Kann-Aufgaben treffen, z. B. die Übertragung des regionalen Schnellbusverkehrs. In § 5 Abs. 3a, 1. Hs. ÖPNVG NRW findet sich zudem eine entsprechende Generalklausel. Die Aufgabenübertragung kann sowohl delegierend als auch mandatierend erfolgen.

In § 5 Abs. 4 ÖPNVG NRW ist ein Einvernehmenserfordernis normiert. Dieses muss dann eingehalten werden, wenn sich Auswirkungen nur in einem Gebiet eines Mitgliedes auswirken.

Die Aufgaben der SPNV-Aufgabenträger sind grundsätzlich als freiwillige Selbstverwaltungsaufgaben einzustufen. Nur ausnahmsweise liegen pflichtige Selbstverwaltungsaufgaben oder Pflichtaufgaben zur Erfüllung nach Weisung vor.

Den SPNV-Aufgabenträgern können weitere Aufgaben übertragen werden. Dies ergibt sich aus § 5 Abs. 3a ÖPNVG sowie den jeweiligen Satzungen.

Als Verkehrsverbund übernimmt die VRR AöR auch privatrechtliche Aufgaben. Sie ist insbesondere bei Fragen der Einnahmenaufteilung, der Marktforschung und der Erarbeitung von Vertriebsstrukturen tätig. Vertragliches Regelungswerk ist ein mit den Verkehrsunternehmen abgeschlossener Verbundgrundvertrag. Die Aufgaben der Trägerzweckverbände unterscheiden sich.

Die Trägerzweckverbände vertreten jeweils die regionalen Interessen. Darunter sind insbesondere die Sicherstellung ausreichender Bedienung mit SPNV-Leistungen in ihrem Gebiet und die dortige Infrastrukturförderung zu fassen. Außerdem unterstützen sie die SPNV-Aufgabenträger organisatorisch, personell und finanziell.

Nach § 5 Abs. 3a ÖPNVG NRW besteht die Möglichkeit, die Aufgabenträgerschaft bzw. konkrete Aufgaben im ÖSPV auf die Trägerzweckverbände zu übertragen. In den drei Kooperationsräumen wurde hiervon jeweils unterschiedlich Gebrauch gemacht. Teilweise haben die Trägerzweckverbände die gesamte Aufgabenträgerschaft, teilweise nur bestimmte Aufgaben übertragen bekommen. Hervorzuheben sind in diesem Zusammenhang die Zuständigkeit für die Vergabe von ÖSPV-Linien, die Aufstellung des Nahverkehrsplans i. S. d. § § 8 f. ÖPNVG NRW sowie die Verwaltung der Pauschalen gem. § § 11 Abs. 2 S. 2, 11a ÖPNVG NRW.

Die Eigenbetriebe nehmen wichtige Aufgaben für die SPNV-Aufgabenträger im Zusammenhang mit der Infrastruktur- und Fahrzeugförderung wahr.

V. Zu Kapitel E.
Die Kooperation zwischen den SPNV-Aufgabenträgern soll einen kooperationsraum- und länderübergreifenden ÖPNV gewährleisten. Bezüglich der kooperationsraumübergreifenden Kooperation hat das Land Einwirkungsmöglichkeiten in Form eines Letztentscheidungsrechts nach § 6 Abs. 1 S. 2 ÖPNVG NRW und der Möglichkeit uneingeschränkter Zweckmäßigkeitsweisungen im Zusammenhang mit dem SPNV-Netz im besonderen Landesinteresse gem. § 6 Abs. 1 S. 4 ÖPNVG NRW. Es gibt auch länder- bzw. staatenübergreifende Kooperationen im ÖPNV, wie beispielsweise den Rhein-Ruhr-Express (RRX).

Die Satzungen der Trägerzweckverbände enthalten Vorgaben zur Zusammenarbeit und Kooperation. Diese fallen regionalbedingt größtenteils unterschiedlich aus. Gemeinsam ist ihnen aber die Zusammenarbeit in dem Verwaltungsrat bei der Anstalt bzw. den Zweckverbandsversammlungen der SPNV-Aufgabenträger.

Das Land Nordrhein-Westfalen fördert finanziell mit den fünf Kooperationscentern, dem ÖV-Datenverbund sowie dem Zukunftsnetz Mobilität verschiedene landesweite Einrichtungen, deren Aufgabe die Beratung der ÖPNV-Aufgabenträger zu verschiedenen Gebieten ist. Angesiedelt sind diese landesweiten Einrichtungen bei den SPNV-Aufgabenträgern, den Trägerzweckverbänden und Regiegesellschaften sowie teilweise auch privaten Dritten.

VI. Zu Kapitel F.

Der Betrieb des ÖPNV ist defizitär. Daher werden seitens des Staates Mittel an die Aufgabenträger zur Verfügung gestellt. Diese setzen sich aus Bundes- (vgl. Art. 106a S. 1 GG) und Landesmitteln zusammen. Die Verteilung der Bundesmittel erfolgt durch Landesgesetz, in Nordrhein-Westfalen gem. § § 10 ff. ÖPNVG NRW.

Die Weiterleitung der Mittel erfolgt in Form von Pauschalen und Zuwendungen.

In § 11 ÖPNVG NRW finden sich Regelungen zur allgemeinen Förderung des SPNV. Es werden Regionalisierungsmittel des Bundes an die SPNV-Aufgabenträger weitergeleitet. Die Verteilung richtet sich nach den erbrachten Betriebsleistungen der jeweiligen Aufgabenträger.

Die Pauschale gem. § 11 Abs. 1 S. 1 ÖPNVG NRW beträgt jährlich mindestens 1 Mrd. Euro aus den Regionalisierungsmitteln und wird vom Land antragslos den SPNV-Aufgabenträgern gewährt. Die Höhe der den SPNV-Aufgabenträgern zukommenden Pauschale wird in der ÖPNV-Pauschalen-Verordnung NRW geregelt. Mit den Mitteln soll ein bedarfsgerechter SPNV sichergestellt werden. Bedarfsgerecht ist der SPNV, wenn durch ihn das Verkehrsangebot verbessert und das Verkehrsaufkommen gesteigert wird. Nicht von den SPNV-Aufgabenträgern verwendete Mittel sind dem Land zu erstatten.

Den ÖSPV-Aufgabenträgern wird eine Pauschale gem. § 11 Abs. 2 ÖPNVG NRW gewährt. Die Verteilung dieser Pauschale wird in § 11 Abs. 2 S. 5, 1. Hs. ÖPNVG NRW geregelt.

Die Auszahung der Mittel an die ÖPNV-Aufgabenträger erfolgt gem. § 11 Abs. 3 S. 1 ÖPNVG NRW in zwölf gleichen monatlichen Teilbeträgen.

Nicht – auch sechs Monate nach Ablauf des Kalenderjahres – verausgabte Mittel sind den Regeln des § 11 Abs. 4 ÖPNVG NRW folgend dem Land von den Aufgabenträgern zu erstatten.

Eine Kürzung der Pauschalen gem. § 11 Abs. 1, 2 ÖPNVG NRW ist unter den Voraussetzungen des § 11 Abs. 5 ÖPNVG NRW möglich.

Das Land gewährt den ÖSPV-Aufgabenträgern gem. § 11a ÖPNVG NRW eine jährliche Pauschale aus Landesmitteln zum Ausgleich von Leistungen des Ausbildungsverkehrs, welche vergünstigt angeboten werden. Die Verteilung der Mittel richtet sich nach einem 2008 aufgestellten Verteilungsschlüssel. Die Auszahlung erfolgt nach § 11 Abs. 4 S. 1 ÖPNVG NRW in zwei Schritten: 70 % werden bis zum 01. Mai, der Rest bis zum 01. Oktober eines jeden Jahres ausgezahlt. Auch diese Mittel sind, sofern sie nicht bis zu sechs Monate im nächsten Jahr für Zwecke i. S. d. § 11a Abs. 2, 3 ÖPNVG verausgabt wurden, dem Land zu erstatten.

In § 12 ÖPNVG NRW sind pauschalierte Zuwendungen geregelt, die von den SPNV-Aufgabenträgern zur Förderung von Investitionen, insbesondere in die Infrastruktur, zu verwenden oder an Eisenbahnverkehrsunternehmen, öffentliche bzw. private Verkehrsunternehmen, Gemeinden bzw. Gemeindeverbände sowie juristische Personen des Zivilrechts, die ÖPNV-Zwecke verfolgen, weiterzuleiten (§ 12 Abs. 3 S. 1 ÖPNVG NRW). Hierzu werden 150 Millionen Euro aus Landesmitteln bereitgestellt. Auch hier dürfen nicht verausgabte Mittel bis zu sechs Monaten des Folgejahres verwendet werden und sind sodann dem Land zu erstatten (§ 12 Abs. 6 S. 1 ÖPNVG NRW).

Zudem werden vom Land aus Mitteln des Gemeindeverkehrsfinanzierungsgesetzes, dem Entflechtungsgesetz sowie weitere Mitteln gewährt. Bewilligungsbehörden sind die SPNV-Aufgabenträger. Zuwendungsempfänger sind Gemeinden und Gemeindeverbände, öffentliche oder private Verkehrsunternehmen, juristische Personen des privaten Rechts, die Zwecke des ÖPNV verfolgen, Eisenbahnen des Bundes sowie öffentliche nichtbundeseigene Eisenbahnen. Diese Mittel sind für Investitionsmaßnahmen im besonderen Landesinteresse einzusetzen, beispielsweise für SPNV-Infrastrukturmaßnahmen an Großbahnhöfen.

Aus den Regionalisierungsmitteln gewährt das Land gem. § 14 ÖPNVG NRW Zuwendungen für weitere ÖPNV-Maßnahmen in besonderem Landesinteresse. Hierzu zählt beispielsweise die Finanzierung der sog. Kompetenzcenter.

Die konkrete Ausgestaltung der SPNV-Finanzierung unterscheidet sich in den drei Kooperationsräumen. Über die im ÖPNVG NRW festgelegten Finanzierungsquellen des SPNV und die Einnahmen durch die Fahrgastbeförderung hinaus übernehmen auch die hinter den Aufgabenträgern stehenden kommunalen Gebietskörperschaften die Finanzierung.

Neben den im ÖPNVG NRW genannten Finanzierungsquellen kommen zur Finanzierung des ÖSPV weitere in Betracht. Hierzu gehören im Rahmen eines Verkehrsverbundes die Verbundgrundverträge, die Verlustübernahme durch kommunale Verkehrsunternehmen sowie Erträge aus dem steuerlichen Querverbund.

Literaturverzeichnis

Achterberg, Norbert: Allgemeines Verwaltungsrecht, Heidelberg, 2. Auflage 1986.
(zitiert: Achterberg, § … Rn. …)

Alscher, Andreas: Rechtliche Möglichkeiten einer integrierten kommunalen Verkehrsplanung, Frankfurt am Main 2011.
(zitiert: Alscher, …)

Antweiler, Clemens: Schluss mit der Marktverdrängung durch Direktvergaben im ÖPNV!, NZBau 2016, 521 ff.
(zitiert: Antweiler, NZBau 2016, 521 (…))

Ax, Thomas/Schneider, Matthias: Auftragsvergabe, Berlin 2007.
(zitiert: Ax/Schneider, Rn. …)

Barczak, Tristan/Pieroth, Bodo: Tariftreueregelungen am Maßstab der Koalitionsfreiheit, RdA 2016, 209 ff.
(zitiert: Barczak/Pieroth, RdA 2016, 209 (…))

Barth, Sibylle: Nahverkehr in kommunaler Verantwortung, Bielefeld 2000.
(zitiert: Barth, …)

Dies./Meerkamm, Katrin: Allgemeine Vorschriften für den Ausbildungsverkehr?, TranspR 2016, 377 ff.
(zitiert: Barth/Meerkamm, TranspR 2016, 377 (…))

Battis, Ulrich/Eder, Niklas: Der Krebsgang der Föderalismusreform, NVwZ 2019, 592 ff.
(zitiert: Battis/Eder, NVwZ 2019, 592 (…))

Baumeister, Hubertus (Hrsg.): Recht des ÖPNV, Band 2, Hamburg 2013, A 2.
(zitiert: Bearbeiter, in: Baumeister, Band 2, A 2, Rn. …)

Beck, Arne: Der Ausschreibungswettbewerb im Schienenpersonennahverkehr, Berlin 2009.
(zitiert: Beck, …)

Berning, Arno/Flüshöh, Oliver: Gemeindewirtschaftsrecht Nordrhein-Westfalen, Recklinghausen 2012.
(zitiert: Berning/Flüshöh, ...)

Bidinger, Helmuth: Personenbeförderungsrecht, 1. Band, 45. Ergänzungslieferung, Berlin 1991.
(zitiert: Bidinger, § ... PBefG Erl. ...)

Biletzki, Gregor C.: Zur Bedeutung des Nahverkehrsplans i. S. des § 8 III PBefG, NZV 2010, 313 ff.
(zitiert: Biletzki, NZV 2010, 313 (...))

Bolsenkötter, Heinz (Hrsg.): Öffentlich-rechtliche Unternehmen der Gemeinden, Stuttgart, 6. Auflage 2015.
(zitiert: Bearbeiter, in: Bolsenkötter, Rn. ...)

Bovenschulte, Andreas: Gemeindeverbände als Organisationsformen kommunaler Selbstverwaltung, Baden-Baden 2000.
(zitiert: Bovenschulte, ...)

Brenner, Michael/Arnold, Timo: Rechtsnatur und Rechtmäßigkeit von Nahverkehrsplänen iSd. § 8 III PBefG, NVwZ 2015, 385 ff.
(zitiert: Brenner/Arnold, NVwZ, 385 (...))

Brüning, Christoph/Vogelsang, Klaus: Die Kommunalaufsicht, 2. Auflage, Berlin 2009.
(zitiert: Brüning/Vogelsang, Rn. ...)

Bundesminister für Verkehr (Hrsg.): Vorschläge für eine Neuordnung des organisatorischen Rahmens für den Öffentlichen Personennahverkehr (= Schriftenreihe des BMV, Heft 53), Bonn-Bad Godesberg 1977.
(zitiert: Bundesminister für Verkehrs (Hrsg.), ...)

Burgi, Martin/Dreher, Meinard/Opitz, Marc (Hrsg.): Beck'scher Vergaberechtskommentar, Band 1, Gesetz gegen Wettbewerbsbeschränkungen, GWB 4. Teil, Wettbewerbsregistergesetz, München, 4. Auflage 2022.
(zitiert: Bearbeiter, in: Burgi/Dreher/Opitz, § ... GWB Rn. ...)

Busch, Eckhard: Der Verkehrsverbund Rhein-Ruhr als Teil der Politik des Landes Nordrhein-Westfalen zur Förderung der Kooperation von Unternehmen des öffentlichen Personennahverkehrs, in: Verkehrsverbund Rhein-Ruhr GmbH (VRR GmbH) (Hrsg.), Verkehrsverbund Rhein-Ruhr, Öffentlicher Personennahverkehr im größten Verkehrsverbund Europas, München 1983, S. 15 ff.
(zitiert: Busch, 15 (...))

Cromme, Franz: Kommunalrechtlicher Rahmen für die Sanierung von Zweckverbänden – Gebühren, Verbandsumlagen, Schadensersatzansprüche und Vollstreckungsbeschränkungen bei überschuldeten Abwasserverbänden, LKV 1998, 161 ff.
(zitiert: Cromme, LKV 1998, 161 (...))

Cronauge, Ulrich: Kommunale Unternehmen, 6. Auflage, Berlin 2016.
(zitiert: Cronauge, Rn. ...)

Darsow, Thomas: Rechtsfragen im Zusammenhang mit der Finanzierung kommunaler Unternehmen, LKV 2002, 1 ff.
(zitiert: Darsow, LKV 2002, 1 (...))

Diemon-Wies, Ingeborg: Die Vergabe von Busdienstleistungen im ÖPNV nach der VO (EG) 1370/2007, dem GWB oder dem PBefG?, VergabeR 2014, 305 ff.
(zitiert: Diemon-Wies, VergabeR 2014, 305 (...))

Dieterich, Thomas/Ulber, Daniel: Zur Verfassungsmäßigkeit von Tariftreuepflicht und Repräsentativitätserfordernis, ZTR 2013, 179 ff.
(zitiert: Dieterich/Ulber, ZTR 2013, 179 (...))

Dontsova, Inga/Schultze, Heino/Tegner, Henning/Wille, Marc-Oliver: Zukunft des ÖPNV in NRW - Weichenstellung für 2020/2050, Abschlussbericht der Kommission (Kurzfassung), o. A. 2013.
(zitiert: Dontsova/Schultze/Tegner/Wille, ...)

Dreier, Horst (Hrsg.): Grundgesetz-Kommentar, Band III, Heidelberg / Tübingen, 3. Auflage 2018.
(zitiert: Bearbeiter, in: Dreier, Art. ... Rn. ...)

Dreibus, Heinz: Regionalisierung des öffentlichen Personennahverkehrs aus der Sicht der Kreise, in: Blümel, Willi (Hrsg.): Verkehrswegerecht im Wandel, Vorträge und Diskussionsbeiträge der Verwaltungswissenschaftlichen Arbeitstagung 1993 des Forschungsinstituts für öffentliche Verwaltung bei der Hochschule für Verwaltungswissenschaften Speyer, S. 101 ff., Berlin 1994.
(zitiert: Dreibus, 101 (...))

Dudenredaktion (Hrsg.): Duden, Deutsches Universalwörterbuch, Berlin, 9. Auflage 2019.
(zitiert: Dudenredaktion, ... (Suchwort: ...))

Ehlers, Dirk.: Anstalt öffentlichen Rechts als Unternehmensform, ZHR 167 (2003), 546 ff.
(zitiert: Ehlers, ZHR 167 (2003), 546 (...))

Ders.: Die verfassungsrechtliche Garantie der kommunalen Selbstverwaltung, DVBl. 2000, 1301 ff.
(zitiert: Ehlers, DVBl. 2000, 1301 (...))

Ders./Fehling, Michael/Pünder, Hermann (Hrsg.): Besonderes Verwaltungsrecht, Band 3, Kommunalrecht, Haushalts- und Abgabenrecht, Ordnungsrecht, Sozialrecht, Bildungsrecht, Recht des öffentlichen Dienstes, Heidelberg, 4. Auflage 2021.
(zitiert: Bearbeiter, in: Ehlers/Fehling/Pünder, § ... Rn. ...)

Empt, Martin/Orlikowski-Wolf, Sandra: Die Haftung von Vorstand und Verwaltungsrat von AöRs, ZIP 2016, 1054 ff.
(zitiert: Empt/Orlikowski-Wolf, ZIP 2016, 1054 (...))

Endell, Hanns-Lothar/Frömgen, Peter/Abrecht, Frank: Förderhandbuch Nordrhein-Westfalen, Zuwendungsrecht und Verfahren, Stuttgart, Loseblattsammlung.
(zitiert: Endell/Frömgen/Albrecht, Ergänzungslieferung ..., Kapitel ..., Erl. ...)

Epping, Volker/Hillgruber, Christian (Hrsg.): BeckOK-GG, 44. Edition, Stand: 15.11.2022, München.
(zitiert: Bearbeiter, in: Epping/Hillgruber, Art. ... Rn. ...)

Faber, Markus: Die Pauschalierung der ÖPNV Finanzmittel nach § 11 Abs. 2 ÖPNV-Gesetz NRW – Ein Baustein zur Modernisierung der Daseinsvorsorge im Nahverkehr, Eildienst LKT NRW 2009, 40 ff.
(zitiert: Faber, Eildienst LKT NRW 2009, 40 (...))

Fandrey, Alexander: Die Direktvergabe von Verkehrsleistungen, Langenfeld 2010.
(zitiert: Fandrey, ...)

Fehling, Michael: Zur Reform der Daseinsvorsorge am Beispiel des öffentlichen Personennahverkehrs, Die Verwaltung 34 (2001), 25 ff.
(zitiert: Fehling, Die Verwaltung 34 (2001), 25 (...))

Frenz, Walter/Müggenborg, Hans-Jürgen (Hrsg.): BNatSchG, Bundesnaturschutzgesetz, Kommentar, Berlin, 3. Auflage 2021.
(zitiert: Bearbeiter, in: Frenz/Müggenborg, § ... BNatSchG Rn. ...)

Fromm, Günter: Organisationsformen der Verkehrsverbünde, Zeitschrift für Verkehrswissenschaft 1980, 87 ff.
(zitiert: Fromm, Zeitschrift für Verkehrswissenschaft 1980, 87 (...))

Ders.: Die Reorganisation der deutschen Bahnen – Voraussetzung für eine Neubestimmung des Standorts der Eisenbahnen in der Verkehrspolitik, in: Blümel, Willi (Hrsg.): Verkehrswegerecht im Wandel, Vorträge und Diskussionsbeiträge der Verwaltungswissenschaftlichen Arbeitstagung 1993 des Forschungsinstituts für öffentliche Verwaltung bei der Hochschule für Verwaltungswissenschaften Speyer, S. 59 ff., Berlin 1994.
(zitiert: Fromm, 59 (...))

Ders.: Zur Neuordnung des PBerfG, TranspR 1994, 425 ff.
(zitiert: Fromm, TranspR 1994, 425 (...))

Gabriel, Marc/Krohn, Wolfram/Neun, Andreas (Hrsg.): Handbuch Vergaberecht, GWB, VfV, SektVO, VSVgV, KonzVgV, VOB/A, UVgO, VO (EG) 1370/2007, SGB V, AEUV, München, 3. Auflage 2021.
(zitiert: Bearbeiter, in: Gabriel/Krohn/Neun, § ... Rn. ...)

Gatzka, Rajmund: Das Regionalisierungsgesetz des Landes Nordrhein-Westfalen, Internationales Verkehrswesen 1995, 458 ff.
(zitiert: Gatzka, Internationales Verkehrswesen 1995, 458 (...))

Gern, Alfons/Brüning, Christoph: Deutsches Kommunalrecht, Baden-Baden, 4. Auflage 2019.
(zitiert: Gern/Brüning, Rn. ...)

Gies, Jürgen/Huber, Felix/Mietzsch, Oliver/Nobis, Claudia/Reutter, Ulrike/ Saary, Katalin/Schwedes, Oliver (Hrsg.): Handbuch der kommunalen Verkehrsplanung, Loseblattsammlung, Band 1, Berlin.
(zitiert: Bearbeiter, in: Gies/Huber/Mietzsch et al., Ergänzungslieferung, Kapitel, Erl.)

Heinze, Christian/Fehling, Michael/Fiedler, Lothar H.: Personenbeförderungsgesetz, Kommentar, München, 2. Auflage 2014.
(zitiert: Bearbeiter, in: Heinze/Fehling/Fiedler, § ... Rn. ...)

Held, Friedrich Wilhelm/Becker, Ernst/Decker, Heinrich/Faber, Markus/Kirchhof, Roland/Klieve, Martin/Krämer, Franz/Plückhahn, Detlev/Sennewald, Jörg/Wansleben, Rudolf/Winke, Johannes/Kotzea, Udo/Haßenkamp, Werner/Funke, Stefan/Kasper, Simone: Gemeindeordnung für das Land Nordrhein-Westfalen (GO), Praxis der Kommunalverwaltung PdK NW B-1, Loseblattsammlung, Wiesbaden.
(zitiert: Bearbeiter, in: Held/Becker et al., Stand: ..., § ..., Erl. ...)

Hendler, Reinhard: Selbstverwaltung als Ordnungsprinzip, Zur politischen Willensbildung und Entscheidung im demokratischen Verfassungsstaat der Industriegesellschaft, Köln/Berlin/Bonn/München 1984.
(zitiert: Hendler, ...)

Heusch, Andreas: Die Fraktion in Rat und Kreistag, NWVBl. 2015, 401 ff.
(zitiert: Heusch, NWVBl. 2015, 401 (...))

Hidien, Jürgen W.: Der spezielle Finanzausgleich gem. Art. 106a GG, DVBl. 1997, 595 ff.
(zitiert: Hidien, DVBl. 1997, 595 (...))

Hofmann, Harald/Theisen, Rolf-Dieter/Bätge, Frank: Kommunalrecht in Nord-rhein-Westfalen, Wiesbanden, 19. Auflage 2021.
(zitiert: Hofmann/Theisen/Bätge, ...)

Holz, Dagmar/Kürten, Nils/Grabolle, Sabine: Die Anstalt des öffentlichen Rechts als Organisations- und Kooperationsform, KommJur 2014, 281 ff.
(zitiert: Holz/Kürten/Grabolle, KommJur 2014, 281 (...))

Hoppenberg, Michael: Das Baugesetzbuch, NJW 1987, 748 ff.
(zitiert: Hoppenberg, NJW 1987, 748 (...))

Husmann, Martin/Langenberg, Peter/Jasper, Ute/Neven-Darcoussis, Kristina: Aufgabenträger finanziert Fahrzeuge für den SPNV, Der Nahverkehr 9/2009, 8 ff.
(zitiert: Husmann/Langenberg/Jasper/Neven-Darcoussis, Der Nahverkehr 9/2009, 8 (...))

Irsfeld, Kurt: Braucht der ÖPNV der 90er Jahre anders organisierte Verkehrs-verbünde?, in: Deutsche Verkehrswissenschaftliche Gesellschaft e. V. (Hrsg.): Organisationsformen des ÖPNV, 9.-10. Oktober 1986 in Köln, S. 85 ff. Bergisch-Gladbach 1987.
(zitiert: Irsfeld, 85 (...))

Jasper, Ute/Neven-Darcoussis, Kristina: Neue Modelle zur Finanzierung von Fahrzeugen im SPNV, Kommunalwirtschaft 2008, 566 ff.
(zitiert: Jasper/Neven-Darcoussis, Kommunalwirtschaft 2008, 566 (...))

Jäger, Cornelia: Der Tatbestand der Konnexitätsregelung des Art. 78 Abs. 3 der Landesverfassung Nordrhein-Westfalen, Stuttgart 2014.
(zitiert: Jäger, ...)

Jürschik, Corina: Verordnung über öffentliche Personenverkehrsdienste, Kom-mentierung der VO (EG) 1370/2007 inkl. VO (EU) 2016/2338, 2. Auflage, Stuttgart 2020.
(zitiert: Jürschik, Art. ... VO (EG) 1370/2007, Rn. ...)

Kahl, Wolfgang: Die Staatsaufsicht, Entstehung, Wandel und Neubestimmung unter besonderer Berücksichtigung der Aufsicht über die Gemeinden, Tübingen 2000.
(zitiert: Kahl, ...)

Kallisch, Meinolf: Der Verkehrsverbund als Lösungsmodell für Nahverkehrsprobleme – Dargestellt am Beispiel des Verkehrsverbundes Rhein-Ruhr (VRR), Textband B, Münster 1995.
(zitiert: Kallisch, ...)

Karl, Astrid/Werner, Jan: Anforderungen an die Verfasstheit einer Gruppe von Behörden, Verkehr und Technik 2018, 247 ff.
(zitiert: Karl/Werner, Verkehr und Technik 2018, 247 (...))

Katz, Alfred/Sander, Gerald: Staatsrecht, Heidelberg, 19. Auflage 2019.
(zitiert: Katz/Sander, Rn. ...)

Kaufmann, Marcel/Lübbig, Thomas/Prieß, Hans-Joachim/Pünder, Hermann/ Fehling, Michael: Verordnung über öffentliche Personenverkehrsdienste auf Schiene und Straße, VO (EG) 1370/2007, München 2010.
(zitiert: Bearbeiter, in: Kaufmann/Lübbig/Prieß/Pünder/Fehling, Art. ... Rn.)

Kleerbaum, Klaus-Viktor/Palmen, Manfred: Gemeindeordnung NRW, Köln, 3. Auflage 2017.
(zitiert: Bearbeiter, in: Kleerbaum/Palmen, § ... GO NRW Erl. ...)

Kluth, Winfried: Das kommunale Konnexitätsprinzip der Landesverfassungen – Überblick über Rechtssetzung und Rechtsprechung, LKV 2009, 337 ff.
(zitiert: Kluth, LKV 2009, 337 (...))

Knauff, Matthias: Möglichkeiten der Direktvergabe im ÖPNV (Schiene und Straße), NZBau 2012, 65 ff.
(zitiert: Knauff, NZBau 2012, 65 (...))

Knecht, Ingo: Streichungen beim Schienenpersonennahverkehr – welche Pflichten hat der Bund, NVwZ 2003, 932 ff.
(zitiert: Knecht, NVwZ 2003, 932 (...))

Knieps, Manfred: Aufgabenträger oder Verkehrsunternehmen als Gesellschafter von Verkehrsverbünden, o. O. 2004.
(zitiert: Knieps (2004), ...)

Ders.: Vielfalt von Kooperationsformen, Organisation der Verkehrsverbünde, Der Nahverkehr 12/2006, 7 ff.
(zitiert: Knieps, Der Nahverkehr 12/2006, 7 (...))

Ders.: Aufbau von Verkehrsverbünden, Der Nahverkehr 1-2/2007, 24 ff.
(zitiert: Knieps, Der Nahverkehr 1-2/2007, 24 (...))

Ders.: Entwicklung der Verkehrsverbünde in Deutschland, in: Verband Deutscher Verkehrsunternehmen e. V. (Hrsg.), Verkehrsverbünde, S. 12 ff., Köln 2009.
(zitiert: Knieps (2009), 12 (...))

Köhler, Heinz/Held, Friedrich Wilhelm/Plückhahn, Detlev/Klieve, Lars Martin/ Zakrzewski, Frank: Gesetz über die kommunale Gemeinschaftsarbeit (GkG), Praxis der Kommunalverwaltung PdK NW B-5, Loseblattsammlung, Wiesbaden.
(zitiert: Bearbeiter, in: Köhler/Held et al., Stand: ..., § ... Erl. ...)

Kompetenzcenter Digitalisierung NRW: Aufgaben und Ziele, https://www.kcd-nrw.de/ (abgerufen am 20.12.2022).

Kompetenzcenter Marketing NRW.: Der NRW-Tarif im Überblick, https://infoportal.mobil.nrw/nrw-tarif/nrw-tarif-im-ueberblick.html (abgerufen am 20.12.2022).

Dass.: Einnahmenaufteilung, https://www.kcm-nrw.de/aufgaben/einnahmen-aufteilung/ (abgerufen am 20.12.2022).

Dass.: ÖV-Datenverbund, https://infoportal.mobil.nrw/information-service/oev-datenverbund.html (abgerufen am 20.12.2022).

Dass.: Pauschale für den Ausbildungsverkehr, https://infoportal.mobil.nrw/organisation-finanzierung/pauschale-ausbildungsverkehr.html (abgerufen am 20.12.2022).

Dass.: SPNV-Landesnetz, https://infoportal.mobil.nrw/organisation-finanzierung/spnv-landesnetz.html (abgerufen am 20.12.2022).

Dass.: Tarif, https://www.kcm-nrw.de/aufgaben/tarif/ (abgerufen am 20.12.2022).

Dass.: Tickets der Verkehrsverbünde in NRW, https://infoportal.mobil.nrw/nrw-tarif/weitere-tickets-in-nrw/tickets-der-verkehrsverbuende-in-nrw.html (abgerufen am 20.12.2022).

Dass.: Vermitteln, Koordinieren, Gestalten, 10 Jahre KCM, Köln 2012.
(zitiert: Kompetenzcenter Marketing, ...)

Kompetenzcenter Sicherheit NRW: Das Kompetenzcenter Sicherheit, https://www.kcsicherheit.de/ (abgerufen am 20.12.2022).

Korinek, Karl: Wirtschaftliche Selbstverwaltung, Eine rechtswissenschaftliche Untersuchung am Beispiel der österreichischen Rechtsordnung, Wien/New York 1970.
(zitiert: Korinek, ...)

Kramer, Urs: Allgemeines Eisenbahngesetz, Baden-Baden 2012.
(zitiert: Bearbeiter, in: Kramer, § ... AEG Rn. ...)

Krafft, Georg/Rotermund, Carsten: Kommunales Haftungsrecht, Berlin, 5. Auflage 2013.
(zitiert: Krafft/Rotermund, Rn. ...)

Landkreistag Nordrhein-Westfalen/Städtetag Nordrhein-Westfalen/Städte- und Gemeindebund Nordrhein-Westfalen/Ministerium für Wirtschaft, Energie, Bauen, Wohnen und Verkehr des andes Nordrhein-Westfalen (Hrsg.): Hinweise zur Erstellung einer allgemeinen Vorschrift nach § 11a Abs. 2 S. 6 ÖPNVG NRW, o. J.
(zitiert: Landkreistag NRW et. al, ...)

Leisner-Egensperger, Anna: Das Konnexitätsprinzip im verfassungsrechtlichen Ländervergleich, NVwZ 2021, 1487 ff.
(zitiert: Leisner-Egensperger, NVwZ 2021, 1487 (...))

Lenz, Christofer/Würtenberger, Thomas: Der Schutz kreiskommunaler Aufgaben am Beispiel des ÖPNV, VBlBW. 2012, 126 ff.
(zitiert: Lenz/Würtenberger, VBlBW. 2012, 126 (...))

Linke, Benjamin: Die Gewährleistung der Daseinsvorsorge im öffentlichen Personennahverkehr, Baden-Baden 2010.
(zitiert: Linke, ...)

Lott, Karina: Kommunale ÖPNV-Unternehmen im Wettbewerb, Eine Untersuchung unter besonderer Berücksichtigung europa-, vergabe- und wettbewerbsrechtlicher Fragen im Zusammenhang miit der bevorstehenden Wettbewerbsintensivierung, Frankfurt am Main 2008.
(zitiert: Lott, ...)

Lübbecke, Barbara: Das Kommunalunternehmen, Neue Organisationsform im kommunalen Wirtschaftsrecht von Nordrhein-Westfalen, Stuttgart 2004.
(zitiert: Lübbecke, ...)

Luppert, Jürgen: Der kommunale Zweckverband, Eine Form interkommunaler Zusammenarbeit, Heidelberg 2000.
(zitiert: Luppert, ...)

Lusche, Ute: Die Selbstverwaltungsaufgaben der Landkreise, Stuttgart u. a. 1998.
(zitiert: Lusche, ...)

Neumann, Gabriele: Daseinsvorsorgeaufgabe Schienenpersonennahverkehr, Hamburg 2015.
(zitiert: Neumann, ...)

Mann, Thomas/Püttner, Günter (Hrsg.): Handbuch der kommunalen Wissenschaft und Praxis, Band 2, Berlin (u. a.), 3. Auflage 2011.
(zitiert: Bearbeiter, in: Mann/Püttner, § ... Rn. ...)

Maurer, Hartmut/ Waldhoff, Christian: Allgemeines Verwaltungsrecht, München, 20. Auflage 2020.
(zitiert: Maurer/Waldhoff, § ... Rn. ...)

Meichsner, Erich: Bahnstrukturreform und Regionalisierung des öffentlichen Personennahverkehrs, Die Landkreise als Aufgabenträger, der landkreis 4/1994, 168 ff.
(zitiert: Meichsner, der landkreis 4/1994, 168 (...))

Ministerium für Wirtschaft, Mittelstand, Technologie und Verkehr des Landes Nordrhein-Westfalen (Hrsg.): Arbeitshilfe für Nahverkehrspläne, August 1996.
(zitiert: Ministerium für Wirtschaft, Mittelstand, Technologie und Verkehr des Landes Nordrhein-Westfalen (Hrsg.), ...)

Müller, Jürgen: Kommunalunternehmensverordnung Nordrhein-Westfalen (KUV NRW), Praxis der Kommunalverwaltung PdK NW D-1e, Stand: Oktober 2022, Loseblattsammlung, Wiesbaden.
(zitiert: Müller (2022) § ... Erl. ...)

Ders.: Die Haftung von Gemeinderatsmitgliedern nach § 43 IV NRWGO, NVwZ 2017, 1829 ff.
(zitiert: Müller, NVwZ 2017, 1829 (...))

Müller, Michael: Die Finanzierung der Zweckverbände, Wiesbaden 2011.
(zitiert: Müller (2011), ...)

Oebbecke, Janbernd: Gemeindeverbandsrecht NRW, Eine systematische Darstellung, 1984.
(zitiert: Oebbecke (1984), Rn. ...)

Ders.: Entscheidungs- und Einwirkungsmöglichkeiten des für das Verkehrswesen zuständigen Ministeriums gegenüber den Zweckverbänden im Rahmen des kooperationsraumübergreifenden Zusammenwirkens gemäß § 6 ÖPNVG NRW und ihre Durchsetzung, Rechtsgutachten, August 2015 (unveröffentlicht).
(zitiert: Oebbecke (2015), ...)

Ders.: Was ist Personennahverkehr? Zur Auslegung der Art. 87 IV 1, V 2 und 106a S. 1 GG, NVwZ 2017, 1084 ff.
(zitiert: Oebbecke, NVwZ 2017, 1084 (...))

Paulick, Andreas: Ausgewählte Haftungsfragen im Recht des Zweckverbands, DÖV 2009, 110 ff.
(zitiert: Paulick, DÖV 2009, 110 (...))

Pieper, Stefan Ulrich: Aufsicht, Verfassungs- und verwaltungsrechtliche Strukturanalyse, Köln 2006.
(zitiert: Pieper, ...)

Pützenbacher, Stefan: Rechtliche Auswirkungen von Nahverkehrsplänen i. S. des § 8 III PBefG auf die Erteilung von Genehmigungen für Verkehrsleistungen, NZV 1998, 104 ff.
(zitiert: Pützenbacher, NZV 1998, 104 (...))

Reinhardt, Winfried: Öffentlicher Personennahverkehr, Wiesbaden, 2. Auflage 2018.
(zitiert: Reinhardt, ...)

Rolfs, Christian/Giesen, Richard/Kreikebohm, Ralf/Udsching, Peter: BeckOK-Sozialrecht, Stand: 01.09.2020, München.
(zitiert: Bearbeiter, in: Rolfs/Giesen/Kreikebohm/Udsching, § ... Rn. ...)

Rothe, Karl-Heinz: Das Recht der interkommunalen Zusammenarbeit in der Bundesrepublik Deutschland, Göttingen 1965.
(zitiert: Rothe, ...)

Schäffer, Rebecca: Die Vergabe von ÖPNV-Dienstleistungen in Deutschland und Europa, Baden-Baden 2014.
(zitiert: Schäffer, ...)

Scheucken, Heinrich: Der Weg zum Verkehrsverbund Rhein-Ruhr, in: Verkehrsverbund Rhein-Ruhr GmbH (VRR GmbH) (Hrsg.), Verkehrsverbund Rhein-Ruhr, Öffentlicher Personennahverkehr im größten Verkehrsverbund Europas, München 1983, S. 9 ff..
(zitiert: Scheucken, 9 (...))

Schmidt, Thorsten Ingo: Kommunale Kooperation, Der Zweckverband als Nukleus des öffentlich-rechtlichen Gesellschaftsrechts, Tübingen 2005.
(zitiert: Schmidt, ...)

Schmidt-Aßmann, Eberhard/Röhl, Hans Christian: Grundpositionen des neuen Eisenbahnverfassungsrechts (Art. 87e GG), DÖV 1994, 577 ff.
(zitiert: Schmidt-Aßmann/Röhl, DÖV 1994, 577 (...))

Schoch, Friedrich (Hrsg.): Besonderes Verwaltungsrecht, Berlin/Boston, 15. Auflage 2013.
(zitiert: Bearbeiter, in: Schoch, ...)

Schöne, Friedrich: Zur Terminologie der „Kommunalverbände", AöR 1939 (30. Band n. F.), 1 ff.
(zitiert: Schöne, AöR 1939, 1 (...))

Schreiner, Benedikt: Die Haftung im Zweckverband, Hamburg 2016.
(zitiert: Schreiner, ...)

Spannowsky, Willy: Abfindungsanspruch eines Zweckverbandsmitglieds beim Ausscheiden aus einem Zweckverband, DÖV 1993, 600 ff.
(zitiert: Spannowsky, DÖV 1993, 600 (...))

Stadtwerke Münster GmbH: Bus & Taxi, https://www.stadtwerke-muenster.de/privatkunden/mobilitaet/mobilitaetsangebote/bus-taxi.html (abgerufen am 20.12.2022).

Statista GmbH: Beförderte Personen im öffentlichen Personenverkehr in Deutschland 2021, Stand: 13.05.2022, URL: https://de.statista.com/statistik/daten/studie/3095/umfrage/oeffentlicher-personenverkehr-in-deutschland/ (abgerufen am 20.12.2022).

Statistisches Bundesamt: Gut ein Drittel mehr Fahrgäste in Bussen und Bahnen im 1. Halbjahr 2022, Pressemitteilung Nr. 401 vom 21. September 2022, URL.https://www.destatis.de/DE/Presse/Pressemitteilungen/2022/09/PD2 2_401_461.html (abgerufen am 20.12.2022).

Stein, Ekkehart/Frank, Götz: Staatsrecht, Tübingen, 21. Auflage 2010.
(zitiert: Stein/Frank, ...)

Stork, Matthias: Interkommunale Zusammenarbeit und mehrstufige Aufgabenwahrnehmung, Eine Analyse von Organisationsmodellen für Pflichtaufgaben im kreisangehörigen Raum, Stuttgart 2012.
(zitiert: Stork, ...)

Sundermann, Welf: Kommunalverfassung in Nordrhein-Westfalen, Hamburg, 7. Auflage 2009.
(zitiert: Sundermann, Kap. ... Rn. ...)

Tepe, Linus: Verfassungsrechtliche Vorgaben für Zuständigkeitsverlagerungen zwischen Gemeindeverbandsebenen, Stuttgart 2009.
(zitiert: Tepe, ...)

Theobald, Wolfram: Probleme des Zweckverbandsrechts als Grundlage kommunaler Gemeinschaftsarbeit, Köln 1968.
(zitiert: Theobald, ...)

Umweltbundesamt: Öffentlicher Personennahverkehr, URL: https://www.umweltbundesamt.de/themen/verkehr-laerm/nachhaltige-mobilitaet/oeffentlicher-personennahverkehr (abgerufen am 20.12.2022).

Verbundgesellschaft Paderborn/Höxter GmbH (vph): Verbundgesellschaft Paderborn/Höxter GmbH, https://vph.de/de/ (abgerufen am 20.12.2022).

Verkehrsgemeinschaft Westfalen-Süd (VGWS): Die Verkehrsgemeinschaft Westfalen-Süd, https://www.vgws.de/dievgws/ (abgerufen am 20.12.2022).

Verkehrsverbund Rhein- Ruhr AöR (VRR AöR) (Hrsg.): VRR-Nahverkehrsplan 2017, Bericht, o. A., 2017.
(zitiert: VRR AöR (Hrsg.), ...)

Verkehrsverbund Rhein-Sieg GmbH (VRS GmbH) (Hrsg.): Gemeinsam für die Region, Verkehrsverbund Rhein-Sieg, Nahverkehr Rheinland, Struktur und Aufgaben, Köln 2014.
(zitiert: VRS GmbH (Hrsg.), ...)

Vogelsang, Klaus/Lübking, Uwe/Ulbrich, Ina-Maria: Kommunale Selbstverwaltung, Rechtsgrundlagen – Organisation - Aufgaben - neue Steuerungsmodelle, Berlin, 3. Auflage 2005.
(zitiert: Vogelsang/Lübking/Ulbrich, Rn. ...)

Voßkuhle, Andreas/Eifert, Martin/Möllers, Christoph (Hrsg.): Grundlagen des Verwaltungsrechts, Band I, München, 3. Auflage 2022.
(zitiert: Bearbeiter, in: Hoffmann-Riem/Schmidt-Aßmann/Voßkuhle, § ... Rn. ...)

Wachinger, Lorenz/Wittemann, Martin: Regionalisierung des ÖPNV, Der rechtliche Rahmen in Bund und Land nach der Bahnreform, Bielefeld 1996.
(zitiert: Wachinger/Wittemann, ...)

Ders.: Eigenwirtschaftlichkeit und Nahverkehrsplanung – juristische Perspektive, in: Knauff, Matthias (Hrsg.), Vorrang der Eigenwirtschaftlichkeit im ÖPNV, 1. Jenaer Gespräche zum Recht des ÖPNV, Baden-Baden 2017, S. 101 ff.
(zitiert: Wachinger, 101 (...))

Wagener, Frido: Gemeindeverbandsrecht in Nordrhein-Westfalen, Kommentar zur Landkreisordnung, Amtsordnung, Landschaftsverbandsordnung und zum Gesetz über kommunale Gemeinschaftsarbeit, Köln 1967.
(zitiert: Wagener, § ... GkG NRW Erl. ...)

Waldmann, Knut: Das Kommunalunternehmen als Rechtsformalternative für die wirtschaftliche Betätigung von Gemeinden, NVwZ 2007, 284 ff.
(zitiert: Waldmann, NVwZ 2007, 284 (...))

Welge, Axel: Inhalt und Regelungsweite des Nahverkehrsplans, der städtetag 1996, 71 ff.
(zitiert: Welge, der städtetag 1996, 71 (...))

Ders.: Regionalisierung des ÖPNV – Landesrechtliche Regelungen, der städtetag 1996, 681 ff.
(zitiert: Welge, der städtetag 1996, 681 (...))

Ders.: Die Nahverkehrsgesetze der Länder, NZV 1996, 385 ff.
(zitiert: Welge, NZV 1996, 385 (...))

Werner, Jan/Patout, Melanie/Bayer, Dieter/Telenta, Vinko/Kemler, Christian/ Karl, Astrid: Gesetz über den öffentlichen Personennahverkehr in Nordrhein-Westfalen, ÖPNVG NRW, Praxis der Kommunalverwaltung PdK D 2 NW, Wiesbaden, Stand: Mai 2016.
(zitiert: Werner/Patout et al., § ... Erl. ...)

Ders.: Die Organisation der Wirtschaftsverwaltung im Personenbeförderungsgewerbe unter besonderer Berücksichtigung der Stellung der Verkehrsverbünde, WiVerw 2001, 89 ff.
(zitiert: Werner, WiVerw 2001, 89 (...)

Ders.: Nach der Regionalisierung – Der Nahverkehr im Wettbewerb, Dortmund 1998.
(zitiert: Werner, ...)

Wissenschaftlicher Dienst des Bundestages: Kriterien der Wesntlichkeitslehre des Bundesverfassungsgerichts, WD 3 – 3000 – 152/19, 2019.
(zitiert: Wissenschaftlicher Dienst des Bundestages, ...)

Wittmann, Antje: Kündigungsmöglichkeiten und Schlichtungsverfahren bei Zweckverbänden, NWVBl. 2012, 412 f.
(zitiert: Wittmann, NWVBl. 2012, 412 (...))

Wolf, Stefan: „Hauptstadtregion Stuttgart" – alte und neue Wege im Kommunalrecht, Historische Entwicklung der Stadt-Umland-Problematik in der Region Stuttgart und kritische Betrachtungen zum „Gesetz über die Stärkung der Zusammenarbeit in der Region Stuttgart", Tübingen 1997.
(zitiert: Wolf, ...)

Wurzel, Gabriele/Schraml, Alexander/Gaß, Andreas: Rechtspraxis der kommunalen Unternehmen, München, 4. Auflage 2021.
(zitiert: Bearbeiter, in: Wurzl/Schraml/Gaß, Kapitel, Rn. ...)

Ziche, Christian/Wehnert, Anita: Die Haftung des Vorsitzenden eines Zweckverbandes, DÖV 2009, 890 ff.
(zitiert: Ziche/Wehnert, DÖV 2009, 890 (...))

Ziekow, Jan/Völlink, Uwe-Carsten: Vergaberecht, München, 3. Auflage 2018.
(zitiert: Bearbeiter, in: Ziekow/Völlink, § ... Rn. ...)

Zukunftsnetz Mobilität NRW: Unsere Mission, https://www.zukunftsnetz-mobilitaet.nrw.de/wofuer-wir-stehen/unser-ziel (abgerufen am 20.12.2022).

Zweckverband Nahverkehr Paderborn-Höxter (nph): Ziele und Aufgaben, https://www.nph.de/de/der-nph/ziele-und-aufgaben.php (abgerufen am 20.12.2022).

Zweckverband Nahverkehr-Rheinland (NVR): Förderprogramme, https//:www.nvr.de/investitionsfoerderung/nvr-investitionsprogramm/ (abgerufen am 20.12.2022).

Zweckverband Nahverkehr Westfalen-Lippe (NWL): NWL Mitgliederporträt, Bielefeld gibt den Takt vor!, NWL kompakt 1/2009, 5.
(zitiert: Zweckverband NWL (Hrsg.), NWL kompakt 1/2009, 5)

Ders.: NWL Mitgliedsporträt, nph Paderborn, NWL kompakt 2/2009, 8.
(zitiert: Zweckverband NWL (Hrsg.), NWL kompakt 2/2009, 8)

Ders.: Mobilitätsgarantie: Freiwillig bessere Leistung, NWL kompakt 3/2009, 1 f.
(zitiert: Zweckverband NWL (Hrsg.), NWL kompakt 3/2009, 1 (...))

Ders.: NWL Mitgliederporträt, Förderung, Fahrzeuge und NVP beim ZVM, NWL kompakt 3/2009, 8.
(zitiert: Zweckverband NWL (Hrsg.), NWL kompakt 3/2009, 8)

Ders.: Infrastrukturförderung, o. O., Juni 2010.
(zitiert: Zweckverband NWL (Hrsg.), ...)

Ders.: Gesellschaftsgründung für den WestfalenTarif beschlossen, NWL kompakt 1/2016, 1 ff.
(zitiert: Zweckverband NWL (Hrsg.), NWL kompakt 1/2016, 1 (...))

Ders.: Gründung des NWL-Eigenbetriebes EBINFA, NWL kompakt 1/2016, 7.
(zitiert: Zweckverband NWL (Hrsg.), NWL kompakt 1/2016, 7)

Ders.: Aufgaben und Ziele (https://www.nwl-info.de/zrl/aufgaben-ziele.html; abgerufen am 20.12.2022).

Zweckverband Verkehrsverbund Ostwestfalen-Lippe (VVOWL): Aufgaben
(https://www.vvowl.de/de/vvowl/aufgaben.php; abgerufen am 20.12.2022).

Aus unserem Verlagsprogramm:

VERLAG DR. KOVAČ
FACHVERLAG FÜR WISSENSCHAFTLICHE LITERATUR

Postfach 57 01 42 · 22770 Hamburg · www.verlagdrkovac.de · info@verlagdrkovac.de